于可先生文集

龙秀清
编

中国社会科学出版社

图书在版编目(CIP)数据

于可先生文集 / 龙秀清编 . —北京:中国社会科学出版社,2020.10
ISBN 978 - 7 - 5203 - 6832 - 2

Ⅰ.①于… Ⅱ.①龙… Ⅲ.①世界史—文集 Ⅳ.①K107 - 53

中国版本图书馆 CIP 数据核字(2020)第 126197 号

出版人	赵剑英
责任编辑	耿晓明
责任校对	万文华
责任印制	李寡寡

出　　版	中国社会科学出版社
社　　址	北京鼓楼西大街甲 158 号
邮　　编	100720
网　　址	http://www.csspw.cn
发 行 部	010 - 84083685
门 市 部	010 - 84029450
经　　销	新华书店及其他书店

印刷装订	北京市十月印刷有限公司
版　　次	2020 年 10 月第 1 版
印　　次	2020 年 10 月第 1 次印刷

开　　本	710×1000　1/16
印　　张	30.25
字　　数	480 千字
定　　价	168.00 元

凡购买中国社会科学出版社图书,如有质量问题请与本社营销中心联系调换
电话:010 - 84083683
版权所有　侵权必究

1991年在美国西北路德神学院参加路德研究第六次国际会议同组合影

1992年与本书编者龙秀清教授(右)在我家合影

1993 年在芬兰北极圈中心

1993 年与台湾路德学者重游密西西比河

1997年在芬兰与赫尔辛基大学教授米卡合影

1999年美国西北神学院院长在天津南开大学与校长母国光合影并互赠礼物

2002 年在德国海德堡大学参加会议并讲学

2010 年在香港参加路德研讨会

序

于可先生已近鲐背之年，身体依然健康，思维仍旧敏捷，只是语速更慢，步履更缓了些。他虽是耄耋老人，但还是非常健谈，特别是回忆往事的聊天过了两个时辰而不知。他是我的硕士研究生导师，更是我一生"问计于南山"的师长，可以说我是在先生的关注下成长的，我的每一步发展都凝结着先生的心血。我敬佩先生的道德文章，特对其学术贡献做如下归纳，以备后学参考学习。

一 基督教史及其学术研究

于可先生自 20 世纪 80 年代初开始，陆续在《历史研究》《世界历史》《世界宗教研究》等学术刊物上发表论文，在基督教史、宗教改革史、马丁路德研究等方面提出系统的学术观点。

根据先生自述，他选择基督教这个研究方向是接受了雷海宗先生的指点，因为雷先生曾对他说："不了解基督教是怎么回事，是不可能学好世界史的。中国学术界自'五四'以来，无人专门研究基督教史，你如有兴趣，将来可以研究基督教的历史地位与作用，但难度很大。"（《于可自述》（陈洪主编：《南开学人自述》（第二卷），南开大学出版社 2016 年版）众所周知，改革开放以前，从事基督教史研究非常艰难，相关研究成果特别少见，诚如雷先生所言，相关研究人员更是寥寥无几，与今日盛况形成鲜明对照。究其原因不仅是当时的研究环境有极大局限性，而且也存在研究者的工作语言瓶颈和研究资料匮乏的问题。于可先生正是在这样一个艰深的领域首先进行了艰难的开拓性研究工作。

于可先生在这个"无人专门研究"的领域，艰苦探索，成就非凡。

《试论原始基督教的政治思想》(《世界历史》1981年第4期)、《试论原始基督教的演变及其必然性》(《世界宗教研究》, 1986年第2期)、《原始基督教的产生》《原始基督教的发展和演变》(载《世界历史大事集》古代部分·第一分册, 重庆出版社1982年版)和"当代新教的发展趋势"(于可主编:《当代基督新教》, 东方出版社1993年版, 第9章)等研究成果最有代表性, 他认为对原始基督教的认知不能仅仅停留在一般知识性的了解和教义信条的解读, 而是应在当时的历史变动背景中去分析其政治思想。他根据大量的史料得出结论, 认为原始基督教不仅是犹太教的一个教派, 而且是一个新的政治派别, 其政治思想和行动纲领包括：揭露罗马帝国的黑暗统治, 号召人民奋起反抗; 提出建立现实的、平等的、公共消费的、劳动人民掌权的新社会; 指出推翻罗马统治并建立理想国的途径和依靠力量。作为一个革命性的政治派别, 其思想理论具有明显的现实性、鲜明的阶级性、实现平均主义的公正性、人人平等的公平性。然而原始基督教在经历了三百年之后, 逐渐演变成为罗马帝国的国教, 成为奴隶主阶级的御用工具。这是为什么？它是怎样演变的？具体过程又如何？对于这些问题于可先生进行了深入的研究, 认为原始基督教的演变首先表现在信徒阶级结构的变化和保罗派基督徒在斗争中逐渐占据了上峰。随着保罗派的兴起, 在流传的过程中, 教会组织逐渐产生了长老或执事, 他们多出自富有家庭, 既有空余的时间, 又能提供作为会堂的场所, 教会组织内部的阶级构成发生了变化。由于原始基督教在流传过程中, 非犹太人大量参加, 阶级基础发生变化, 保罗派在教义中大量吸收希腊罗马庸俗哲学, 特别是吸收斐洛哲学与塞涅卡哲学, 进而深刻改变了基督教的政治思想：即从反抗罗马的统治演变为主张服从罗马皇帝的统治, 甘当顺民, 神化皇权; 从否定奴隶制度转化为承认奴隶制度的合理性, 宣扬服从天命; 否认地上的千年王国, 把理想社会演化为虚幻的天国; 从斗争哲学改变为宣扬无原则的忍耐与超阶级的爱。这一研究成果以坚实的史料证据和严谨的逻辑论说, 拨开了认识原始基督教的层层迷雾, 有助于人们对基督教特别是其早期发展历史的全面了解。于可先生还在全面梳理基督教历史的基础上, 对当代基督新教做了广泛调研, 高度概括出当代基督新教的发展趋势, 即信徒结构深刻变动、教会重心逐渐转移、在西方信仰危机的背景下呈现出世俗化、神学和教会组织的多元化和两极化趋势、第三世界信徒增加和民族化。这一观点系统总结了当代基督新教的深刻变化和发展趋势，准确把握了基督教整体历史发展的脉络，得到学界的广泛认同。

二　宗教改革史及其流派沿革

基督教自产生之日起便不断变革，以适应时代的变化。其早期历史上的保罗派改革促使该教向世界性宗教迈出了一大步，中古时代其不同教派的变革又为今日基督教整体构架奠定了基础。但是，其中最大的变革发生在近代早期的欧洲，宗教改革推动了基督教历史上的第二次大分裂，也同时开创了基督新教自由发展的时代。当时，我国学界在宗教改革史和基督新教发展史方面的研究都比较欠缺，于可先生知难而上，在这一领域进行了大胆的开拓性研究，并取得了重要成果，为学界所公认。

于可先生全面研究了欧洲宗教改革各个主要流派，最为学界认同的是对加尔文和宗教改革整体思想的研究。他对比了欧洲宗教改革两大重点地区的情况，认为法国——以及瑞士——资产阶级与德意志资产阶级面临的历史环境不同，其中心任务是批判天主教的封建神学，建立适合法国国情的资产阶级神学理论，为资本主义的合理性提供理论基础和宗教依据，加尔文很好地完成了这一历史任务。加尔文提出的"预定论"（包括"天命说""拣选说"和"呼召说"）和救赎理论，是其继承保罗、奥古斯丁的救赎理论并推进马丁·路德"唯信称义"说的重要思想成果，将被动的宿命论变为法国资产阶级急需的新救赎观，对新兴资产阶级的发展具有重要意义。这一结论精炼地解释了经历改革的基督教是如何转变为资本主义精神的。特别是于可先生对加尔文和马丁·路德思想理论高度概括精炼的总结，清晰地向人们展示了复杂多变、甚至令人眼花缭乱的欧洲宗教改革的理论内核，这一学术结论至今为后辈学者所引用。

于可先生对于加尔文思想的研究并没有止步于此，而是进一步探讨了这一思想是如何影响欧洲资产阶级发展的。他深刻指出，西欧从封建制向资本主义制度转变时期，反封建思想观念斗争、进行观念更新具有长期性与艰巨性。自文艺复兴以后,对封建观念的批判长达400年之久。即便从加尔文主义诞生之日计,也有近200年的历史。在长期的反封建斗争中,以宗教的说教、上帝的监督强化新观念的树立和思想更新成为重要特点。在欧洲资产阶级革命前,它是发动革命的理论和精神力量,在革命后,以之改造社会和人的思想,并逐步形成一种传统,对西欧、北美有关国家的影响长达200年之久。启蒙运动后,由于科学的发展与社会的进步,国家实行政教分离,人们的宗教观念逐渐淡薄。但是,宗教迷雾开始消散后,这些资产阶级商品生产的新观念已根植于世俗社会之中,从西方奋发向上的企业家、事业家、科学家、社会中坚与精英人士中不难找到加尔文主义思想观念的痕迹与精神。于可先生归纳总结了加尔文学说具有突出贡献的几个方面:即在人的价值观念、忠于职守并努力提高效率的观念、把握机会的机遇观念、勤奋节俭观念、时间观念、民权观念、商品经济和商业精神,从而解决了资产阶级发展中的思想理论困境。加尔文主义的思想观念,尽管具有明显的资本主义性质,但与西欧的封建观念相较,诸如封建贵族的骄奢淫逸,浪费无度,生活昏庸,无所事事,讲求门第,饱食终日,高高在上,追求神权等,无疑具有历史的进步性,理应属于人类历史上优秀文化遗产的一部分。于可先生还对受到热捧的马克斯·韦伯的观点进行批评,十分到位,认为韦伯脱离了历史发展的物质背景。这些观点之深刻,至今仍然闪烁着思想的光辉。

三 马丁·路德专题研究

宗教改革的发起者是德意志人马丁·路德。对于这位深受德国人民爱戴的教士,我国学者也不陌生。马克思主义经典作家对马丁·路德宗教改革及其引发的德国农民战争有精彩的论述,其阶级分析的思路很受我国学界的欢迎,因此在相当一段时间里,依据马克思恩格斯的阐释进行的研究形成了我国学者的思维定式。于可先生有针对性地开展基础研究工作,实事求是地重新梳理其改革实践活动,全面解读其作品,客观分析评价其历史作用,形成了客观合理的结论。其相关系列研究成果不仅为我国学界所公认,也为国际学界所关注,于可先生进而成为我国马丁·路德研究的首席专家，代表中国学界参与各种国际学术活动。

《马丁·路德早期政治思想初探》（《世界宗教研究》1983年第2期）、《加尔文的"预定论"与资产阶级——兼与马丁·路德"唯信称义"说比较》（《历史研究》1985年第3期）、《论西欧资本主义早期的观念更新问题（兼评加尔文主义的历史作用）》（《史学理论》1988年第2期）等论文在其发表的50多篇研究成果中最有代表性。作者以历史唯物主义的研究思路，对马丁·路德的政治思想做了深入的探讨，认为这个宗教改革的发起者是在欧洲特别是德意志历史巨变的时代，在人民群众运动的推动和支持下，提出了拯救德意志民族的政治思想，包括作为其政治思想理论基础的"因信称义"（唯信称义）和三大政治主张，即驱逐罗马教廷的政治特权、经济势力于德意志国土之外，实现民族独立；政教分离，君权独立，建立民族的与廉俭的教会；批判等级制度，为市民资产阶级争取自由、平等。难得的是，于可先生分析了马丁·路德早期政治思想的历史进步性和局限性，认为它是16世纪德意志历史的产物，反映了当时正在成长的、不成熟的市民资产阶级的政治要求，既有革命性的一面，又有明显的软弱性、不彻底性与对国内封建势力的依赖性，因而在革命的关键时刻，他必然投效诸侯，反对农民战争，这是那个时代德意志市民资产阶级两面摇摆的政治态度的具体反映与表现。这一观点在20世纪80年代实有振聋发聩的学术意义，因为它突破了当时中国学者在马丁·路德研究中思想僵化的学术束缚，打破了很长一段时间里中国学界对马克思主义经典作家的解读和理论方法上的思维模式，因此在学界产生了积极的反响。

四　基督宗教知识普及

很长一段时间以来，学术界形成了一种不成文的习惯，将研究成果转化为适合普通民众理解的知识即所谓"大众普及"工作视为分外之事，不屑于为之劳神费力。学者们愿意在书斋里沉思默想而不愿意面对普通百姓，愿意在课堂上对学生们高谈阔论而不愿意解答一般民众的问题，并以"阳春白雪"自诩，难与"下里巴人"为伍。这种情况目前已经大有改观，而在基督宗教知识普及工作方面，于可先生是先驱者之一，直到八十多岁时还在为此笔耕不辍。

于可先生普及基督教历史知识的作品非常丰富。由《外国史知识》杂志连续刊载的《基督教史话》便涉及基督教的基本概念、基督教的产生及其演变、基督教的派别、基督新教及其宗派、马克思主义与基督教等（《外国史知识》1985年第4—8期），向读者细致地介绍了相关知识。由《世界宗教文化》杂志连续刊载的基督新教及其宗派则涉及了加尔文宗、路德宗、公理宗、贵格宗、卫斯理宗、浸礼宗、安立甘宗，以及基督新教几大教派之外的其他派别等基督新教的历史知识（1984年第1期—1985年第1期、1988年第4期）。《基督教史话》（载《世界古今宗教史话》，商务印书馆1991年版）和《耶稣》（新蕾出版社2000年版）也是于可先生以通俗易懂的语言向广大读者普及相关知识的作品，其中包含着他常年进行艰深学术研究的心血。

于可先生一生致力于高等教育事业，始终坚持工作在本科教学的第一线。与此同时，他充分发挥长期担任教研室主任的积极作用，与王敦书先生（1978年加入世界古代史教研室）为复兴南开大学世界史学科世界古代文明研究方向尽心竭力，不仅长期领导世界古代史教研室的工作，而且积极参与学界的学术争论，如亚细亚生产方式问题和古代城邦与帝国问题。两位先生合作在城邦与帝国问题研究上取得的积极成果（王敦书、于可：《关于城邦研究的几个问题——兼评〈世界上古史纲〉关于城邦和帝国的观点》，《世界历史》1982年第5期），在当时的争论中自成一家之言，他们选取比较研究的视角，对城邦的概念和历史地位、城邦的规模和"帝国"的概念、城邦的经济制度和政治体制做出了解读，并提出"城邦结合，以城为邦，这是城邦的一个基本特征，也是关于城邦概念中的一项重要内容"。他们还认为，"欧洲中世纪的城市国家与古代（上古）的城邦在性质和历史地位上根本不同。前者形成于欧洲封建社会的中后期；而后者出现于原始社会瓦解后的早期奴隶制社会"。此外他们关于城邦存在的地区、城邦的规模、城邦"帝国"的概念、城邦的经济制度、城邦的政体和城邦发展的历史阶段性等，都提出了独到的见解。

实事求是地讲，由于历史的原因，于可先生开始从事学术研究的时间比较晚。但是他克服了诸多不利因素，珍惜分分秒秒，深入钻研学问，不求功名利禄，后半生专一治学，心无旁顾，持之以恒，坚持不懈，取得了令学界同仁和后辈学人敬佩的成果，受到国内外同行的重视。不仅前往国内许多所高校讲演，还先后多次出国进行学术交流，于1989年应中美学术交流会邀请赴明尼苏达路德神学院、芬兰赫尔辛基大学讲学，参加在德国海德堡大学、丹麦哥本哈根大学等地举行的相关国际会议和讨论会，1993年，受邀参加"马丁·路德国际学术讨论会"。其学术地位深受国外同行的认可，授权他推荐中国学者参加相关会议。20世纪末，根据于可先生等人倡议编译15卷本的《路德文集》，由中国、美国的路德学者共同参加，于可先生与美国教授被选举为编辑委员会轮职主席（2012年先生辞去该职务），2015年该文集已出版了4卷，其他11卷也将陆续出版。

作为于可先生的弟子，我一直以先生为榜样，学习先生治学一丝不苟，为人诚实可靠的品行，希望先生能够健康长寿，以苏轼的《次韵子由三首》诗句"到处不妨闲卜筑，流年自可数期颐"为结尾吧。

陈志强

2019.7.24

目　录

于可自述 …………………………………………………………（1）

耶稣生平初探

身世之谜 …………………………………………………………（3）
青年耶稣 …………………………………………………………（8）
耶稣受洗 …………………………………………………………（15）
耶稣布道 …………………………………………………………（20）
前往耶路撒冷 ……………………………………………………（35）
耶稣之死 …………………………………………………………（43）

基督教史研究

试论原始基督教的政治思想 ……………………………………（57）
试论原始基督教的演变及其必然性 ……………………………（69）
20世纪西方史学界的"路德复兴" ………………………………（84）
马丁·路德早期政治思想初探 …………………………………（91）
关于马丁·路德评价的几个问题 ………………………………（112）
20世纪西方史学界关于加尔文的研究…………………………（127）
加尔文的"预定论"与资产阶级…………………………………（132）
论西欧资本主义早期的观念更新问题…………………………（151）
近年来西方史学界的闵采尔研究热潮 ………于　可　龙秀清（172）
基督新教与天主教的关系及其区别……………………………（182）
基督新教在中国的历史与现状…………………………………（188）
十年来我国关于基督教史研究的评估…………………………（199）

天主教自由派向保守派的新挑战 …………… 于　可　吴舒屏（209）

基督教史话

什么是基督教 ……………………………………………… （221）
基督教的产生与演变 ……………………………………… （225）
基督教的教派 ……………………………………………… （230）
基督新教及其宗派 ………………………………………… （234）
马克思主义与基督教 ……………………………………… （239）

基督新教宗派研究

马丁·路德生平 …………………………………………… （247）
基督新教的七大宗派及其历史渊源 ……………………… （296）
路德宗 ……………………………………… 于　可　陈志强（308）
加尔文宗 …………………………………… 于　可　陈志强（316）
安立甘宗 …………………………………………………… （327）
公理宗 ……………………………………… 于　可　吴清心（335）
卫斯理宗 …………………………………………………… （342）
浸礼宗 ……………………………………… 于　可　吴清心（352）
贵格宗 ……………………………………………………… （360）
新教几大教派外的其他派别 ……………………………… （368）
1996年世界基督教信徒的增减状况 ……………………… （382）

研究综述

1983年世界古代史研究综述 ……………………………… （387）
1990年世界中世纪史研究综述 …………… 于　可　张东波（398）
1992年世界古代史研究综述 ……………… 于　可　龙秀清（407）
1949年以来世界古代史研究概述 ………………………… （418）

主要论著目录 ……………………………………………… （456）
编后记 ……………………………………………………… （459）

于可自述

我一生三分之二的时间是在南开大学度过的。将近半个世纪以来，求学时期师长的教诲，日夜的苦读与追求，特别是改革开放时代的兴奋与急起直追，至今历历在目，这一切无不打上了南开大学的印记。

一　慕名而来

我是调干学生，来南开大学前已工作了十年。1956年，科学的春天来到了。我们聆听了周总理关于知识分子问题报告的录音，接着彭真同志又在中山公园音乐堂做了动员报告。他提出干部要提高素质，要大轮换，号召青年干部报考大学，向科学进军。这些号召唤起了我童年的梦想，决心报考大学。报考何专业？哪所学校？这是首先要解决的问题。遂商讨于三五较年长的知己，其中有几位毕业于西南联大或在美国获博士学位者。大家一致认为，我过去工作的基本方法是对现状的调查研究，而历史专业是对过去的调查研究，二者相近，有利于未来的发展。至于报考何校，他们认为，院系调整后，南开大学历史系的师资力量较强，北大、清华的历史系主任都到南开大学了，所以建议我报考南开大学历史系。目标确定后，新的问题是如何准备高考。由于我毕业于北平解放前的高中，而新中国成立后高中的许多课程设置与内容均有所变动，必须做全面的复习，始能得心应手。幸而友人赠我一套教育部出版的各科教师使用的指导教材，加之我系统学习过辩证唯物主义与历史唯物主义以及政治经济学，经过两个月的精心准备，我顺利地被南开大学录取，怀着兴奋与喜悦的心情来到了南开园。

二 大师点拨

来南开大学后,我感到这里可谓名师荟萃。在胜利楼的开学典礼上,郑老(郑天挺先生)首先讲话。他拿着一本教育部的"历史系的培养方案"说,教育部规定五年制的培养目标是"历史专家",希望大家要打好基础,为此,首先要掌握好工具,一定要学好古文和外文,才能深入地查找资料,进行分析与研究。同时要求我们应独立思考,融会贯通,不要死记硬背。最后,他向我们介绍了本学期授课的先生和课程,有雷海宗教授的世界上古史、王玉哲教授的中国上古史、黎国彬副教授的原始社会史、马汉麟副教授的古代汉语,以及政治及外语等。这里要顺便说明的一点是:1956年以前的大学外语只有俄文,南开大学自1956年开始,俄文与英文可自由选修,但选英文者必须有基础,而且要经过考试,划分为高级班(一年毕业)、中级班(两年毕业)和初级班(三年毕业)。我由于自小学四年级就学英文直到高中毕业,所以我考入了高级班,但同时我也旁听了中级班。此后即开始了新的学习生活。

南开大学诸师讲课各有特点,使我受益良多,获益匪浅,终生难忘。但与我相处时间最短,却对我影响最大的是雷老(雷海宗先生当时仅有五十多岁,由于他的声望,已公称为雷老)。他为我们年级讲授了一年的世界古代史课程,这也是他最后一次讲授此课。

雷老的学识博大精深,他的学贯中西、博闻强记、古今贯通早已为学术界所公认。我感到更为精彩的是雷老的答疑和集体答疑。雷老的集体答疑一般每学期两次,集中解答同学们带有共性的问题,并介绍国际学术动态和治学方法,令人耳目一新,视野开阔。他的个别答疑更具有特色,非问一答一,而是由表及里,因材施教,指点方向。他在讲罗马史的过程中,涉及原始基督教的思想渊源较多,使我联想到在两大通史中,无一未涉及基督教问题者。所以在个别答疑中,我请教的多是此类问题,许多均超出了世界古代史的范围,包括天主教与东正教的区别、基督新教的宗派、原始基督教神学思想的渊源等。雷老对我所提出的问题是区别对待,有的直接答复;有的介绍我看某书或某一文章;有的则叫我存疑，慢慢思考，将来可以自己解决。1957年仲春，正值贯彻"双百方针"之际，我与雷老相逢于北村槐树林中。他向我招手，叫我过去，对我近一年所提的问题做了概括。他说："不了解基督教是怎么回事，是不可能学好世界史的。中国学术界自'五四'以来，无人专门研究基督教史，你如有兴趣，将来可以研究基督教的历史地位与作用，但难度很大。"这是雷老对我最大的鼓励。他的一席话，后来竟然成为我一生的研究方向。当时我只是下了决心，准备将来一旦有机会，一定要试一试。

我留在世界古代史教研室工作后，曾去雷老家请教。雷老斩钉截铁地说，搞世界史的前提是学好英文。他说：所谓学好，有高标准与低标准，高标准是能达到用英语思维，低标准是能看书、查资料。我表示我虽然从小学到大学都学英文，但目前只能争取低标准，并问如何才能达到。雷老说这要看你的现有水平。我表示雷老可以测验一下，他说可以。我以为他要出什么题目或问我什么问题，结果都不是。他带我到他的书房，其中书架林立，熟练地抽出一本书给我。书名是"English Genius"。我翻了一下，太难了，其中涉及哲学、心理学、社会学、民俗学等，生词非常多。雷老对我说，你把这本书带回去，看一下序言和第一章，后天上午你来读给我听，我就了解你的英语水平了。我当时感到这种测验方法太特殊了。回来又查字典又念，第三天上午我准时到达，即开始念，刚念了两句，雷老说："声音要大。"我遂大声念下去，前后大约一个多小时。我读完后，雷老肯定地说，你的英文还可以，我能听懂，再提高一步，可以搞世界史，但德国音太重。我当时尚不知为何如此，事后才记起我初中的英文教师是德国人。雷老还经常给我介绍搜集英文资料的方法及如何使用世界史的工具书。二十年后，我在探索原始基督教的起源时，必须在《新约逸经》中搜集新资料，用此方法，只用两天的时间，就从二寸多（六七厘米）厚的《新约逸经》中找到了三条宝贵的新资料。在经常的谈话中，雷老多次强调治学的系统性与顿悟。他说，讲课、写文章、写书的关键是独立思考，自成体系，也就是君子之志于道也，不成章不达。雷老多次提到"顿悟"，他说在治学的过程中，对某一问题或体系经常是不完全清楚的，而不定在什么情况下，突然顿悟，豁然开朗，自我感觉清楚了，但不久又看到新的材料，和自己的体系有了矛盾，就又得长期思考，而偶然得之。所以做学问就是要活到老学到老，脑子里要不断地有问题，不断探索，不断解决，这样就可以逐渐迈上新的层次。这些宝贵的点拨，使我受用终生。

后来风云突变，学术研究受到了极大的摧残。但我从未忘记研究基督教史的愿望，那二十余年，只能买一些书，搜集点儿资料。每次下乡回来，必首到天祥市场旧书店，买几本基督教方面的书。这一愿望直到1978年才得以实现，从此走上了一条艰辛的拓荒的道路。首先从原始基督教的产生开始，直到当代的基督教，也取得了些许成果。我虽倾全力，丝毫不敢懈怠，但距离雷老的要求，尚有一定距离。

三　治学要敢于突破禁区

改革开放后，科学的春天再次光临。但其遗留的大量流毒有待肃清，许多知识分子余悸犹存。在学术研究中，清除极"左"的教条主义的流毒，尤为任重道远。以基督教史为例，充分说明了这一点。20世纪70年代末，我国学术界对基督教史的科学研究可谓一片空白。当时史学界充斥着"以论代史"和教条主义的束缚。而对基督教及其历史作用则是全盘否定，一骂到底，即使在某一点上稍加肯定，最后亦要说明这只不过是对劳动人民的欺骗，以更好地为统治阶级服务。对近代以来的基督教更一概斥之为帝国主义侵略的工具。可以说，科学地研究基督教史是当时的禁区之一。在此情况下，要进行公开的研究，确有风险。但经过深思熟虑，我认为现在是打破禁区、科学地研究基督教史的时候了。因为这与"解放思想，实事求是"的思想路线是完全一致的。基督教可以说是深入了解世界历史的一把钥匙，10亿人口的中华民族需要有人研究基督教的历史。因此我坚定了信心，全力以赴。在各方面的支持下，1979年我讲授了原始基督教的专题，1981年开设了基督教史课程，受到同学们的欢迎，选课者非常踊跃，250个座席的阶梯教室座无虚席，加上自带椅子者，听众达300余人，使我受到了很大的鼓舞。1984年又经教育部的批准，开始招收原始基督教与宗教改革史研究方向的硕士研究生，所招收的10名研究生现在已有6人成为国内外的博士或教授。这几步可以说都是南开大学的首创，是我国国立综合大学建校以来第一次开设这些课程和招收基督教史方面的研究生，也得到了师友的鼓励和各界的重视与好评。

基督教史长达两千余年，长期以来我国学术界对此缺少系统的调查研究。特别是那几十年的闭关自守，信息闭塞，原始资料几近空白，欲深入研究基督教史确实难度很大。正如在1981年全国宗教学学术会议上于光远同志所说的，"对基督教的研究，我们尚处在无知的状态"。怎么办？

四 走自己的路

最初我只是进行粗线条的设计，相当于摸着石头过河。当时我的想法是一定要摆脱教条主义的束缚，以扎实的史料为依据，做到古今贯通，自成体系。具体做法是先突破两个重点，扫除一个盲区。第一个重点是探本溯源，研究原始基督教的起源及其演变；第二个重点是宗教改革及基督新教的起源和发展。一个盲区是当代基督教，因为1945年以前的基督教我们多少还知道一些皮毛，而对第二次世界大战后到20世纪末世界基督教的情况真可谓一无所知了。在具体研究过程中，我逐渐做到了每一论著都必有"三新"，即新材料、新观点和新方法。每一重点人物或事件都要写三篇文章，包括近年来国内外的研究动态、对其思想做出科学的评价、从社会的发展角度评价其历史作用与影响。

所谓新材料至少是国内学术界乃至国际上未曾使用过的材料。我在研究原始基督教的政治思想及其演变的几篇文章中，深感寻找新材料之艰苦和难度。仅举一例。原始基督教最初是如何产生的？其政治理想是什么？对后世的影响如何？这是国际史学界长期争论、没有根本解决的问题。其关键在于史料不足，所依据的史料只是争议很大的《新约全书》和少量古罗马古犹太的史学著作。必须有新材料才能进一步说明问题。1978年我查询了多所图书馆均无信息。最后，我到社科院宗教所图书馆查询。当时，其研究人员大部分尚在干校，旧楼内空空如也，纸片飞扬。值班人员告诉我，所有图书都在大饭厅下面的地下室存放着，里面无灯无暖气，可以借给我一件棉大衣和一个手电筒，如果愿意去，就自己去找吧！我进入地下室后看到里面阴森森，尘土厚积，窗户紧闭,偌大的地下室空无一人,漆黑一团。书架与书架之间相距仅有半米左右,上面还得用梯子。我戴上口罩,每翻一本书,都尘土飞扬。好书确实不少,但每隔一个多小时必须出来透透气并晒晒太阳。经过一天半的艰苦奋战,收获颇丰。其中最珍贵的也是全国唯一的一本是《新约逸经》(Apocryhal),直译是《新约伪经》,但该书并非伪造,是在新约形成过程中未被正统教派所承认,没有纳入《新约全书》,而被少数教派秘密保存与流传下来的经典,但其真实性往往更强,所描述的思想更早。其中的《彼得启示录》明确地记录了当时社会下层反对奴隶制度、主张平等的理想。它把理想社会描述成"大家共有的大地将不再用墙和篱笆隔开……将没有穷人,也没有富人,没有暴君,也没有奴隶,也不再有大小尊卑之分和国王与王子"。佐以其他史料,说明原始基督教最早不仅是一个古犹太教的新教派,而且是一个具有政治思想和理想社会的新的政治派别。原始基督教的思想具有两重性:革命性与神秘性。在此后的形成过程中,其神秘性的一面,随着奴隶主阶级的大量加入并吸收了大量希腊罗马哲学,逐渐发展为罗马国教,在中世纪达到顶峰,成为封建势力的国际支柱与中心。而其建立理想社会的一面则由代表劳动人民的某些异端派别所继承,在古罗马和中世纪的欧洲社会危机期间均有所反映,恢复原始基督教的理想成为起义者的口号,直至空想共产主义的先驱闵采尔出现。这些说明了新材料在治学中的重要性。1989年我应中美学术交流委员会的邀请赴美访问四所高校三个月,除学术交流外,大部分时间均用于复印新资料。1991年我在美国路德神学院做访问教授时,又集中一段时间查阅了120种杂志,复印了当代基督教的最新动态和资料。没有这些新材料,就不可能出版《当代基督新教》一书。

南开大学校训中的"日新月异"体现在治学上就是要提出新观点、新体系。如果论著中没有新观点,只是人云亦云,就等于吃他人的残羹剩饭,毫无意义。谈及此,我记起了雷老的经验。他曾告诉我,书和文章看多了用不了多长时间,他说:"我看东西很快,和一般论著内容一样的,不需看,主要看其新观点和新材料。"我在研究伟大的宗教改革家马丁·路德时,经常想起雷老的这句话。经过摸索,我发现对马丁·路德的评价,我国与西方史学界的差别非常大。新中国成立以来,我国史学界照搬苏联的观点，把路德定为农民战争的叛徒。几十年来，"叛徒论"充斥各种书刊。我有幸借到费城版 6 卷本的《路德文集》，重点查找其政治思想及其对农民与农民战争的态度。最后证明路德政治态度的根本观点代表市民等级。他反对的是德意志外部的封建势力的代表——罗马教皇，并不反对国内的封建土地制度和政治制度。相反，他主张依靠国内封建主的势力驱逐罗马教皇的势力于国土之外。他从未忽视社会下层的力量，也从未主张过依靠下层发动自下而上的革命运动，最多只是说过一些同情农民的话。这是他始终如一的主张，在农民战争前后并没有质的变化。所以，尽管他反对、咒骂农民战争，但根本谈不到"背叛"的问题，从而从根本上破除了"叛徒论"的论据。在当时的历史条件下，他所发动的宗教改革运动，开辟了近代历史的新时代。路德不仅是一位划时代的宗教改革家和实践家，也是早期资产阶级民族主义的政治思想家和爱国者。我的这一观点提出已二十余年，至今尚未遭到学术界的批判。相反，《关于马丁·路德评价的几个问题——纪念马丁·路德诞生 500 周年》一文发表并在《新华文摘》转载后，受到了国内外的重视。此后，国内数所高校邀我去讲演。1993 年开始，我受邀参加了"马丁·路德国际学术讨论会"，并先后参加了在美国圣保罗大学、德国海德堡大学、丹麦哥本哈根大学举行的国际会议，讨论会还授权我推荐中国学者参加。20 世纪末，我们又倡议编译 15 卷本的《路德文集》，由中国、美国的路德学者共同参加。我被选为编辑委员会的轮职主席（隔年轮职，另一主席为美国教授）。2003 年文集已出版了 2 卷，其他 13 卷将在 10 年内陆续出版。

关于基督教史的研究方法，我以为它不同于一般历史的研究。因为基督教史是一门历史学与宗教学交叉的专门史，所以研究基督教史除需要掌握历史学的基本研究方法外，还需掌握其神学与教义，及其特有的研究方法。我初步将其称为"还原法"，即从某一历史时期的神学入手，探寻其变化发展的社会经济原因，然后将神学语言还原为现实的语言，将神的世界还原为现实世界，从而说明其发展的根本原因，及其现实的社会意义和对历史的影响。此点可以用加尔文的神学思想"呼召论"（Calling）为例加以说明。16 世纪的西欧，早期的资产主义已经兴起。社会的发展要求打破封建神学和教会的束缚，要求思想观念的更新。加尔文的"呼召论"正是观念更新的神学语言。所谓呼召,是得上帝之承认,成为选民,即得救的标志。其具体内容为神学语言,将其"还原"为现实语言是:上帝给予得救的人有三个标准,可以自己掌握:一、立大志,树信心,坚定不移;二、学业与企事业的成功,百折不回;三、道德高尚与良好的人际关系。持守此三点即可得到上帝的恩惠与眷顾。它把天命的无形之物化为可以自己掌握的具体目标。这些新的观念适应与促进了社会的发展。后来在西欧现代化的过程中,其后继者又提出了一系列的观念更新,使社会的现代化与思想观念的现代化同步进行,相辅相成。这是历史的经验和必由之路。我国欲完成社会主义的现代化,也必须进行思想观念的现代化。在1984年我为此写了《论西欧资本主义早期的观念更新问题》一文,以兹提倡和借鉴,但迟至1988年始在《史学理论研究》上发表。而在我国观念更新口号的提出与普及,则是20世纪90年代中后期的事情了。

五 时间是常数

时间是常数,对于每个人都一样。关键是如何对待、珍惜与掌握时间。我深知我们这一代人的许多时间皆在"运动"中度过,特别是在腥风血雨、是非颠倒的"文化大革命"中浪费了大好时光。当科学的春天再次来临时,我们已步入中年。因此,必须珍惜宝贵的有限的时间。但是,生活中充满了许多诱惑和枝节,所以必须严格地执行有所为有所不为。我的原则是要排除一切干扰,一心治学。到桂林、昆明、杭州游山玩水,我坚决拒绝。关系不大的会议我不参加。1984年上级决定我担任南开大学分校校长,我数次表示难以胜任,但当时的规定是:必须服从组织的决定。我就任后,上班有轿车接送,去机场、车站也很方便。但我坐在车上,特别是经过西南村时,汽车一过,尘土飞扬(当时西南村路上的土很多),两旁骑自行车的都是我的同事,均以手掩鼻,这让我心中十分不安。加之我无法一心二用,文章明显减少,故数次辞职,却均未得到批准。1986年,我决心下定,写了正式的书面报告,申请辞职。许多友人力劝无效,其中一挚友说:"你可再考虑一下,不然你会后悔的!"我说:"我绝不会后悔,我失去的是一辆汽车,而得到的是时间。"事实证明，我赢得了时间。我的大部分著作和国际学术活动都是此后完成的。

要集中精力治学一定要远离名利，不然会烦恼无穷。淡泊名利是我青年时代立下的誓言，持守终生。可以说，在南开大学的几十年，我在名利面前没有伸过手。只是写过副教授和教授的述职报告，因为不写不能担任此职。

如果说，在南开大学工作几十年还有什么遗憾的话，我感觉有两点：其一，我虽倾全力研究古今贯通的基督教史，然而时间有限，我已无力探讨18世纪和19世纪的基督教，因而无法完成贯通古今的一部基督教通史；其二，几十年来，我孤军奋战，力求为南开大学增加一点儿特色出一把力。然而后继无人，随着我的年迈，这点儿微弱的火花也将渐渐熄灭，淡出全国学术界。但我相信，南开大学的基督教史研究将会东山再起。

本文原载陈洪主编《南开学人自述》（第二卷），南开大学出版社2016年版，第149—160页。

耶穌生平初探

耶稣（约前4—30），古代犹太人，原始基督教的创始人和基督教的崇拜对象之一。其崇拜者称他为基督（Christ，意为救世主），故又称耶稣基督。他的一生充满神秘色彩，基督教认为他既是人又是神，是上帝的儿子，称为圣子。他一生的最大贡献与影响是创立了基督教，对西方的历史、社会、文化产生了深远的影响。

身世之谜

正因为耶稣的重要性，西方学界历来重视对他的研究，但耶稣本身，充满了未解之谜。即便是他的生平，也有诸多迷雾。耶稣的生辰，在历史上并无记载。现行的公元元年，是公元6世纪基督教会的天文学家和教会史学家狄奥尼西在公元525年，为教会制定历法所推算的。他把耶稣的生辰误定为罗马帝国建元753年12月25日（相当于我国汉平帝元始元年），即公元元年12月25日。至公元16世纪，罗马教皇格列高利十三世决定修改过去的太阳历法，改用现行的公历，也接受了狄奥尼西推定的耶稣生辰年月，制定了"格列高利历"，又称公历。由于这一历法较为科学，每年仅有误差26秒，所以先后为西方各国所采用，我国于1912年亦采用了这一历法。

近代圣经学者根据《圣经》和有关的年代记载，考证耶稣的生卒年代都认为，耶稣出生的年代早于公元元年，但其说不一，多数认为应是约公元前8年至公元前4年间，主张公元前4年者较多。耶稣约于公元30年被钉死在十字架上，享年33岁。另据年代学家的考证，12月25日也不是耶稣的出生日，而是罗马多神教太阳神的生日，耶稣出生的日期很可能是4月19日，或5月20日。

根据《圣经》的记载，耶稣的称呼很多，他谦虚地自称为"人子"（人民的儿子），《圣经》上也称他为上帝的爱子即"神子"。其门徒最初称他为"夫子"（老师或圣人之意），后来则称他为"基督"。基督意为"救世主"。这个词最初来源于犹太教的信仰，古希伯来文是"弥赛亚"，意为"受膏者"，即"君王"或"王"之意。因为古代犹太王国在封立君王时都要举行涂油（膏）礼，所以君王被称为受膏者。按照犹太教的说法，举行此礼即表明君王是受上帝所委派，是上帝承认的君王。到公元前6世纪古犹太王国被新巴比伦王国灭亡,并将犹太教的祭司、贵族和工匠等人俘往巴比伦(现伊拉克境内),史称"巴比伦之囚"。他们在巴比伦受尽了磨难,犹太教的弥赛亚观念演化为"复国救主"之意,盼望上帝派一位领袖降临,领导犹太人结束苦难生活,恢复自己的国家。后来,犹太人在波斯帝国的支持下,重建了国家。因此弥赛亚的观念在犹太教中更加强化,成为宗教信仰中的一个部分,并演化为"救主"或"救世主"之意,犹太人相信救主将会来临,保护与拯救犹太人。

公元1世纪,犹太教有许多派别都相信救世主即将降临,其中有一个小派,即原始基督教,他们认为,救世主已经降临,而且其含义与犹太教传统的救世主亦不尽同,他便是耶稣。这也是基督教与犹太教最大的不同点之一。

述说耶稣的身世与生平是一件很棘手的工作。因为可靠的史料极为贫乏,有关耶稣生平记载的《福音书》是后人转述、加工、附会、编纂而成,且里面夹杂着许多神话、体现的是作者的主观看法,多有相互矛盾之处。这就更增加了问题的复杂性。

《新约全书》的前四部,包括《马太福音》《马可福音》《路加福音》《约翰福音》,合称为《福音书》。"福音"即"好消息"之意。传统的耶稣生平都是根据《福音书》写成。

但是到了18世纪欧洲启蒙运动后,历史学家开始考证了耶稣时代的历史文献,圣经考据学家开始研究圣经的形成过程、先后次序,各部福音书之间的联系与矛盾,提出了许多问题和可疑之处。首先提出此问题的人是英国历史学家吉本(1737—1794)。他在其名著《罗马帝国衰亡史》中提出,在与耶稣同时代的人中,从未提到过耶稣。这一提法引起了强烈的反响。由此在史学界以及圣经学者中,掀起了研究耶稣这一人物及其生平的热潮。他们提出了许多不同的看法,争论长达二百多年之久。有关的论著有七万种之多。现今互联网中关于耶稣基督的词条达十四万六千多条。

现今学者们研究耶稣的生平和传记,所依据的史料不外乎两大类:公元1世纪耶稣同时代的历史文献资料;基督教的经典,特别是《福音书》。

然而耶稣同时代的历史文献资料极其稀少，且争议很大。其资料又分为两种：一种是公元1世纪罗马帝国史学家的记载；另一种是当时犹太民族自身的有关著述和记录。

罗马著名史学家塔西佗（55—约120）著有《编年史》一书。其中提到"尼禄（罗马皇帝，54—68年在位）……用各种残酷的手段惩罚他们，……群众则把这些人称为基督徒。他们的创始人基督，在提比略（罗马皇帝，14—37年在位）当政时期便被皇帝的代理官彼拉多处死了"。这里虽没有提到耶稣的名字，但是提到"创始人基督"，而且提到基督被彼拉多处死的时间（公元30年）与《福音书》的记载基本相同，从而增加了可信性。其他罗马史学家的记载与《编年史》大体一致，都没有提到过耶稣的名字，但均提到基督和基督徒。

犹太史学家唯一提到"耶稣"的是约瑟弗斯（37—100）。他是犹太人，生于耶路撒冷，曾参加公元66年的犹太人反抗罗马帝国的大起义，失败后被俘投降，在罗马从事犹太历史的写作。他在其《犹太古事记》一书中有两处提到"耶稣"。在第18卷第3章第2节中，他说："耶稣正生长于此时，他是一位聪明的人，有许多信徒。……他是基督。由于我国领导人的告发，彼拉多把他钉死在十字架上。……他从死里复活，第三天向他们显现。"关于这一记载学术界普遍认为是伪造的，是圣经抄写者于公元3世纪添加或改写的。因为从上下文看与此句并无联系，而且约瑟弗斯本人是犹太教信徒，根本不承认耶稣是基督，绝不会写出这些字句来。

约瑟弗斯在该书第20卷，提到了1世纪60年代初，犹太教大祭司亚那处死耶稣之弟雅各之事。"亚那召集公会（犹太教的最高领导机构），把耶稣（又名基督）的弟弟和几个人传到公会面前，指控他们违法，把他们用石头打死。"关于此情节，《新约全书》中曾多次提到耶稣之弟雅各之事迹，而且与约瑟弗斯所写的内容一致。所以学术界多数人认为，这是重要的参考材料。但有人认为，这只是孤证，甚至也有可能是伪造，不过这只是怀疑，并没有提出伪造的证据。

研究耶稣生平的另一类资料是基督教的经典《福音书》和《使徒行传》等。四福音书中记载耶稣生平的主要是前三部。经圣经学者研究认为，《马可福音》最早，约产生于1世纪70年代之后。关于耶稣的事迹和思想，在使徒时代（1世纪30年代—60或70年代）并无记载。这是因为12使徒和众门徒的文化水平并不高，多属社会下层。也因为他们忙于秘密传教，奔波于各地，无暇顾及此事。但在12使徒去世后，原始基督教流传甚广，各地区传教的人又很杂，口传的内容往往会添枝加叶，传承错讹，所以有必要用书面文字记载下来。同时，犹太人因公元66年的反罗马帝国的大起义，遭到严厉镇压，基督教也需要有自己的经典，以示与犹太教有所区别。所以在70年代之后，开始出现了文字书写的福音书。当时各地都有自己的福音书，版本很多。现行《新约全书》中的四部福音书是公元4世纪经教会会议确认的福音书。《马可福音》是流传于罗马城地区的福音书，作者马可据说是耶稣的第一使徒彼得的传承者，可能保存了较原始的口传资料，但其中也包含了第二代使徒的领袖保罗（？—约67）的神学思想。

《马太福音》成书于《马可福音》之后，因为其内容包括了《马可福音》的主要内容，并增加了耶稣的家谱世系，强调他是大卫（古犹太国王）的后裔。它是流传于巴勒斯坦地区的福音书，书中提到要遵守犹太人的风俗习惯，保留了许多犹太人的传统思想，反对保罗主张基督教应脱离犹太法律的主张，说明它显然是流传于犹太人中的福音书。《马太福音》是四福音书中结构完整，材料最丰富的一部。

《路加福音》是流传于希腊地区的福音书，约成书于上述两福音书之后至公元2世纪初年。作者路加是保罗的追随者。书中除引用了前两部福音书的大量内容外，特别强调基督教的普世性，从希腊人的角度解释耶稣的言行。全书约三分之二的内容是述说耶稣最后一次去耶路撒冷受难和复活的情节。

《约翰福音》成书最晚，约为公元2世纪中期，主要流传于第二代使徒保罗的故乡、小亚细亚地区。此书与前三部福音书不同，基本上没有谈到耶稣的生平，主要是保罗的神学思想，故而对研究耶稣生平的史料价值不大。

由于前三部福音书内容大同小异，所以在学术界统称为"对观福音书"，或"同观福音书"。依据同观福音书的记载，阐述耶稣的生平，是否可行呢？在18世纪以前是毫无疑问的。但在启蒙运动后，圣经考据学兴起，国际学术界对同观福音书的可信性提出了质疑。这主要是由于以下几个问题造成的。①历史文献中有关耶稣其人及其生平的资料极为贫乏。②福音书的作者距离耶稣时代较远，他们并没有直接见到或听到耶稣的言行。③福音书中有大量的神话、神迹和传说。④各福音书中，甚至在同一部福音书中，存在着相互矛盾之处。例如关于"天国"，有时说在人间，有时又说在天上。⑤福音书中有关耶稣青年时期毫无记载。

  针对上述情况，国际学术界讨论了二百多年，他们著书立说，各抒己见，对福音书的可信性提出了种种看法和质疑。但多数学者主张：《新约全书·福音书》有关耶稣的记载，虽然存在上述种种问题，但是它毕竟存在着一个最原始的核心。在没有发现新的史料之前，只能参考使用福音书的资料，别无他途。但是在使用中，人们必须极其慎重地思考和分析这些材料。我国学术界自20世纪80年代以来，亦曾进行过多次讨论，多数学者认为，尽管福音书存在种种问题和矛盾之处，但只要我们以唯物史观为指导，拨开迷雾，对福音书进行科学的剖析，理性的思考，合情合理的分析与推论，并以历史文献资料为佐证，还是可以勾画出一个耶稣的生平、思想和事迹的轮廓的。因为它毕竟存在着一个历史的核心，尽管是一个微弱的核心。

青年耶稣

耶稣约于公元前4年诞生在巴勒斯坦的伯利恒，其父是木匠约瑟，母亲叫玛利亚。据《圣经》记载，他们的故乡并非伯利恒，而是加利利地区的拿撒勒。那么他们为什么要去伯利恒呢？因为当年罗马皇帝为了增加税收，下令要对犹太人进行户口登记，每个人都要回到原籍办理登记手续。约瑟的原籍是在距耶路撒冷约8公里的伯利恒镇，他们必须从拿撒勒去伯利恒登记户口。当时回乡的人很多，约瑟和玛利亚到达伯利恒时，旅店都已客满。幸好是夏季，巴勒斯坦天气很热，牲畜在夜晚都放牧于山坡上，一些旅店的马棚尚有空闲，他们只好暂居于马棚里。恰在此时，玛利亚的临产期已到，在马槽里生了一个男孩。这便是耶稣。这里的条件当然很差，四面透风，石头马槽内只有一些草料。可以说，耶稣从诞生之日起，便饱尝了民族的苦难。此时正是犹太民族灾难深重的时代。

当时的犹太王国只是罗马帝国的一个属国，一切大事都要听命于罗马。犹太王国的国王是希律大王（前31年—前4年在位）。他是罗马帝国的鹰犬和走狗，一切大事都仰承罗马的鼻息，对内贪婪地搜刮民脂民膏，残酷地镇压犹太人的反抗，可以说他是历史上登峰造极的一个专制魔王。同时，他又在宗教上实行安抚政策，犹太的国教是犹太教，他为犹太教修造了豪华的圣殿。但他在圣殿的大门上方挂上了罗马帝国的国徽，一个鹰徽。犹太人的宗教信仰极为虔诚，认为此举无异是对犹太教上帝耶和华的亵渎，心中万分不满，但敢怒不敢言。因为希律大王杀人如麻，只要他脑海里怀疑某人，必置之于死地而后快。甚至连他的妻子和两个孩子也不能幸免。

后来希律大王得了不治之症，浑身瘙痒疼痛，叫人把他抬到约旦河东岸的温泉里洗澡治病。当他离开耶路撒冷后，两位犹太爱国英雄，犹大和马提亚率领一批热血青年，爬上圣殿，用斧头砍下了令人憎恶的鹰徽，民众为此大声欢呼。希律大王闻讯后，立即返回耶路撒冷，将犹大和马提亚，连同42位爱国青年全部用火烧死。

希律的罪行可谓罄竹难书，这个暴君自知命在旦夕，心想一辈子做了如此多的坏事，死后如果老百姓不哭泣，没有全国哀悼的气势，岂不丢人现眼！如果老百姓再喝酒举杯庆贺，那就更不可想象了！为此他设计了一个阴谋，要造成举国哀悼哭泣的场面。他命士兵将犹太各个家族的族长逮捕，关在露天剧场内，在他咽气时，命令亲信立即将全部族长杀死，以造成全国哀悼的局面。结果，全民哀悼的场面确实出现了，他在历史上也落了一个万古唾骂、臭名远扬的下场。

希律大王死后，其王国分给了他的三个儿子。长子阿基劳斯得到原犹太王国的大部分土地，包括犹太地区和撒马利亚地区，首府耶路撒冷。由于他继承了希律大王的高压政策，遭到犹太人的强烈反对，罗马当局于公元6年免除了其职务，将犹太和撒马利亚地区改为罗马帝国直辖行省，派总督统治。次子希律·安提帕继承了巴勒斯坦北部加利利等地区，称为加利利分封王。耶稣在世时，正是他担任加利利的统治者。福音书中简称他为"希律"。其三子腓力担任加利利东北更偏远地区的分封王。

耶稣的父母都是虔诚的犹太教信徒，按犹太教教规，所有新生男婴在出生的第八天，都应实行"割礼"，即用石刀割开男婴生殖器的包皮，以示献给上帝（基督教后来废除了割礼，实行洗礼）。所以约瑟和玛利亚抱着耶稣去耶路撒冷圣殿，行了割礼。他们办理了户口登记手续后，全家返回了居住地加利利的拿撒勒。

加利利是巴勒斯坦的山区，居民主要经营农牧业和渔业。拿撒勒位于地中海和约旦河之间的山坡上，那里布满了无花果和葡萄架，树木繁茂，风景秀美，民风朴实。这个小镇聚居着一些小手工业者和农户，镇中有一处清泉，过往商旅多在此处歇脚，做买卖，成为一个商业的集散地。

约瑟靠木匠手艺为生，收入不多，加之子女众多，只能勉强维持生活。据《马可福音》记载，耶稣是长子，他还有四个弟弟，名字是雅各、约西、犹大、西门,还有几个妹妹,所以全家生活非常艰苦。但是据说耶稣的家庭世系很高贵,是大卫王的后裔。关于此点学术界颇有争议。按犹太教的经典《旧约全书》的说法,未来的救世主将出自大卫王的后裔,但最早的《马可福音》并无耶稣世系的记载。而在犹太地区流传的《马太福音》,开篇就述说了耶稣的详细谱系,说明他是大卫王的后裔。所以有些学者认为这只是犹太基督徒的附会,并无根据。但也有一些学者认为,这一世系具有可靠性。因为非犹太人、第二代使徒保罗承认耶稣是大卫王的后裔。而且公元325年,教会史学家犹西比阿(约260—约340)在其名著《教会史》中说:罗马皇帝曾召唤耶稣之弟犹大的孙子问话,得知他家是大卫王传下来的。

耶稣是长子,当然要照顾弟妹们,帮助玛利亚做家务劳动,稍长,跟着父亲学习木匠手艺。约瑟和玛利亚都是虔诚的犹太教信徒,耶稣也耳濡目染,受到了犹太教的宗教思想和教规的熏陶。每个安息日(犹太教的安息日是星期六)都去犹太教的会堂做礼拜,向上帝耶和华祈祷,并在会堂接受犹太教的基本教育。

犹太教的会堂是维系犹太民族传统的阵地。犹太教的中心是耶路撒冷的圣殿,随着犹太人分散到各地,各地都建立了犹太教会堂。会堂负责向犹太青少年进行犹太传统、历史、宗教、语言、文化和民族灾难的教育,其重点则是民族的苦难;犹太人是上帝的"选民"(上帝从诸民族中挑选出来的受保护的民族);以及上帝将派遣弥赛亚领导犹太人复国、建国,拯救犹太民族。这也是为什么犹太民族后来亡国近2000年,而亡国不灭种,没有被同化,并能在20世纪得以复国,创造了世界历史上奇迹的一个根本因素。耶稣幼年在犹太教会堂接受了这些教育,了解了犹太民族的苦难、宗教和历史,并经常思考救国救民的途径。他也经常回忆起古老的犹太民族,被外族侵略和奴役的灾难史。

犹太人是宗教的民族,其历史与宗教结为一体,他们的祖先称为希伯来人,说古希伯来语。约于公元前2000年,他们在部落领袖亚伯拉罕的率领下进入巴勒斯坦。当地人称他们为希伯来人,意为"从河(约旦河)那边来的人"。后来由于旱灾,他们迁往埃及避荒。据《旧约全书·创世记》第32章记载,在行进途中,其部落领袖是雅各。他力大无穷,是摔跤能手。有一天晚上,他与上帝摔了一夜跤,上帝未占上风，天快亮时，上帝说："天快亮了，放我走吧。"上帝还就此给他赐名"以色列"，意为战胜上帝的人，以色列由此而得名。但上帝并不甘心失败，临走时，在雅各的大腿筋上点了一下，使其大腿脱臼，从此瘸了腿。因此犹太人此后不再吃牛羊的筋，至今仍如此。他们在埃及受尽了奴役和压迫，达430年之久。

公元前1453年，在部落领袖摩西率领下，以色列人逃出埃及，经历了数十年的苦难跋涉，才回到巴勒斯坦，并开始了国家形成的过程。公元前11世纪扫罗（前1040—前1012）建立以色列王国，首都为耶路撒冷（意为和平之城）。该国强盛的时期，产生了两位最著名的国王，即大卫和所罗门（前972—前932）。这百余年间，是以色列人民族独立、统一和强盛的黄金时代。

但好景不长，所罗门大王去世后，统一的王国分裂为两个王国：北部是以色列王国，首都为撒马利亚；南部是犹大王国，首都为耶路撒冷。两国相互争斗，实力大为削弱。公元前8世纪，亚述帝国兴起，于公元前721年首先灭亡了以色列王国，俘虏臣民27000人，犹大王国被迫称臣纳贡。公元前7世纪，西亚又兴起了一个新巴比伦王国，其国王野心勃勃，围攻耶路撒冷18个月，公元前586年城破，犹太教圣殿被洗劫，无数人被杀，大批贵族、祭司和工匠被俘往巴比伦，充当奴隶。在巴比伦期间，犹太教兴起了弥赛亚宗教思想。坚信上帝将拯救犹太人的苦难，从而得以复国，重建家园。

公元前539年，波斯帝国战胜了新巴比伦，允许犹太人重返巴勒斯坦，建立属国。犹太人于公元前516年重修耶路撒冷城，建立了政教合一的犹太王国（因在巴比伦生活了47年，所以口音有所改变，原来的犹大，改读为犹太）。这个属国维持了200年。公元前4世纪到公元前2世纪先后被马其顿亚历山大大帝，及其属下王国所统治。犹太人开始逐渐流散到地中海沿岸。

公元前1世纪罗马帝国兴起，公元前63年罗马大将庞培借机攻入耶路撒冷，屠杀12000人，勒索10000塔连特（1塔连特约26千克）白银。公元前54年罗马将领克拉苏又占领耶路撒冷，将犹太教圣殿的财产席卷一空，杀人放火，无所不为。公元前40年，罗马扶持希律大王统治犹太王国，从此成为罗马的附属国。综观犹太自扫罗建国，至耶稣诞生的一千多年历史，除百余年的独立、统一外，其余均是内忧外患，外族统治、民族屈辱的历史。拯救犹太民族于水深火热之中，是一切爱国志士的夙愿。这一切在耶稣的幼小心灵中都打下了深深的烙印。

按照犹太教的教规，每个犹太人都要守逾越节。孩子们在12岁时，父母应带领他们去耶路撒冷的圣殿守逾越节。参加这一礼仪后，标志着孩子进入成年，被称为"法律之子"，即要开始遵守犹太教的律法（教义和教规）。

逾越节是犹太教古老的重要节日。每年三四月间举行。据《旧约全书·出埃及记》记载，摩西率以色列人逃出埃及时，上帝为保护以色列人，屠杀埃及人的长子，令以色列人把羊血涂在自己的门框上，作为记号，以便天使击杀埃及人时，见此记号就越过去。犹太人为感谢上帝，每年都要举行纪念活动，过逾越节。

耶稣12岁时，约瑟和玛利亚与众乡亲们结伴带着孩子们，一同去耶路撒冷参加逾越节。他们准备了水袋、干粮和随身行李一大早便出发了。拿撒勒距离耶路撒冷城约128公里，需要走四五天才能到达。在路途上，耶稣和同伴们目睹了许多历史遗迹。那里有大卫王的古战场；亚述、巴比伦、希腊、罗马军队行军的遗迹。犹太人的荣耀与悲伤在他们心头翻滚。

他们走了三天后，才踏上了犹太的山道，向西望去是伸向地中海的平原，东为约旦河谷地。他们继续顺着山势东向，走上了橄榄山的余脉。耶稣和伙伴们经过艰苦跋涉，翻过崇山峻岭后，忽然豁然开朗，耶路撒冷的远景就在眼前。耶稣站在橄榄山顶上，对面便是庄严的耶路撒冷城。她沐浴在晨曦中，多么雄伟壮丽的城市啊！耶稣正在沉思中，忽然看到一个闪光点，注目一看，原来是太阳照在罗马士兵的铜盔上闪现出的亮点。士兵全副盔甲，手持长矛，立于高高的戍楼上，俯视着下面金碧辉煌的犹太教圣殿。耶稣心中感到一丝震颤，一连串的民族灾难涌上了心头。原来这是罗马驻军担心逾越节期间，犹太人增多，防止闹事所增加的岗哨。

耶稣一行下了橄榄山，向耶路撒冷行进，汇入了成群结队的人流，他们都是来守逾越节的，有许多来自希腊、埃及、意大利、高卢（现法国）、西班牙等地，都是流散到各地的犹太同胞。约瑟一家进城找到住处后，天色已晚，便及早安歇，准备第二天清晨去参加逾越节庆典。

次日一大早，他们到达了圣殿门口。犹太教规定，只有家长才能进入圣殿献祭，行礼后将祭肉与无酵饼领回来，全家再举行纪念活动。妇女儿童只能在外院等候。约瑟献祭回来后，到外院与玛利亚和耶稣聚集在一起，他们束上带子，站着吃烤肉和面饼，并举行了一些烦琐的礼仪。耶稣参加了这一礼仪，留下了深刻的印象，因为他从此将是成年人了。他在人群中也听到了许多人议论，关于犹太人的苦难何时才能了结，弥赛亚几时能够来到？众人的议论，耶稣都记在了心里。

参加纪念活动后，大家退出了圣殿，准备回家。据《路加福音》记载，耶稣又独自进入圣殿，进了犹太教公会的会议厅。他看到里面坐着许多长者，他们都是"文士"（研究经典的人）和"法利赛人"（犹太教的一派），正在讨论经典问题。起初，他坐在门口听，后来觉得很有兴趣，便向一位白发苍苍的老者提出了问题。那老者见他一脸稚气，却能提出关键性的问题，非常高兴，便耐心细致地回答了他的问题。谁知他的问题接连不断，竟然和他们讨论了三天。耶稣此时对宗教已经产生了浓厚的兴趣。他的父母发现耶稣失散了，非常着急，四处寻找，最后在圣殿中找到耶稣，才放下心来。然后，他们一同返回家乡拿撒勒。

此后耶稣一方面跟随父亲学做木工，一方面参加犹太教会堂的学习。不久在加利利发生了一件大事。由于加利利当局增加税收，人们不堪重负。犹太人在犹达斯的领导下，掀起了反罗马的大起义。其口号是武力反抗罗马帝国的压迫和剥削，建立上帝之国。起义军攻入了加利利的首府提庇利亚，夺取了武器库和银库，许多热血青年都参加了起义军，队伍达到一万多人。起义军的大本营就在距拿撒勒约5公里的赛福利城。

此时耶稣尚小，仍跟着约瑟学木工。但他亲眼看见了起义军的英勇斗争和顽强不屈的气概。起义军占领了许多村庄，并攻入了犹太地区。但是，罗马帝国的军队实在是太强大了，而且训练有素，武器精良。起义爆发后，驻守在约旦河东岸的罗马军团迅速围攻追击，起义军节节败退，犹达斯率部退守到赛福利城大本营。赛福利城最后被罗马军团包围并攻破，罗马军团将全城烧光，当地男女老幼被贩卖为奴隶，两千余名战俘，全部被钉死在十字架上。这是罗马法律死刑中最残酷的一种方法，用于叛国罪。当时十字架布满山坡，赛福利火光冲天。对此，耶稣都看在眼里，记在心里，并加以思考。

光阴如梭，耶稣渐渐长大成人，他已是一个熟练的木匠了，和父亲一起做工，养活全家。与此同时，他经常思考如何才能拯救犹太人的问题，在安息日常常期盼上帝能给他一些启示。他也常与朋友们讨论这一问题。

耶稣19岁时，他的家庭发生了极大的不幸，父亲因病去世。这给他带来了无限的哀思和悲痛。从此他要独立承担起家庭的重担，抚养弟妹，安慰日渐衰老的母亲。他为了养家，经常到外地做工。此间他结识了许多朋友。其中经常来往的是约翰，因为他后来为人们施行"洗礼"，所以他被人们称为"施洗者约翰"。施洗者约翰是耶稣的表哥，出身于祭司贵族家庭，生活富裕，但他不愿安享富贵，经常到社会下层，体察民间的疾苦，并毅然抛弃贵族家庭的优裕生活，到民间探索拯救犹太民族的途径。为此，他穿上粗骆驼毛的衣服，扎一条皮带，不理发，不剃胡须，访贫问苦，并经常到旷野中去，只吃些蝗虫、野蜜，思考救国救民的问题。耶稣和他讨论过这方面的内容。他们都认为，拯救犹太民族首先要有共同的理想、目标，每个犹太人都应修身、悔改，提高全民的素质，团结一致，才能得到上帝的认同和支持。同时，耶稣还结交了许多社会下层的同胞，有渔民和做零工的，也有无业者，还有他的两个小表弟雅各和约翰。

耶稣受洗

犹太民族是一个宗教的民族。任何政治问题都是宗教问题，二者密不可分。政治问题都是通过宗教的形式反映出来。例如，对罗马统治的态度的不同，如何拯救犹太民族之差异，都通过犹太教的不同宗派表现出来。在拿撒勒派出现以前，犹太教因政治态度的不同，和宗教观点之差异，已出现了许多新宗派和众多的先知（预言上帝的旨意者）。当时已存在着四个较大的宗派。

（1）撒都该派，这是一个古老祭司家族的名称。该派由祭司贵族所组成，大祭司和祭司都是此派的成员。他们是犹太教的当权派，在经济上富裕，犹太人交的什一税和祭品，都由他们掌握，控制着犹太教圣殿的财政大权。同时，还经营银钱业，牟取财富。在政治上，他们甘当罗马帝国的走狗，完全服从罗马的统治，从而获得了犹太教圣殿的管理权、祭祀权、宗教司法权和民政权，并世袭大祭司的职务，与罗马勾结在一起，统治犹太人民。在宗教方面，他们不重视天国和弥赛亚的降临，也不相信灵魂不灭和复活永生，认为现实生活和利益至关重要。他们只承认犹太教的成文律法，坚持圣殿是崇拜的中心。由于他们与罗马帝国相互勾结，狼狈为奸，统治与剥削犹太人民，所以遭到犹太人的反对、不满和唾弃。犹太教在大祭司之下还有一个类似议会的统治机构，称为"公会"。大祭司为犹太教公会会长，下有70名或71名会员。公会负责讨论和解释犹太教教义，审查处理宗教性案件以及民事案件。会员由"文士"（撒都该贵族出身的经学家）和法利赛人（相当于现代的在野党）组成。最初撒都该人在公会中占多数，由于他们主张对罗马帝国卑躬屈膝，遭到群众的反对，所以在公元1世纪初，法利赛人逐渐占了优势。

（2）法利赛派，意译为分离派，因撒都该人曾欲把他们赶出公会而得名。他们是非祭司出身的社会上层人士，有许多是知识分子与经学家，据约瑟弗斯说，此派共有6000人。法利赛派与撒都该派不同，在宗教上，他们不仅坚持犹太教的文字律法，而且也承认口传律法，主张严守教规和安息日。其教规很烦琐，据统计，他们规定信徒应做的有365项，不应做的有248项，共613项。并规定安息日应是星期五太阳下山时起，到星期六太阳下山时止，在此期间，除祈祷外不许做任何事情，包括不许做饭，不许拾地上的麦穗，甚至羊掉到井里也不许捞。此外，他们认为上帝有赏有罚，有天堂、地狱和复活、永生，同时他们重视会堂的活动，认为它是圣殿以外独立的崇拜中心，这对于后来发挥犹太民族的凝聚力有重要作用。在政治上，他们不赞成与罗马帝国合作，但也不积极反抗，只是热诚地期待着弥赛亚的到来，拯救犹太民族。

（3）艾赛尼派，意译为虔诚派，参加者主要是农牧民，总数约4000人。他们主要活动于农村，其基地在死海西北岸。此派的特点是远离城市，离群独居，财产共有，经济互助，实行禁欲主义。他们不参加耶路撒冷的圣殿活动，认为撒都该人和法利赛人都已腐败，其宗教活动毫无意义。艾赛尼派集体居住在山洞或房屋中，穿最俭朴的衣服，黎明起床后，集体祈祷，然后参加劳动，约5小时。他们严格地遵守犹太教律法和守安息日制度，相信灵魂不灭与死后复活，认为弥赛亚很快就要降临，具有明显的"末世论"倾向。末世论是犹太教的一种思潮，即弥赛亚降临之日，"世界末日"将到来（指现存的旧世界将结束），弥赛亚将主持建立新的耶路撒冷（即理想的上帝之国或社会）。关于此派的活动，历史文献有明确的记载，考古学的资料也充分证实了这一事实。古罗马作家普林尼在其《自然史》中说："他们居住在死海西岸。"古犹太学者斐洛说：他们反对奴隶制度，认为奴隶制度扰乱了自然秩序，所以其成员中有奴隶和被释放的奴隶。约瑟弗斯说：他们实行禁欲主义，不结婚，每件东西都是公有。20世纪中期考古学家发掘出其基地，在库兰（死海西北岸）发现了库兰古卷，包括其《纪律手册》。都说明上述记载属实。

（4）吉洛特派，意译为狂热派或奋锐派，是耶稣时代新建立的一派。他们主张以武装暴力反抗罗马统治和犹太上层，认为弥赛亚即将降临，将建立上帝之国。其成员为犹太社会最底层，包括无业游民、乞丐、失业手工业者和小商贩。关于此派，约瑟弗斯在《犹太战争史》中说：由于他们都是负债累累的贫苦债户，所以围攻犹太上层的官邸，烧毁债券和账簿，所有这些不幸，都是他们干的。

拿撒勒派最初只是一个小派，据圣经考据学者研究，"拿撒勒"一词并非仅是一个地名，其原意是"守部分教义"，亦即它与传统的犹太教教义不完全相同。与艾赛尼派和狂热派也不完全相同，而是经过改革的一个新宗派。

其先驱者是耶稣的表兄、施洗者约翰。他自称为犹太教最后的先知，是来为弥赛亚的降临堆石铺路的。他认为，当今犹太教的大祭司亚那、该亚法，搜刮民脂民膏，都是百万富翁，上帝不会通过他们传达旨意，因而他们不可能为犹太人指引方向。他说，犹太民族的灾难在于人们背离了上帝之道，旧世界的末日快要到了，只有悔过自新、洗心革面的人，并接受洗礼，才能得到上帝的拯救。他的口号是"天国近了，你们应当悔改"。这一"福音"很快地传遍了约旦河两岸。各阶层的人都有人接受他在约旦河的洗礼。

约翰的思想具有平均主义色彩，来受洗礼的人问他："我们应做些什么呢？"他回答说："有两件衣服的，就分给没有衣服的；食物有余的，就分给没有食物的人。"有的税务官员听说旧世界将灭亡，有钱的将要失势，也跑来问施洗者约翰说："我们该做些什么呢？"约翰认为，对这些人的要求不可能一步到位，因为他们过去为牟取金钱而不择手段，便告诉他们："除了例定的税银，不许敲诈别人。"士兵们也来问施洗者约翰应该怎么做，约翰回答说："不要勒索，不要讹诈，不要硬夺他人的钱财。"

施洗者约翰宣讲的福音运动，很快传播开来，从耶路撒冷到希伯伦，从伯利恒到加利利，都有许多人来听他的福音，凡是相信和悔过的，他都为他们在约旦河中施洗，表明他们已弃恶从善，获得新生，成为新时代的选民。于是人们纷纷猜疑，施洗者约翰可能就是弥赛亚，就是救世主。据《福音书》记载，施洗者约翰听到这些议论后，明确地向大家宣布说：我不是弥赛亚，不是那受膏的君王，还有比我能力更大的弥赛亚要来，我不如他，我只是先知。

公元 26 年，耶稣已经 29 岁了。他听到表兄施洗者约翰在约旦河宣讲旧时代将结束，新时代将来临的福音后，甚为振奋，决心去参加这一新兴的运动。此时，他的弟妹们均已长大成人，可以自己维持生活，供养老母了。因此他辞别母亲和亲友，只身南下，去找施洗者约翰。他的另外两个表弟雅各和约翰也同去了。

耶稣到约旦河找到施洗者约翰后，提出要接受他的洗礼。据福音书记载，约翰惊奇地说：你也要受洗礼么？你是新时代的原动力，怎么也要表示悔改而受洗呢？我怎么敢为你施洗呢？耶稣回答说："洗礼"不是表明进入新时代的象征吗？我愿意表明我的心志，行这个洗礼。

约翰便为耶稣在约旦河中施行了洗礼。据福音书说，耶稣从水里出来后，顿觉心胸豁然开朗，他觉得上帝好像鸽子一般，从天而降，贯注入他的身体，并听到一种声音说："这是我的爱子，我所喜爱的。"耶稣为之心中充满了欢乐，脸上泛起了光辉。自知使命重大，将担负起改造社会和宗教的重任。这很可能类似中国人所说的"顿悟"，突然有像《孟子》所云"天将降大任于斯人也"的感觉，从此深感自己责任之重大，振兴民族和改造社会的重任在肩。

耶稣受洗后，为了深思熟虑一套缜密的方案，不知不觉地向深山老林走去。约旦河的东岸是崇山峻岭、人迹罕见的地方，南北 40 多公里，东西宽 20 多公里，这里是奇岩怪石，白云翻滚。过了此山，便是林木稀少，荒无人烟的荒野。耶稣走累了感到疲乏，顺便坐在一块岩石上休息。他看到四周是一片旷野，深感孤独与寂寞。他心中想道，世界上只有甘于寂寞的人，才有可能绘出大手笔的宏伟蓝图，才能干出一番大事业来。这里正是理想的沉思默想之地。他要思考犹太人如何从罗马铁蹄下被解救出来；如何摆脱现今社会的罪恶，建立一个理想的新时代和新社会；采取什么样的方法和步骤？他的划时代的理想就是在这一段时间里系统成章的。后来有人传说，如福音书所载，他在这里不吃、不喝、不睡觉，在旷野里思考了 40 天。

此时，彼拉多正担任罗马帝国犹太行省的总督，希律担任加利利与外约旦分封王。犹太的内政依然由犹太教的公会管理。犹太教圣殿的大祭司是该亚法，但他受其岳父、祭司亚那的操纵，二人合作，狼狈为奸。他们听说有个施洗者约翰，在约旦河一带号召悔改，为人施洗。而且从者日众，声势浩大，感到这将不利于他们的统治。于是亚那和该亚法商量了一个坏主意，决定先发制人。他们给加利利的希律写了一封信，说在其辖区内，有人要造反，首领是施洗者约翰，请严防缉拿。希律早已知道此事，现在亚那又来信通报，于是把施洗者约翰招来，探其究竟。施洗者约翰得到通知后，自知凶多吉少，索性借机劝其悔改。他见到希律后说：你是一个罪孽深重的人，应真诚地改过。特别是不应该娶弟妇希罗迪为妻。施洗者约翰的话像针一样刺痛了希律。

希律的弟妇希罗迪是当地有名的美女，虽已37岁，但风韵犹存。希律依仗权势，将希罗迪据为己有。希罗迪17岁的女儿，长得亭亭玉立，美丽且舞姿迷人。希律与她的关系也非同一般，宫内外早已绯闻四起。此时施洗者约翰提及此事，无疑是触及了他的伤疤，希律始而害怕，继而愤怒，最后决定将约翰带枷关入监牢，听候处理。

耶稣得知约翰被囚后，立刻赶回加利利。他要继承施洗者约翰的事业，在加利利传道，并扩大影响，事实上，在约翰被捕后，耶稣就成为拿撒勒派的领导人。

公元28年，约翰被关押了两年后，被处死。约瑟弗斯在《犹太古事记》一书第18卷第2章说："希律任加利利和外约旦分封王时，为防止暴动，未经审判，将约翰处死。"福音书记载得更为具体。据《马可福音》第6章说：约翰对希律的指责，不仅激怒了希律，而且希罗迪也因此怀恨在心，时时怂恿希律杀害约翰。但希律担心会引起更大的反抗，甚至起义，一直未敢轻易下手。希罗迪终于等到了一次机会。

希律生日的那一天，他举行盛大宴会招待政要、文武官员和民间的领袖。席间，希罗迪的女儿出来跳舞，跳舞时还做出一些卖弄风骚的动作，希律大悦，遂向她说："无论你要求什么，就是要我的半壁江山，我也给你。"女孩便出去问其母："我应该要什么呢？"她的母亲希罗迪回答说："要施洗者约翰的头。"女孩立即回来向希律请求说："求您现在把施洗者约翰的头放在盘子里，给我。"

希律听到这个要求后，感到为难。可是他已当众夸下海口，并发了誓，无法自食其言，只得令侍卫去监牢斩下了施洗者约翰的头，放在盘子里，带回送给希罗迪的女儿。约翰的门徒听到此不幸的消息后，领走了约翰的尸体，并举行了葬礼。

耶稣布道

约翰死后，耶稣继承并发展了他的事业，成为拿撒勒派的领导人，许多约翰的门徒，也都追随耶稣，开展传福音的工作。耶稣认识到自己的使命和肩负的重任，考虑了许多问题，既然要拯救犹太民族，那么理想和目标是什么？采取什么样的方法和步骤？仅仅教育犹太人能够达到拯救的目标吗？他反复思考了以色列人千余年的历史和民族兴衰荣辱，以及当前犹太民族所处的形势与处境，对其理想和目标提出了一个方案。

他分析了当时存在的几个犹太人的派别，做出了自己的判断。对罗马帝国屈膝投降的撒都该派，一向为广大犹太人民深恶痛绝，热爱祖国的耶稣称他们为"野兽"，把他们控制的圣殿称为"贼窝"，决不能走这条路。法利赛派虽不与罗马人合作，但繁文缛节特别多，事实上多数法利赛人都是形式主义和教条主义者，已成为哗众取宠的伪善之辈，决不能与他们为伍。那么两个社会下层的教派如何呢？

艾赛尼派主要是农牧民，但他们逃避现实，居于野外，悲观失望，消极等待，如何能拯救世人呢？至于奋锐派反抗罗马的献身精神非常可嘉，值得赞赏，但他们只知武装反抗，而在条件不成熟的情况下，武力反对罗马帝国，无异是以卵击石，无谓地牺牲许多同胞的生命。因此，对这条道路不可贸然行事。耶稣提出了自己的目标和理想的社会。关于这一点由于福音书中的内容说法不一，甚至存在许多矛盾之处，这很可能是作者添加了一些后人的神学思想和传说，从而增加了问题的复杂性。但是我们实事求是地、综合地分析耶稣思想的连续性、系统性，还是可以看到耶稣带来的福音（即好消息）的内容，以及他所追求的目标和理想。

耶稣的最终目标是建立一个由上帝（仍是犹太教的上帝耶和华）领导的、理想的新社会和新国家。这个理想的社会他自己称之为"上帝之国""天国"或"我父之国"；新约圣经中也称为"新天新地"，"新耶路撒冷"或"千年王国"，"新时代"。这显然不同于当时存在的、充满罪恶、欺诈、压迫、仇恨、拜金和谎言的、在罗马控制下的犹太傀儡国；也不同于撒都该人统治的犹太教。

耶稣认为首先要从改造犹太人自身的思想观念，提高自身的民族素质入手。他明确地提出了这个新时代、新社会的最根本的道德原则，和精神生活的指导思想。这就是人人都要充满"爱心"。他说：你要以全部的心志、情感和理智爱上帝和爱人如己。这也就是说：让世界充满"爱心"。关于"爱人如己"的原则，耶稣做了通俗易懂的说明：即要为他人服务，不要让他人为你服务。他曾说："你们当中，谁要做大人物，谁就要做大家的仆人……正如人子一样，他不是来受人伺候，而是来伺候人的，并且为了救赎大众而献出自己的生命。"中国基督教会将这一思想概括为："非以役人，乃役于人"和"人人为我，我为人人"。一个新社会，如果人人都能如此出以公心和爱心，这当然是一个理想的社会。

关于理想社会的分配原则，耶稣的想法具有平均主义的色彩。在福音书中他多次提到有钱的人应变卖家产，分给穷人。耶稣及其12使徒也是将财物集中在一起，统一保管，共同消费，组成最初的公有社团。

那么，这个新时代或上帝之国在何处？是在现实世界还是在天上？它何时到来呢？是在人的生前还是在死后？我们从耶稣言论的主流可以看出他的"上帝之国"具有现实性。耶稣多次说："日期满了，上帝之国近了。""我郑重地告诉你们，站在这里的人，有的在死以前会看见上帝的主权实现。"而且《新约·启示录》说："上帝的帐幕在人间，他要与人同住，做他们的上帝。"《新约逸经·彼得启示录》更明确地说明，理想社会在"大家共有的大地上"。对此问题，圣经学者们解释说，耶稣的意思是说，不论在哪里或者哪个人心中充满爱心，彻底清除了自私、损人、贪婪、欺诈、残酷等私欲，这便是理想社会的一点体现。所以说，他的"上帝之国"的起点是从耶稣宣传福音之日即已开始，直到一切人都自觉地达到这一水平，上帝之国也就实现了。这既是一个现实的,又是一个长远的目标。

关于什么人可以进入上帝之国,耶稣的言论明显地倾向于支持社会下层、穷人和老弱病残、鳏寡孤独之人。他在《路加福音》和《马太福音》中明确地提出了这一点:

> 贫穷的人多么有福啊,你们是上帝之国的子民!
> 现在饥饿的人多么有福啊,你们要得到饱足!
> 现在哭泣的人多么有福啊,你们将要欢笑!
> 虚心的人有福了,因为天国是他们的;
> 痛哭悔罪的人有福了,因为他们必得安慰;
> 温和的人有福了,因为上帝将赐给他土地;
> 如饥似渴地寻求上帝的人有福了,因为他们必得饱足;
> 怜悯别人的人有福了,因为他们必得怜悯;
> 心地纯洁的人有福了,因为他们能见上帝;
> 致力于人间和平的人有福了,上帝要称他们为儿女;
> 为实行上帝旨意的人有福了,因为天国是他们的。

对于有产者,耶稣则首先要求他们遵守宗教道德,不要做坏事。耶稣对他们说:"你们要变卖所有的东西,周济人。""你们无论什么人,若不撇下所有的东西,就不能做我的门徒。"在《马太福音》中,还谈到一个富人问耶稣,如何才能进入上帝之国,耶稣提出了要遵守"十诫",富人回答说:"这一切我从小便做到了。"耶稣对他说:"你还缺少一件,去变卖你所有的东西,分给穷人。"富人脸上变了色,灰溜溜走了。因为他有许多产业。耶稣还说:"有钱财的人进入上帝之国是何等的难啊!骆驼穿过针眼,比财主进天国都容易。"

耶稣的这些要求,首先是对犹太人的要求,也是对非犹太人(圣经上称为外邦人)的要求。耶稣曾说:"你们要到世界各地去,向全人类传扬福音。"《新约全书·启示录》亦多次提到:你们要把福音传给住在地上的人,就是各国、各族、各方、各民。耶稣还表示过,上帝耶和华不仅是犹太人的上帝,而且是全人类的上帝,新时代的上帝之国最终将包括所有的人。由此观之,耶稣的思想首先是一次宗教上的革新,他是一位宗教改革家，把犹太人狭隘的民族宗教，改革成为世界性的宗教。

他的社会改革要从深层次的思想改革入手。他强调提高人们的精神生活和道德品格，从而提高民族的素质，振奋民族精神，达到最终拯救犹太人的目的。他常谈到"悔改""悔罪"，对于"罪"的概念，以及基督教为什么说人人都有"罪"，我国人们往往无法理解其含义。据近年来圣经学者研究，《新约全书》中所说的"罪"的概念，含义较广泛，它包括了我们今天所说的错误、弱点、惰性、缺点以及违犯宗教戒律和法律等。亦即我们今天所说的，"人无完人，金无足赤"。所以他说人人都要悔罪，以除旧更新，并以充满爱心，服务他人为标准，不断提高，向理想的人和理想的新社会靠近。耶稣对不同的人又提出不同的要求。对贫穷者、道德高尚者是从积极的角度提出，充满爱心，服务他人；对有产者和当权者、贪官污吏则首先要求他们按章程办事，遵守纪律，弃恶从善，逐步提高。由此观之，耶稣可以说是一位思想史上的社会改革家了。

耶稣在进行宗教改革和振奋民族精神的同时，并没有忘记犹太人的民族灾难、罗马帝国的侵略压迫。他只是认为当时以武力反抗罗马的时机还不成熟，急躁冒进、一味地武装抗争会造成更大的牺牲，只有首先从宗教和思想上革新、提高民族素质，然后待机而动，才能达到民族解放的目的。从耶稣的言论中，我们可以看得很清楚。他曾说："你们不要认为我来是叫地上太平，我来并不是叫地上太平，乃是叫地上动刀兵。"在耶稣被捕前不久，他对门徒说："现在有钱包或行李袋的，要带着；没有刀的，要卖掉衣服去买一把。"还说："你们听到打仗和打仗的风声不要惊慌，这些事是必须有的，只是末期还没有来到。"这些都说明，耶稣主张以新宗教思想和道德观念，改造和武装犹太人，但并不排除以武力反抗罗马帝国和犹太当局，只是时机未到而已。此外，耶稣认为，犹太教的教规、节日、祭祀、礼仪的繁文缛节太多，仅守安息日一项就有清规戒律百余条，大都流于形式，而无助于提高信徒的思想和道德水平。所以，他在实践中做了许多改革，如礼仪，废除了割礼，改为洗礼，建立了圣餐礼。

耶稣刚刚30岁时，回到了故乡加利利。他一面宣传他的福音，一面寻找施洗者约翰的信徒。他主要于安息日在犹太教会堂讲道，听者日众，在加利利颇有名气。但是在他的故乡拿撒勒却没有成功。在拿撒勒，他每到安息日必去犹太教会堂。有一次他去会堂讲道，首先宣读了《旧约全书·以赛亚书》的一段话：

  主的灵降临到我，
  要我向贫穷的人传佳音，
  他差遣我宣布，
  被掳的，得释放；
  瞎眼的，得光明，
  受欺压的，得光明，
  并宣告上帝拯救他子民的恩年。

  耶稣宣读完，把圣经放下后，向听众说："你们所听见的这些经文，今天应验了。"意思是说：他是上帝派遣的，给大家带来了福音。众人听后议论纷纷，有的人根本就不相信，便说：这不就是本村木匠约瑟的儿子吗？他的弟弟、妹妹我们不是都认识吗？怎么会是上帝派遣来的呢？耶稣继续向他们讲道，他们不但不听，反而大嚷大叫，把耶稣推推搡搡地撵了出去，有人要把他推到山崖下，但没人敢动手。耶稣说：没有一个先知在本乡本土受到过欢迎。这真是"外来的和尚好念经"。

  耶稣离开拿撒勒，向东北走去，越过加利利山，到了迦百农城。他认为这里很适合做他的宣教基地。因为迦百农是加利利的较大城市，会堂很大，适于做宣教的中心地点。同时，它靠近加利利湖，有许多渔村，那里有一些他的亲戚和朋友，还有他的门徒。而且这里交通便利，人口众多，没有耶路撒冷那种宗教和政治的钩心斗角；这里的群众和拿撒勒民众一样朴实，但没有拿撒勒人的那种保守和偏见。于是，耶稣决心在这里找几个助手，轰轰烈烈地大干一场。

  他在加利利湖边，首先找到西门及其弟弟安得烈。他们正在捕鱼。耶稣对他们说：你们跟随我去做宣教工作吧！他们欣然同意了。后来，又碰上他的亲戚雅各及其弟弟约翰，他们正在修补渔网，耶稣告诉他们，现在时机已到，你们也跟我来吧！他们都是热血青年，听说跟随耶稣去开展上帝之国的运动,都非常高兴,便撇下了船和渔网,随耶稣一同回到了迦百农城。

每到安息日,耶稣都去会堂宣讲他的福音。这个会堂很大,装潢也很讲究,大门面对加利利湖,有一个较大的广场。耶稣每次讲道,听众都挤得满满的,因为他的话,不是文士们的那种陈词滥调,而是给人带来希望,令人耳目一新,充满了力量。

据福音书说,他在此讲道期间,还当场治好了一些神经病、心理障碍的患者。于是耶稣的名声大振,在迦百农,家喻户晓,认为他有"神力"。耶稣的住处,来往的人川流不息,有探讨拯救民族理论和办法的,也有找他看病的。过了些时日,耶稣提出:我们应该去别处了!其他城镇也需要传播福音。于是,他们巡行布道,遍及整个加利利。

加利利湖附近有几个较大的城市,如伯赛达等,人口众多,商业、交通发达,也有不少山区,人们思想朴实。耶稣在那里工作很顺利,人们听他讲道,觉得顿开茅塞,加之他能看病,许多人把他看成权威,人们愿意摆脱贫穷、愚昧、自私自利,也希望挣脱犹太教多如牛毛的繁文缛节,获得解放。所以耶稣一呼百应,纷纷归顺。耶稣宣传的新思想、新理论和上帝之国,以及反对传统教规的主张,引起许多文士和法利赛人的不满,他们经常对耶稣进行刁难、恶意诽谤或找茬与他辩论。

一天,耶稣率众门徒出城,在城门口的税务所见到税吏马太,耶稣与他有过交往,知道他早已不愿意干此差事,便对他说:"你来跟我传道去吧!"马太欣然同意。当晚,马太大摆筵席,邀请耶稣,还找来一些税务官员作陪。法利赛人对此非常不满,便来质问耶稣的门徒说:"你们的老师为什么和税吏这种罪人坐在一起吃吃喝喝呢?"法利赛人认为绝对不能和这种人有任何联系。还说:"你们的老师耶稣白天在会堂讲圣经,教授上帝之道,怎么晚上与税吏这种罪人为伍呢?"这简直是大逆不道。

耶稣听见他们的对话后,对他们说:健康的人不需要医生,罪人如能悔过,是值得欢迎的。我来就是让罪人悔过。耶稣便给法利赛人讲了浪子回头的故事。

一个人有两个儿子。小儿子不孝顺,是个败家子,要求其父分给他应得的财产,分家另过。老者答应了他的要求。小儿子带着他的钱财,出走他乡。他在外面生活放荡，挥金如土，很快就将财产挥霍得精光，处于饥饿状态。他只得去一个财主家当雇工，每天从早到晚都得出去放猪，中午饥饿难忍，好几次都想拿猪食豆荚充饥。这时，他逐渐醒悟过来了。过去不务正业，今后能不能幡然悔悟，向父亲认错，做他的雇工，求得他的原谅？他心想，回去有可能得到父亲的谅解。

于是，他衣衫褴褛，行色枯槁地回到家。到家后，他扑倒在地，向其父说：父亲，我得罪了天，也得罪了你，我不配做你的儿子，把我当成你的雇工吧！他父亲见到此情此景，对他过去的不满都烟消云散，大发慈悲，跑过去亲吻他，并立即叫人给他换衣服、鞋袜，戴上戒指，并且宰肥牛设宴，还叫吹鼓手奏乐。老者非常高兴地说，这是我死而复活、失而复得的儿子，难得啊！实在难得！耶稣讲到这里，看了看那几个法利赛人，见他们眨着白眼听得发愣，于是耶稣又接着讲下去。

大儿子正在地里干活，听到音乐欢乐声，从地里赶回来。当他了解了这些情况后，大为恼火，不愿进屋。他父亲出来劝慰他，他说：我服侍你多年，从来听你的话，你从来没有给我宰过一只羊羔，而你那个吃喝嫖赌、败家的儿子回来，你却给他宰了肥牛。这是何道理呢？父亲语重心长地对他说：你经常与我在一起，我之所有，即你之所有。你这个弟弟是浪子回头，死而复活，失而复得，要知道浪子回头金不换啊！我怎么能不高兴呢！以色列人只有悔过自新，团结起来，才会有出路。大儿子听此道理后，心悦诚服，不仅对他弟弟表示欢迎，而且后来互相爱护，家业兴旺发达。耶稣讲完浪子回头的故事后，几个法利赛人见无懈可击，便灰溜溜地散去了。

反对耶稣的人见此计未成，便又在"禁食""守安息日"问题上刁难耶稣。因为犹太教的禁食规定非常多，安息日的禁忌多如牛毛，特别是法利赛人更是恪守教规。他们便在这方面找茬，贬低耶稣。安息日是古代犹太教最僵化的制度。逢安息日，当时的犹太人绝对不许干任何事。即使发生战争，或正在战争中，也得偃旗息鼓，停止作战。又如，一个人如果不把口袋缝在衣服上，而是拿在手上，便被认为在工作，就是违反了安息日的规定；你如果在泥里踩了一个坑，便违反了安息日的规定，因为有小规模耕地的嫌疑。遵守这些繁文缛节对农民来说，实在太困难了。耶稣一向反对这些形式主义的教规，所以文士和法利赛人就在这些方面挑他的毛病，处处与他为难。

在一个安息日，耶稣及众门徒从麦田里走过。门徒掐了一个麦穗。法利赛人对耶稣说：你们在安息日为什么做出这种违禁的事呢？耶稣回答说："圣经上记载说，大卫王及其从者在饥饿时不是也做过此类事吗？我明确地告诉你们：安息日是为人设立的；人不是为安息日设立的。"说得法利赛人哑口无言。

又一个安息日，耶稣在会堂讲道。为一个患病 18 年，痛苦万分的妇女，治好了病。会堂的祭司看到耶稣在安息日为人治病，很不满意，便向众人说：七天之中，六天都可以工作，为什么一定要在安息日违反规定呢？耶稣听后，直截了当地回答说："这完全是伪善，这个妇女难道不是同胞姊妹吗？难道不应该在安息日解救她吗？在安息日救人一命是好事还是坏事？"

文士、祭司和法利赛人虽然数次被驳得哑口无言，但他们并不甘心。他们认为耶稣简直是一个危险分子，竟敢挑战教规，藐视律法，还煽动民众，自称"人子"，破坏神圣的安息日制度，必须给他点颜色看看。

法利赛人将情况报告给希律，要求惩办耶稣。希律为人处世非常圆滑狡诈，他深知耶稣的宗教活动得到许多人的支持，有众多的追随者，威望很高。因此，在这种情况下绝不能触犯众怒，引起一些麻烦和骚乱。但同时他又表示，绝不能放过耶稣。耶路撒冷的犹太教大祭司和希律是一路货。他早已得知耶稣所宣传的上帝之国，迟早会危及他的地位，实在是心腹大患。但他认为最好的办法是，等待耶稣公开发表反对罗马帝国、称王作乱的言论时，抓住把柄，假彼拉多之手，杀害耶稣，彻底根除。

但是，耶稣早已成竹在胸，识破了他们的奸计，认为当下主要是做发动群众与组织群众的工作，提高民族的凝聚力和思想道德觉悟，不能急躁冒进。所以耶稣继续宣传他的新宗教思想，从者日众，影响地区不断地扩大。

公元 28 年夏，耶稣宣讲的福音运动，得到了更大范围的民众的赞同。在此情况下，耶稣发现，法利赛人和文士与他对立，连同耶路撒冷和加利利的当权派也不断寻衅和待机报复。鉴于施洗者约翰被害的教训，所以耶稣认为，必须紧紧地把握运动的航向，避免与当局的正面冲突，把运动的重点转移到农村。而且他感到，仅在小小的会堂活动远远不能满足群众的要求，应到广大农村民众中去，利用广场、山坡、海滩、旷野进行宣讲。同时，他看到，追随者日见增多，什么人都有，男女老幼，老弱妇孺，其目的也不同，有求得精神安慰的，有要求治病的，也有追求民族复兴大业者和改革宗教者，不一而足，必须分别对待，加以筛选和组织。

关于追随者的人数，圣经有一些记载，有一处说："除了妇女、孩子，约有五千。"另一处说："除了妇女、孩子，共有四千。"还有一处说有几万人。他从众多信众中，首先挑选出关系较为密切的，有一定觉悟和水平的人，作为门徒，共70人，《路加福音》记载为72人。耶稣把门徒分成两人一组，派往巴勒斯坦各城市访贫问苦，为病人治病；并宣传上帝之国和理想社会快要来临了，以扩大影响。

接着，耶稣又从众门徒中，挑选出12人为"使徒"。"使徒"这一原文词意是"受委托的人"，后引申为"使者"的意思。因为耶稣感到，其主张在几个月的实践中，已形成了一个系统的、成熟的理论，必须将此传授给有培养前途的、最亲近的骨干，以便他们发挥"酵母"作用，代表他去广泛地发动群众。耶稣对此做了缜密的思考，并做了祈祷，最后选定了12名使徒。这12个使徒是：

彼得，迦百农的渔民，与其弟安得烈是耶稣最早的追随者。他对耶稣忠心耿耿，是耶稣最亲密的使徒之一，被公认为耶稣的大弟子。他原名为西门，希腊文译名为彼得。耶稣对他很器重，特给他起名叫"矶法"，意为"磐石"。在耶稣的上帝之国运动中，他以对事业的忠诚勇敢而著称。

安得烈，是彼得的弟弟，为人忠厚老实。他原是施洗者约翰的门徒，曾听到施洗者约翰说过耶稣是弥赛亚（即基督），所以当耶稣召唤他时，就与哥哥彼得一起追随耶稣了。

大雅各，是耶稣的表弟，为西庇太之子，曾是施洗者约翰的门徒，后来追随耶稣。他和彼得、其弟约翰是耶稣最亲密的三个使徒。他性情暴烈，耶稣给他起名为"雷霆之子"。因12使徒中，还有一个雅各，与他同名，所以他被称为大雅各，以示区别。

约翰，是西庇太的二儿子，大雅各的弟弟，也是耶稣的表弟，他在12 使徒中年龄最小，处世温文尔雅，但关键时刻慷慨激昂，原则性强，所以耶稣最喜爱他，是其三个最亲密的使徒之一。

腓力，是耶稣最早挑选的使徒之一。他待人热情诚恳，助人为乐，处世温、良、恭、俭、让。

巴多罗买，又名"拿但业"，作风沉着勇敢为人朴实坦率，心地善良。

多马，为人赤诚稳重，遇事心中有数，从不盲从轻信，办事牢靠。

马太，曾任税吏，交际能力强。他精明强干，社会经验丰富，洞悉官场与商界的尔虞我诈、世态炎凉，且有较大的活动能力。

雅各，为亚勒腓之子，因与西庇太的儿子雅各同名，故又被称为"小雅各"。他善于思考，深谋远虑，为人老成持重，办事心中有数。

达太，是小雅各的弟弟，又名"犹大"。他待人和善，平易近人，与群众的关系密切，办事忠实诚恳，但能力不是太强。

西门，是奋锐党的成员，富有政治斗争经验，血气方刚，斗志昂扬，联系着一批志在救国的激进派青年。

犹大，加略人，即后来出卖耶稣的"犹大"。他是耶稣的12个使徒中唯一不是加利利人的使徒。此人思想敏锐，手腕灵活，足智多谋，是个很聪明的人，并热心于以色列人的民族复兴运动和弥赛亚的降临。但他野心勃勃，爱出风头，追名逐利，锋芒毕露，领袖欲极强，在任何时候首先考虑到的是个人的名利和出风头。耶稣虽看重他的才华，却又忧虑其私欲，但还是委以重任，让他管理使徒们的钱财和开支。

耶稣期望使徒和门徒发挥"光"与"盐"的作用。"光"是指要给人间带来光明，照亮世界，给人类带来希望，照亮前进的道路。"盐"是指给人类的生活增添味道、光彩、质量和人生的意义，就如同食物如果没有盐就淡而无味了。盐还有防腐剂的作用，意为防止自身的腐败与贪婪，抵制坏人坏事，净化社会道德，作为"盐"，如果失去了咸味，就会成为废物、无用之物。

耶稣所挑选的使徒，文化水平都不高，对耶稣的宗教思想、理想社会和远大的最终目标不能完全理解。所以耶稣除在多种场合，利用各种机会向使徒和群众形象地、通俗地、比喻性地说明他的理想，以及对犹太教传统教规的态度外,还集中了一段时间,和众使徒云游在沿加利利湖的崇山峻岭之中。因为这里白云悠悠,一片宁静,是向使徒传道授业,进行培训的理想之地。

耶稣向使徒宣讲的上帝之国或天国是一个完美的、没有罪恶的世界。他所描绘的主要是精神生活,很少提到物质生活;所重视的是心灵的净化和思想上的充实与提高。他形象地说明了进入上帝之国的条件。他说:一个人不能同时崇拜两个主人,既拜上帝又拜财神;既想进入上帝之国,又想发财致富,一心发财的人不可能进入天国。耶稣还反复强调进入天国的前提是严于律己,宽恕他人,要讲恕道,只有你能宽恕别人,上帝才能宽恕你。因为只有具备恕道的人,才能做到"爱人如己"。耶稣为此讲了一个比喻。

有一个人欠了国王几千两银子,无力偿还,被带来见国王。国王决定把他和他全家人卖掉,以偿还债务。那个人跪在国王面前痛哭流涕地哀求说:主人啊!宽恕我这一次吧,我一定设法把钱还清。国王动了慈悲之心,不仅释放了他,还免去了他的债务。

但他出来后,恰好遇见了一个欠他十几两银子的同伴。他声严色厉地揪住他,并掐住他的脖子逼他还债。那个同伴跪下求他宽限几天。他竟毫不留情地将同伴送到官府,关进监狱。其他同伴见他如此无情,皆愤愤不平,就将其表现全部报告给国王。国王大怒,立即把他找来,对他说:"你这个可恶的奴才!你欠我几千两银子,求我宽限日期,我可怜你,放了你,还免去了你的债务。你的同伴只欠你十几两银子,难道你不应该像我宽恕你那样,宽恕他吗!来人啊!把他也关进监牢,让他还清原来欠我的债。"这一比喻的意思是只有宽恕别人,才能得到别人的宽恕。至于宽恕别人多少次?彼得曾问过耶稣,宽恕别人7次够不够?耶稣回答说:7次不够,要宽恕70个7次,也就是说一生都要讲恕道,永远宽恕别人。

要宽恕他人,必须严于律己,宽以待人,不要视己为天仙,专挑别人的毛病。耶稣说:不要议论别人的是非,因为你怎样议论别人,别人也必用同样的标准衡量你们。为什么只看见你兄弟眼中有刺,却不想想自己眼中有梁木呢?应该先去掉自己眼中的梁木,然后才有资格去批评你的兄弟,去掉他眼中的刺。

同时耶稣认为，要真正做到"爱人如己"，仅仅是"己所不欲，勿施于人"还不够。在人民内部，要"忍让"为上。当时犹太教的律法是"以眼还眼，以牙还牙。"这是古代的"同态复仇法"，某人将别人的牙打掉，法律规定就把某人的牙打掉。耶稣认为，这一原则是以报仇、仇恨为出发点，冤冤相报，永无休止，不符合"爱人如己"的原则。所以他说了一个形象的比喻："不要对欺侮你们的人进行报复。有人打你的左脸，连右脸也转过来由他打；有人要你的内衣，连外衣也让他拿去。"这是提倡一种"和为贵""忍让为上"的、处理人们内部矛盾的一种基本精神，"冤家宜解不宜结"，如果人人都能如此处理问题，社会就不会有任何矛盾了。当然，这只是理想社会的一种精神，现实的社会不论是当时，还是现在，都没有达到这一水准，都还有坏人，还需要依法治国，惩治不法之徒。耶稣在圣经里还提到要"爱仇敌"，这当然是一种更高、更远的理想境界了，耶稣强调的是宽恕别人。大约将来到了"世界大同"之日，仇敌也都会化解了。至于对当时犹太民族的敌人，罗马帝国的统治者，耶稣并没有忘记，他只是认为武装抵抗的时机尚未成熟而已。

对于犹太教的教规和律法，耶稣并不主张全部废除，他当时也无意另立一种新的宗教，而是主张应从积极的方面去理解犹太教的律法，应吸取其精华，剔除其糟粕。他对使徒说：你们不要认为我是来废除法律的，我乃是要成全它。我告诉你们，天地可废，法律永存，诫命中任何一小条也不能废除。

他认为律法贵在精神，例如说，十诫中规定："不可杀人"，这只是明文制止一种不轨的行动，而未涉及其动机。实际上杀心起于"怒"，如能"制怒"，焉会杀人。又如，十诫中说，"不可奸淫"。这当然是正确的。但仅不许有此行动，是不够的，最重要的是不可有此邪念，没有邪念就不会有此行动了。

耶稣还强调做思想工作必须细致、准确、有针对性。他讲了一个比喻：有一个农民去种地撒种。有些种子落在路边上，鸟儿飞来把它们吃掉了；有些种子落在浅土的石头地上，虽然出苗很快，但土层太浅，根长不深，被太阳一晒，便枯萎了；有些种子落在荆棘丛中，荆棘长得快，把苗欺住，庄稼长不起来；有些种子撒在肥沃的土地里，发芽生长，结出了许多果实。所以讲道必须深入、细致、准确。

耶稣还讲了一个比喻：一个农民把麦种撒在田地里，有个坏人趁他不在之时，偷偷地把稗子也撒在他地里。麦子和稗子同时生长，开始时分不出来。到麦子扬花吐穗时，稗子就显出来了。农民的仆人说："我们撒的是好麦种，怎么会长出这么多稗子呢？"农民说："肯定是有人使了坏。"仆人说："我们把稗子拔出来吧！"农民说："不必啦。现在稗子的根和麦子的根已连在了一起，如果拔去稗子，一定会把麦子也一起带了出来。让稗子和麦子一起长吧。等麦子熟了，收割的时候，先把稗子割下来捆好当柴烧，然后再割麦子，把粮食收进仓里。"

耶稣的这一比喻是说明"善有善报，恶有恶报，不是不报，时候不到，时候一到，一切都报"。在这个比喻中，他把麦子喻为好人，把稗子比做坏人，现在社会上既有好人，也有坏人，从一时来看，似乎坏人未受到惩罚，但这只是时候未到。到"审判"之时，好人和坏人情况就大不一样了。从这一比喻来看，耶稣继承了犹太教传统的善人升天国和恶人下地狱（火狱）的思想。但他在这方面没有做过多的描述。

耶稣的上帝之国还表现出对劳动人民的无限同情。他认为财富是进入上帝之国的绊脚石。富人利欲熏心，唯利是图，视财如命，金钱的迷雾蒙上了他们的眼睛，他们难以悔改，接受福音。耶稣说：有钱财的人进入上帝之国是何等的难啊！骆驼穿过针眼，比财主进天国都容易。他明确地提出理想国将颠倒现在的秩序。耶稣说：凡自高者必将为卑，自卑者必升为高。叫有权柄的失位，叫卑贱者升高，叫饥饿者得美食，叫富足的人空手回去。

使徒们集中聆听了耶稣的教导，可谓茅塞顿开，对于上帝之国的目标、途径、工作方式、方法都有了较深入的了解。他们师徒一行沿着山坡向加利利湖走来。此湖的面积并不大，长约 21 公里，宽约 11—13 公里，沿岸布满了城市和乡村，此后，他们师徒便在加利利湖沿岸传播新的宗教思想。

约公元 28 年冬，天气寒冷，大部分居民都在家里干活。所以耶稣分派使徒和门徒到各地的村镇、家庭去传教。门徒们两人一组分别到他们熟悉的地方，去宣扬上帝之国。这是一次大规模的传教活动，把上帝之国的思想推向高潮。

冬去春来，公元 29 年春夏之交，门徒们陆续归来。师徒们重新团聚，谈到各地群众的反应和支持，以及多方面的成果，大家很是开心。耶稣感到门徒们已经辛苦了一个冬天，需要集中一段时间休息整训。如果在城镇集中这么多人，目标太大，会引起当局的怀疑和干涉，于是他们决定乘船到旷野去休整。

时值仲春，风光明媚，群众四处打探，寻找耶稣和门徒们的踪迹。当他们得知去旷野的消息时，都如潮水般地跟来了，有的甚至从旱路提前赶到。耶稣上岸后，看到如此多的群众已聚集在那里，很兴奋，就即兴站在高处向群众讲解上帝之国的理想，一直讲到夕阳西下，听众有几千人。群众解散后，耶稣与众门徒乘船去伯赛达，安排好门徒的休息后，他独自登上山峦，计划冷静地、周密地思考一下当时的形势和策略。耶稣认为，在加利利希律管辖的范围内，仅宣传上帝之国的思想，不会有太大的麻烦。

现在众门徒回来之后，群众支持者日众，而且如今施洗者约翰已死，希律对他的信众早已怀有疑惧之心。如果加利利的法利赛人和文士，与耶路撒冷的大祭司相互勾结起来，必会将其置之于死地而后快。同时，加利利的革命形势发展很快，大家都盼望一个复国救主的弥赛亚出来，领导他们进行武装斗争。一年多来，在各地都有许多人问他是不是基督。况且日间分饼会餐的时候，表面上是轰轰烈烈，显示了新时代的爱心，但也表明了许多人只为求得到饼，而不是求上帝之国；只是求他做犹太传统的弥赛亚，做武装革命的君王，而不是要他做新时代的领袖。在使徒中，有的人在聚餐时也不知所措，领会不了他的意图；使徒西门只想发动起义；犹大想在政治上捞点好处。看来上帝之国运动太艰难了。

耶稣当时想，"我何尝不是为了拯救犹太民族？上帝之国运动原本就是达到这一目标的运动。"但是，耶稣的觉悟和理想高出了现实。他认为上帝是全世界的上帝，四海之内皆兄弟，犹太人只不过是接受了特殊的使命而已。他不愿意做犹太人武装反抗罗马帝国的领袖或弥赛亚，因为敌我力量相差太悬殊了。地跨欧、亚、非洲庞大的罗马帝国的正规军就有几十万人，弱小的巴勒斯坦如武装反抗，无疑是盲动，带来的只能是更深重的民族灾难。他认为，当时唯一拯救犹太民族的途径，是在信仰与道德等方面，提高民族的素质、心志和凝聚力，振奋民族精神，开辟一个新时代。

但此时，奋锐派正在酝酿武装起义。他们认为耶稣就是犹太教预言中的弥赛亚，欲拥立他为犹太人的王，以此为旗帜号召群众，发动起义，遭到了耶稣的谢绝。酝酿起义的风声很快引起了罗马和耶路撒冷、加利利当权派的警觉，他们立即派法利赛人监视耶稣及其使徒的行动，并向他挑衅，准备一旦抓住其把柄，即将其逮捕。情况已经相当紧张。不幸的是，群众的一方出现了问题。

几天后，耶稣再次在旷野讲道，民众依然潮水般地追随他。奋锐派和许多民众认为，如果耶稣成为他们的领袖，同情穷人，将来定可衣食无忧，更有甚者以为，耶稣有此势力定能一呼百应，揭竿而起，一举打败罗马帝国。所以这次聚会时，高喊要耶稣称王（即弥赛亚）的呼声震天，乱作一团。耶稣拒绝了他们的要求，率使徒悄然离去。众人因找不到耶稣，感到非常失望，于是一哄而散，各奔他乡，剩下的一部分群众因为害怕政治风险，也不再来听他讲道了。群众运动很快地冷落下来。耶稣的活动遭到了严重的挫折。

前往耶路撒冷

公元29年夏,耶稣带着12使徒离开加利利,渡过加利利湖,在东岸登陆。耶稣上岸后,走上山坡,他在那儿遥望熟悉的迦百农、伯赛达等地,许多往事涌上心头。他曾在加利利坚持不懈地宣传上帝之国的福音,成效显著,如今却烟消云散。他百感交集,这说明上帝之国的福音并未深入人心、开花结果。

他想到这里,长叹了一声,问使徒们:"你们也要离我而去吗?"彼得立刻回答说:"你有永生之道,我们还能跟随谁呢?"别的使徒也纷纷表示决不动摇。只有犹大忧心忡忡,缄默不语。

耶稣和众使徒休息了几天之后,然后向西北走去,似乎要去腓尼基的西顿和推罗(现黎巴嫩境内)。耶稣默默地在前面走,深思今后怎么办?如果答应群众的要求,去做犹太教传统的弥赛亚,肯定会把同胞领上绝路,不仅以色列民族遭受更大的苦难,而且,也会断送了自己的上帝之国的理想;与耶路撒冷大祭司和法利赛人妥协吗?绝不能与他们同流合污。那么怎么办?

据《圣经》记载,就在此时,他耳边突然有一个声音说:"看哪,上帝的羔羊,背负世人罪孽的羔羊!"这是施洗者约翰为他行洗礼后,对他说的话,耶稣在心里又反复默想此话的含义。耶稣突然感到心胸豁然开朗,他彻底顿悟了自己的"使命"。即由个人承担世人的罪、忍受苦难的使命,也就是以崇高的自我牺牲精神,来唤醒同胞的觉悟,走上帝之国之路。真是"长期思考,偶然得之"。他认为自己这几年的理论和道路是正确的,即使抛头颅,洒热血,被钉死在十字架上,也在所不惜,将坚定地走自己的路。

耶稣率众使徒到加利利边境东部传教,继续宣传上帝之国的福音,并时刻注意耶路撒冷和各地的动向。有一天，耶稣要考验一下使徒们的认识和觉悟。他问众门徒说："人们认为我是谁？"使徒们回答说："有人说你是施洗者约翰，有人说你是以利亚（古代先知），也有人说你是耶利米（古代先知）或其他先知中的一位。"耶稣沉默了一下，突然问道："你们认为我是谁？"这是其事业的关键问题，门徒们对此突如其来的问题，面面相觑，一时茫然不知所措。只有彼得猛然回答说："你是基督，永生上帝的儿子。"其他门徒也都点头承认。耶稣非常高兴地对彼得说："彼得，你是有福的。这种认识是上帝亲自给你的启示。你是磐石，我要把我的教会建造在你这块磐石上。"这说明耶稣已选定彼得作为他的接班人，万一发生不测，彼得可以继承其事业。

耶稣在使徒面前公开承认了彼得的说法，其他门徒亦无异议。耶稣对此深为欣慰，说明他们已有了共识，便进一步向他们宣布了自己的认识和计划。他说他不是犹太教传统的弥赛亚，而是先知们预言的背负世人罪孽的羔羊。这就为"基督"的概念增加了新的内容。他接着分析说：现在民众起义的风声很紧，战争一触即发，其后果将是以色列民族被罗马灭亡，既不能自救，更谈不到拯救世界了。目前，要挽救民族危亡的唯一出路是：他将以惊人的挑战方式，争取犹太的政教领袖们幡然悔悟，使群众惊醒，回到上帝之国的道路上来。如事与愿违，只能是杀身成仁，舍生取义，以"死"唤醒民众的觉悟。耶稣接着向使徒宣布：他将起身去耶路撒冷，此行很可能受到大祭司、法利赛人、文士的迫害，以至于被处死，但他的精神很快将会复活，并取得胜利。众门徒都不能忍受自己的老师去耶路撒冷送死，纷纷加以阻拦。彼得更是急得拉住耶稣的衣服，不让耶稣走。耶稣愤然答道：怕死的不必去，凡是我的使徒，就应该不怕危险。

耶稣决定在逾越节期间率众使徒去耶路撒冷，因为此时去耶路撒冷过节的群众人数最多，影响会更大，是向犹太教首领们挑战的最好时机。为此，他们做了许多准备工作。

公元30年春，耶稣及其12使徒秘密地回到加利利。他们先到了迦百农，这是彼得和一些使徒的故乡。耶稣叫他们回家与家人团聚后，再一同启程去耶路撒冷。

在有的使徒和一部分群众看来，耶稣此次耶路撒冷之行，定会大显神通，取得胜利。雅各和约翰的母亲，即耶稣的姨母，领着雅各和约翰来见耶稣，并行了一个大礼，请求耶稣一件事。耶稣问："你要我做什么事？"她回答说："求你答应我，当你在耶路撒冷坐在国王的宝座上时，让我的这两个儿子一个坐在你左边，一个坐在你右边。"听到这一要求，耶稣很不高兴。他心里想，这说明自己的使徒，甚至是最亲密的使徒，竟然还没有完全了解自己，仍然没有摆脱传统的弥赛亚观念，心里想的竟然还是做大官。耶稣对他们明确地说：世俗的王国里有国王，有大臣，他们高官厚禄，养尊处优，有权有势，受人服侍。但在上帝之国当中，却不如此。你们当中谁要想得到较高的地位，就首先要做大家的公仆。正如基督来到世界上，不是追求荣华富贵、受别人的服侍，而是要为他人服务，甚至要献出自己的生命。耶稣明确地说明了其理想和道德的最高境界是，无条件地为他人服务，而不图谋个人私利。

耶稣无意滞留加利利，以避免与希律发生冲突，增加不必要的麻烦。他计划沿约旦河南下，到达耶利哥（死海北岸的古城），稍事准备后去耶路撒冷。行前，耶稣担心使徒们的思想准备不足，特别提醒他们说：我这次去耶路撒冷向大祭司等人挑战，是最后一搏，如果失败，大祭司和文士们肯定要判我死罪，把我交给罗马人，受尽侮辱后杀害。

耶利哥是约旦河两岸交通要道上的重要城市，罗马当局在此设立税务所关卡，对来往客商征收税款。该所的税吏长撒该是个一心效忠罗马当局的犹太人。他经常狗仗人势，对自己的同胞进行敲诈勒索和无情搜刮。因此当地人都骂他是罗马人的走狗。耶稣和众门徒来到耶利哥时，遇到许多去耶路撒冷过节的人。其中不少人认识或听说过耶稣。他们跟着耶稣边走边谈。撒该也久慕耶稣的大名，很想看看这位神奇人物的风采。但由于他身材矮小，挤了半天也没挤到耶稣的身边。他灵机一动，爬到耶稣前面的一棵大树上等着，当耶稣从树下经过时，就能看清楚了。耶稣早就看到前面的树上有一个其貌不扬的人，又听到别人骂他是恶棍，已知道他就是臭名远扬的撒该了。经过树下时，耶稣抬头对撒该说："撒该，下来。今天晚上我打算住在你家里，好吗？"一向受人白眼和诅咒的撒该万万没有想到，耶稣竟然对他如此尊重。他喜出望外地从树上爬下来，把耶稣和12使徒请到自己家里，大摆宴席款待，并邀来一帮朋友作陪。晚饭过后，撒该站起身来严肃地向众人说："今天是我一生中最高兴的日子。我撒该在耶利哥的所作所为，大家一目了然。可是我们的老师耶稣并没有嫌弃我，使我第一次知道了应该如何做人。从今天起，我要痛改前非，做一个好人。我要把一半财产赈济穷人，今后不再敲诈别人，过去我敲诈过谁、欺侮过谁，我一定按四倍偿还他。"耶稣听了高兴地说："好！今天上帝的救恩降临到了你的家。"

次日，大家因为耶稣在撒该家里吃住，还为他祝福而议论纷纷，甚至还有人对耶稣加以指责。耶稣以比喻的方法说明他的意图，他说：基督到世界上的目的就是要拯救犯罪的人。就像牧人放羊一样，如果一个牧人有100只羊，其中一只迷失方向走失了，那么牧人怎么办？他一定要把99只赶回家中，马上回来寻找那只迷途的羔羊，直到找到它。然后他欢欢喜喜地把羊带回家，并对邻居说："迷途的羔羊找到了，咱们一块儿庆祝吧！"耶稣接着向大家说：一个罪人的悔改比99个人没有罪，还值得高兴，因为上帝不愿意丢失一个人。这个比喻是说明，任何有罪的人只要悔改，回头是岸，都可以重见光明。

公元30年4月2日，耶稣和12使徒启程出发，在远远地已能望见耶路撒冷的时候，耶稣心里想，这次到耶路撒冷向犹太教首脑们挑战，是最后一击，为了扩大影响，必须隆重，造成声势，先声夺人，大大方方地进入耶路撒冷城。

耶稣对使徒们说，我要骑小毛驴进城，你们到前面的村子里找头毛驴来。耶稣骑上小毛驴被群众前呼后拥着向耶路撒冷走来。许多人为了表明对耶稣的敬仰，主动地把衣服铺在耶稣行进的路上，浩浩荡荡的队伍向耶路撒冷城门拥来，有的人挥舞衣服，有的人摇晃着棕榈树枝，众人齐声欢呼：光荣归于大卫的子孙！接着大家又齐声高喊：

赞美上帝！
愿上帝赐福给那位奉主名而来的人！
愿上帝赐福给那将要临到、我们的祖宗大卫的国度！
赞颂归于上帝！

声音之高，震天动地，一些反对耶稣的法利赛人一时不知所措，忙对耶稣说："先生，请你让他们安静点吧！不然就太不像话了。"耶稣回答说:"我老实告诉你们,如果他们保持沉默,这些石头也会呼叫起来的!"

耶稣的莅临震动了耶路撒冷,几乎人人都知道拿撒勒派的先知耶稣来了。耶稣进城观察了圣殿周围情况后,告诉使徒务必小心谨慎。为避免不必要的麻烦,他们师徒一行出城,到城外的伯大尼镇过夜。

4月3日清晨,耶稣和使徒们重返耶路撒冷城,在许多门徒的簇拥下,他们进入了犹太教圣殿,进门一看,圣殿的大院里一片嘈杂,像是一个大庙会或集贸市场。货摊成片,牛羊成群,讨价还价声,人喊兽吼声连成一片。

因为犹太人过逾越节,都要在圣殿里向上帝奉献燔祭,将牛、羊、鸽子、斑鸠等烤熟后献给上帝。而外地的朝拜者只能在当地购买牲畜奉献。所以大祭司允许商贩们在圣殿的大院里做买卖,对他们收税也方便,也是他们的生财之道。由于犹太人早已流落他乡,各国各地都有,所以在大院里兑换银钱的钱贩子也应运而生,一边拿着银钱,一边喊着兑换价码。总之,他们把神圣的殿堂弄得乌烟瘴气。

耶稣看到这一现象,怒火中烧,他愤怒地拿起鞭子,把牛羊全都赶出圣殿的大院,然后又推倒兑换银钱的桌子,砸了卖鸽子和斑鸠的摊棚。在耶稣怒火的威慑下,商贩们不敢反抗,都手忙脚乱地收拾东西慌忙地跑出了圣殿。耶稣一边驱赶商贩,一边斥责他们说:"这里是向上帝祷告的圣殿,你们竟然把它变成贼窝了"。

在清除了做买卖的闲杂人后,耶稣又指挥人们把大院打扫干净,然后坐在大院里向群众讲解上帝之国的理想,同时还给一些精神病患和其他病患治病。直到日落西山,耶稣一行仍然回到伯大尼镇过夜。

耶稣驱逐商贩、洁净圣殿和讲道是对犹太教当局一次公开的挑战。大祭司和文士们气急败坏,决心要除掉耶稣,只是由于圣殿中的绝大多数人都支持耶稣,而不敢轻举妄动,但他们并不甘心。

4月4日上午,耶稣又回到圣殿向群众讲道。犹太教首脑们实在按捺不住了。大祭司该亚法率一些文士亲自出来责问耶稣说:"你凭着什么样的权力做这些事?谁给你的这种权力?"耶稣心想,这是故意找茬刁难我,不能给他正面回答。就说:"你们先回答我一个问题:施洗者约翰的权力是从天上来的呢,还是从世人来的?"这个问题使大祭司很难回答，如说施洗者约翰的权力是上帝给的，那就应该听他的话；如说他的权力是世人给的，则群众不会答应，因为群众相信施洗者约翰是先知。大祭司只能避实就虚地说："我们不知道。"耶稣接着说："那么，我也不回答你们的问题。"大祭司一伙人哑口无言。

耶稣转过身来马上向群众讲了一个故事。他说：一个人有两个儿子。他先对大儿子说，"今天你去葡萄园干活。"大儿子说："我不去。"过了一会儿，大儿子改变了主意，到葡萄园干活去了。父亲又对小儿子说："你也要到葡萄园去干活。"小儿子随口答应说："好，我一会儿就去。"结果他根本没有去。现在请大家考虑，哪一个儿子是老实人，是听话的孩子呢？这个比喻性的故事，等于当场揭露了大祭司等人阳奉阴违、伪善的面孔。他们心中恼怒，但又不敢当众发作。

耶稣看他们没有反应，就又讲了一个故事：一个葡萄园的主人把园子租给了佃户，自己到远方旅行去了。一年后，园主人派了三个仆人去收租，那些佃户不但不交租金，反而捉住收租的仆人，杀死一个，砸死一个，痛打了一个。园主人又派了更多的仆人去收租，也被佃户们赶了回来。于是园主人打发自己的儿子去收租，他认为佃户们至少会尊重他的儿子。没想到佃户们见到园主人的儿子后却说："他是产业的继承人，干脆连他也杀了吧。"于是他们把园主人的儿子也杀了。耶稣问大家："你们说，当园主人回来的时候，将怎样处理这些佃户呢？"众人回答说："一定要严惩那些恶人，把葡萄园另租给老实的佃户。"大祭司等人明白了耶稣的弦外之音是对他们的指责和讽刺，只得愤然离去。

午后，大祭司派了几个法利赛人和文士，以向耶稣请教为名，前来寻衅滋事。他们说："老师，我们知道您是位诚实的人，您总是把上帝之道忠实地教给别人。请告诉我们，应不应该给罗马皇帝纳税？"耶稣心里想，这是一个包藏祸心的政治问题，这些伪君子们，为什么要勾引我上当呢？于是，他机智地说："请拿个交税的钱来给我看。"有人递给耶稣一枚银币，银币上铸有恺撒的头像和年号。耶稣问道："这头像和年号是谁的？"他们回答说："是恺撒的。"耶稣说："那好吧，恺撒的东西当归恺撒，上帝的东西当归上帝。"他们见抓不住耶稣的把柄，便淡然离去了。

有一个法利赛经学家见众人都难不倒耶稣，心中不服，便走过来问耶稣:"先生,律法上的诫命哪一条最重要?"耶稣说:"你要尽心、尽力、尽意地爱上帝和爱人如己。这两条诫命是摩西律法和先知一切教训的总纲。"那个经学家听后佩服得五体投地,心满意足地走了。

接着,耶稣观看来过节的人们向奉献箱里捐钱。一些富豪、大亨腆着肚皮,大摇大摆地走来捐献了许多钱,耶稣都沉默不语。后来有一个衣衫褴褛的穷寡妇,把两个小钱投入奉献箱。耶稣大为感动,对使徒们说:"这个穷寡妇虽然只捐了两个小钱,但她所捐献的价值要比那些富人多得多。富人捐献的钱数虽然多,但都是他们多余的钱,这个穷寡妇却是把她所有的钱都捐献了。"耶稣的意思是说,观察问题不要形式主义,而要看问题的实质,不要被表面现象所蒙蔽。

这一天,耶稣在和大祭司及法利赛人的较量中,虽然都节节胜利,技高一筹,但他预感到危险性也大大增加。于是,他决定当晚带着使徒去耶路撒冷东郊的橄榄山过夜,那里易于隐蔽,更为安全。

他们一行走出圣殿时,一个使徒看着圣殿的石刻说:"老师!你看这石刻多么美啊!"耶稣已预感到起义的形势发展很快,而罗马人必然要武力报复,耶路撒冷城和圣殿的前途,将不堪设想。他心情沉重地说:"这石刻和建筑确实很好。不过,圣殿将被拆毁,这里将变成为一片废墟。"

耶稣和使徒们登上了橄榄山。他预感到形势严峻,有些话必须要向使徒们说明白,给他们敲敲警钟。他说:"今后,你们要谨慎,小心受骗。因为以后会有许多人冒充我的名字,宣称自己是基督,来骗取人们的信任。你们将会听到打仗的消息,但不要害怕,这是必然要发生的事,不过这不是历史的终结。"他接着还说,国与国、民族与民族之间也会发生战争。这一论述说明耶稣并不是全然反对武装斗争,只不过是认为目前条件尚不具备,时机尚不成熟而已。他特别深刻地提出:武装反抗侵略者,打仗,并不是历史的终结,而是意味着新时代的开始,是新的历史的开端。

同时他还向使徒们郑重地说:至于我个人,再过两天便是逾越节了。我将为世人舍命,被人钉死在十字架上。众使徒听到此话都面面相觑,不知为什么耶稣说出如此悲观的话来。他们认为,这两天和大祭司等人的斗争不是都占了上风吗!怎么突然说这些话呢?大家都不知所措，也没多问。只有犹大心头有点震颤。

耶稣静静地坐在橄榄山上，眺望着耶路撒冷的点点星火。他冷静地分析了今天发生的一些细节，看来犹太教的大祭司等人是不可能被感化说服了。目前，摆在他面前的只有一条路：用自己的生命唤醒民众觉醒，挽救民族的危亡。这时，一阵狂风吹来，几只乌鸦呱呱地叫了几声，大地一片昏暗。

耶稣之死

犹大这两天忙忙碌碌，经常和使徒们打个照面就不知去向。因为他负责财物保管、采购事务，与社会各界联系很多，交游甚广，大家也没有介意。

同时，这几天大祭司和文士们也非常焦急。他们想再过两天就是逾越节了，耶稣连日来每天都到圣殿挑战，如果不抓紧除掉耶稣，这个重大节日肯定不得安宁。如果连逾越节都组织不好，那么犹太教大祭司和文士们的脸面就丢尽了，犹太国还有祭司的地位吗？可以说，这伙人是焦急万分。到底是老谋深算、诡计多端的亚那主意多。他说：除掉耶稣是很困难的，白天他有群众的支持，无法下手；晚上他又行踪不定，很难找到他。现在只有从其内部找出一个内奸来，掌握其动态，就可在夜晚将耶稣逮捕到手了。

众祭司和文士们听后面有喜色，都说：大祭司的计策真是"高"。有一个文士说他认识犹大，是耶稣的使徒，这几天总是发牢骚，像是有什么心思似的，也许可以向他试探一下。于是大祭司派他前去策反犹大。

这一天上午，耶稣和使徒们仍到圣殿去讲道。在大院里，他们看到了一件意想不到的情景。几个凶猛的男子押着一个披头散发、袒胸露背、衣服还没有穿好的妇女，来到耶稣的面前。人们立刻围成了一个圈看热闹。文士和法利赛人叫她站在中间。一个法利赛人向耶稣说："先生，这个妇女是犯奸淫罪时，当场被抓住的，奸夫已逃，按犹太教的律法，这个女人应该被石头砸死。您看应该怎么办？"

耶稣立刻察觉到：这又是来陷害我了。如果我说应该按犹太教律法用石头砸死，这不但与我一贯主张拯救罪人的宗旨相违背，而且他们会立刻将此妇女砸死，然后向罗马政府控告我目无法纪，擅自杀人（罗马政府规定凡处死刑，必须经罗马总督批准）。如果说不应该被砸死，他们肯定会向群众宣布我反对犹太律法，没有资格宣讲圣经，然后煽动群众把我逐出圣殿。于是耶稣沉默不语，环视了一下人群，便蹲在地上用手写字。法利赛人见耶稣沉默不语，以为这回可难倒了耶稣，得意扬扬地一再催问："您说应该怎么办啊？"耶稣缓慢地站起来，明确地对他们说："你们当中谁是完美的，谁是没有违反过律法的，谁就先用石头砸她。"法利赛人和文士们面面相觑，谁也不敢说自己一生中所作所为，从没有违反过律法。有一个拿起石块的文士，刚举起手，想到此，手一下松了，石头落在地上。他意识到这一阴谋又失败了。于是他垂头丧气地退出了人群。其他看热闹的人也相继散去。耶稣对那个妇女说："我也不定你的罪。以后不要再犯罪了，好好做人，痛改前非，去吧！"那妇女千恩万谢地、惭愧地走了。

再说犹大这边的事。那个文士找到犹大，说了几句吹捧颂扬之词后，犹大感到很舒服，于是话匣子就打开了，将那文士视为知己。犹大说："犹太人现处于罗马帝国的铁蹄之下，国弱民贫，有志之士无不奋起，抗击罗马。加利利奋锐党的起义虽然失败，但现在的耶稣不同。他有济世之才，有宗教之神力，如号召人民武装反抗，定能取得胜利，称王称帝，毫无问题。但他不识抬举，加利利民众拥立他为王，竟遭拒绝。我的一片爱国之心，他一点也不理解。"文士说："那你为什么还忠心耿耿地追随他呢？"犹大长叹了一口气说："唉！他确有帝王之相，如果他能回心转意，重建犹太王国，那我就是开国元勋了！高官厚禄，奴仆成群是不成问题的。"

那个文士听了犹大的这番议论后认为，若直接说出要拘捕耶稣的意图，他可能不会接受，不如转个弯子，试探一下。遂对犹大说："你也知道，逾越节是咱们犹太民族的重大节日。可是耶稣这两天大闹圣殿，不成体统。如果逾越节那天他仍然去闹事，岂不被罗马人笑话咱们。大祭司想请耶稣面谈，私下和解，顺利地度过逾越节后，还可以商讨犹太教改革的大计。您看如何？"

犹大心想，大祭司有此诚意，实在难得，万一逾越节出点什么事，也确是犹太民族的难堪和耻辱。遂回答说："请转达向大祭司的问候，我愿意效劳，但需与他面谈，而且我也需要了解耶稣夜晚的行踪，因为他经常更换地点。"双方约定，傍晚仍在此见面。

那个文士走后，犹大自己又思量了一番。他回忆这几年跟随耶稣，自己为管理好耶稣和使徒们的财物，可以说是费尽了心机，就是没有功劳也有苦劳吧！但竟然是一路不顺，没有受到过一次表扬。耶稣虽然也骂过彼得，但却封他为"磐石"。自己苦口婆心地劝他称王，以武力拯救以色列民族，耶稣不仅不接受，反而说我是歪门邪道，大加指责。他看不上我，可是大祭司现在都来求助于我。如果大祭司真能与耶稣达成谅解，救国事业有所转机，我犹大不就是首功吗！犹大想到这里，嘴角上露出了一丝微笑。好！那就这么办吧！

这天下午，耶稣仍去圣殿讲道。他前几天与大祭司、文士和法利赛人辩论，揭露他们的腐败，得到群众拥护，因为他说出了群众平常不敢说的话。耶稣认为今天应该向群众宣讲上帝之国的最高理想了。但没有想到许多人对此并不感兴趣，只关心物质上的利益，对耶稣的理想不得其解，陆陆续续地退出了会场。耶稣见此情景，便停止了讲道，与使徒们回到了橄榄山，商讨并分析了这几天的情况。

到了傍晚，犹大与文士会面后，文士答应带他去见大祭司。此时，天色已晚，犹大到了大祭司的门前，大祭司恭身相迎，并对犹大的爱国心和才华大加赞扬。犹大感到心里美滋滋的，便提出了他的条件。他要求犹太教首脑们要以上宾款待耶稣，共同商讨出一个救国方案来。大祭司满口答应，并说：为保证耶稣的安全，需派几个士兵一块儿去请他。犹大对此最初尚有疑惑，但又想，事已至此，即使以强力挟持耶稣来，如能达到互相谅解，商讨救国的目的，亦不为过。他们约定犹大亲吻的人，便是耶稣。一切诡计定好后，大祭司笑逐颜开地取出了30块银币，赠给犹大作为酬金，并说事后另有酬报。犹大也笑眯眯地、半推半就地接受了。

4月6日这一天，耶稣没有去圣殿。他想到，现在是最后向使徒们布置任务的时候了，应该举行一次最后的聚会。但目前敌人四伏，必须在一个秘密的地方聚会。耶稣计划，在耶路撒冷城内的好朋友家中举行，事先不告诉犹大，临时再通知他。因为耶稣早就知道犹大要求以武力拼杀的计划；也知道他沽名钓誉、利欲熏心成性；更洞察出最近他行动诡秘，有出卖他的迹象。所以做了如此安排。

耶稣吩咐彼得和约翰说：你们进城去，会看见一个男人提着水瓶，他是我的好朋友，你们告诉他，今晚的聚会将安排在他的客厅里。他们进城后，果然遇到了那个男子，因为当时耶路撒冷都是妇女顶着或提着水瓶，很少有男子提水瓶的，所以很容易就找到了。他们一块儿安排好了晚餐。

夕阳西下时，耶稣和众使徒来到了耶路撒冷其朋友的客厅，犹大也被找来了。使徒们预感到情况危急，大家都不言语，犹大的脸色由白变青，特别难看。耶稣说：我想在我受难之前，应该与大家一起吃逾越节的宴席。但我并不能在逾越节与你们同聚，我再也不能吃宴席了。犹大听了这些话，脸色铁青，垂下了头。

耶稣为了给使徒们做出服务的榜样，也为了给犹大一个最后悔过的机会，他决定要为使徒们洗脚，以表示爱心。在当时的巴勒斯坦，洗脚是奴仆的活，耶稣现在要为他们洗脚，使徒们不知所措，忙说：不敢当，实在不敢当！耶稣说：我所做的事，你们现在还不明白，以后会明白的，我如果不洗你们的脚，就与我没有师徒的缘分了。众人只好听命。到耶稣给犹大洗脚时，犹大面如死灰，双脚冰凉，呆如木鸡。耶稣见此情况，就知道犹大已是朽木不可雕了。

耶稣给使徒们洗完脚后，便穿好衣服重新坐下，对使徒们说：我之所以这样做，你们是否明白？你们称呼我为老师和"主"，这是对的，但我作为你们的老师还给你们洗脚，你们也应该这样做吧！我这是给你们做出榜样。

吃晚餐的时候，耶稣见犹大神色黯然，想最后再点拨他一下，看看他是否还有悔改之心，便说：我现在告诉大家，你们中间有一个人要出卖我！

使徒们听了这句话都惊诧不已，纷纷地问：那是谁呢？谁能干出这种伤天害理的事呢？约翰凑到耶稣的耳边问：老师！是谁呢？

耶稣小声告诉他，我拿一点饼给谁，就是谁。耶稣此时心想：犹大啊！你在此刻回头还不晚。但他仍无动于衷。耶稣见他死不悔改，遂把一块饼递给了犹大，犹大吃后，耶稣对他说，你该干什么就干什么去吧！犹大就此溜出去了。

犹大走后,耶稣拿起饼来祝圣后,掰开饼分给大家吃,并说:"你们拿着吃,这是我的身体!是为了纪念我的。"接着,他又举起杯子,祝圣后说:"你们喝这葡萄酒吧!这是我与你们立约的血,是为人们的罪错而流的。"这就是后来基督教圣餐礼仪的起源。

耶稣接着向大家说:"你们应当彼此相爱,就像我爱你们一样。你们彼此如有爱心,别人就知道你们是我的使徒了。此刻,时候已经到了,我就要和你们离别了。"使徒们心里很伤感,但也不知道应该怎么做。这时,耶稣率领众使徒一起唱诗、祈祷,然后一同往橄榄山方向去了。

耶稣和使徒们出了耶路撒冷城向东,上了橄榄山,他们来到了山坡上的橄榄园,里面有许多橄榄树和大石头。耶稣叫几个使徒在园门口守候,他带着彼得、雅各、约翰进去了。进园后,耶稣感到这里的夜空似乎充满了怨仇、凶杀,乌云已经掩盖了皎洁的新月。耶稣的全身似乎感到了惊恐。于是,他告诉他们三个人:你们在此等候,我到前面去祈祷和沉思一会儿。耶稣独自到前面,伏在一块大石头上祈祷。

他思前想后,几年来的上帝之国运动,最后竟落得这般结局,现在连自己的生命也保不住了,心中有些伤感和痛楚。但想到他的理想和事业的正确性,又充满了自信心。他认为,这次到耶路撒冷来,就是为寻求与犹太教的首脑们决战的。本来就是明知山有虎,偏向虎山行。人固有一死,或重于泰山,或轻如鸿毛。如果以自己的死,能唤起民族的觉醒,振奋民族精神,向理想社会迈进,为什么不视死如归呢?为追求自己的理想而死,也不枉人生走一场。如果怕死,可以一直当个守法的木匠,也可以不到耶路撒冷来,甚至于现在都可以率领使徒逃走。但是,以自己的血,唤起民众,死亦不足惜。想到此,耶稣忽地站起,充满了信心与力量,他认为这是上帝所支持的壮举。

他回头一看,彼得等三人已疲劳地睡着了。于是,耶稣叫醒了他们,并与园门口的8个使徒相聚。耶稣对他们说:"时候到了,我被卖在罪人手中了。起来!我们走吧!你们看,卖我的人来啦!"

他们看见犹大带着一伙人来了。他们都是圣殿的祭司和衙役,手持短刀与木棒,受大祭司的派遣而来。犹大此时已利令智昏,心中想的都是自己的名利,只能横下一条心,干到底了。他叫同来的人在园门口等着，自己进去寻找耶稣。犹大见耶稣和使徒们站在一起，便走向耶稣，上前一弯腰说："给老师行礼！"接着上前与耶稣亲吻。

耶稣脸上一片镇静，从容地对他说：你想干什么，就做吧！众衙役知道犹大亲吻的就是耶稣，便一哄而上，一齐动手把耶稣围起来。此时，从耶稣背后跳出一个人来，用刀朝大祭司的随从砍去，那随从的头一偏，被削去一只耳朵。耶稣急忙制止，并说："收刀入鞘吧。凡动刀的，必死于刀下！"

耶稣又转过身来，对那伙人说：你们何必舞枪弄棒，气势汹汹地像捉拿强盗一样来对付我呢？我每天都在圣殿讲道，你们为什么不在大白天逮捕我呢？使徒们见耶稣毫不抗拒，被那伙人带走，又看见衙役们还想捉拿他们。众使徒便纷纷乘着黑夜与路途熟悉，迅速逃走了。

这伙人把耶稣捆上后，带到大祭司该亚法的岳父亚那的私邸。亚那曾任大祭司，官瘾很大，有不在其位而谋其政的瘾头，和不任其事而握其权的癖好，很愿意指挥一切，更陶醉于别人继续称他为"大祭司"。所以他要求先审问耶稣。只有先由他审问，才可以定出一个罪名来。

耶稣被带到亚那的私邸时已是深夜，他被绑在院子里。祭司们下决心要判耶稣死罪，但苦于没有一个罪名。因为当时罗马政府规定：犹太人的最高首脑机构，是耶路撒冷的犹太教公会，它可以逮捕人犯，也可以定罪名，但必须呈报罗马总督批准，如果是死刑，更需罗马当局执行。如果定的罪名不像样，或不符合罗马法，不仅不批准，反而会被罗马人嘲笑。所以目前最重要的问题，是定个能说得过去的罪名。而且时间非常紧迫，第二天便是逾越节了，一定要在节日典礼之前处死耶稣。而犹太法律又规定必须在白天开庭审理刑事案件，即天亮之后才能开庭，然后再报给罗马总督彼拉多开刀问斩。现在时间紧迫，亚那必须首先定出一个像样的罪名来。

亚那端着架子，官腔十足地说："耶稣，你从实招供你犯了什么罪？"耶稣回答说："我从来是明人不做暗事，每天都在圣殿讲道，你可以去问他们，我说的他们都知道。"这时，站在一旁的衙役出来抽打耶稣，并说："你对大祭司是什么态度，大祭司是什么人物？"

耶稣说："我如果说的不对，你可以指出，我如说得正确，你为什么打人？"狡猾的老狐狸亚那问了半天没有结果，感到自己有点黔驴技穷了。正在此时，雄鸡报晓，表示天已亮了，公会就要开庭了。亚那无奈，只得把耶稣解往大祭司该亚法那里去。

该亚法的官邸在圣殿南面，宅前有一个大院子，中间放着公平秤，并有一个地道通向地牢。耶稣被带到该亚法和公会成员面前审问，旁边还有许多群众围观，彼得等人也夹杂在群众中。

该亚法坐在大祭司的宝座上，两旁是70名公会议员。开庭后，该亚法首先传证人，书记官宣布了犹太教律法规定的"不许作假见证"等条文。然后证人东拉西扯、七嘴八舌说了一大堆彼此矛盾的话，均不足为凭。后来，有两个人说："他说他能拆毁上帝的圣殿，三日内能重建起来。"大祭司认为，这完全是胡说。依据此，怎能向彼拉多报告，要求判处死刑呢！岂不让彼拉多笑掉大牙！最后，大祭司气急败坏地站了起来，厉声问道："耶稣，这么多人告你，你怎么不回话、不答辩？"

耶稣默不作声。

大祭司脑子一转，突然大声喝道："耶稣，我对着上帝，叫你发誓告诉我们，你到底是不是基督，是不是上帝的儿子？"耶稣明确地对他说："你说的是。"大祭司一听耶稣说这话，气得撕裂了自己的衣服，大嚷大叫地说："他侮辱了上帝！我们再也不需要证人了。你们都听见了他侮辱上帝。你们说该怎么办？"

众议员回答说："他罪该万死！"

衙役们见公会定了罪，便围住耶稣乱打。有人还向耶稣脸上吐唾沫，戏弄他。后来还有人用布蒙上耶稣的头，用力打他，并戏弄说："基督啊！你是先知，你告诉我们，现在是谁打你。"

天一亮，他们就把耶稣捆绑起来，押到罗马帝国总督府，交彼拉多判罪。总督府在罗马驻军的戍楼中，下面有审判厅。大祭司早已叫衙役召集了曾被耶稣轰出圣殿的那伙地痞流氓，把他们安排在围观群众的前面。大祭司呈上公文要求立即行刑。彼拉多因为众多犹太人一大清早便来瞎嚷嚷，很不高兴。于是，他从阳台上探出头来问有什么事。祭司们说：要求判耶稣死罪。

彼拉多只得穿上紫色官服，升堂问案。耶稣站在公案前。祭司们说："他煽动群众，说自己是基督，是犹太人的王。"

彼拉多端坐在大堂上，细细地观察耶稣。他认为耶稣面目和善，从容镇静，不像是作乱的坏人，又见他脸上青一块、紫一块，还有几条血痕，已被衙役打得够呛了。他心里明白大祭司的狠毒，但却不清楚耶稣犯了什么罪。因为他当了四年总督，还没听说过这一罪名。于是彼拉多问道："你是犹太人的王吗？"

耶稣说："你说的是，但我的国不属于这个世界。"耶稣回答的这句话很策略，"这个世界"可以是指与彼岸世界或精神道德世界相对的现实世界；也可以是指与新时代、新社会相对的罗马与大祭司统治的"这个世界"。

彼拉多听后却不明白耶稣所说的意思。他觉得他从来没审过这种案子，实在烦人。于是他走出来，对大祭司和群众说："我审问不出这个人有什么罪来。"

大祭司一伙人回答说，他在犹太各地传道，煽动老百姓，从加利利蔓延到犹太全境，现在又到这里来啦。

彼拉多一听耶稣是加利利人，心想这太巧了，加利利的希律正在耶路撒冷，干脆把这个麻烦案子交给希律处理吧！遂说："既然此人是加利利人，就交由希律处理吧！"

大祭司只好把耶稣押解到希律那里。希律得知这个消息，很高兴，他早就想见见耶稣，听说他能显神迹，这次叫他显个神迹看看。他问了耶稣许多问题，耶稣都没有回答，一言不发。于是，希律及其士兵开始戏弄、侮辱耶稣，还给他穿上一件华丽的大袍。戏弄够了，又把耶稣送回彼拉多那里。

彼拉多召集了大祭司、各界显要人士，对他们说："你们把这个人拉到我这里来，控告他煽动民众；可是，我在你们面前审问他，却查不出他犯过你们所控告的任何罪状。连希律也查不出他有罪，又把他送回来了。可见他没有什么该死的行为。现在，我宣布叫人鞭打他，然后释放。"

此时，祭司们和早已被亚那收买的一部分群众，听说要释放耶稣，都大声喊叫："处死他，把他钉在十字架上。"

按照惯例，每逢逾越节，彼拉多都为犹太人释放一名死刑犯，以示法外开恩。于是，彼拉多宣布：叫他们在耶稣和一名杀人强盗犯巴拉巴中间，选择一个人释放。此时，祭司们乱作一团，纷纷大喊：要求释放巴拉巴。

彼拉多又一次出来说:"耶稣做了什么坏事呢?我没有查出他有什么罪,所以我要鞭打他,然后释放。"下面又大喊大叫,秩序大乱,坚决要求释放巴拉巴。彼拉多又问:那么耶稣怎么办呢?他们齐喊:"把他钉死在十字架上。"彼拉多担心会引起骚乱,就同意了他们的要求,将杀人强盗巴拉巴释放,把耶稣鞭打之后,下令将他钉在十字架上。然后彼拉多叫人端来一盆水,当众洗手,表示处死耶稣与他无关,不要玷污了他的手。士兵把耶稣带到院子里,给他穿上一件紫袍,用荆棘编了一个冠冕套在耶稣的头上,戏弄他说:"犹太人的王万岁!"还往他脸上吐唾沫,并用藤条抽打他。然后,把他带出去钉十字架,押送的士兵约有一个营。随同耶稣一齐被处死的还有两个强盗。彼拉多命令书记官,把死刑犯的罪名和名字写在长方形的木板上,钉上十字架。这上面要用三种文字书写,一种是罗马政府使用的拉丁文;一种是当时流行的希腊文;还有一种是犹太人的希伯来文。耶稣的这块木板上写的是"犹太人的王,拿撒勒人耶稣"。

罗马士兵押着耶稣等三人,去北门外刑场。按照罗马法的惯例,需由本人背着十字架前往刑场。耶稣因为多日劳累,又受了酷刑,所以,背了不一会儿,就昏倒在地了。罗马士兵只得临时抓了一个人替耶稣背着。

他们一行出了城门向北,一路上跟随了不少群众。许多都是耶稣的亲戚朋友,他们跟着耶稣号啕痛哭,其中有他治好病的妇女,有悔改的人,还有耶稣的母亲玛利亚。

大祭司与文士、法利赛人亲眼看到耶稣被押赴刑场,认为大局已定,便欣喜若狂地回到了圣殿,因为此时已是逾越节奉献圣礼的时候了。他们刚要进入圣殿时,突然从台阶上冲下一个蓬头垢面、披头散发、面色铁青的人来,一头撞在大祭司怀里,并揪住了大祭司的脖领。大祭司定睛一看,原来是犹大。犹大声嘶力竭地说:"我犯了罪,是你们叫我出卖了无辜人的血。"

这些人对他嗤之以鼻,轻蔑地说:"那是你自己的事,跟我们有什么关系?你去承担吧!"

犹大至此,后悔莫及,只能自作自受,愤怒地把 30 块银币摔在石板上，一溜烟地跑了。他来到橄榄山的橄榄园，站在耶稣被捕的地方，思前想后。他想到耶稣对他的告诫与批评，特别是那天晚上还为他洗脚，以言语、行动挽救他，想到此，他心碎了。他过去所想的都是功名利禄、金钱地位，这一切都随着30块银币摔在地上，化为乌有了。最后，他站在一棵大树下，从身上解下了一条带子，拴在树上，上吊自杀了。此时，正是耶稣被钉死在十字架上的时候。

公元30年4月7日上午9时许，耶稣被钉在耶路撒冷城北刑场"骷髅岗"的十字架上。同刑者还有两个强盗。几个士兵守着三个十字架，禁止民众靠近。他们在十字架下抓阄，谁抓着就得耶稣的衣服。民众在一旁看着，有的痛哭；有的还讥讽耶稣。他们都是大祭司指定的证人。有的说："你如真是上帝的儿子，就从十字架上下来吧！"文士们还嘲笑说："他能救别人，却救不了自己。他如能从十字架上下来，我们马上就崇拜他。"同刑的强盗也这样嘲讽他。

耶稣在痛苦中祈祷，他的母亲和亲友们在远处哭泣。到下午3点多钟，阳光黯然无色，耶稣的血已经流尽了。他垂下头，大喊了一声，就气绝身亡了。钉死在十字架上是罗马死刑中，最残酷的刑法，一般要在上面煎熬四五天，才会死去，而耶稣仅几个小时就去世了。对此，罗马的军官都感到惊讶，感叹地说："看来，他真是不同一般。"为了验证耶稣是否真正死去，他用长枪刺了一下耶稣的肋骨，流出来的是血与水，二者已经分离，证明确已死亡。由于耶稣的肋骨被刺了一枪，所以，现今基督徒佩戴的十字架上，在耶稣的肋骨处都有一个"点"，代表被刺的枪痕。这一天是星期五，是耶稣受难和逝世的日子，所以后来天主教会规定，星期五吃斋，以纪念耶稣受难。

事后，耶稣的亲友们给他的尸体涂了乳香、药物，用麻纱裹好，安葬在附近石凿的墓地里。玛利亚悲凄痛楚地告别了心爱的儿子。

耶稣死时，年仅33岁。他是划时代的思想家和宗教改革家。他反对犹太教正统派的形式主义、陈规陋习和烦琐礼仪，以及犹太教当权派的腐化生活与脱离群众的腐败作风，并与他们进行了坚持不懈的斗争。耶稣也是一位爱国者。他深刻地了解犹太民族的灾难和痛苦，同情处于水深火热的社会下层劳动人民的处境。他也支持犹太人的民族解放运动，但他认为当时以武力反抗强大的罗马帝国之时机尚未成熟。他主张首要的、现实的任务是提高本民族的素质，改造人们的精神面貌，增强民族的团结和凝聚力，等待时机，从每个人自己做起，逐步建立一个新社会，开辟一个新时代。他打破了犹太教狭隘民族主义宗教思想，提出了人类的最终目标，是建立一个和平、平等、正义、充满爱心与和谐的精神世界。

然而，在两千年前，他提出如此崇高的、超前的理想和目标，的确距离现实太远了。不仅当时的犹太人接受不了，耶稣的使徒们也未能完全理解，即使在今天，甚至若干年代之后，这也只能是一个奋斗的目标。

耶稣生前，并无意建立一种新的宗教，只不过是犹太教中的一个小派，即拿撒勒派，最多只是原始基督教的创始人。在他去世后，耶稣的思想和精神的确复活了。其使徒们，和使徒的使徒们分散到各地传教，他们把耶稣奉为教主和救主，并加以神化，成为后世基督教崇拜的三位一体神中的一位，即圣子。其他两位是圣父耶和华和圣灵。

1世纪至4世纪的原始基督教，在罗马帝国处于秘密或半秘密活动状态。由于在活动和发展中，它不断吸收了古希腊和罗马的哲学思想，丰富了教义；建立了教会组织；固定了礼仪。它经历了长达300年之久，到325年，发展成为基督教，并战胜了其他宗教，被罗马帝国奉为国教。到欧洲的中世纪，基督教发生了分裂，产生了三大支派。统治西欧地区的称为天主教，由罗马教皇领导；11世纪分裂出东正教，主要分布于东欧地区；16世纪，经过马丁·路德的宗教改革运动，又从天主教中分裂出基督新教。基督新教不是一个统一整体，是由各个宗派所组成。主要有：路德宗，长老宗，圣公宗，公理宗，浸礼宗，卫斯理宗等99个宗派。目前，基督教已发展成为分布于世界160余个国家和地区的世界宗教。1996年世界基督徒总数已达约19亿人，约占世界总人口的三分之一。

本文改写自《耶稣》（新蕾出版社2000年版），原书4.5万字。

基督教史研究

试论原始基督教的政治思想

原始基督教从其产生到发展成为罗马国教，经历了大约三百余年，自身有一个产生、发展和变化的过程。本文主要探讨其产生时期，即公元1世纪30年代至1世纪下半期的政治思想。

一 原始基督教政治思想的内容

"基督教同任何大的革命运动一样，是群众创造的。它是在新宗派、新宗教、新先知数以百计地出现的时代，以一种我们完全不知道的方式在巴勒斯坦产生的。"[1] 直至今日，我们仍无法以确凿的史料清楚地说明原始基督教产生时的具体状况及其政治思想的完整与详尽的内容。在1—2世纪犹太与罗马史学家的著作中，有关原始基督教的活动状况的记载非常简略，只说明当时存在着以"基督"为首的一批犹太人的反抗活动。如公元1世纪著名的犹太历史学家约瑟弗斯在其《犹太古事记》一书中曾两次提到基督教，除明显地被4世纪基督教会篡改过的一处外[2]，仅记有公元62年犹太教大祭司处死了"称为基督的耶稣之弟雅各和其他一些人或某些他的同伴"[3]。对此句之真伪目前也存在不同

---

[1] 恩格斯：《启示录》，《马克思恩格斯全集》第21卷，人民出版社1965年版，第11—12页。

[2] 参阅［英］罗伯逊《基督教的起源》，纽约国际出版社1954年版，第107页。（Archibald Robertson, *The Origins of Christanity*, New York: International Publishers, 1954, p. 107.）

[3] ［古罗马］约瑟弗斯：《犹太古事记》，第20卷，第9章，第1节，斯克兰顿公司1905年版。载William Whiston, eds., *The Works of Flavius Josephus*, Hartford: S. S. Scraton Co., 1905, p. 598.

的意见。① 罗马史学家塔西佗所著《编年史》中记有"那些通常被称为基督徒的，因有种种恶行受到痛恨，尼禄把他们定为罪犯，予以严刑惩罚，那个使他们有基督徒之称的人，基督，已在提比略时期，为总督彼拉多所杀"②。其他如斯韦陀尼阿斯在《十二恺撒传》中的记载，亦大同小异，均不能确切地说明问题。因此，我们探讨原始基督教的政治思想，目前还只能依靠《新约全书》和《新约逸经》（或译为《新约伪经》）③。《新约全书》反映出原始基督教政治思想的，主要是较早的《启示录》和同观福音书（synoptic gospels）④。《启示录》描绘了原始基督教最初的思想面貌，"这一篇是在公元68年或69年1月写成的，因而它不仅是新约中真正确定了日期的唯一的一篇，而且也是这些篇中最古老的一篇"；就史料价值来说是新约中"其可靠性无可怀疑的唯一的一篇"⑤。同观福音书产生于1世纪下半期至2世纪上半期，虽然不是目击者的记述，只是后来加工的作品，而且在流传过程中渗揉了许多统治阶级的思想和观点，但其中的人物与情节多少保留了与《启示录》的观点相近的微弱的历史核心⑥。因而，在材料缺乏的情况下，仍具有一定的参考价值。至于《新约逸经》，其称谓并不意味作品本身是赝品，首先称此书为"逸经"（Apocryphal）者也并不认为其为伪造⑦。相反，它是指一般人见不到，仅为少数人所掌握的经典"秘本"，标榜其为庄严与尊贵之作品。过了3个世纪，到尼西亚会议之后的杰罗姆⑧的时代，Apocryphal 始含有"假造的""伪的"之意；《新约逸经》也被摒弃于正典之外⑨。因此，《新约

---

① 参阅［英］罗伯逊《基督教的起源》，第107页；杨真：《基督教史纲》（上册），生活·读书·新知三联书店1979年版，第22页；胡玉堂：《历史上的耶稣》，《世界宗教研究》1981年第1期。
② ［古罗马］塔西佗：《编年史》第15卷，第44节，罗叶布古典丛书本（Tacitus, Annals, XV, 44, The Loeb Classical Library, London: Harvard University Press, 1981）。
③ 该书最新英译本为 Montague Rhodes James, *The Apocryphal New Testament*, Oxford: Oxford University Press, 1975. 此书日文版译为《新约外典》。我国习称《新约伪经》。
④ "synoptic gospels"指马太、马可、路加三福音书。
⑤ 恩格斯：《启示录》，《马克思恩格斯全集》第21卷，第11页。
⑥ 关于《福音书》的真实性，自19世纪以来在圣经批判学者中有较大的争论。
⑦ 参阅《新约逸经·序言》，第9—10页。
⑧ Saint Jerome（340—420），拉丁教会的神学家，通俗拉丁文圣经译本的编译者。
⑨ 《新约·启示录》19：2。（本书所用《圣经》版本为国际圣经协会出版的《圣经：中英对照》（和合本），国际圣经协会，1978年版。以下同，不再一一注明。）

逸经》只是在新约成书过程中,由于教派的斗争,或观点的分歧,而未收入正典的基督教经典。从这一点考虑,在反映原始基督教的人民性方面,其史料价值倒可能比正典更具有真实性,特别是其中的《彼得启示录》残篇,其价值不亚于《约翰启示录》,年代也与其相近,对原始基督教的政治思想有更为明确的描述。

我们从这几篇有限的材料中,可以看到1世纪中期的原始基督教不仅是犹太教的一个新的教派,而且也是一个新的政治派别,它提出了新的政治思想与纲领。其具体内容是:

(一)揭露罗马帝国的黑暗统治,号召人民起来推翻罗马和犹太上层分子的统治,声称:要报仇,要申冤

《新约·启示录》的作者以比喻的手法,称罗马帝国为"巴比伦大城",是"用淫行败坏世界的大淫妇"[1];把罗马的统治比作"世上的淫妇和一切可憎之物的母"。咒骂罗马是"魔鬼的住处和各种污秽之灵的巢穴,并各样污秽可憎之雀鸟的巢穴"。作者把当时的罗马世界划分为两大营垒,一方是魔鬼或撒旦、野兽、假先知和"有兽名的人"(指与罗马政权合作的人——笔者)。另一方则是上帝、基督、圣徒和"写在羔羊生命册上的人(指信仰基督的人,即不与罗马政权合作之人——笔者)。两大阵营将进行决战,其最终的结果将是魔鬼、野兽、假先知被擒拿,被"活活地扔在烧着的硫黄的火湖里"[2]。这里的"野兽"是指罗马统治者及其皇帝,特别是指尼禄,"假先知"则暗指与罗马勾结的犹太教统治者和上层祭司,即当时的撒都该派(Sadducees)和法利赛派(Pharisecs),撒都该人是犹太当权的祭司贵族。他们依靠掌握耶路撒冷犹太教圣殿的统治权,搜刮贡赋,兑换银钱,放高利贷盘剥劳动人民;在政治上与罗马勾结,镇压人民的反抗。法利赛人的主要成员为《新约》中提及的"文士"和"律法师",是犹太的中产阶级和宗教知识分子,他们在政治上的态度是表面上不与罗马政权合作,但并不投入斗争[3]。同观福音书

---

[1] 《新约·启示录》17:5-6;18:1-2。
[2] 《新约·启示录》19:20。
[3] 关于这派的观点参阅约瑟弗斯《犹太战争史》第2卷,第8章。载于 William Whiston, eds., *The Works of Flavius Josephus*, Hartford: S. S. Scraton Co., 1905, pp. 673-676.

对这两派人进行了猛烈的抨击,把当时被撒都该派统治的耶路撒冷犹太教圣殿称为"贼窝"①,攻击法利赛人说"你们这些假冒为善的文士和法利赛人有祸了,因为你们好像粉饰的坟墓,外面好看,里面都装满了死人的骨头和一切的污秽。你们也是如此,在人前,外面显出公义来,里面却装满了假善和不法之事"②。

在《启示录》中,原始基督教以强烈的仇恨提出要报仇、要申冤,以其人之道,还治其人之身,罗马统治者"怎样待人,也要怎样待他,按他所行的,加倍报应他,用他调酒的杯,加倍的调给他喝"③。《启示录》申明,"掳掠人的必被掳掠,用刀杀人的必被刀杀"④;并预示两军对垒的结果是罗马的灭亡,"对淫妇讨流仆人血的罪,给他们申冤……烧淫妇的烟往上冒,直到永远永远"⑤。这些誓言宣布了与罗马奴隶主政权誓不两立,决战到底的决心,反映了强烈的民族仇恨与阶级仇恨。

(二)提出了建立现实的、平等的、公共消费的、劳动人民掌权的新国家与新社会的理想

《启示录》的作者把他们的理想中的新国家和新社会称之为"新天新地""新耶路撒冷""上帝之城"或"千年王国"⑥。这一理想的蓝图带有浓厚的宗教色彩,生活在这个国家里的民众,"上帝要擦去他们一切的眼泪,不再有死亡,也不再有悲哀、哭号、疼痛,因为以前的事都过去了"⑦。在《彼得启示录·附录》中,理想的国家被描述为:"安琪儿将扶助和带领其他那些向往正义与美行、敬神与公正的思想的人们通过火河直达光明,过无忧无虑的生活,那里是伟大上帝的永生的通路,有葡萄酒、蜂蜜和牛奶的三条泉流……既没有婚姻,也没有死亡,也没有卖和买,也没有日落和日出,因为上帝使每个人长命百岁。"⑧《约翰

---

① 《新约·马太福音》21:11-14。
② 《新约·马太福音》23:27-28。
③ 《新约·启示录》18:5-7。
④ 《新约·启示录》13:9-10。
⑤ 《新约·启示录》19:2-3。
⑥ 《新约·启示录》21:1;21:2;3:13;20:7。
⑦ 《新约·启示录》21:1-8。
⑧ 《彼得启示录》五,附录。载《新约逸经》,第524页。

启示录》的描述更为形象,据云该城呈正方形,每边长2414公里,总面积近500万平方公里。城墙均以黄金、宝石等镶砌而成。生命河水贯流其中,两岸布满生命之树,结十二种果实,每月一种,新耶路撒冷的民众可尽情享用。生命果树的叶子可为万民治病①。这些对理想国的描述,显然都是乌托邦式的,是虚幻性的追求与向往,但是也具有世俗性、现实性的一面,它具有以下四个特点:

其一,明显的现实性。"新耶路撒冷"这一理想的国家和社会是在人间、在现实的土地上而非在天上在今生而非在来世。"上帝的帐幕在人间,他要与人同住,他们要做他的子民,上帝要与他们同在,作他们的上帝。"② 而且,这一理想国不是在遥远的未来,而是即将实现,在当时活着的人去世前就能实现。《启示录》和福音书的作者多次借上帝和耶稣之口说"日期近了"③。施洗者约翰被捕后,耶稣来到加利利,宣传上帝的福音说:"日期满了,上帝的国近了"④。同观福音书均提到:"我实告诉你们,站在这里的,在没有尝到死味以前,必然看到上帝之国大有能力临到"⑤;"人为我和福音撇下房屋或是兄弟、姐妹、父母、儿女、田地,没有不在今世得百倍的"⑥。此外,还明确提出"上帝不是死人的上帝,乃是活人的上帝"⑦;"上帝的国近了,我实在告诉你们,这世代还没有过去,这些事都要成就"⑧。《彼得启示录》更明确地说理想国是在"大家共有的大地"上⑨。由此我们可以看到,这些思想与后世正统基督教虚无飘渺的天国是决然不同的,具有明显的现实性和世俗性。

其二,鲜明的阶级性。原始基督教的理想国不分为主的与为奴的,

---

① 参阅《新约·启示录》20,21。
② 《新约·启示录》21:3。
③ 《新约·启示录》22:10,《新约·马太福音》6:17,10:17,《新约·马可福音》17:29,1:14。
④ 《新约·马可福音》1:14。
⑤ 《新约·马可福音》9:1,《新约·马太福音》16:23,《新约·路加福音》9:27。
⑥ 《新约·马可福音》10:29,《新约·路加福音》18:29。
⑦ 《新约·马可福音》12:27。
⑧ 《新约·路加福音》21:32。
⑨ 《新约逸经》,第524页。

一律平等，但是一切统治者和富人是不包括在内的。"有钱财的人进入上帝之国是何等的难啊！骆驼穿过针眼，比财主进天国都容易。"① 而一切贫穷的人不仅可以进入上帝之国，而且将得到满足。"你们贫穷的人有福了，因为你们将要喜笑"②。在福音书中明确提出了理想国将颠倒现在的秩序。"凡自高者必降为卑，自卑者必升为高"③，"有许多在前的将要在后，在后的将要在前"④。新的国家将要"叫有权柄的失位，叫卑贱者升高，叫饥饿者得美食，叫富足的人空手回去"⑤。由此看出，新的理想国家是对罗马奴隶主国家和秩序的否定，是劳动人民掌权的国家。恩格斯说"它倒转了从前的世界秩序，它在穷人、苦难人、奴隶和被排斥的人中寻找信徒，蔑视有钱人、有势力的人和有特权的人"⑥。

其三，实行平均主义的公共消费制度。理想国中实行公共所有，平均财富的制度。那里"生活和财富将是共有的、不分家的"⑦。在新约中亦提到："你们要变卖所有的，周济人"，"你们无论什么人，若不撇下一切所有，就不能作我的门徒"。⑧ 在《马太福音》中还述说一个富人问耶稣如何才能进入上帝之国，耶稣提出了若干诫命，富人答曰："夫子，这一切我从小都做了"。耶稣看看他说："你还缺少一件，去变卖你所有的，分给穷人……你还要跟随我。这人听见这话，脸上就变了色，忧忧愁愁地走了，因为他的产业很多。"⑨ 在《使徒行传》中亦申明此点，"那许多信的人，都是一心一意的，没有一个人说，他的东西有一样是自己的，都是大家公用……内中也没有一个缺乏的，因为人人都将田产、房屋卖掉了，把所卖的钱拿来，放在使徒脚前，照各人所需的分给个人"⑩。看来，平均主义地实行财富和消费品的公有制

---

① 《新约·马可福音》10：23。
② 《新约·路加福音》6：20。
③ 《新约·马太福音》23：12，《新约·路加福音》14：11。
④ 《新约·马可福音》10：31，《新约·马太福音》19：30。
⑤ 《新约·路加福音》1：52。
⑥ 恩格斯：《布鲁诺·鲍威尔和早期基督教》，《马克思恩格斯全集》第19卷，人民出版社1965年版，第329页。
⑦ 《彼得启示录》，载《新约逸经》，第524页。
⑧ 《新约·路加福音》12：33，14：33。
⑨ 《新约·马可福音》10：19-22。
⑩ 《新约·使徒行传》4：32-35。

是原始基督教理想国中的一条重要原则，是有别于其他派别的一个重要标志。

其四，人人平等。在理想国中人与人一律平等，反对奴隶制度，这一思想在《彼得启示录》中表述得最明确。"大家共有的大地将不再用墙和篱笆隔开……将没有穷人，也没有富人，也没有暴君，也没有奴隶，也不再有大小尊卑之分，没有国王和王子，所有的男人将共同在一起。"① 这一思想在同观福音书中亦可找到其痕迹。耶稣曾向门徒说："看哪，我的母亲，我的弟兄。凡遵行我天父旨意的人，就是我的弟兄、姐妹和母亲了。"又说："你们不要受拉比的称呼，因为只有一位是你们的夫子，你们都是弟兄。"② 这种平等思想对于千百年来世代贫困的自由人和处在社会最底层的奴隶来说，无疑地具有巨大的吸引力。这种平等思想是对罗马奴隶制帝国人吃人、人压迫人的社会的否定和抗议，是对自由的向往。

（三）指出了推翻罗马统治，建立理想国的途径和依靠力量

根据《启示录》和同观福音书的材料，原始基督教将其实现政治理想的途径和依靠力量寄希望于救世主，似乎全能的救世主一旦莅临，一切理想都将实现，这当然是其虚幻性的一面。但有关材料说明其还有现实的一面，就是要积极地去争取，同观福音书几次提到耶稣急不可待地说："我在你们这里要到几时呢？我忍耐你们要到几时呢？"③ 并且公然提出暴力手段，主张通过强力实现其政治理想。"我来要把火丢在地上，倘若已经火着起来，不也是我所愿意的吗！"④ 甚至更明确地说："你们不要想我来，是叫地上太平，我来并不是叫地上太平，乃是叫地上动刀兵。"⑤ "从约翰传道之日起直到今天，天国一直遭受到猛烈的攻击，暴力的人们争取夺得它。"⑥ 最后号召其门下："如今有钱囊的可以带着，

---

① 《新约逸经》，第524页。
② 《新约·马太福音》12：49-50，23：8。
③ 《新约·马可福音》9：20；《新约·马太福音》17：17。
④ 《新约·路加福音》12：50。
⑤ 《新约·马太福音》10：34。
⑥ 《新约·马太福音》11：12。

有口袋的也可以带着,没有刀的要卖衣服买刀。"① "你们听见打仗和打仗的风声不要惊慌,这些事是必须有的,只是末期还没有来到"②。这些均说明他们实现其理想的途径并非只是消极地等待救世主,而且也包括积极争取,通过暴力实现其政治理想。

从其依靠的阶级力量来看,耶稣的活动主要是在劳动人民中间进行宣传、组织动员工作,"最初的基督徒来自哪样一些人呢?正像作为革命因素所应该的那样,主要来自属于人民最下层的'受苦受难的人'。这些人之中都有些什么人呢?在城市里,是形形色色的破产的自由人……此外还有被释放的奴隶和特别是未被释放的奴隶"③。其骨干力量(门徒)多为社会下层人物,在同观福音书中有明确记载者多属于此,如彼得、安得烈、雅各、约翰均为渔民,还有一名属于奋锐党的西门④。原始基督教的先驱者施洗者约翰也是"穿骆驼毛的衣服、束皮带,吃的是蝗虫、野蜜"⑤ 的贫苦人。

根据以上材料可以看出原始基督教不单纯是一个犹太教的新教派,而且是一个具有政治思想、并为其实现而奋斗的新的政治派别,尽管这些思想涂上了一层宗教的色彩,但是我们拨开迷雾就可以看到其现实性的一面,并应将它放在具体的历史条件下来观察与确定其性质,探讨其历史作用。

二 原始基督教政治思想的两重性

任何一种政治思想都是现实阶级斗争与民族斗争的产物。原始基督教的政治思想亦不例外,它是古代以色列人民反抗罗马野蛮统治和犹太上层斗争的产物,是这一斗争在思想上的反映。

以色列人自建国以来长期被外族,特别是罗马统治、奴役和剥削。

---

① 《新约·路加福音》22:36。
② 《新约·马可福音》13:7。
③ 恩格斯:《论早期基督教的历史》,《马克思恩格斯全集》第22卷,人民出版社1965年版,第541—542页。
④ 《新约·马可福音》1:16-17。
⑤ 《新约·马可福音》1:6。

犹太被划归直属省后，所受统治和剥削更为加重，经过普查人口、厘定税金，犹太人民缴纳人头税、农业税以及其他苛捐杂税，此外还要向圣殿交什一税。流落他乡的犹太人，每人每年也要向圣殿交两个德拉克玛的贡赋，在这种残酷的剥削下，犹太人民尝尽了国破家亡之辛酸，发动了持续不断地反抗罗马的运动，包括政治思想的和武装的斗争。公元初，加利利的犹大、约旦河谷的奴隶西门、牧羊人阿夫朗加斯先后起义，自称犹太国王，掀起抗交人头税的斗争，结果被叙利亚总督瓦鲁斯率领的两个军团镇压下去，起义地区的人民被屠杀与掠夺，两千人被俘后钉死在十字架上。直到公元66年前，起义和反抗连绵不断，加利利的犹大的三个儿子先后担任起义领袖，自立为王。稍后又有伊里查起义，斗争长达二十年。① 这就说明了自公元前1世纪中期至公元1世纪，犹太社会的主要矛盾是罗马统治与反统治的民族矛盾。对犹太上层统治阶级的斗争是与反抗罗马的斗争分不开的，撒都该人所以能剥削压迫犹太人民是因为他们在政治上投靠罗马帝国，因而阶级斗争与民族斗争密切相连，阶级斗争必须从属于民族斗争，反抗犹太上层必须首先反抗罗马的统治。所以，反抗罗马还是投降妥协成为当时犹太社会衡量人们的思想和行动的准绳，成为进步的、革命的或是保守的、反动的思想和行动的分水岭。原始基督教的政治思想恰恰是在这种历史条件下，在反抗罗马统治的群众运动中产生的，是民族斗争和阶级斗争相统一的产物与表现。因而它是一个爱国主义的纲领，其主要目标是宣传与组织群众，推翻罗马的统治，渴望在现实的土地上建立一个平等的、平均主义的劳动人民掌权的理想国家与社会。这一思想反映了犹太下层人民，包括奴隶、被释放的奴隶、穷人、无权者的愿望与要求，反映了劳动人民对罗马统治的仇恨与抗议以及对人剥削人的奴隶制度的憎恶与否定，也反映了对理想生活的向往与憧憬，因而它在思想上具有一定的革命性，在行动上具有相应的进步性。正如恩格斯所说，它"成为人类精神史中最革命因素之一的阶段"②。但是，原始基督教的思想体系是复杂的：作为

---

① William Whiston, eds., *The Works of Flavius Josephus*, Hartford: S. S. Scraton Co., 1905, p. 590, 683.
② 恩格斯：《论早期基督教的历史》，《马克思恩格斯全集》第22卷，第536页。

一种宗教，它的神学思想必然占主导地位，又由于其阶级的和时代的局限性，近两千年前的奴隶阶级和劳动人民也不可能提出明确的、切实可行的政治纲领。因此，它的政治思想不能不受到神学思想的影响，处于救世主的迷雾笼罩之下，从而在具有革命因素的同时，又具有虚幻性、空想性与麻醉性，这样的理想国家也是不可能实现的。

原始基督教与成为国教后的统治阶级御用的基督教有根本的不同，"它既没有后世基督教的教义，也没有后世基督教的伦理，但是却有正在进行一场对全世界的斗争必将胜利的感觉，有斗争的欢悦和胜利的信心"。原始基督教最初是作为被压迫群众的运动而产生的，"它最初是奴隶和被释放的奴隶、穷人和无权者、被罗马征服或驱散的人们的宗教"①。它的进步意义主要集中和决定于它的政治纲领和思想：反对罗马帝国统治，在现实的土地上建立理想的、平等的国家与社会。因此，原始基督教的政治思想，尽管受到神学思想的笼罩，带有虚幻性的一面，但其核心内容在当时的历史条件下，仍然起到了一定的进步作用，并对后世的欧洲有着深远的影响。

三　原始基督教政治思想的进步作用与影响

原始基督教的政治思想既有积极的革命的一面；又有消极的空想和虚幻性的一面，但是在其兴起之初，从其发展之速度、劳动人民皈依之众多，说明其积极因素在当时起到了较大的作用，并对后世的欧洲有着巨大的影响。这具体表现在：

第一，对当时犹太人民反抗罗马的群众运动起到了宣传、鼓动和组织的作用，原始基督教提出了与当时的庞然大物——罗马帝国势不两立、以推翻帝国统治为目标的纲领，提出要报仇、要申冤。"他们进行积极的宣传，对内外敌人作不屈不挠的斗争，在异教徒的法庭上昂然承认自己的革命观点，决心随时为将来的胜利而殉道。"② 对这一斗争充

---

① 恩格斯：《论早期基督教的历史》，《马克思恩格斯全集》第 22 卷，第 536—537、523 页。

② 同上书，第 550 页。

满了信心和勇气。原始基督教对风起云涌的反对罗马的群众运动起到了推波助澜的作用,在长期的宣传鼓动中,组织了反抗罗马的战斗队伍,激励了他们的斗志,为 60 年代的犹太战争打下了思想基础,并且参加了 66 年反抗罗马的犹太战争。①

第二,原始基督教提出的"平等""公共消费"的思想是对罗马奴隶主阶级思想家提出的"奴隶制合理说""私有制永恒说"的批判和否定,在欧洲思想史上具有进步的和革命的意义。奴隶主的思想家和罗马法历来认为"奴隶是会说话的工具",不属于"人的范畴",因而奴隶主对奴隶具有无限的权力是合理的。即便在自由人中,在法律上的不平等也被认为是合法的。例如一般的自由民仅适用于万民法,人格要平等,只有罗马公民才适用于市民法,具有完整的人格;而原始基督教提出的理想社会贯彻了平等的原则,否定了人与人不平等的奴隶制与人剥削人的私有制的合理性与合法性,这无疑在思想史上具有解放思想的革命意义。对劳动人民的斗争起到了鼓舞作用。

第三,自 1 世纪后期,原始基督教的政治思想的两重性,分别为两大派别所继承。其消极的、虚幻的一面,随着剥削阶级的大量参与并控制了教会,以及希腊、罗马庸俗哲学的渗入,由代表罗马奴隶主阶级的护教家和教父所继承,在教义、组织和仪式方面向神秘宗教发展,4 世纪成为罗马国教。中世纪达到顶峰,成为封建势力的国际支柱与中心。其反抗统治阶级、建立现实的、共同消费的、平等理想社会的革命性一面,则由代表劳动人民的某些异端教派所继承,对后世的欧洲思想史和政治史产生了深远的影响。

2 世纪的孟塔努教派（Montanists）,坚持原始基督教的信仰,反对《约翰福音》和保罗派,在政治上主张建立理想的国家和社会,实现千年王国②。它的流传遍及西亚、高卢,最后发动了农民武装起义,反抗罗马政权,惨遭镇压,但此后在北非继续流传。起源于孟塔努教派的多那图斯教派（Donatistas）,反对罗马正统教会的教义,坚持返回原始基督教的

---

① 关于原始基督徒参加 66 年犹太战争问题,史学界意见不一。本文根据罗伯逊（A. Robertson）的研究成果。参阅［英］罗伯逊《基督教的起源》,第 140 页。
② 参阅［古罗马］爱利尼阿斯《反异端》及该书导论,载谢扶雅编《尼西亚前期教父选集》,基督教文艺出版社 1962 年版。

财产公有和人与人的平等。4世纪和5世纪，这个教派的下层，以保卫多那图斯教会的信仰为名，发动了反罗马的起义，自称阿哥尼斯特（意为争取正当信仰的战士），这一斗争一直坚持到7世纪伊斯兰教侵入为止。

到中世纪，"一切革命的社会政治理论大体上必然同时就是神学的异端"①。异端与农民运动和起义结合在一起，所受原始基督教政治思想的影响更为明显。"在中世纪，在被压迫农民，特别是城市平民的最初起义中就突出地表现出来了。这些起义同中世纪的所有群众运动一样，总是穿着宗教的外衣，采取为复兴日益蜕化的早期基督教而斗争的形式"②。他们所复兴的是什么，就是原始基督教的政治思想中的革命因素，从阿尔比派、使徒兄弟派到约翰·保尔，从塔波尔派到尼古拉·施托黑和闵采尔，无不受其平等的理想国家与社会的影响，闵采尔并进一步地丰富和发展了原始基督教政治思想的革命性与现实性。"闵采尔的纲领，与其说是当时平民要求的总汇，不如说是对当时平民中刚刚开始发展的无产阶级因素的解放条件的天才预见。这个纲领要求立即在地上建立天国，建立早经预言的千载太平之国；建立天国的途径是恢复教会的本来面目，并废除与这种似乎是原始基督教会而实际上是崭新的教会相冲突的一切制度。闵采尔所了解的天国不是别的，只不过是没有阶级差别，没有私有财产，没有高高在上和社会成员作对的国家政权的一种社会而已"③。这一切都说明原始基督教政治思想的革命因素对欧洲的影响是长期的、持续的、深远的，为欧洲人民反封建斗争提供了精神武器和纲领。

综上所述，我认为对原始基督教必须具体分析，认真对待。对其中的神学思想与政治思想加以区分的同时，又要看到它们之间的联系；既看到其政治思想的空想性、虚幻性，也不能抹杀其具有一定的革命性、进步性与现实性的积极因素。

原载《世界历史》1981年第6期。

---

① 恩格斯：《德国农民战争》，《马克思恩格斯全集》第7卷，人民出版社1965年版，第401页。

② 恩格斯：《论早期基督教的历史》，《马克思恩格斯全集》第22卷，第524页。

③ 恩格斯：《德国农民战争》，《马克思恩格斯全集》第7卷，第414页。

试论原始基督教的演变及其必然性

基督教产生于1世纪中期。恩格斯将演变成为罗马国教以前的基督教称之为"das Urchristeutun"，意为最初的基督教，我国学术界译为原始基督教。原始基督教产生之初不仅是犹太教的一个革新派别，而且也是一个政治派别，它是在反抗罗马暴政的群众运动中产生的。[①] "它最初是奴隶和被释奴隶、穷人和无权者、被罗马征服或驱散的人们的宗教。"[②] 然而经历了三百年之后，它逐渐演变成为罗马帝国公认的国教，成为奴隶主阶级的御用工具。这是为什么？它是怎样演变的？具体过程又如何？这一历史现象值得我们进行艰苦的研究。然而由于有关史料之依稀与模糊，目前很难作出令人满意之答复，本文仅欲就此问题作一初步探讨。

一 社会基础的演变

原始基督教的演变首先表现在信徒阶级结构的变化。1世纪中期原始基督教的信徒主要是犹太社会的下层劳动群众，但到2世纪中叶《新约全书》定型的百余年间，其成员有了较大的变化。《新约全书》和基督教的早期文献反映了这一历史现象，许多奴隶主甚至社会上层人士都参加了基督教。《新约》记载当时信徒中有"尊贵的妇女"和"男子"，有"城内管银库的"，有"赛普路斯岛的总督"[③] 等。2世纪初年安提

---

① 请参阅拙文《试论原始基督教的政治思想》，《世界历史》1981年第6期。
② 恩格斯：《论早期基督教的历史》，《马克思恩格斯全集》第22卷，第523页。
③ 《新约·使徒行传》17：4—12；13：7—12；《新约·罗马书》26：24。

阿主教伊格那丢（Ignatius of Antioch，约35—107）在赴罗马受刑途经小亚细亚时曾在便中问候"税务司的夫人以及她全家，她女儿"①。2世纪形成的《雅各书》反映出当时信徒中"有钱人手戴金戒指，身穿华丽衣服"，有的是"衣着破烂的男人"。进入会堂后，穿华美衣服的人被"请上座"；穷人则"站在一边或坐在脚凳旁"②。这说明一批有产者和奴隶主加入了基督教，并且占据了显著的位置，他们在经济上和教义方面逐渐成为主导力量，控制了教会。

其所以产生如此的变化，究其原因主要是罗马帝国内部信仰危机之开端和保罗派基督徒在斗争中逐渐占据了上峰所致。罗马帝国的建立逐渐消除了帝国内部政治和社会的差异，同时也消灭了古老的民族宗教赖以存在的基础。帝国初期，不仅奴隶的处境毫无改善，而且自由民也普遍处于无权的地位。随着公民权的扩大和政治权利的日益集中，罗马公民的特权锐减，在经济上也动荡不安，许多自由小农陷入债务的泥潭。韦帕芗（69—79）和图密善（81—96）执政时期，帝国的捐税大增，一些公民，甚至一些奴隶主均告破产。公民的思想面貌今非昔比，意志消沉与精神颓废相当普遍。其他被压迫民族则向往过去独立的生活，不满现状，但又无力改变目前的处境。许多人感到"现状不堪忍受，未来也许更加可怕。没有任何出路，悲观绝望……在各阶级中必然有一些人，既然对物质上的解放感到绝望，就去追求精神上的解放来代替，就去追求思想上的安慰，以摆脱完全的绝望处境"③。然而他们又都深切感到旧的民族神不再能有效地保护自己，于是产生了信仰危机。这就为基督教的迅速传播提供了广阔的社会基础，非犹太人的信徒日增，从而在原始基督教内部出现了"外邦人"基督徒和以彼得为代表的犹太基督徒之区别。随着"外邦人"基督徒的日益增多，逐渐形成了以非犹

---

① 《伊格那丢达坡里卡普书》，第8章，第2节，章文新等编：《基督教早期文献选集》，基督教文艺出版社1976年版，第1部，第93页。关于其生平请参阅［美］拉图雷特《基督教史》，哈珀出版社1953年版，第116—117页（Kenneth Scott Latourette, *A History of Christianity*, New York: Harper publisher, 1953, pp. 116 - 117）。

② 《新约·雅各书》2：2 - 15。

③ 恩格斯：《布鲁诺·鲍威尔和早期基督教》，《马克思恩格斯全集》第19卷，第333—334页。

太人为主的保罗派。

保罗派的领袖人物保罗（Paul,？—67）是希腊化的犹太人，1世纪初年生于小亚细亚的塔萨斯城。本人为帐幕工匠，其父由于为罗马承办军需品有功，获得公民权，故保罗出生即为罗马公民。他早年曾反对基督教，约37年始皈依基督教，是第二代的使徒。据《新约》记载他曾在小亚细亚、希腊和罗马传教约20年，曾代表"外邦人"教会赴耶路撒冷和彼得会晤，商讨教义等问题，由于对犹太律法和饮食规则意见不一而未达成协议，不欢而散。保罗在传教中曾七次被捕，最后被送至罗马，于67年被处死。保罗死后其门徒继续传教。该派使用希腊语，信徒中以非犹太人的中产阶级为骨干，在流传中大量吸收了希腊罗马庸俗哲学，对初期的教义进行了改造，并且与彼得派的斗争较激烈。《新约全书》中保罗派的经典《哥林多后书》攻击彼得派"传另一个耶稣，不是我们所传那一位……有另外的一种灵和另一种福音，跟我们所传授给你们的不同"①。保罗派还指责彼得迁就犹太信徒"奉行犹太律法"②。彼得派则指责保罗派忘记了穷人。并因此保罗五次被打。"我被犹太人鞭打过五次，每次照例打39下。"③双方斗争的详细史料不足，仅知斗争的结果是保罗派基本上取得了胜利，其教义逐渐成为正统。《新约全书》中除《启示录》是彼得派的观点外，其他26篇的相当部分均反映了保罗派的观点，并且在教义和组织上逐渐控制了各地的教会。该派还进一步广泛地吸收了非犹太人的城市中、上层人士参加教会，致使原始基督教在阶级基础上发生了较大的变化。

二　组织和礼仪的演变

原始基督教与犹太教分离后，组织与活动均很简单，只有一些分散的基督教团体，由一些游方的使徒巡回传道，反映约1世纪末年教规和教会的重要文献《十二使徒遗训》说："凡有使徒到你们那里去，接待

---

① 《新约·哥林多后书》11：4。
② 《新约·加拉太书》2：16。
③ 《新约·哥林多后书》11：24。

他如接待主，但他只得在你们处住一天，如必要时，住两天也可；然若住三天，他便是假先知了。使徒出门时，不可接受人的礼物，只可领取饼食，够他所要到的当晚住宿地即可；若他索取银钱，便是一个假先知了。"① 他们的礼仪也很简单。洗礼是基督教的入教仪式和选民的标志。另外每礼拜日举行公餐，称为感谢祭，祈祷后，吃面饼和饮葡萄酒。面饼犹如群山之麦粒集合在一起，是象征基督徒的团结，他们虽然分布在天涯海角，应聚集在一起进入上帝之国。这饼"当初是麦子，曾散满在山冈，而后团和为一，同样，但愿教会也从地极聚合起来，进入上帝之国"②。酒是经过踹踏、压榨而成，象征选民对敌人的仇恨和诅咒，③说明当时并无饼与酒是耶稣之肉与血的说教。后来在福音书中感谢祭演化为圣餐礼与主的最后的晚餐说。

随着保罗派之兴起，在流传的过程中，教会逐渐产生了召集人，称为长老或执事。他们多出自富有家庭，既有空余的时间，又能提供作为会堂的场所。另外还产生了经费管理人，称为财务官或监督，最初长老的地位在监督之上，但随富有信徒的增加和捐献财产的增多，出现了将财权与神权、管理权集于一身的主教，他们成为专职的教会领导人。最早的主教可能出现于小亚细亚，现知最早的主教为2世纪上半叶士每拿（Smyrna）的主教坡里卡普（Polycarp，约70—168）。2世纪中期，在罗马、叙利亚等地普遍出现了主教主持的教会，但各教会各自立，互不相属。最初主教尚由信徒选举产生，"你们当为自己推举配作主门徒的人为主教和执事，即温柔的、不贪财的、诚实可靠而被考验无误的"④。同时，教会也产生了教阶制的萌芽，神化神职人员，认为基督召选使

---

① 《十二使徒遗训》，第11章，第4—5节，章文新等选编：《基督教早期文献选集》，基督教文艺出版社1976年版，第3部，第269页。此书为1873年由东正教会伯吕思组（P. Btyennios）在君士坦丁堡之耶路撒冷教父文库中发现，据圣经学考证：初期基督教文献中经常提到这一著作，但原文失传。此次发现的是最早的希腊文抄本，共十六章，系犹太基督徒于1世纪后半期所写。

② 《十二使徒遗训》，第9章，第4节。

③ 此说是根据英国圣经学者罗伯逊（A. Robertson）的解释。参阅［英］罗伯逊《基督教的起源》，第194页。

④ 《十二使徒遗训》，第15章，第1—2节，章文新等选编：《基督教早期文献选集》，第3部，第271页。

徒，使徒委派主教，主教授权长老。主教制与教阶萌芽的产生，说明教会已牢固地控制在富有阶级手中。

2世纪的教会宗派林立、互相攻击，各不相属，斗争颇为激烈。至2世纪末年，在实力和宗教权威方面，罗马、亚历山大里亚、小亚细亚、安提阿和迦太基等地教会占有优势。罗马与迦太基的教会使用拉丁语，其他使用希腊语。此时的基督教已经结成了一个由许多个体教会组成的教会网，由一些经常相互联系的主教加以控制。

三 教义与政治思想的演变

1世纪中期至2世纪中期原始基督教的教义与政治思想的演变集中反映在《新约全书》中。流传于世的《新约全书》的思想内容自相矛盾之处甚多，往往一件事情前后有两种不同的或相反的观点和说法。例如，把耶稣既说成是人子又说成是神；理想的国家既说在地上又说在天上；既表示仇视罗马，反对富人，又要求当帝国的顺民；既反对奴隶制度，要求平等，又说要听命、忍耐、服从。圣经学者们对这些现象做了长期研究，迄今尚未取得一致的看法。目前我国史学界较为一致的意见是：产生这一现象的原因是由于原始基督教在流传过程中，非犹太人大量参加，阶级基础的变化，保罗派在教义中大量吸收希腊罗马庸俗哲学，特别是吸收斐洛哲学与塞涅卡哲学的结果。

斐洛（J. Philo，约前20—40）为亚历山大里亚希腊化的犹太人，精通希腊语与希腊文化。他将希腊唯心主义哲学柏拉图主义与斯多葛主义兼收并蓄，合为一体，借以解释犹太教教义，提出灵智论（Gnosticism，音译诺斯提主义，此字源于希腊文"Gnosis"，知识之意），1世纪时此派仅是一个哲学派别，到2世纪始发展为一个教派，其著作因被后来的基督教会视为异端，绝大多数已失传，[①] 其代表作为《智慧生活论》（*On the Life of Wisdom*）。斐洛的灵智论的主要内容有四：

---

① 其著作目前仅存四类，共13卷，收于罗叶布古典丛书。其目录见桑德迈《1世纪的犹太教与基督教》（Samuel Sandmel, *First Christian Century in Judaism and Christianity*, Oxford University Press, 1969），牛津大学出版社1969年版，第108页。

1. 非所有的人均能了解与认识上帝，仅具有灵性的人才能获得这一奥秘的知识（Gnosis）。

2. 逻各斯［Logos，唯物主义哲学家赫拉克利特解释为规律，斯多葛学派塞浦路斯的芝诺（Zenon of Cyprus）解释为神的智慧］具有上帝的属性，但上帝与神的智慧既联系在一起，又有所不同，并把逻各斯人格化，视为上帝的长子，他是上帝及其智慧（或称为道）的产物。这一解释实际上包括了基督教的圣父、圣子、圣灵三位一体的思想。

3. 罪恶来自物质世界本身，人力无法改变现状，只有借助逻各斯才能得救。

4. 《摩西五经》并非历史和法律，仅是一种寓言，所以不能从字面上理解，应探讨其深刻的含意，例如五经主张要行割礼，实际上并非要求肉身割礼，而应理解为行心里的割礼，因为叙利亚人、阿拉伯人甚至埃及人均行割礼，但上帝并不保护他们。又如不许吃猪肉，其实并非对食物的禁令，而是属于灵性的解释，实质是要求人们不要像猪一样，顺利时忘了主、贫困时想到主。正如猪饿了去找主人，吃饱即走。①

塞涅卡（L. Seneca，前4—65）是1世纪罗马帝国新斯多葛派的代表人物之一，为尼禄的宫廷教师。此派是晚期希腊斯多葛学派在罗马的变种，其所以"新"即因其抛弃了斯多葛学派的唯物主义外衣，集中谈论道德问题，主张尽本分，从天命，公开宣扬听从命运的安排是人类的美德。

原始基督教的保罗派从这两种庸俗哲学中吸收了大量的内容，并赋予宗教的形式，致使教义发生了很大的变化。例如，他们把上帝与逻各斯的说教逐渐演化为圣父、圣子、圣灵三位一体的教义；把人格化的逻各斯与传说中的"人子""先知""夫子"耶稣拼凑在一起，说他为了拯救有罪的众生，在十字架上甘愿做出赎罪的牺牲，他从来就是"神子"与"圣子"，把耶稣一生的活动中心说成是创立基督教等等。这样就使原始基督教的教义包含了原来所没有的，而后来为罗马国教所包含的全部本质观念。所以说基督教并非从犹太教直接发展而来，而是希

---

① 参阅《巴拿巴书》第6章，第1—4节；第10章，第1—3节。载章文新等选编《基督教早期文献选集》，第1部。

腊、罗马世界的产物。保罗派为坚持其教义曾与彼得派作了激烈的斗争，但为了保持对社会下层的吸引力，又不得不与彼得派有所妥协。因此，体现在《新约全书》中的教义是两派相互斗争与妥协的产物，也是其内容存在着许多矛盾的原因。但《新约全书》中居于核心地位的是保罗派的观点，确如恩格斯所说："基督教事实上是自发形成的，是这些宗派中最发达的宗派互相影响而产生的中间物，后来由于加进了亚历山大里亚犹太人斐洛的观点，稍后又由于受到斯多葛派思想的广泛渗透，而形成一种教义，的确，我们可以把斐洛称为基督教教义之父，那么塞涅卡便是他的叔父，新约中有些地方几乎就像是从他的著作中逐字逐句抄下来的。"①

《新约全书》的内容在 2 世纪中期已基本定型。它反映了 1 世纪中期至 2 世纪中期两派的斗争与融合，以及保罗派取得优势的情况，也反映了保罗派在斐洛与塞涅卡思想的影响下，在教义方面大量吸收了希腊、罗马庸俗哲学思想，以及在政治思想上的变化。《新约全书》反映出保罗派的政治思想是：

①从反抗罗马的统治演变为主张服从罗马皇帝的统治，甘当顺民，神化皇权；②从否定奴隶制度转化为承认奴隶制度的合理性，宣扬服从天命；③否认地上的千年王国，把理想社会演化为虚幻的天国；④从斗争哲学改变为宣扬无原则的忍耐与超阶级的爱。

自 1 世纪中期至 2 世纪中期《新约》定型的百余年间，原始基督教在阶级基础、组织与礼仪、教义与政治思想诸方面的演变，为其后发展成为罗马国教奠定了思想基础与组织基础。此后，它通过教会的领导人和理论家进一步向罗马奴隶主政权靠拢，逐步演化成为罗马国教。

四　原始基督教的继续演变及与罗马政权的合流

原始基督教自 2 世纪中期后，继续向帝国靠拢，在此期间正统教会牢牢地掌握在保罗派手中，他们在组织上实行主教制，严密控制了教会；在思想上神化罗马皇帝和奴隶制度，从理论上论证基督教与罗马帝

---

① 恩格斯：《启示录》，《马克思恩格斯全集》第 21 卷，第 10—11 页。

国利益的一致性；在行动上不断地向罗马皇帝写效忠信，表白基督教忠于帝国政府。而2世纪中期后的罗马帝国内部，奴隶制的危机已显露苗头，至3世纪出现了全帝国范围的总危机，史称"三世纪危机"，具体表现为政局动荡，经济崩溃，思想混乱，蛮族入侵，阶级斗争日益尖锐。帝国统治集团和知识界的部分代表人物也感到前途渺茫悲观失望，丧失信心，以致其中的某些人参加了基督徒的行列，在宗教中寻求慰藉。帝国当局在长期过程中，也逐步认识到基督教这一支新的力量对克服帝国思想危机的作用，故至4世纪，二者终于合流，帝国当局抛弃了过时的多神教，奉基督教为罗马国教。

原始基督教的这一继续演变过程主要是通过教父和护教学者们完成的。所谓"教父"，是基督教会对2—11世纪（天主教与东正教的分裂）期间，在制定或解释教义、巩固组织方面做出较大贡献，为后世基督教奠定理论基础的神学家的尊称。教父之所以产生于2世纪中期，是因为此时《新约全书》各篇已基本定型，并广为流传，教会认为《圣经》是依上帝的启示写成的，是经典，不能更改，但随着时代的前进，需要根据不同时期的要求对教义做出新的补充或解释，因而出现了一批神学家、理论家和护教学者，他们在这方面做出了贡献，其中贡献较大和思想纯正者被尊为教父。按时期划分，这一时期的教父称为尼西亚会议前和使徒后期教父。他们控制了教会组织并掌握了教义的解释权，特别是在政治思想方面著书立说，鼓吹基督教与帝国利益的一致性，给罗马奴隶制政权冠以神圣之光环。其政治思想的演变主要表现在三个方面：①鼓吹服从帝国统治，俯首听命。被称为使徒后期第一位神学家的游斯丁（Justin，？—165）曾致函皇帝安东尼说："我们比所有人众更快爽地随地随清付通常税项及临时特税……这是按照上帝的教导。……我们承认你们为世人的君王和统治者，我们祈求上帝使他们不但有统治权力，也有健全的判断"[①]。被尊为拉丁教会三大教父之一的爱利尼阿斯（Irenaeus，约137—202）在《反异端》第十章中亦鼓吹要甘当顺民，积极支持罗马政权。②神化罗马帝国和皇帝。德尔图良（Tertullian，

---

① ［古罗马］游斯丁：《第一护教辞》，第17章《基督教导在政治上服从》。载章文新等选编《基督教早期文献选集》，第9部，第297页。

160—230）在其《护教篇》中宣称：君主是神的代表，基督徒应像侍奉神那样侍奉君主。还说：我们基督徒竭诚地为所有的皇帝祈求长寿，使帝国安定，老百姓讲道德，全世界得安宁。① ③神化奴隶制度，为奴隶主统治的合法性做辩护。爱利尼阿斯为此辩护说"律法是为奴隶而设的……就像铁链牵着灵魂去服从诫命，使人学会侍奉神"。"仆人对家主要存顺服敬畏之心……甚至对那剥夺我们财物的人，也不要计较他们的恶。"② 3 世纪初，亚历山大的克雷芒（Clemens Alexandrinus，约 150—215）更向帝国献媚说：基督教信仰有助于对奴隶的统治，因为惧怕上帝能使人克制肉欲。尽管奴隶比主人强壮，但由于惧怕，就会接受主人的统治。在行动上，教父们一再向帝国效忠投靠，谋求罗马的信任与支持。许多教父和护教学者所写的护教篇均是向皇帝的上书，极力表白帝国与基督教的利害一致。教会愿为帝国效劳，并表示愿为皇上、帝国祈祷，盼望帝国国运长久。教父们的政治态度与效忠活动为基督教在 4 世纪成为官方思想统治工具打下了基础，在当时也取得了一定成效。2 世纪后，皇族、官吏中不断有人信奉基督教，有的基督徒还担任了省、市级的官员，基督教一度取得了半合法的地位。

与此同时，帝国当局对基督教的了解也开始深入，逐步划清了两个界限。他们认识到基督教与犹太教不同，并且在基督教中正统的保罗派与异端教派亦不同。对反抗罗马的犹太人和异端要坚决镇压，对基督教则由最初的镇压改变为基本上是宽容的政策。但有时出于政治上的原因亦间或实行镇压政策。据基督教会统计，自该教产生至尼西亚会议前共受到十次大迫害，究其原因有二：第一，基督教否认除上帝以外的一切神，包括罗马的最高神朱庇特，并反对偶像崇拜，从而触犯了罗马的宗教制度，特别是 3 世纪后，罗马皇权神化，皇帝自称是朱庇特之子；故否认朱庇特神也就是否定了皇帝的神圣性。第二，基督教会已发展为独立于帝国、人数日益增多的宗教团体，据估计 2 世纪末基督徒仅有 50 万人，至 3 世纪时已有 600 万，教会亦日益增多，"98 年有 42 个教会，

---

① 参阅 Henry Bettenson，eds，*Documents of the Christian Church*，New York：Oxford university press，1982，p. 8.
② ［古罗马］爱利尼阿斯：《反异端》，第 4 部，第 13 章，第 2—3 节。载谢扶雅编《尼西亚前期教父选集》，基督教文艺出版社 1962 年版。

180年74个，325年550处"①。因此，当政局不稳，皇权受到威胁时，帝国根据政治上的需要数度对基督教实行镇压政策，但由于教会的神学家与教父一再表示拥护皇帝，恪守帝国法律，并在每次镇压后，更向帝国靠拢一步。因此，在此时期罗马帝国对基督教的基本政策是宽容政策。

罗马帝国对基督教的最后一次大规模的迫害活动是在戴克里先统治时期（245—305），前后达六年之久。戴克里先为挽救政治危机，改元首制为君主制，自称朱庇特之子，以神化和巩固皇权。但由于基督教否认朱庇特神并且在帝国内部已发展成为一支声势浩大的独立力量，在皇族中亦有一批基督徒，因此戴克里先将基督教视为异己的势力，决定予以镇压。303年他借口其驻节地小亚细亚的尼科美底亚宫廷两次起火，疑为基督徒所为，决定全面取缔基督教。旋即发布敕令：（1）全部教堂一律拆毁，参加基督教活动者处死刑。（2）一切圣经、圣书上交地方官，公开焚毁。（3）教会财产全部没收。（4）自由民中的基督徒不许在军政界担任职务和享有荣誉，奴隶永不准解放。接着又发布命令，将全体教士一律逮捕，强令基督徒参加罗马多神教崇拜。由此在全国，特别是帝国东部掀起了大规模地烧圣经、拆教堂的高潮，据估计此次大迫害，全国约有两千名教士和信徒被杀。镇压持续了六年，但并未收到预期的效果，基督徒也没有被征服，相反，他们的活动转入地下，人数反而有所增加。事实说明，以暴力强制宗教信仰往往是难以奏效的。帝国东部的奥古斯都伽勒里乌斯（戴克里先已于305年退位）经历了"六年来迫害的经验……终于使他明白了一个道理：最酷烈的暴政也不足以灭绝整个民族或者消除他们的宗教偏见"②，终于在311年与帝国西部的奥古斯都君士坦丁等联合发布通谕，宣布停止迫害，允许集会，释放被捕基督徒，镇压运动以失败而告终。

其实，在此次大规模镇压基督教以前，帝国统治集团内部对基督教的认识已出现了分歧。他们对利用宗教加强思想统治，巩固皇权，挽救

---

① ［德］考茨基：《基督教之基础》，叶启芳等译，生活·读书·新知三联书店出版社1955年版，第328页。

② ［英］爱德华·吉本：《罗马帝国衰亡史》第16章，王绳祖、蒋孟引、李澍泖、徐式谷译，转引自《世界历史译丛》1980年第5期。

思想危机方面认识是一致的,但对利用基督教抑或继续利用多神教则意见不一,帝国西部的统治者君士坦蒂乌斯及其子君士坦丁大帝较有远见,倾向于支持基督教;而戴克里先则欲在四君中突出其最高的地位;独揽"朱庇特之子"之称号,故决定对基督教采取镇压政策,但即使在303—305年的镇压高潮中,帝国西部的高卢、不列颠等地亦仅推倒教堂,形式主义地执行戴克里先的敕令,基督徒所受迫害甚微。

311年后,君士坦丁依靠基督教会和蛮族军队的支持,先后击败了西部的几个竞争者,取得了意大利、非洲和西班牙的统治权,于312年成为西部帝国唯一的奥古斯都。因此,他决心以基督教作为帝国的精神支柱和统治工具,于313年与帝国东部的奥古斯都联合发布《米兰敕令》(Edict of Milan),其主要内容有二:第一,正式承认基督教为合法宗教,与其他宗教一样享有同样的自由。第二,基督教堂和财产一律发还。米兰敕令是基督教史上的转折点,也是帝国对基督教从实行宽容与镇压相结合的政策转为依靠、扶植、利用的政策的标志,从此它开始与奴隶主政权合流,成为御用的思想统治工具。帝国宗教政策的改变反映了罗马奴隶制危机的加深,旧奴隶主贵族的没落,以及旧的多神教号召力的丧失。加之君士坦丁起家所依靠的力量为高卢一带的新兴奴隶主,为取得全帝国的霸权,必然寻求新的精神支柱,所以君士坦丁支持基督教是历史的必然。

米兰敕令后,君士坦丁为统一全帝国,继续实行扶植、收买基督教的政策,他先后诏令承认主教在教会的领导地位;部分地区的神职人员的费用由国库开支;319年宣布神职人员豁免劳役和享有免税特权,321年又通过立法使基督教会享有接受遗产的权利。[①] 由此得到基督徒的拥护,特别受到了帝国东部基督教会的赞赏。君士坦丁在314—323年与东部奥古斯都李锡尼争夺霸权中也因此占据了优势,于323年战胜了李锡尼,统一全帝国,成为最高统治者。

君士坦丁大帝取得全国政权后,深感基督教在教义、经典、组织和礼仪方面尚不统一,教派争端激烈,不利于进一步发挥其思想统治工具

---

① [美]哈第编:《拉丁教会文集》,马葆炼等译,基督教辅桥出版社1959年版,第2页。

的作用。当时正统的基督教会在教义方面存在较大分歧,主要有两大派:其一为三位一体派,流行于帝国西部与埃及,代表人物为阿塔那修(Athanasius,约293—373),主张上帝三位一体论。其内容是耶稣既是受造物又是上帝的一部分,是圣子,与圣父同性同体。另一派为阿利乌派,流行于利比亚和帝国东部,代表人物为阿利乌(Arius,约250—336)。他反对三位一体论,主张圣子不是上帝,只是来自上帝,与圣父非同性同体,仅属于受造之物。双方互相攻击,争论激烈,几乎所有的教会均卷入了这场纷争。以君士坦丁堡为例,据说当时满城都在辩论这一问题,做任何一件事情之前,都要先表明自己的观点,然后再谈具体事情。如某一人向另一人兑换一块银币,他会首先告诉你,圣子与圣父的区别。如果你问面包的价格,他将先告诉你"圣子低于圣父,"然后告诉你多少钱一个;假如你去澡堂洗澡时问:"洗澡水准备得如何?"你首先得到的答复是:圣父与圣子同性,然后说:"洗澡水已经准备好了。"① 由于这场辩论波及很广,不利发挥教会的统治作用。因此君士坦丁大帝于325年在小亚细亚召开尼西亚会议,所要解决的主要问题是统一教义,停止纷争,以及健全教会的组织和领导体制。会议出席的代表约三百人,君士坦丁大帝亲临致辞,并由其代表主持会议。决议要点有三:①由于赞同阿利乌观点的帝国东部部分主教曾支持东部奥古斯都李锡尼,故君士坦丁大帝决定支持三位一体派,强行决议树立三位一体派为正统,谴责阿利乌派,并决议开除阿利乌教籍,予以放逐,著作焚毁。以后虽有反复,但阿利乌派在帝国境内终至消声匿迹,后来仅流行于蛮族之中。②以赞同三位一体观点的巴勒斯坦凯撒利亚教会的信经为基础,制定并通过了《尼西亚信经》。主要内容为:上帝创天地万物;圣父圣子同体同质;三位一体;基督救赎;耶稣复活升天;末日审判等,②《尼西亚信经》至今仍为该教主要信条。③制定教会法规二十条,其中心有:确立皇帝对教会的最高领导权,按行省划分教区;加强主教制,教区领导人为主教,有授圣职之权,神职人员不许流动;各教区主

---

① [美]汤普生:《西洋中古史》,陈受颐、梁茂修译,商务印书馆1940年版,第33页。
② 《尼西亚信经》,载汤清编译《历代基督教信条》,基督教文艺出版社1968年版,第8—9页。

教组成宗教会议,皇帝掌握该会的最高领导权;禁止教士放债取息。①这些内容说明:基督教已具有统一的教义、组织,成为由皇帝直接控制的官方机构,已从原始基督教演化为奴隶主阶级进行思想统治的工具,并与帝国政权结为一体。因此尼西亚会议标志着原始基督教的质变,实质上已成为罗马帝国的国教。

尼西亚会议后,基督教除在罗马皇帝、背教者朱里安(Julianus,332—363)执政期间受到暂时压制外,② 得到了长足的发展。375年皇帝格拉提安宣布禁止向基督教以外的神庙献祭,废除皇帝之原罗马神庙的"最高祭司"的称号。392年,狄奥多西一世(379—395)公布法律:关闭一切异教神庙,禁止献祭活动,违命者罚款黄金二十五磅,进行献祭活动的房屋、土地没收;知情不举者同罪。是故史学家一般以392年作为基督教正式定为罗马国教之年。

五　原始基督教演变成为罗马国教的必然性

原始基督教经历了三百年的演变,发展成为罗马国教,这是为什么?其必然性何在?依据唯物史观的基本原理,我们探讨这一问题的途径不是从基督教自身去寻找,而首先应从罗马帝国时期的经济、政治中去探寻。因为"'基督教本身'没有任何历史,基督教在不同时代所采取的不同形式,不是'宗教精神的自我规定'和'它的继续发展',而是受完全经验的原因,丝毫不受宗教精神影响的原因所制约的"③。这说明原始基督教演变为罗马国教首先是罗马帝国的奴隶制经济和政治的需要,是古代罗马历史发展的必然产物。

(1)原始基督教的演变是罗马帝国经济、政治发展的需要。1世纪的罗马帝国,已打破了狭隘的小国寡民的共和体制,建立了代表全帝国的元首政治,调整了自由民内部的关系以适应奴隶制经济的发展,并取

---

① 参阅《尼西亚教会法规》,[美]哈第编:《拉丁教会文集》,马葆炼等译,第371—375页。

② 请参阅拙文《朱里安》,朱庭光编:《外国历史名人传》(上册),中国社会科学出版社1982年版,第519—523页。

③ 《马克思恩格斯全集》第3卷,人民出版社1960年版,第163页。

得了初步成效。但它在宗教的形式与思想上并未同步发展,没有产生与帝国政权相适应的新的全国性的宗教。而旧有的民族宗教已失去其存在的基础,代表以往各狭小民族的神灵在帝国时期已失去了往昔的吸引力,它不再能有效地给各族人民以信心和勇气,提供精神上的保护。罗马的主神朱庇特,不仅对帝国境内各被统治民族无任何号召力,即使对罗马公民也逐渐失去了昔日之神威。所以,尽管奥古斯都极力复兴罗马的传统宗教,神化皇权,2世纪哈德良(Hadrian,117—138)在罗马扩建万神殿,将境内各民族神灵供奉其中,以作为帝国统一的精神象征,但均未从根本上解救帝国的思想危机。基督徒的日益增加恰好说明了这一现实。因此原始基督教向罗马国教演变,逐步成为帝国的思想支柱,是罗马帝国经济、政治的需要,是其发展之产物。

(2)原始基督教自身具有发展成为罗马国教的因素。原始基督教最初是犹太教的一个革新的教派。它继承了犹太教的唯一神、上帝耶和华,这是其区别于一切旧的民族宗教的一个基本特征。而这一点则构成了日后为皇权服务,成为国教的基础。其另一个根本观念是一切时代的、一切人的罪恶都通过耶稣的一次自愿的牺牲而赎罪,从而摆脱了一切旧有民族宗教仪式的繁文缛节和大量献祭,革除了犹太教妨碍与其他民族交往的礼仪(如割礼)和生活习惯(如不吃猪肉等禁忌),从而成为向一切民族开放的宗教。因此,它具有了成为帝国各民族共同的宗教的首要条件,这也是它在帝国境内得以迅速传播的基本因素之一。"旧世界解体过程中所解放出来的,也就是所扔出来的各种分子,都一个接一个地掉进基督教引力的圈子里。"① 所以,在其发展过程中,由于非犹太人的增加,阶级基础之演变,希腊罗马庸俗哲学之渗入,教义之变化,它已经不是纯粹的东方宗教,而是希腊罗马世界"最道地的产物"②。特别是奴隶主阶级的神学家、主教和教父控制了教会后,在政治思想上的演变,它已成为与帝国利益相一致,并为奴隶制经济、政治做公开辩护的宗教团体,已具备成为帝国思想支柱——国教的条件,一旦奴隶主阶级统治集团的政治家认识到此点时,二者的合流必将实现,

---

① 恩格斯:《论早期基督教的历史》,《马克思恩格斯全集》第22卷,第530页。
② 同上书,第532页。

所以君士坦丁承认基督教为合法宗教，以至后来成为国教是历史的必然。

（3）原始基督教产生之初即具有两重性，既有反抗罗马、建立现实的平等社会理想的革命性，又同时处于救世主迷雾之下具有虚幻性与空想性。这两重性决定它存在两种不同的命运与前途：继续披以宗教外衣，坚持反抗罗马的政治派别或成为神秘宗教。尽管最初其反抗罗马的革命性占据了优势，但当时罗马帝国内尚未产生新的生产关系，奴隶制经济尚有一定的活力。而奴隶由于其阶级与时代的局限性，不可能提出与实现明确的切实可行的政治纲领，他们也不是新生产力的代表，所以当时的一切奴隶起义均以失败而告终。犹太人的起义也不例外，在受到残酷镇压，国破家亡的现实面前，原始基督教不可避免地向两极分化。坚持反抗、继续斗争的一派惨遭打击，被迫转入地下以异端的形式时隐时现，2世纪后孟塔努教派（Montanists）、多那图斯教派（Donatistas）以及日后中世纪的诸异端教派均属此列；而在政治上提倡忍耐、服从、听命以谋取生存的一派则形成保罗派，逐渐向神秘宗教发展。由于其成员的变化，不断吸收希腊罗马庸俗哲学，并在政治上积极向帝国靠拢，而且每次遭镇压后更加驯服一步，故以保罗派为代表的正统基督教会逐渐演变为奴隶主阶级的思想统治工具是不可避免的。

原载《世界宗教研究》1986年第2期。

20世纪西方史学界的"路德复兴"

20世纪以来，西方史学界掀起了研究马丁·路德的热潮，其重点是对马丁路德的评价及其对德国文化以至世界文明的贡献和影响。在此期间，出版了大批专著、论文和原始材料。西方史学界把这一热潮称之为"路德复兴"①。

一 "路德复兴"的原因

20世纪的"路德复兴"大体上可划分为两个阶段：第一阶段约为第一次世界大战至希特勒政权的崩溃；第二阶段为第二次世界大战后迄今。其发源地及中心为德国，其他如英国、法国、荷兰、意大利、斯堪的纳维亚诸国，特别是美国，都先后被卷入了这一浪潮。其原因具有多方面的因素。

首先，有德国史学家恩斯特·特勒尔奇②与卡尔·霍尔③先后发表专著，对路德及其时代作了不同的评价，从而引起了广泛的争论。特勒

---

① "Luther Renaissance"，请参阅［美］哈罗德·格里姆《1920年以来的路德研究》，载《近代史杂志》第32卷，第105页［Harold J. Grimm, "Luther Research since 1920", The Journal of Modern History, Vol. 32, No. 2 (Jun., 1960), p. 105］。

② Ernst Troeltsch (1865—1923) 德国历史学家，社会学家和哲学家，柏林大学教授，其哲学思想属于新康德主义的巴登学派。代表作为《宗教改革对近代世界形成的意义》，《基督教教会和团体的社会学说》（中译本书名为《基督教社会思想史》，戴盛虞、赵振嵩译，基督教文艺出版社1976年版），等。

③ Karl Holl (1886—1926) 德国著名教会史学家，曾任杜宾根大学与柏林大学教授，柏林大学校长。代表作有《教会史论著汇编》，《世界大战对基督教内部宗教和教会生活的意义》等。

尔奇的代表作是《宗教改革对近代世界形成的意义》(*Bedeutung der Reformation für die Entstehung der modernen Welt*)〔英译本书名为《基督新教与进步》(*Protestantism and Progress*)〕和《基督教教会和团体的社会学说》(*Die Soziallehren der Christlichen Kirchen und Gruppen*)〔英译本书名为《基督教的社会学说》(*The Social teachings of the Christian Church*)〕。书中提出路德及宗教改革在时代上仍属于中世纪的范畴，因为他提出的与试图解决的依然是中世纪的问题；他所建立的教会仍保留了中世纪的"基督的身体"(Corpus Christianum)的概念；近代史的开端应始于启蒙运动。

反对其观点的第一位主要学者是霍尔。他运用新发现的路德早期生活和工作的材料集中研究了青年时代的路德，发表了许多关于路德的讲演和论文，从而吸引了大批青年学者参加这一论战。其著作为《教会史论著汇编》，其中第一卷为《路德》，该卷中重要的论文是《宗教改革的文化意义》，此篇于1959年在英国出版了英译平装本。在上述著作中，他提出了与特勒尔奇不同的意见，系统阐述了因信称义的学说和关于教会和伦理的观点，认为青年路德在其研究中发现了上帝与人的新关系并提出了与过去不同的上帝观念，是一位有创造性的、系统的、自成体系的思想家和神学家，因而他所发动的宗教改革具有革命的性质，在思想上开辟了一个新的时代。但霍尔对传统教义对路德的影响考虑较少，有所忽视，特别是中世纪的基督学对路德的影响。霍尔的观点激发了许多学者的兴趣，推动了并且较长时间影响着西方的路德研究。

其次，民族感情与研究路德兴趣的恢复密切相关。从德意志帝国的建立到第一次世界大战期间，德国大多数史学家均把路德视为民族英雄，魏玛共和国时期的多数史学家亦坚持此观点，纳粹史学家更是把路德强调得过了头。第二次世界大战后，多数具有西方国家观念的德国史学家则认为路德是一个世界性的人物，并且把宗教改革视为一个历史时期，强调德意志民族对西方文明的巨大贡献。关于此可参阅格哈特·黑特的《宗教改革的世界作用》(*Die Weltwirkung der Reformation*)一书。其他国家的路德学者的民族感情也影响了他们的研究方向。

再者，20 世纪以卡尔·巴特[①]为主的辨证神学的兴起对"路德复兴"的产生和发展也起了推动作用。辨证神学的路德观与其前人迥然不同。他们认为路德的神学思想在 20 世纪仍然适用；并进一步探讨了路德的有关基督教普世运动的论述，他对圣经的态度，以及路德应用圣经学说于当代实际事物的范例。巴特的观点在二次大战后的神学界中仍有影响。

此外，关于路德的新史料的发现和整理也是推动路德研究发展的重要因素。

二 路德研究的原始资料

西方史学家对路德研究取得进展的基本条件之一是掌握了一大批原始资料，并由权威学者编辑整理，出版了大部头的全集，以及多种选集和著作集。

当代权威性的版本是魏玛版《马丁·路德博士全集》(D. Martin Luthers Werke)。此书卷册浩繁，达 88 卷之多，自 1883 年开始陆续出版，历时近百年，至今尚未全部出齐。全书共四大部分：有关神学、伦理学、教育、社会、政治、经济等方面的论文、注释、笔记共 58 卷，其中一卷是索引；路德通信共 12 卷，其中一卷是无日期的信件和索引；"桌上谈"[②] 共 6 卷；德文圣经共 12 卷[③]。1740—1753 年在哈雷出版的华尔克版《马丁·路德博士全集》(D. Martin Luthers samtliehe Sehriften)，共 24 卷，虽然在许多方面已经过时，但它包括有路德手稿之外的一些原始资料，仍有存在的价值，因此，美国于 1880—1910 年重版了此书。此外，美国还组织力量英译了美国版《路德全集》，共 55 卷(1955—1965 年出版)，全书共分两个部分，第一部分共 30 卷，由芝加

[①] Karl Barth (1886—1968) 瑞士神学家，当代神学界的泰斗，青年时代就学于德国，曾任牧师和明斯特大学和波恩大学教授。第一次世界大战后倡导"辨证神学"，其特点是强调上帝与人的根本区别，著有《辨证法神学艺术》，闻名于世。

[②] "Table Talk"，德文为"Tischreden"。路德一生常宾客满堂，这些客人有如今日的记者，将路德在桌前的自由谈话记录下来集为"桌上谈"，是路德思想的一个重要部分。

[③] 2009 年，魏玛版《路德全集》全部出齐，共 123 卷——编者注。

哥大学联合神学系派里根教授主编,包括路德的评论性文章、讲演词和布道词;第二部分共 24 卷,由莱曼博士编辑,内容包括路德的有关政治、经济、社会、宗教和文化的论著。末卷为索引。

路德选集的优秀版本有:克雷门版共 8 卷,1950—1956 年再版于柏林,书中有深入浅出的著作介绍和注释;1948 年后慕尼黑版以当代德语出版了第 3 版;此外,还有柏林版共 8 卷。英文本有 1961 年出版的迪勒·伯杰主编:《马丁·路德作品选》(*Martin Luther: Seletions from His Writings*)。此外,20 世纪 70 年代还出版了鲁普和德密维里合编的资料选集《马丁·路德》(*Martin Luther*)。

英译本的路德文集主要有:费城版《马丁路德著作集》(*Works of Martin Luther*);伍尔夫编译《马丁路德宗教改革文集》(*Reformation Writings of Martin Luther*);普里泽福德·史密斯编译《路德的通信和同时代信件》(*Luther's Correspondence and Contemporary Letter*)等。

三 西方史学家对于路德研究的兴趣和观点

西方主要国家的史学家由于民族和宗教信仰的不同,对路德研究表现出不同的兴趣和观点。德国是路德的故乡和宗教改革的发源地,因而该国史学家的兴趣与研究重点是路德对德国文化和西方文明的贡献。这一倾向最早反映在利奥波德·冯·兰克[1]的名著《宗教改革时代的德意志史》(*Deutsehe Gesehiehte im Zitalter der Reformation*)一书中,继而为保罗·约阿希姆森所坚持,一直影响着德国宗教改革研究的方向。在"路德复兴"中发表的文章和专著多属于此类,始终强调路德发展的宗教改革对近代宗教、文化的影响。

在斯堪的纳维亚国家,史学家对路德对兴趣不如德国浓厚,因为这里的学者们并无强烈的愿望把他作为一个伟大的历史人物或教会之父去崇拜他的著作。然而由于这些国家的路德教占有显著地位,故而学者

---

[1] Leopold Von Tank(1795—1886),19 世纪德国著名史学家和兰克学派的创始人。曾任哈雷大学和柏林大学教授。有关路德的名著除文中所引外还有:《德国宗教改革史》(Leopold Von Rank, *History of the Reformation in Germany*, Philadephia: Lea and Blanchard, 1844)。

们，特别是瑞典的学者曾写出了大量有关路德的著作，其中在学术上最有影响力的是埃德加·卡尔森的《路德再探》(*Reinterpretation of Luther*)。但是这一地区的学者们的研究大多是属于专题性的，而未对路德做出全面的评价。

这一地区的天主教会出自宗教的偏见把路德说成是一个精神病患者。如丹麦天主教精神病学者保罗·赖尔特试图把路德说成是一个患有狂郁症的精神病人，提出对路德的研究应从心理学和精神病学的角度去探讨。

在法国，由于在 20 世纪前后多次遭到德军致命性的侵略，历史学家和神学家们对此记忆犹新，所以他们并不注意研究路德对西欧文明的贡献，而是着重研究路德的性格，并以其为代表说明整个德意志民族的性格。他们对基督教人文主义的兴趣比对路德的兴趣更大，在宗教改革家中更重视的是加尔文。这种倾向的代表作是吕西安·费弗尔的《马丁·路德的命运》一书，书中把路德描绘为一个悲剧人物，认为他未能在教会内找到解决他提出的宗教问题的办法。

像在法国一样，意大利的学者对路德鲜有兴趣。由于天主教的影响和民族的利益，他们往往不能客观地探索路德的思想，多数著作都是批评他背离教义，破坏了教会的统一。近年来，那里的路德研究也有所进展，出版了一些大型著作和原始资料。

英国史学家们一般将路德视为西方文明和基督教文明的中枢人物之一，对他的研究的兴趣始终保持着活力，特别是第二次世界大战后，出版关于路德的专著和论文的数量超过了以前的任何一个世纪，他们的研究工作的重点是通过路德研究探索英国国教的渊源和基督教人文主义与英国宗教改革的关系。进一步激起英国学者研究路德兴趣的，是德国流亡者彼得·维纳的《马丁·路德：希特勒的精神祖先》(*Martin Luther：Hitler's spiritual Ancestor*) 一书的发表，此书的主题是通过路德研究追溯希特勒的思想根源，这一课题吸引了一些英国学者，也有人提出了不同意见，出版了一些专著，如剑桥大学教授戈登·鲁普的《马丁·路德：希特勒的原因还是解药》(*Martin Luther：Hitler's Cause or Cure*)。

美国的大多数学者在 20 世纪初很少关心路德研究，当时主要是移居美国的德国神学家依照传统尊崇路德。他们的活动仅是忙于向美国介绍欧洲研究路德的作品，而无暇顾及研究工作。第二次世界大战后，美国的研究兴趣大增，特别是在路德的传记和专题研究方面。在教会史家发表的著作中最吸引人的是威廉·波克的《宗教改革的遗产》（*The Heritage of the Reformation*）。推动路德研究最重要的著作是欧内斯特·施维伯格的路德传记《路德及其时代》（*Luther and his times*）。此书是根据丰富的史料写成的学术性著作，书中着重分析了路德所处的环境和维腾贝格大学对宗教改革的影响。二次大战后，美国为了促进与协调路德研究，还成立了"美国宗教改革研究会"；后来此组织协同"德意志宗教改革史学会"恢复出版了《宗教改革史文库》。此外，于1957年还建立了"宗教改革研究基金会"，负责复制美国未出版的宗教改革的资料，以利于学者们充分掌握第一手的材料。

20世纪60年代前后，天主教界对路德研究的态度也开始发生了变化，尽管论战性的作品依然发表，但是大部分天主教学者开始了冷静的研究工作，探索路德与罗马决裂的根据与原因、新教教义等问题，发表了一些专著。重要的有约瑟夫·洛茨《从天主教观点看宗教改革和马丁·路德》（*Die Reformation und Luther in Katholischer Sieht*）。

四　研究的课题

西方学者研究路德的重点是神学，并兼及其他。研究路德神学主要关注：路德神学产生和发展与历史背景；路德的基本教义与其言论的一致性；路德神学与路德宗教的连续性；路德对西方文明的影响；路德思想的现实意义；路德的青年时代；"因信称义"的性质及其产生的背景；关于路德的"上帝的概念"；路德的"主的晚餐"观；路德的"免罪"观；路德的圣礼观；路德的圣经翻译；路德的精神世界与世俗世界；路德的教会观。其他方面的题目有：路德的社会伦理学；路德的经济思想；路德的历史观；路德的布道；路德对音乐的贡献；路德的教育观等。

西方学者在"路德复兴"中，发掘与整理了大量史料，撰写了许多专著和论文，研究的课题几乎涉及路德思想的各个方面，做出了不少的贡献，但在已研究过的范围内，也还有许多问题尚待进一步的深入研究。美国著名路德学者哈罗德·格里姆教授谈到：关于路德神学的研究著作虽然发表了不少，但仍有大量的问题需要澄清，诸如路德"因信称义"教义的产生和发展；他的教会观；路德的时代对其神学的影响；他的神学与其追随者的关系以及把路德神学作为一个整体进行综合研究，都还有待进一步深入。在非神学的题目中，需要进一步探索的有：路德性格的特点，这一题目必须由造诣精湛的具有心理学、神学和历史学广泛知识的学者做出公正的评论；路德与当时重要人物的关系；各社会集团如市民、贵族和农民对路德改革的态度；他的经济与社会观的重要性；路德对教育和文化的影响等，也都还需要深入的研究。

格里姆教授提出的这些方面均属重要的课题，应该深入研究。但西方学者所发表的专著和论文，一向极少涉及路德的政治思想，或者说是路德神学思想的政治意义，这是需要补足的一个重要方面。事实是路德的神学思想与其政治思想紧密相连，其政治思想寓于神学思想之中。因此，历史学家的首要任务在于拨开宗教和神学的迷雾，袒露其真实的政治思想内容，将其置于历史的长河中加以分析、观察，这样，可能有益于正确地评价其历史作用。

在路德研究中，多数的西方学者由于民族的、宗教的和历史的差别，而产生了不同的研究重点、兴趣和评价，从某一角度来观察与研究路德。这样，就难免出现某些偏误，从而影响了他们宏观的分析与认识问题。相信我国学术界诸公对路德的研究必将会结出硕果。

本文主要根据以下资料写成：

1. Harold J. Grimm, "Luther Research Since 1920", *The Journal of modern History*, Vol. 32, No. 2 (Jun., 1960).

2. *International Encyclopaedia of the Social sciences*, 1972.

3. *The New Encyclodaepia Britannica*, 1980.

原载《世界史研究动态》1982年第6期。

马丁·路德早期政治思想初探

16世纪西欧宗教改革运动的发轫者和著名领袖马丁·路德是西方史学界长期争议的人物之一，不论在其生前还是辞世之后，歌颂者有之，谴责者有之，褒贬抑扬，各执殊见。20世纪以来，西方学者又掀起了称为"路德复兴"的研究热潮，著书立说，提出许多相左的观点，迄今尚未取得较为一致的看法。[①]

根据马克思主义的观点，一定历史时期的神学斗争实质上是经济、政治和社会斗争的反映和表现形式。特别是在17世纪以前的欧洲，诸种斗争无不披上宗教的外衣，涂以神学的色彩。因此，我们在研究方法上宜剥开神学的外衣，清除宗教的迷雾，披露其真实的政治思想与观点，将其置于历史的长河中加以观察、推敲，这样做可能有助于问题的解决。

综观马丁·路德（1483—1546）的一生，其政治思想有一个形成、发展和变化的过程，大体上可以1522年为界，划分为两个阶段。第一阶段是青年路德政治思想形成和成熟的时期。在此期间，他以人文主义为基础，探索拯救德意志的道路，认识不断深化，沿着上升的路线向前发展。自1517年始，他从攻击罗马教皇滥发赎罪券，发展到1520年与其公开决裂，在群众运动的推动下，从神学领域的斗争扩大到政治、经济领域的斗争，针对现实提出了改造德意志的政治纲领，与此同时，他从一个普通的神职人员和教授跃居为德意志民族的代言人，成为欧洲举世瞩目的人物。[②]

[①] 请参阅拙文《二十世纪西方史学界的"路德复兴"》一文中有关西方学者的主要观点和研究兴趣部分，载《世界史研究动态》1982年第6期。

[②] 参阅［德］希勒布兰德《宗教改革的世界》，伦敦1975年版，第1页（Hans T. Hillerbrand, *The World of the Reformation*, London: Dent Publisher, 1975, p.1）。

第二阶段是 1522 年以后，由于运动的深入和发展以及他个人地位的变化，路德的思想趋于保守。他反对骑士暴动与农民战争，反对以暴力攻击罗马教皇和国内的封建势力，在政治上投靠诸侯，其改革思想向单纯的神秘宗教方面发展，主要致力于圣经的翻译、注释以及路德宗的建设工作。

由此可知，路德的政治思想与神学思想主要产生于其青年时代，以致有的史学家认为在某种意义上说"宗教改革是青年的运动"[①]。有鉴于此，本文拟着重对路德第一阶段的，即早期的政治思想作一初步探讨。

一　马丁·路德早期政治政治思想的历史渊源

马丁·路德的青年时代正处于德意志的经济、政治、社会和意识形态由封建制度向资本主义的转折时期。

15 世纪后半期，德意志的封建制度日趋瓦解，资本主义勃兴。它的工商业，特别是纺织、手工艺、采矿、冶金等行业有了较大的发展，"在经济方面，德意志完全处于当时各国水平之上"[②]，市民等级正向资产阶级转化。但是经济的发展具有较大的分散性，仅形成一些地区性中心，彼此之间缺乏联系，没有一个城市像英国的伦敦那样发展成为全国的工商业中心，国内交通也限于沿海、内河航运以及几条商道。这一特点决定了德意志不可能像英、法那样，"工商业的成长促使整个国家中各种利益联成一气，因而促进政治上的中央集权"[③]。与此相反，在德意志仅形成一些地方性的中心，造成政治上的分散，从而决定在阶级关系上地方诸侯的经济、政治势力强大，王权衰落，市民等级相对软弱，农民、平民遭受的剥削和压迫深重，形成许多不同利益的集团。"16 世纪初叶帝国各种不同的等级——诸侯、贵族、僧侣、城市贵族、市民、平民和农民形成一种极其复杂的人群，他们的要求极其悬殊而又错综复杂。"[④] 他

---

　　① [德] 希勒布兰德：《宗教改革的世界》，第 41 页。
　　② 恩格斯：《关于农民战争》，《马克思恩格斯全集》第 21 卷，第 469 页。
　　③ 恩格斯：《德国农民战争》，《马克思恩格斯全集》第 7 卷，第 387 页。
　　④ 同上书，第 398 页。

们利益不同，诸种矛盾交织在一起，但当时矛盾的焦点和首先必须解决的是德意志民族与罗马教廷的矛盾。

以教皇为代表的罗马教廷在13世纪后成为西欧的封建霸国，它在经济上是最大的地主，在政治上竭力控制西欧各国，并主宰着整个西欧的精神生活。15世纪后，英、法、西班牙诸国王权加强，统一的民族国家逐渐形成，逐渐摆脱了教皇的控制，在此情况下，教皇集中力量加紧对德意志的经济剥削与政治控制，使德意志民族处于屈辱与依附的地位。当时，天主教会控制着德意志的大片土地和许多重要城市，而教会的主教由罗马任命，德意志人民要向罗马教廷缴纳大量的苛捐杂税，整个德意志成了"教皇的奶牛"；德意志皇帝也必须由教皇加冕，必须吻教皇的脚，并为教皇扶缰绳。正如马克思所指出："宗教改革以前，官方德国是罗马最忠顺的奴隶"[①]。因而激起了各阶层的不满。由于其剥削与控制是以"基督在世上的最高代表""基督教会的最高权威"的面目出现，故必须首先剥下教皇的神圣外衣，推倒他的神学理论支柱，才能有效地打击这个德意志的"太上皇"。

早在路德之前，德意志的先进知识分子已经意识到此，反抗教皇的活动层出不穷，其中对路德直接或间接产生影响的主要是神秘主义、人文主义思潮与胡司的"异端"理论。

1517年以前，路德的经历大体上可分为三个阶段。第一阶段：路德18岁——1501年以前，是路德受家庭教育与基础教育的阶段。在此期间，他除受天主教的家庭教育外，先后在曼斯菲尔德的拉丁学校、马格德堡共生弟兄会主办的学校以及埃森那赫接受基础教育；第二阶段：1501—1505年在爱尔福特大学学习，获文学硕士学位；第三阶段：1505—1517年为其研究神学和担任圣职的时期。1505年路德进入爱尔福特奥古斯丁修院，1507年被授予神父职。翌年入维滕贝格大学习神学，获神学士和神学博士学位，后任该大学教授，讲授圣经，1515年兼任奥古斯丁修院区牧，管理所属十一所修院，直至1517年。

路德受教育阶段和以后的神学研究中受神秘主义的影响是很明显

---

① 马克思：《〈黑格尔法哲学批判〉导言》，《马克思恩格斯选集》第1卷，人民出版社1965年版，第10页。

的。14世纪和15世纪神秘主义思潮在德意志广为流传。神秘主义者不满意天主教会的腐败和传统的说教,广泛进行了宣教活动,最活跃的地区是莱茵河流域和尼德兰。其观点与活动具有三个特点:第一,认为宗教信仰不仅是接受教会的教条和履行圣事,而是要以基督的言行为准则,以圣经为权威的一种内心生活;第二,不重视教义和外在的权威,仅注重个人对圣灵启示的直接体验;第三,他们的活动不局限于修院或只让少数人理解,而是广泛活动于社会、家庭和学校,传播较为广泛。[1] 14世纪德意志神秘主义的创始人为多明我会的神学家埃克哈特大师〔John("Meister")Eckhart,约1260—1327〕,"他相信直接来自上帝的灵感。他的布道直接产生于他的宗教生活,并乐意帮助别人分享"[2]。在莱茵河流域他拥有众多的信徒,传世的著作有拉丁文的神学和德文的讲道集,在其去世后,大部分著作被定为异端。[3] 其高足中最著名的是陶勒尔(John Tauler,?—1361),他把大师的玄妙理论具体化,以通俗的和形象的语言传播,在其宣传鼓动下,部分信徒参加了多明我会,部分信徒则组织了名为"上帝之友"的宗教团体在家修行,过简朴的虔敬生活,反对教会的腐败,有组织地进行内心的祈祷。

14世纪后半期,尼德兰的神秘主义者、吉尔特教团的修道士格鲁特(Gerard Groote,1340—1384)提出"新虔诚之道"(devotion moderna),主张《福音书》之真髓是提高道德修养,只有如此才能与上帝进行真正的精神交流。1369年后,他在修院以此训练教士和教育青年。在他死后,"他的追随者们组成'共生弟兄会'(Brethren of the Common Life),这是由僧侣人士参加的半修院团体,他们发誓守愿,追求按照登山宝训的伦理道德过虔诚的生活。为了把理想付诸实现,他们陶冶精

---

[1] 参阅〔美〕D. F. 穆尔《基督教简史》,郭舜平等译,商务印书馆1981年版,第193—195页;以及〔美〕哈罗德·格里姆:《宗教改革时代1500—1650》,麦克米伦出版公司1973年版,第47—49页(H. J. Grim, *The Reformation Era, 1500 - 1650*, London: Macmillan Publishing Company, 1973, pp. 47 - 49)。

[2] 〔美〕拉图雷特:《基督教史》,哈珀出版社1953年版,第542页(Kenneth Scott Latourette, *A History of Christianity*, New York: Harper publisher, 1953, p. 542)。

[3] 穆尔称,1329年教皇将其28篇著作定为异端或异端嫌疑。拉图雷特称,有11种著作被定为异端。参阅穆尔前引书第193页,拉图雷特前引书第542页。

神生活，靠双手劳动度日、济贫和教育青年。"① 其团体在 15 世纪后半期约有 82 个，所属的教堂遍布德意志和尼德兰的大小城市。共生弟兄会在教育事业方面尤为突出与成功。其原因是：（1）组织精干；（2）有实用的教学大纲；（3）膳宿安排得当；（4）使用新的教学法（指人文主义的教学法）；（5）讲授古典作品、希腊文化的价值和人文主义著作，敌视经院哲学。②

路德 14 岁时曾与神秘主义者有所接触。1497 年他曾在马格德堡教堂学校学习，当时在该校授课者为共生弟兄会的成员。在此短期学习中，路德所受影响之程度如何，目前史料尚难以辨明。路德本人只是在 1522 年回忆说，他在马格德堡教堂学校的授课教师是由共生弟兄会选派的。③ 美国著名的路德学者格里姆教授说：他对该城的一些情景长期保留在记忆中④。法国宗教改革史家莱奥纳对此只是说：马格德堡"是共生弟兄会活动的中心，并以该会管理的教堂学校而闻名"⑤。从以后路德的神学思想看来，这一年的基础教育与后来思想的发展是不无关系的。路德在维滕贝格大学期间，又继续"阅读了日耳曼的神秘论著，尤其是陶勒尔的著作，使他对沟通带有原罪的人类与正义的万能的上帝之间有了希望"⑥。对路德影响最大的一本神秘主义著作是他在 1516 年发现的，14 世纪"上帝之友"的成员撰写的佚名小册子，路德对此非常欣赏，亲自定名为《德意志神学》。关于此书，路德曾说，他"从那里学到许多关于人和上帝的道理，获益之多，除圣经与奥古斯丁

---

① ［美］哈罗德·格里姆：《宗教改革时代 1500—1650》，第 48 页。登山宝训指《新约全书·马太福音》第 5、6、7 章记载的耶稣有关伦理道德的主张。
② 参阅 ［英］G. R. 埃尔顿编《宗教改革 1520—1559》，《新编剑桥近代史》第 2 卷，剑桥大学出版社 1958 年版，第 112—113 页（G. R. Elton, eds, "The Reformation, 1520—1559", in *The New Cambridge Modern History*, Vol. 2, New York: Cambridge University Press, 1958, pp. 112 - 113）。
③ ［美］哈罗德·格里姆：《宗教改革时代 1500—1650》，第 77 页注 1。
④ 同上书，第 77 页。
⑤ ［法］埃米尔·莱奥纳：《宗教改革》，《基督新教史》第 1 卷，梅里尔出版社 1969 年版，第 33 页（Émile G. Léonard, "Reformation", *A History of Protestantism*, Vol. 1, New York: Bobbs-Merrill, 1969, p. 33）。
⑥ ［美］威尔·杜兰：《宗教改革》，《世界文明史》第 19 卷，台湾幼狮文化事业公司翻译部编译，台湾幼狮文化事业公司 1979 年版，第 10 页。

的著作外，非其他书籍所能比拟"①。路德受神秘主义影响之深，由此可知。

然而，对路德神学思想与政治思想的形成更为重要的是人文主义思潮的影响。由于德意志与意大利的政治、经济和文化的联系，15世纪德意志已有一大批受过教育的具有资产阶级世界观的世俗人士，他们中的许多人曾在意大利留学，接受了人文主义思想，在德意志掀起了一场资产阶级的文化运动。但它又具有自身的特点。

其一，德意志人文主义思想带有浓厚的宗教色彩，人文主义者中的许多人幼年均曾就学于共生弟兄会主办的学校，著名的人文主义者伊拉斯谟（1466—1536）曾在德文特共生会学校就学达九年之久。他们一般都精通希腊文、拉丁文和希伯来文，其中许多人"受莱茵地区和尼德兰神秘主义的影响，对圣经特别感兴趣，有志于重建原始基督教"②，并致力于"新学"福音的传播。③ 因此史学家们把意大利以外的特别是德意志的人文主义称之为"基督教人文主义"。

其二，德意志的人文主义者具有较强烈的民族感情。他们反对罗马教皇的干涉与剥削，揭露教会的腐败与贪婪。伊拉斯谟的《愚人颂》对罗马教会和神职人员进行了无情的嘲笑与抨击，在德意志广为流传，沉重打击了教皇的威信。影响较大的还有克勒特（Conrad Celtis，1459—1508），"他对其追随者所以具有吸引力，不仅是由于他的文学活动，还有他的强烈的爱国主义，他讲述德意志历史的书《日耳曼文物图录》（*Germanina Illustrata*）试图在其同胞中唤起民族意识"。另一宣传反对罗马、启迪民族意识的人文主义者是当时著名的历史学家温弗林（Jahob Wimpheling，1450—1528）。他专长于圣经、原始基督教史，提醒德意志人民注意他们的过去，反对德意志的金钱流入罗马，并将其研究成果印成小册子，流传极广。④ 这些进步的思想唤起了德意志人民的

---

① 《不列颠百科全书》，《文艺复兴》条，大英百科全书公司1980年版，另可参阅［英］G. R. 埃尔顿编《新编剑桥近代史》（第2卷），第75页，以及［美］D. F. 穆尔：《基督教简史》，第194页，脚注③。
② ［美］哈罗德·格里姆：《宗教改革时代1500—1650》，第58页。
③ "新学"（New Learning）指15世纪至16世纪对原文圣经和希腊古典作品的研究。
④ ［美］哈罗德·格里姆：《宗教改革时代1500—1650》，第59页。

爱国热情，为路德政治思想的形成和宗教改革奠定了基础。诚如伊拉斯谟所说："伊拉斯谟下了蛋，由路德来孵鸡。"①

其三，德意志人文主义者活动的中心主要在大学。"在德意志，人文主义基本上是一种大学的运动。"② 德意志在宗教改革前共建大学十七所，其中 15 世纪中期以后新建大学八所。③ 新建的大学，由于经院哲学的影响较小，遂成为人文主义活动的中心，各校一般都建立了人文主义小组。德意志人文主义"最重要的中心之一是爱尔福特大学，路德曾作为一个青年在此学习"④。该校教师们对宗教改革始终保持着兴趣，像其他新建的大学一样，其课程中包括以亚里士多德学说为基础的"诗学"（Poetics），学生们对古代作家都很熟悉，在语法和伦理学的课程中也经常参考其著作。因此教师们支持在那儿讲学和研究的离经叛道的人文主义学者是毫不足怪的。⑤

15 世纪德意志人文主义思潮的传播，特别是在知识界的流传，以及他们对宗教的兴趣和反对教皇的爱国主义精神，势必对青年路德的思想产生影响。路德青年时代发表的著作充满了人文主义气息。但他当时与人文主义者的关系以及他受人文主义思想影响的深度如何，目前的史料尚不能确切说明，史学家的意见也不一致。如德国史学家梅林认为路德"在爱尔福特大学读书时，参加了该大学的人文主义派，但他的人文主义造诣并不高深，看起来还不如说他是被人文主义者的欢乐生活所吸引"⑥。美国史学家杜兰认为"在爱尔福特还有一些较不知名的人文主义学者，马丁路德也稍微受到这些人的影响"⑦。格里姆教授认为"因为在路德离开该校前，人文主义者尚未牢固地掌控爱尔

---

① ［美］D. F. 穆尔：《基督教简史》，第 244 页。
② ［法］埃米尔·莱奥纳：《基督新教史》第 1 卷，第 27 页。
③ 德意志的十七所大学为：布拉格大学（1348）、维也纳（1365）、海德堡（1386）、莱比锡（1409）、罗斯托克（1419）、克拉科夫（1364）、科隆（1388）、爱尔福特（1392）、维尔茨堡（1402）、勃兰登堡（1456）、弗赖堡和特里尔（1457）、巴塞尔（1460）、因戈尔施塔特（1472）、杜宾根（1477）、美因兹（1477）、维滕贝格（1506）。
④ ［美］哈罗德·格里姆：《宗教改革时代 1500—1650》，第 60 页。
⑤ 同上书，第 59—60 页。
⑥ ［德］弗兰茨·梅林：《中世纪末期以来的德国史》，张才尧译，生活·读书·新知三联书店 1980 年版，第 34 页。
⑦ ［美］威尔·杜兰：《宗教改革》，《世界文明史》第 19 卷，第 8 页。

福特大学,也因为像他后来所说:他的课程表不允许他有更多的时间去听偶尔的关于'诗学'的讲座,因而不能假设他已成为'新学'的爱好者,或深受其影响。但可以肯定地说,他喜爱古典作者,特别是味吉尔、柏拉图、西赛罗和李维,不过,作为一个学生,他似乎没有察觉到人文主义和经院哲学的关系。"① 各家所言虽不尽一致,但路德与人文主义者有所接触,自觉或不自觉地受到人文主义思想的影响,对此人们认识则是一致的。

在爱尔福特大学就学期间,对路德影响较大的是唯名论经院哲学,特别是奥卡姆的唯名论,"路德称奥卡姆是他的'导师',无条件地接受了爱尔福特教授们关于经院哲学的教诲。因此,他接受了亚里士多德的逻辑学、形而上学、伦理学和当时的物理学"②。在学习过程中,他吸收了奥卡姆哲学的反教皇的内容。"马丁·路德很可能看到奥卡姆提到的教皇和(宗教)会议可能犯错误的理论,他发现经院哲学彼此互相矛盾,因此路德曾向他的一个朋友谈到自己的哲学'不必一定学习旧有的一些滥调'。"③

此后,路德在维滕贝格大学的教学和研究过程中又接触到一些异端的著作,对其思想也产生了影响。"约翰·胡司所写的一篇论文,落到他手里,对教条的怀疑增加了他精神上的困扰,他怀疑道:'一个能写出如此具有基督教精神且大有能力的人,为什么会被处火刑……我将书合上,带着满腔的疑问走开。'"④

15世纪末和16世纪初,在神秘主义、人文主义、异端理论和唯名论哲学的影响下,青年路德面对德意志政治和经济现实,一直在探索如何在宗教和政治方面拯救德意志的道路。在教皇加紧搜刮、德意志民族对教皇不满情绪日益高涨的情况下,路德于1517年在维滕贝格发表了

---

① [美]哈罗德·格里姆:《宗教改革时代1500—1650》,第80页。
② 同上书,第78页。
③ [美]奥格:《中世纪史资料》,纽约1972年版,第391页(Frederic Austin Ogg, *A Source Book of Medieval History*, New York: Cooper Square Press, 1972, p. 391)。
④ [德]帕斯特:《教皇史》第1卷,第241页(Ludwig Pastor, *History of Popes*, Vol. 1, John Hodges, 1891, p. 241),转引自[美]威尔·杜兰:《宗教改革》,《世界文明史》第19卷,第10页。

《九十五条论纲》,触发了德意志民族反对罗马教皇的熊熊烈火。在群众运动的推动与支持下,路德于1520年进而提出拯救德意志民族的政治思想。

二 "因信称义"[①]是马丁路德早期政治思想的理论基础

"封建制度的巨大国际中心是罗马天主教会……它给封建制度绕上了一圈神圣的灵光。"[②] 因此,德意志的市民资产阶级要反对罗马教皇的控制,取得民族独立,实现自己的政治主张,就必须首先摧毁为罗马教皇服务的封建神学的理论支柱,建立新的、适应资产阶级政治、经济思想的神学理论,才能达到目的。这一任务历史地落在青年路德的肩上。

罗马教皇维护封建制度和他的太上皇地位的神学理论支柱有三。(1) 教皇最高权威论,宣扬教皇是上帝的代表,是基督教会的最高权威和领袖,具有对世俗政权和万民的最高领导权、圣经解释权、教规立法权、赎罪赦免权、审判权和统治世界的最高权力。(2) "圣礼"得救论与"善功"[③] 赎罪论,主张世人的祈福与赎罪只有通过七项"圣礼"[④] 才能与上帝取得联系,得到降福与宽容,个人在其他场合均不可能与上帝直接交流,因而离开圣礼不会得救。同时又规定世人犯了"罪",必须行善功,才能赎罪,减轻或免除炼狱之苦。(3) 教士特权论,宣扬神职人员握有耶稣基督通过门徒彼得授予的神权,是上帝与人之间的中介,唯有他们主持的圣事,始能生效、与上帝取得联系,得到

---

① "Justification by faith alone" 一词,基督教会出版单位传统译为"因信称义"。近年来,我国史学界一般译为"信仰得救论",或"唯信称义"。

② 恩格斯:《社会主义从空想到科学的发展·英文版导言》,《马克思恩格斯选集》第3卷,第390页。

③ 即所谓做好事,包括:念经、祷告、望弥撒、禁食、斋戒、施舍、购买赎罪券、食奶油许可状、享受弥撒惠益状、建立或装饰教堂的圣台、献钟铃、宝石、礼服和财物,到罗马朝圣等。

④ 天主教的七项圣礼是:圣洗、坚振、圣体、告解、婚配、神品、终傅。其具体解释请参阅拙文《基督新教与天主教的关系及其区别》,《历史教学》1982年第7期。

神恩。据此得出神职人员是受了神的"印记"的人,是"属灵的等级"的结论,不论其本人道德如何败坏,都是"特殊"的人,高于世俗人士的人。因此,世俗百姓只能听从他们的摆布,匍匐在神职人员的脚下,恳求哀告。

青年路德集中世纪市民宗教改革之大成,以长期研究圣经的成果为依据,针对罗马教皇的三大理论支柱,提出了划时代的神学理论"因信称义"。这一术语并非始于路德,在《新约全书》中早有记载,如《罗马人书》中记有"义人必因信得生","人心里相信,就可以称义","凡信他的都得到义"①。但是路德对此赋予新的解释和内容。他说:"灵魂称义不因任何行为,仅由于信仰","你可以通过这种信仰而成为新人,使你一切的罪都得到赦免"②,意即只是由于信仰而不是依靠其他,就可以成为义人。"信"指信仰基督,"义"指称义或义人,即无罪的、得救的、自由的、高尚的、能得到永生的人。总之,人们不再需要念经、斋戒、施舍、朝圣、购赎罪券等,仅靠自己的信仰,就可以得到上帝的承认与恩典,得到上帝的"生命、真理、光明、和平、正义、救恩、快乐、自由、智慧、能力、恩典、光荣和我们所估计不到的各种幸福之道"③。继而,他提出信仰的唯一依据是圣经,个人在阅读、解释和理解圣经的基础上产生对基督的信仰就可以成为义人。路德的这一简明的教义使人与上帝建立了新型的关系,任何人都可以通过对圣经的理解信仰上帝,得到拯救,满足人们宗教上的需要,从而把以教皇为代表的天主教会及神职人员抛到一边,使他们成为多余的人。

在此基础上,路德进一步提出了新的教会观、圣礼观和"平信徒皆为祭司"的理论。他主张:按照圣经,教会的最初意义乃是世界上一切基督徒的集合。因此,某人是基督徒还是异端分子并不视其是否

---

① 《新约·罗马书》1∶17,10∶10,10∶4。

② [德] 马丁·路德:《论基督徒的自由》,载亨利·依斯特·雅各布斯、阿道夫·斯派思编《马丁·路德著作集》,A. J. 霍尔曼公司 1915 年版,第 2 卷,第 314 页(Martin Luther, "Treatise on Christian Liberty", in Henry Eyster Jacobs, Adolph Spaeth, eds., *Works of Martin Luther*, Vol. 2, Philadelphia: A. J. Holman Company, 1915, p. 314)。

③ 同上书,第 2 卷,第 314 页。

在罗马教会之内，而是视其有无真正的信仰。他认为，哪里有圣洗、圣餐和福音，哪里便有教会。所以，"基督教在世界上，除基督为头外，没有别的头，因为基督教除了基督的名称以外，没有别的名称"①，"教会在世界上不能有一个头，世上也没有人能统治它，主教和教皇都不能统治它，只有天上的基督是头"②。这一新的教会观从根本上否定了教皇存在的合理性、合法性和必要性。路德的圣礼观认为圣礼是"神所立的记号和赦罪的应许"③。凡是圣经中无记载的天主教圣礼，一律无效。因此，"上帝的教会只有两项圣礼，即洗礼和圣餐"④。值得注意的是他提出任何基督徒经过大家同意，都可以主持圣礼，均能生效。"让每一个知道自己是基督徒的人确知：我们都是祭司，我们彼此没有分别，即是说，我们对圣道和一切圣礼都有同等的权。"⑤ 由此，剥下了教士神圣的外衣，否认了他们的特权，体现了人与人的平等。

综上所述，路德的"因信称义"理论的意义在于：它否定了教皇至高无上的地位，拆毁了罗马神权统治的理论基础和支柱，剥下了教皇最高统治权的神圣外衣，把基督徒从教皇的禁锢下解放出来，为路德的反对罗马、争取民族独立的政治纲领提供了神学的根据和武器。更为重要的是他的这一理论在一定程度上肯定了人的地位和作用、人的思考和人的意志，将人的个性体现于信仰之中。它是人文主义思想在宗教领域中的具体体现，为市民资产阶级提出与实现自身的政治纲领扫除了思想障碍。所以"因信称义"是路德政治思想的理论基础。

三 马丁·路德早期政治思想的内容

青年路德在粉碎教皇神学理论支柱的同时，提出三项政治主张。

---

① ［德］马丁·路德：《罗马教皇权》（*The Papacy at Rome*），载《马丁·路德著作集》第1卷，第352页。
② 同上书，第357页。
③ ［德］马丁·路德：《教会被掳于巴比伦》（*The Babylonia Captivity of the Church*），载《马丁·路德著作集》第2卷，第292页。
④ 同上书，第292页。
⑤ 同上书，第282—283页。

（一）驱逐罗马教廷的政治特权、经济势力于德意志国土之外，实现民族独立

路德以极大的愤慨揭露了教皇控制德意志的政治野心。他认为教皇的奸计是"教皇把帝国委付给我们，无非是自己想作皇帝，而且要驾乎皇帝之上，仅以虚名愚弄我们"。他梦想统治世界。"教皇一面要统治一个帝国，一面还要继续做教皇！这是那些恶棍的阴谋，他们想以教皇的名义作世界的君主，而且想凭借教皇和基督的名义，恢复以前罗马帝国的地位。"①并使德意志皇帝"时时依附于教皇和他的僚属的淫威之下，因此我们徒有虚名，他们倒有土地和城市……我们得到一个帝国的虚名，使教会得到我们的财富、荣誉、身体、生命、灵魂和我们所有的一切……教皇们所图谋的无非是要做皇帝，由于未能成功，就至少成功地做了太上皇"②，致使"我们自以为做了主人之时，我们竟成为最会欺骗人的暴君的奴隶，我们拥有帝国的名号、尊称和勋章，而教会拥有帝国的财富、权力、法律和自由"。他并诉说德意志皇帝的屈辱和依附状态，"过去贤明的腓德烈大帝和腓德烈二世以及其他许多德意志皇帝尽管为全世界所畏惧，但还是羞辱地被教皇压迫和蹂躏"，"皇帝被迫吻教皇的脚或坐在他的脚下，或如他们所要求的，当教皇骑驴时，替他拿蹬铁或缰绳"③。

他进而认为德意志国弱民贫的原因在于教皇的压榨与剥削，德意志人民赖以生存的土地大量被侵占，"德意志一半或一半以上的地方属于罗马教会"④。"我相信德意志现在所付给教皇的比以前付给皇帝的还要多，有人估计每年从德意志流到罗马的现金达三十万金币以上。我们所得的除侮辱和轻视外，一无所有。"⑤罗马通过"赎罪券、

---

① ［德］马丁·路德：《致德意志基督教贵族的公开信》（An Open Letter to the Christian Nobility），载《马丁·路德著作集》第 2 卷，第 156、110 页。

② 同上书，第 154—156 页。

③ ［德］马丁·路德：《致德意志基督教贵族的公开信》，《马丁·路德著作集》第 2 卷，第 157、64、108 页。

④ ［德］马丁·路德：《罗马教皇权》，《马丁·路德著作集》第 1 卷，第 343 页。

⑤ ［德］马丁·路德：《致德意志基督教贵族的公开信》，《马丁·路德著作集》第 2 卷，第 84 页。

教区、修道院、主教区、牧职、教士俸禄……把世界所有的金钱和财富吸尽"①。

路德对此惊呼:"如果德意志君主和贵族不迅速大胆加以干涉,德意志将会变成废墟自趋毁灭。"他寄希望于德意志皇帝和诸侯,呼吁"国王、君主和一切贵族把这些罗马来的恶棍驱逐出境"②,"我们更应该把教皇的使节和他们的'特权'逐出德意志国土之外。""基督教贵族应该起来反对教皇,如同反对基督教的公敌和毁灭者一样",把教皇在德意志窃取的权力夺回来,使德意志民族不再受外来势力的干涉与剥削。路德郑重宣布:"让教皇把罗马和他从帝国搞到的一切交还我们,把我们的土地从那难堪的租税和抢劫中解放出来,并将我们的自由、权力、财富、荣誉、身体和灵魂交还我们,让帝国成为名副其实的帝国……让德意志皇帝做一个真正的、有权的皇帝,不让他的权力或刀剑为教廷伪君子的胡乱托词所压服。"③

值得注意的一点是青年路德强烈主张依靠世俗贵族的武装,以暴力驱逐罗马势力。他以圣经为根据论证说:"自有世界以来,所有的圣徒都这样使用过刀剑,亚当和他的子孙都是如此。""基督虽没有使用或派人使用刀剑,但他没有禁止或废除刀剑,倒是表示赞成。"④ 因此,他呼吁"我以为除了国王和贵族采用暴力武装自己,讨伐这些流毒于全世界的恶汉,并且不用语言而用武器去制止他们的罪行而外,没有更好的办法和药方对付他们了"⑤。

以上材料说明路德早期政治思想首要的一点是依靠贵族的力量,使用暴力,驱逐罗马教皇的政治特权、经济势力于国土之外,实现民族独立。此乃路德的政治纲领与思想的核心。

---

① [德] 马丁·路德:《论善功》(Treatise on Good Works),《马丁·路德著作集》第1卷,第260页。
② [德] 马丁·路德:《罗马教皇权》,《马丁·路德著作集》第1卷,第343、392页。
③ [德] 马丁·路德:《致德意志基督教贵族的公开信》,《马丁·路德著作集》第2卷,第138、100—101、157—158页。
④ [德] 马丁·路德:《论俗世的权力》(Secular Authority: to What Extent it should be Obeyed),《马丁·路德著作集》第3卷,第242、246页。路德此篇出版于1523年3月,但完稿时间为1622年12月,本篇内容的讲稿形成于1522年10月。
⑤ 恩格斯:《德国农民战争》,《马克思恩格斯全集》第7卷,第406—407页。

(二) 政教分离，君权独立，建立民族的与廉俭的教会

路德设计了一张德意志民族完全独立后的政治蓝图，其中一条重要的原则是政教分离，各尽其责。他主张政府不干涉信仰，教会不干涉政治，二者分管世俗生活与精神生活，各得其所。路德极力反对当时罗马教会对政治的干涉和政教不分、滥施政治权力的做法。他说："教皇和主教应真正做主教，宣扬上帝之道，但他们却放弃了这个责任，变成了世俗的君主，用那专管生命财产的法律施行治理。他们是如此彻底地把事情颠倒了！"同样，政府也不要干涉信仰。"俗世的权力应以注意其自己的事务为满足，允许人们按照自己的能力和意志信这信那，决不要用暴力强迫人们，因为信仰是自由的工作，没有人因受逼迫而产生信仰。"其理想是"两种政府"互不干扰，相互配合。"上帝设立了两种政府，一种是属灵的政府，它借着圣灵在基督之下使人成为基督徒和虔敬的人，一种是世俗政府，它控制非基督徒和恶人，使他们虽不甘愿，也不得不保持治安。"但是，"这两种国度应该彼此划分清楚，而且并存；一个国度产生虔敬，另一个国度是维持治安和防止恶行，二者都不足以单独存在于世界。"①

君权独立是路德针对当时教皇干涉世俗政治而提出的一项进步主张。他特别强调政权直接来源于上帝，应独立行使政治、法律的权力。他说："刀剑和政府是对上帝的特别服务"，"乃是出于上帝的旨意和命令"②，因而它的权力应及于一切人和信仰以外的各种事，独立地行使职权。"俗世权力……应该无阻地自由推行到社会的各个成员，在罪有应得和必要之时，它应该施行惩罚，使用武力，不管什么教皇、主教和神父。""俗世的权力既然是惩治恶人，保护善人的，所以它应当在整个基督教徒中自由地行使它的职务……对任何人都不徇情面。"③他进一步指出法律非常重要，世俗当局应独立地行使司法权。"每一

---

① [德] 马丁·路德：《论俗世的权力》，《马丁·路德著作集》第 3 卷，第 254—255、251—252、236、237 页。

② 同上书，第 245、231 页。

③ [德] 马丁·路德：《致德意志基督教贵族的公开信》，《马丁·路德著作集》第 2 卷，第 70—71 页。

个王国必须有其自己的法律和规章,没有法律,任何国家和政府都不能存在。"① "凡属俗世的事,都不应该送到罗马去判决,只应由世俗当局处理。"②

建立民族教会是路德民族独立的思想在宗教上的必然反映。他认为:"所有教士职位都应脱离那暴虐的教皇,并且要恢复地方主教的职权。""今后凡主教的礼衣和一切圣职的按立都不得从罗马接受。"主教的产生"应由最近的两个主教或大主教按立"。在经济上"从此不准任何俸禄再落入罗马手中"。教牧人员的生活费"由公款供给"。教会的任务是"帮助德意志民族再次成为自由的和基督教化的,不再受教皇异教化和反基督教的邪恶所统治"③。这说明其民族教会的特点是从经济上、政治上、组织上斩断与罗马的关系,实现教会的独立自主。

为了适应市民资产阶级的需要,路德提出宗教信仰应从时间上和金钱上厉行节约,亦即廉俭教会,他认为天主教会的节日繁多,危害极大。"一般人在节日除受精神上的损害之外,还要受两种物质上的损害,既荒废了自己的工作,而且花钱比平常更多,甚至损害身体,使之不宜于工作。"因此,他宣布"所有节日都应废除,唯有礼拜日可以保留。然而,假若有意保留圣母和较伟大的圣徒的节日,就应把他们归并到礼拜日,或在节日仅举行一个早弥撒,把该日的其余时间仍作为工作时间。理由在于:节日现在被误用为喝酒、赌博、闲懒"④。为了缩短圣礼所占用的时间,增加工作时间,他主张减少与简化圣礼,仅保留洗礼和圣餐,并赋予新的解释。他还主张废除一切罗马教廷敛财的旧规,如禁止朝圣、做超度弥撒、贩卖赎罪券等。此外,他建议德意志民族通过法律和命令,反对奢侈、贪食、醉酒、铺张浪费,禁止奇装异服。

路德的这一设想旨在加强、支持与依靠王权,排除罗马的干扰,改革教会,为发展资本主义创造有利条件。

---

① [德] 马丁·路德:《论俗世的权力》,《马丁·路德著作集》第 3 卷,第 250 页。
② [德] 马丁·路德:《致德意志基督教贵族的公开信》,《马丁·路德著作集》第 2 卷,第 103 页。
③ 同上书,第 101、119、104 页。
④ 同上书,第 127 页。

（三）批判等级制度，为市民资产阶级争取自由、平等

中世纪西欧的等级制度是封建制的重要组成部分。第一等级为教会贵族，教皇尊之为"属灵的等级"，享有政治和经济特权。神职以外的世俗人称为"属世的等级"，包括第二等级世俗贵族和第三等级。在"属灵的等级"中，实行教阶制，分为教皇、主教和神父三级，以做到尊卑有序，贵贱有别，等级森严，层层控制，维护人与人的不平等的制度。

路德代表新兴的市民等级对此极为不满，进行了猛烈的抨击。他以"平信徒皆为祭司"的理论反对"属灵""属世"的划分。他说："这真是一种巧妙的谎言和虚伪……因为所有的基督徒都是属灵的等级，在他们中间，除了职务的不同而外，没有其他差别。"① 神职"乃是一种服务与职分，因为他们并不比别的基督徒高贵或优越"②。"那些现在称为属灵的人——神父、主教、教皇——和其他基督徒并无差别，也并不更为优越，他们不过是受了委托，以传道并举行圣礼为务。"教俗之间"实在没有什么差别，他们的所谓差别，只是职务和工作上的差别，而不是等级上的差别"。路德认为凡是受洗的人，都可以担任神职，但由于社会的需要，不可能每人皆任神父，故只能由众人委托少量人担任，所以，神职仅是由信徒选举并给以信任和委托的一种职务，并无高低贵贱之分。反之，"若不得大家的吩咐和同意谁也不得擅取，而被推选的人若一旦因行为不端而被革职，他就和以前没有任职一样。所以基督教界的神父，无非是执行公务的职员，当他在职时，他有优先权，一旦被革职，他就和其他人一样，仍是农民和市民。"③

在此基础上，他进而提出世俗的平等，贵族与市民、农民一样亦无贵贱之分。"不管他是男是女，是王侯、农民，是修道士和平信徒"，"在基督徒中间，除基督以外，没有尊长，大家都是平等的，有同样的

---

① ［德］马丁·路德：《致德意志基督教贵族的公开信》，《马丁·路德著作集》第2卷，第66页。
② ［德］马丁·路德：《论俗世的权力》，《马丁·路德著作集》第3卷，第262页。
③ ［德］马丁·路德：《致德意志基督教贵族的公开信》，《马丁·路德著作集》第2卷，第68—69页。

权利、权力、禀赋与荣誉"。人与人之间的关系是相互服务的关系，"世俗掌权者也是一样，他们不过是受委托，拿刀和杖，惩罚恶人，保护善人，一个皮匠、农民各有各的工作和职务，他们也都是受圣职的神父和主教"①，由此说明，路德不仅主张教俗的平等，而且也坚持在世俗之间，各行各业之间，贵族与平民之间的平等。各种职业均为社会之必需，皆为上帝所承认，从而为资产阶级的平等观奠定了思想基础。

路德为了反对罗马教廷的思想禁锢和精神专制，提出信仰自由的主张，他认为人们的信仰完全应由个人决定。"每个人应对自己的信仰负责，使他所信的正确，别人不能代替我相信或不相信，正如他不能代替我下地狱或升天堂一样。""因为有一句俗话说'思想是自由的'，这是至理名言。"因此，他反对任何以暴力干涉、强迫命令、压制信仰自由的行动。"要用暴力命令或强迫任何人信这信那，不但无益，而且是不可能的，这必须用别的方法达到，不能用暴力去完成。"②"不能用暴力强迫任何人，因为信仰必须自发的产生，不能强迫。"③他并以此提醒掌权者不要以法律强制人们的信仰，谁"若想用法律和命令强迫人民信这信那，他们将是何等的蠢人"。这些人"看不见他们企图达到的事业是怎样毫无希望和绝对的不可能，他们无论怎样发怒，除使人们在言行上服从他们以外，他们不可能另做什么……他们这样做，只是强迫良心软弱的人撒谎，说些言不由衷的话"④。

根据信仰自由的原则，路德认为一切不承认罗马教皇，而被列为异端的各基督教派都应该合法的存在。"这些人就是莫斯科人、希腊人、波西米亚人以及世界上其他许多大民族……我曾主张过，现在还是主张，他们不是异端份子和背教者，也许他们这些基督徒比我们还好，不

---

① ［德］马丁·路德：《致德意志基督教贵族的公开信》，《马丁·路德著作集》第 2 卷，第 362、62 页。
② ［德］马丁·路德：《论俗世的权力》，《马丁·路德著作集》第 3 卷，第 353、254、235 页。
③ ［德］马丁·路德：《马丁·路德博士第二篇布道词》(*The Second Sermon*)，《马丁·路德著作集》第 3 卷，第 399 页。
④ ［德］马丁·路德：《论俗世的权力》，《马丁·路德著作集》第 3 卷，第 251、254 页。

过正如我们自己不见得都是好基督徒,自然他们也不都是好的。"①

四 马丁·路德早期政治思想的影响

青年路德于1517年提出的《九十五条论纲》在极大程度上动员了德意志民族各阶级、阶层的人们,反罗马教皇的宗教改革运动勃然兴起。他在群众运动的支持和推动下,向不可一世的庞然大物、德意志的"太上皇"发起了全面的攻势,于1520年前后提出了系统的革命性的神学思想和政治纲领,把宗教改革运动推向新的高潮。如何评价路德的早期思想?其影响如何?这里提出几点粗浅的看法。

第一,青年路德提出的神学思想"因信称义"及其教会观、圣礼观、上帝观等在基督教思想的发展上开辟了一个新的时代——资产阶级的时代。它有别于中世纪市民宗教改革家神学思想的根本点在于:路德神学思想的核心是信仰,即个人通过阅读、理解与解释圣经所做出的判断。而中世纪市民宗教改革家如威克里夫、胡司等著名领袖,尽管他们猛烈地抨击了教皇的各种弊端,提出了以圣经为最高权威,以基督为教会的最高元首,信徒与教士平等等理论,但其基点皆把圣经视为律法,只是消极的照办,而非积极的信仰。他们虽然提出人人可阅读圣经,而且将其译为民族语言,但并未能提出可自由地理解与解释圣经。所以他们的神学思想仍属于中世纪的范畴。而路德所强调的不仅是阅读,而且要思考、理解、解释,并作出判断,由此而产生的信仰的基础则是人的理性、②人的意志和人的自由,在宗教领域中强调了人的因素,从而在理论上解除了教皇的武装,摧毁了他赖以统治西欧的神学支柱,为资产阶级的政治思想提供了理论基础。德国著名诗人和政论家海涅对此评论

---

① [德]马丁·路德:《罗马教皇权》,《马丁·路德著作集》第1卷,第340—341页。
② 路德对"理性"的论述有三点值得注意。第一,他早期论及世俗事务时,明确地强调"人的自由理性",如他强调法律要"受理性的控制,一切成文法律从理性出发有如从正义的源泉出发一样"。第二,他早期论及信仰和神学时,对理性的论述不尽一致,在《九十五条论纲》第十八条和1521年在帝国会议受审问时的声明中将圣经与理性相提并论,放在同等重要的地位,但在《罗马教皇权》中则认为理性应以圣经为根据。第三,路德晚年对"理性"的认识有所变化,转而反对理性,宣称"理性是魔鬼的情妇"。

说:"自从路德说出了人们必须用圣经本身或用理性的论据来反驳他的教义这句话以后,人类的理性才被授予解释圣经的权利,而且它,这理性,在一切宗教领域中才被认为是最高裁判者。这样一来,德国产生了所谓精神自由或如人们所说的思想自由,思想变成了一种权利,而理性的权能变得合法化了。"[1] 这说明路德的这一思想反映了历史的转折和资产阶级的兴起,在基督教思想领域中开辟了一个新的、资产阶级的时代。路德也就理所当然地成为这一领域中的资产阶级代表人物和先驱者。正是在此意义上,恩格斯把他列为"巨人时代"的"巨人"之一,把他和达·芬奇、马基雅维利并列为在各自的领域中划时代的巨人。[2]

第二,青年路德继承德意志人文主义者的爱国主义和民族主义的传统,提出了以反抗罗马教皇、维护民族尊严和独立为核心的政治纲领。它是德意志历史的产物。反对罗马教廷的控制与剥削是德意志人民长期以来的要求,16世纪初,它仍是德意志的首要任务和矛盾的焦点。但当时德意志皇权衰落、诸侯强大,使之不可能走英、法、西诸国的道路:加强中央王权,逐步摆脱教皇的控制,发展成为独立的民族国家。而16世纪初年的德意志市民资产阶级亦未强大到足以担任领导角色,组织团结农民,发动一次全面的、反对国内外封建制度的、胜利的资产阶级革命。当时的形势所具备和允许的、能够取得成功和完成的,只是反对罗马教廷的民族压迫和封建压迫的、具有资产阶级民族主义革命色彩的任务。青年路德提出的纲领,即由市民资产阶级发动、依靠皇帝和诸侯自上而下地驱逐罗马势力于国土之外,取得彻底的民族独立,然后通过加强皇权,创造有利于资本主义发展的环境,提高市民资产阶级的地位,这是与当时的形势颇为吻合的。

正是由于他的纲领在一定程度上反映了德意志各阶级、阶层(天主教贵族除外)人们的呼声,启迪了德意志人民的民族觉醒和民族意识,因而迅速地掀起了全民性的反对罗马教廷民族压迫和封建压迫的爱国革命运动。但形势的发展并不以路德的框框为转移,运动继续向纵深发

---

[1] [德]亨利希·海涅:《论德国宗教和哲学的历史》,海安译,商务印书馆1974年版,第42页。

[2] 参阅恩格斯《自然辩证法·导言》,《马克思恩格斯选集》第3卷,第445—446页。

展。1522年的骑士暴动，特别是1524—1525年的农民战争采取了自下而上的、以暴力形式进行反对一切封建势力的斗争，给德意志的宗教改革运动增加了反对国内世俗封建势力的内容。革命形势的发展是路德完全未曾预料到的。由于历史的和阶级的局限性，他从未设想过，也未成熟到以自下而上的暴力形式发动一场在国内改变生产关系的夺取政权的资产阶级革命。因此，1522年后他反对骑士暴动和农民战争，进一步投靠诸侯是历史的必然。

第三，德意志宗教改革运动的结果表明：路德反抗罗马教廷维护民族尊严与独立的爱国政治纲领基本上取得了胜利。在运动中，特别是经过伟大的农民战争，罗马教会遭受了严重的冲击，教皇在西欧神权大一统的局面被打开了缺口。在德意志的大部分地区废除了天主教的教阶制，在政治上摆脱了教皇的控制，在部分仍信仰天主教的地区，罗马教皇也被迫承认了世俗诸侯的较大的权力。在经济上，大量教产被没收，杜绝了罗马教廷的搜刮与剥削，制止了财富的外流。在部分仍信仰天主教的地区，教皇亦迫于教产被没收的既成事实而予以承认。在思想上，罗马"教会的精神独裁被摧毁，德意志诸民族大部分直截了当地抛弃了它，接受了新教"①。此后德意志民族的独立基本上得到了维护。这些成果的取得是多种因素造成的，绝非路德一人之功，但与他对罗马教会的批判，与其早期政治思想的号召、动员作用是密不可分的。

第四，路德神学思想的产物"路德宗"，作为基督新教主要宗派之一，具有一定的局限性，它仅适应于封建势力较强、市民资产阶级较为软弱的地区，传播受到了局限。在16世纪，它仅流传于德意志的大部地区和斯堪的纳维亚诸国。但他的革命性的神学思想和早期的政治思想对西欧和后世均产生了深远的影响。他的"因信称义"和"平信徒皆为祭司"的理论至今为绝大多数基督新教派别所承认，被称为新教理论的两大柱石。特别重要的一点是：加尔文在路德的神学和早期政治思想的基础上创立了加尔文宗的理论，使之适应于资产阶级夺取政权、创立共和国的需要，为尼德兰和英国资产阶级革命提供了理论武器，从而对西欧和后世产生了深远的影响。

---

① 恩格斯：《自然辩证法·导言》，《马克思恩格斯选集》第3卷，第445页。

路德早期政治思想中的政教分离的原则，教会不干涉政治，政府不干涉信仰，信仰自由以及强调与重视法律等诸项内容，对近、现代资产阶级政治制度和社会思想的影响至今犹存。

第五，马丁·路德的早期政治思想是 16 世纪德意志历史的产物，反映了当时正在成长的、不成熟的市民资产阶级的政治要求。其本身具有两面性，既有革命性的一面，又有明显的软弱性、不彻底性与对国内封建势力的依赖性，因而在革命的关键时刻，他必然投效诸侯，反对农民战争，这是那个时代德意志市民资产阶级两面摇摆的政治态度的具体反映与表现。

原载《世界宗教研究》1983 年第 2 期。

关于马丁·路德评价的几个问题

——纪念马丁·路德诞生五百周年

马丁·路德（1483—1546）是西欧宗教改革史上的一个重要而又有争议的历史人物。20世纪西方学者对路德作了大量的深入研究，作者众多，论著迭出，被称之为"路德复兴"。但是在研究中，由于他们的宗教派别、历史与民族的差异而影响了各自的研究兴趣与评价，在认识上的分歧颇大，从褒之为民族英雄、世界性历史人物、教会之父到贬之为狂郁型精神病人，从誉之为基督教三大伟人之一，到毁之为叛教者、魔鬼蛇蝎……不一而足。[1] 近年来，我国学术界亦发表了一些评价路德的论文和著作，在认识上也不尽一致。综合国内外的讨论情况，其中争议较大而又较为重要的问题有三：（1）路德宗教改革思想的时代性及评价。这一争论最初是由德国史学家恩斯特·特勒尔奇和卡尔·霍尔先后发表专著，对路德的思想评价及其时代性的不同意见引起的。特勒尔奇认为路德的思想和改革仍属中世纪的范畴，因为他提出的与试图解决的依然是中世纪的问题。"路德不过是以新的宗教观点作为中世纪的基础和调整力量而已。"近代史的开端应始于启蒙运动。他还认为路德的改革思想与经济变动无关，只不过是"利用宗教改革前的反对派、神秘主义以及后期经院派的唯名主义等所主张的学说，把中世纪的教条、教会观和伦理等，转移到保罗那以信仰和精神、恩典和基督为中心

---

[1] 参见［美］哈罗德·格里姆《1920年以来的路德研究》，载《近代史杂志》第32卷，第105页［Harold J. Grimm, "Luther research since 1920", *The Journal of Modern History*, Vol. 32, No. 2（Jun., 1960）, p. 105］或拙文《二十世纪西方史学界的"路德复兴"》，《世界史研究动态》1982年第6期。

的宗教上"①。第一个著文反对其观点者为霍尔。他运用20世纪初新发现的路德早期思想的材料集中研究了青年时代的路德,发表了《教会史论著汇编》,其中第1卷为《路德》,此卷中的重要论文是《宗教改革的文化意义》。文章认为路德的唯信得救论与教会观、伦理观具有革命的性质,在思想史上开辟了一个新的时代,因为他发现了上帝与人的新关系,提出了与过去不同的新观念,因而他是一位有创造性的系统的神学家。②霍尔的观点激发了许多学者的兴趣,引起了争论,推动了并且较长时间影响着德国和其他西方国家的路德研究。这一争论在我国学术界亦有所反映。我国史学工作者对路德所处的时代,意见是一致的,但是对路德改革思想的评价存在着分歧:它仅仅是重弹过去市民改革的旧调,还是具有时代的特点并有所创新;是仅仅接受前人的观点,还是划时代的宗教改革。(2)对路德的政治评价。西方学者对路德的政治思想与纲领,以及在宗教改革中的政治态度讨论较少,而我国史学界对此相当重视。因为它是对路德全面评价的一项基本内容。目前存在的主要分歧是:从政治角度观察,如何估计他在宗教改革中的功过与作用,以及如何认识他依靠诸侯和反对农民战争的政治态度。(3)路德的神学政治思想对当时和后世的影响的程度和范围。这一问题在德国史学家中存在不同看法。从德意志帝国的建立到第一次世界大战期间,德国大部分史学家着重强调路德对德意志民族的贡献,将其视为民族英雄,对他的世界影响涉及较少。特勒尔奇甚至认为路德的神学政治思想"不能超出他的发源地"③。但第二次世界大战后,多数德国史学家认为路德是一个世界性人物。格哈特·黑特出版《宗教改革的世界作用》一书,强调宗教改革应被视为欧洲史的一个历史时期,突出德意志民族对西方文明的贡献,认为路德是一位世界性的历史人物。我国史学界对此问题涉及不多。

这三个主要问题涉及路德的改革思想和实践、政治态度、功过、作

---

① [德]特勒尔奇:《基督教社会思想史》,戴盛虞、赵振嵩译,基督教文艺出版社1976年版,第270、280、281页。
② 参见[美]哈罗德·格里姆《1920年以来的路德研究》,《近代史杂志》第32卷,第105页。
③ [德]特勒尔奇:《基督教社会思想史》,第343页。

用与影响，对此做进一步的探讨，将有助于全面了解、评价路德这个历史人物，也有利于宗教改革史研究的深入。为此，本文欲就这三个问题作一初步分析，发表一孔之见，就教于史学界诸学者。

马丁·路德是划时代的宗教改革思想家和实践家

15 世纪末和 16 世纪初年的德意志是封建制度日趋瓦解、资本主义勃兴的时代。也是罗马教廷加紧对德意志的政治控制和经济剥削，促使德意志民族与教皇的矛盾日益加深，反抗罗马的民族矛盾日益成为主要矛盾的时代。马丁·路德正是在这一历史环境中度过了他的幼年和青年时代。

马丁·路德于 1483 年 11 月 10 日[①]出生在图林根的艾斯勒本城的一个矿工家庭。1484 年初夏，全家迁至曼斯菲尔德。此后其父上升为冶铁炉承租人，步入市民等级，并当选为市议员。1497 年路德就读于马格德堡共生兄弟会主办的学校和埃森那赫学校，受到流传于德意志的神秘主义的影响[②]，为其后来的宗教改革思想起到了启蒙作用。1501 年他考入爱尔福特大学文科，1505 年获文学硕士学位。该校是德意志人文主义"最重要的中心之一"[③]，他曾与该校的人文主义者有所接触，受到一定的影响，[④] 从而打下了宗教改革的思想基础。1505 年 7 月，入爱尔福特奥古斯丁修院。1507 年 5 月被授予神父职，后入维滕贝格大学修神学，1512 年获神学博士学位，任该校教授，曾主讲《诗篇》《罗马书》《加拉太书》等课程。1515 年他兼任奥古斯丁修院区牧，管理所属十一所修院，直至宗教改革运动爆发。

据西方路德学者研究，路德的革命性神学思想"唯信得救论"早在 1510 年已开始产生。该年 11 月路德曾往罗马，目睹罗马教会的腐败黑

[①] 关于路德生平的年代，本文均根据［德］罗兰·班顿《马丁·路德生平——我屹立于此》（Roland H. Bainton, *A Life of Martin Luther, Here I Stand*, London, 1950）的年表。

[②] 参阅［美］哈罗德·格里姆《宗教改革时代 1500—1650》，第 47—49 页。

[③] ［美］哈罗德·格里姆：《宗教改革时代 1500—1650》，第 60 页。

[④] 关于路德受人文主义影响的程度，史家其说不一。请参阅［德］弗兰茨·梅林《中世纪末期以来的德国史》，张才尧译，生活·读书·新知三联书店 1980 年版。

暗,"据传说,他在罗马产生了唯信得救的萌芽"①。后来,他深入研究了《新约全书》,特别是《罗马书》,经过苦思冥想,终于悟出了人与上帝的新关系:"凭借信仰,仁慈的上帝使我们称义(即得救)"。"最近的研究表明,这一概念出现于路德的早期演讲录中。"②

1517年后,路德在德意志民族各爱国阶级与阶层的支持与群众运动的推动下,经过坎坷的道路,顶住了教皇施加的种种威胁利诱。随着运动沿上升的路线发展,他对改革的认识不断提高,并有一个发展过程。本来,路德张贴《九十五条论纲》无意与罗马教皇分道扬镳,更无意建立新教,但教皇及其部下对他的迫害,使他逐步认识到:欲使罗马教皇自行改革,无异缘木求鱼,遂于1520年12月10日,采取断然的"革命行动",当众焚毁了教皇开除其教籍的训令,以示与其彻底决裂、破釜沉舟之决心。并于同年连续发表了《论善功》《罗马教皇权》《致德意志基督教贵族的公开信》《教会的巴比伦之囚》和《论基督教徒的自由》五篇重要著作。他在继承前人成果的基础上,根据多年研究圣经的心得与宗教经验,系统地提出了革新的教义。其要点是:唯信得救,圣经是最高权威,平信徒皆为祭司,基督是教会的最高元首。他的这些思想具有新的内容与特点。

第一,其宗教思想的核心——唯信得救论,不同于保罗和勒费弗尔(1455—1536)的因信得救论,而具有新时代的特点。"因信得救"(Justification by faith)这一概念出自《新约·罗马书》。③ 保罗强调信仰的目的在于反对当时流行的犹太教律法"割礼",主张应打破民族界限,不分割礼与非割礼,凭借信仰基督即可得救。④ 16世纪法国人文主义者雅克·勒费弗尔于1812年在其所著《保罗书信注释》一书中强调"因信得救",否认"善功"与得救有任何关系。他在《哥林多前书》

---

① [英] G. R. 埃尔顿编:《宗教改革 1520—1559》,《新编剑桥近代史》第2卷,剑桥大学出版社1958年版,第72页(G. R. Elton eds., "The Reformation, 1520—1559", in *The New Cambridge Modern History*, Vol. 2, New York: Cambridge University Press, 1958, pp. 72)。

② [英] G. R. 埃尔顿编:《宗教改革 1520—1559》,《新编剑桥近代史》第2卷,第73—74页。

③ 《新约·罗马书》3:28。官话和合本《新旧约全书》译为"因信称义",新中国成立后,我国史学界一般译为"因信得救"。

④ 《新约·罗马书》第3章。

第八章注释中说:"对上帝谈论善功几乎是渎神……我们能借善功得救的见解是谬误。这连犹太人都特别谴责过。我们仅寄希望于神的恩典。"① 他虽然强调了"因信得救",反对善功得救,抨击了天主教会的神学思想,但他并未进一步提出新的解释,也未付诸实践。而且他"至死没有离开旧教会的怀抱"②。路德在此基础上提出"唯信得救"(Justification by faith Alone)③,他说:"灵魂得救不因任何行为,仅由于信仰","你可以通过这信仰而成为新人,使你一切的罪都得到赦免"④。意即仅依靠信仰而不是依靠其他任何行为,或天主教神职人员主持的圣礼,就可以得救,使精神得到最大的愉快和满足,成为无罪的、自由的人。他还提出产生信仰的唯一依据是圣经,每个人都可在阅读、理解和解释圣经的基础上,产生对基督的信仰,从而得到解脱与上帝的恩宠。他的这一崭新的简明教义,提出了新的"上帝观"。它使人与上帝之间建立了一种新的直接的关系与联系。任何个别的人均可通过自己对圣经的理解、解释,产生信仰,而得到精神上的慰藉。因此,这种新的上帝观彻底推倒了压在信徒身上的、横在信徒与上帝之间不可逾越的大山——罗马教会及其神职人员;并且从根本上批判了罗马教皇赖以维护封建制度及其特权地位的三大理论武器:教皇最高权威论、圣礼得救论、教士特权论;⑤ 打碎了罗马教会强加在人们身上的枷锁,把信徒从封建宗教的桎梏下解放出来,使以教皇为代表的教会及其神职人员成为赘疣。更为重要的是,它在一定程度上肯定了人的地位与作用以及人的思考和意志,将人的个性体现于信仰之中,因而是人文主义思想在宗教领域中的具体反映。

---

① [英] P. 史密斯:《宗教改革时代》,1955 年纽约版,第 53 页(Preserved Smith, *The Age of the Reformation*, New York, 1955, p. 53)。

② [美] D. F. 穆勒:《基督教简史》,第 226 页。

③ [美] 哈罗德·格里姆:《宗教改革时代 1500—1659》,第 112 页。

④ [德] 马丁·路德《论基督教的自由》,《马丁·路德著作集》,霍尔曼公司 1915 年版,第 2 卷,第 314 页(Martin Luther, "Treatise on Christian Liberty", in Henry Eyster Jacobs, Adolph Spaeth, eds., *Works of Martin Luther*, Vol. 2, Philadelphia: A. J. Holman Company, 1915, p. 314)。

⑤ 其主要论点是天主教会和神职人员是人与上帝之间的中介,只有通过他们主持的圣礼才能与上帝交通,得到神恩。因此,神职人员是"属灵"的等级,高于世俗人士,而教皇则是上帝在人间的代表,是教会和万民的最高领袖。

第二，路德的宗教改革思想有别于中世纪改革家的主张。被称为宗教改革的晨星与先锋的威克里夫与胡司早在 14、15 世纪就已进行过宗教改革。他们把矛头指向罗马教皇，主张以圣经为本；基督是教会的元首，信众是教会的中心；世俗与属灵的职位均为上帝派遣，教会无权向国家征税；使用民族语言传教；反对教会拥有财产；脱离罗马教皇，建立民族教会等。路德对此倍加推崇，并受到深刻影响。但是中世纪神学与近代资产阶级神学的根本不同点在于：是把圣经作为教会的法律，消极照办；还是把圣经作为个人产生信仰的唯一依据。威克里夫与胡司虽然反对当时教会的腐化，尊崇圣经，但他们的神学思想"仍属于中世纪时代"。因为他们把"圣经视为教会的法律"。"信仰在其思想上的地位并不比罗马教会高"[①]。他们只主张人人可以阅读圣经，而不主张人人可以解释圣经，因而不能从根本上解除罗马教皇的武装。路德的改革思想则不同，它是以信仰为中心，集中世纪宗教改革之大成，以"唯信得救"为基础，系统地提出了全面改革的主张。具体包括逐罗马教皇的政治、经济势力于国土之外；建立德意志民族教会；取消教廷最高司法权，实现司法独立；取消教皇授予神职的权力，实现教会组织独立；废除教皇施特恩的权力，他除负责传教外，其他应服从皇帝；禁止到罗马朝圣；减少教堂、修道院；简化与减少圣礼与节日；[②] 以圣经取代经院哲学；神职人员可以结婚；废除罗马教会旧法规等，[③] 因此，他的改革思想不仅仅是接受前人的观点加以发挥，或者只是集中了市民阶级长期以来对廉俭教会的要求，而是具有新时代的内容与特点，成为近代宗教改革的鼻祖。

第三，路德还提出了"平信徒皆为祭司"的平等思想，以反对罗马教会的"属灵""属世"的划分和封建教阶制。他说："基督徒都是属

---

① [美] 威利斯顿·华尔克：《基督教会史》，西蒙舒斯特公司 1970 年版，第 269、274 页（Williston Walker, *A History of the Christian Church*, New York: Simon & Schuster Inc., 1970, pp. 269, 274）。

② 仅保留洗礼与圣餐两项圣礼，并加以简化；废除次要节日，或与礼拜日合并。

③ 参阅 [德] 马丁·路德《致德意志基督教贵族的公开信》，第二部分《提交会议讨论的弊病》和第三部分《改革的建议》第 27 条，载汤清等编译《路德选集》上册，基督教文艺出版社、金陵神学院托事部联合出版 1968 年版，第 174—238 页。

灵的等级，在他们中间，除职务不同外，没有其他差别。"神职"乃是一种服务与职分……并不比别的基督徒高贵或优越"①。推选出的神职人员若"因行为不端而被革职，他就和以前没有任职一样。所以基督教会的神父，无非是执行公务的职员，当他在职时，他有优先权，一旦被革职，他就和其他人一样，仍是农民和市民"②。他进而由此推论出世俗的平等，认为不论贵族、市民、农民均无高低贵贱之分，地位均属平等，具有同样的权力。"世俗掌权者也是一样，他们不过是受了委托，拿刀和杖，惩罚罪人，保护善人，一个皮匠、铁匠、农民各有各的工作和职务，他们也都是受圣职的神父和主教。"③ 从中反映了资产阶级的平等要求和新时代的宗教特色。

综上所述，路德适应时代的需要，代表新兴的市民资产阶级，系统地提出了以"唯信得救"为基础的全面改革思想。他强调人人均可阅读、思考、理解与解释圣经，突出了宗教信仰中的个人作用，在宗教领域中强调了人的因素，将人文主义寓于神学思想之中，因之在理论上彻底解除了教皇的武装。摧毁了他维护封建制度的理论支柱，使罗马教会及其神职人员成为"失去了咸味的盐"④。加之他将其改革思想付诸实践，在农民战争失败后，全力投入圣经的译注工作，以及制定路德宗的教规与信条，使德意志大部分地区摆脱了教皇的控制，确立了新教信仰，第一个成功地建立了改革派教会。路德宗的新教会虽然一度被封建诸侯控制，但他的改革思想和实践毕竟反映了历史的转折与资产阶级的兴起，在基督教发展史上开辟了一个新的资产阶级的时代。因此，他的改革思想并不属于中世纪的范畴，也不是没有什么新的东西或仅仅是接受前人的观点，而是划时代的、系统的宗教改革思想和实践。

---

① ［德］马丁·路德：《论世俗的权力》，《马丁·路德著作集》第 3 卷，第 26 页。
② ［德］马丁·路德：《致德意志基督教贵族的公开信》，《马丁·路德著作集》第 2 卷，第 69 页。
③ ［德］马丁·路德：《马丁·路德著作集》第 2 卷，第 62、262 页。
④ ［英］A. W. 沃德编：《剑桥近代史》第 3 卷，剑桥大学出版社 1957 年版，第 45 页（A. W. Ward, eds., *The Cambridge Modern History*, Cambridge: Cambridge university Press, 1957, Vol. 3, p. 45）。

马丁·路德是早期资产阶级民族主义的政治思想家和爱国者

德意志宗教改革运动始于1517年路德贴出《九十五条论纲》，止于1555年《奥格斯堡和约》的缔结，共历时38年。[①] 基本上可划分为两个阶段：第一阶段（1517—1525）为运动的兴起和发展阶段。1517年路德点燃了德意志民族反对罗马教皇的怒火，在群众的支持下，迅速从宗教神学领域扩大到政治经济领域。路德也从与教皇藕断丝连发展到1520年与教皇公开决裂，提出以唯信得救为核心的宗教纲领和以反对罗马教皇、争取民族独立为核心的政治纲领，将德意志各爱国阶层充分发动起来。第二阶段（1525—1555）为运动的高潮与分裂并演化为宗教战争的时期。1525年的农民战争，把运动从反对国外的封建势力，扩大到反对国内的封建制度。由于运动的深入和路德本人地位的变化，他反对与攻击农民战争，在政治上进一步投靠诸侯，改革思想趋于保守，向单纯的神秘宗教方向发展。1526年以后，他主要致力于圣经的译注，并借助诸侯自上而下地进行路德宗的建立和建设工作，直至1546年去世为止。

根据宗教改革的全过程，我们如何从政治上评价路德的功过是非？在过去的评价中，有一种意见认为：他对运动的贡献仅仅是起了引发、点火的作用，对于他后来的活动，则是侧重于他反对农民战争的政治态度，而认为只是起到了"叛徒"的作用。根据目前所见到的史料，我认为他除点燃了宗教改革运动之外，尚须进一步评价其贡献，对于其反对农民战争的态度，也还需作具体的分析。

第一，他提出了切合社会历史实际的政治纲领。1520年，路德在五篇重要著作中，不仅提出了划时代的新教神学思想，而且把对罗马教会的批判与政治、社会和经济的要求联系起来，提出了反对罗马教皇，实现民族独立为核心的爱国政治纲领。其要点有三：（1）依靠德意志帝国的皇帝、诸侯与贵族，使用暴力，将罗马教廷的政治、经济势力拒

[①] 参阅［英］A. W. 沃德编《剑桥近代史》第3卷，第2—3页。

于国土之外，实现真正的民族独立。这是他纲领的核心。（2）逐教皇势力后，实现三项独立，即君权独立，政教分离；司法独立；教会独立，与罗马断绝一切关系，包括政治、经济、组织诸方面，建立民族教会与廉俭教会，以达民族独立之目的。（3）实现三大平等，即取消教阶制，实现教俗平等；世俗平等，包括贵族与市民、农民的政治平等；信仰平等。[1] 路德这一纲领的提出，极大地鼓舞了德意志各爱国阶级与阶层，把运动大步推向前进。与此同时，路德也从普通的神职人员和教授跃居为德意志民族的代言人，成为欧洲举世瞩目的人物。[2] 路德之所以得到众多的拥护，关键在于其纲领抓住了德意志民族当时面临的主要矛盾，切合历史实际。

16世纪初，德意志的工商业，特别是采矿、冶金、纺织、手工艺等行业有了较大的发展，但较分散，仅形成一些地区性的中心，彼此缺乏联系，国内交通也只限于沿海、内河航运和几条商道。这一经济状况造成政治上的分散，并且决定了在阶级关系上地方诸侯的经济、政治势力强大，王权衰落，市民阶级相对软弱。因此，当时的德意志虽然具有爆发"欧洲第一号资产阶级革命"的形势，却未具备取得资产阶级革命胜利的条件。尽管社会下层群众已经行动起来，迫切要求反对国内封建制度，但资产阶级革命胜利的关键在于资产阶级成熟的程度。当时的客观条件比较成熟的只是德意志民族摆脱罗马教皇的压迫，维护民族独立的革命运动。

罗马教廷在15世纪后，由于英、法、西班牙诸国王权加强，逐步摆脱了教皇的控制与干涉，因而集中力量加紧对分裂割据的德意志进行经济剥削与政治控制，使德意志民族处于屈辱和依附的地位。罗马教会不仅控制着德意志二分之一的土地和许多重要城市，而且教会的主教由罗马教皇任命，德意志人民被迫向罗马缴纳大批苛捐杂税，整个德意志成了"教皇的奶牛"。德意志皇帝也须由教皇加冕，必须吻教皇的脚，并为教皇扶缰绳。因而激起了德意志各爱国阶级和阶层的普遍不满，反

---

[1] 详细材料与内容请参阅拙文《马丁·路德早期政治思想初探》第三部分，载《世界宗教研究》1983年第2期。

[2] ［德］希勒布兰德：《宗教改革的世界》，伦敦1975年版，第1页（Hans T. Hillerbrand, *The World of the Reformation*, London: Dent Publisher, 1975, p. 1）。

抗活动屡兴不绝。德意志民族同以罗马教皇为代表的封建教会的矛盾一度成了德意志社会面临的主要矛盾。但是教皇的统治不同于一般世俗的统治者，他是以"基督在世的最高代表""教会的最高权威"的面目出现，如不首先剥掉其神圣外衣，摧毁其理论支柱，就不能有效地战胜它，达到民族独立的目的。所以这次运动既有精神的内容，又有物质的内容；既需要宗教神学的革新，又有具体的政治、经济方面的要求。对于披着神学外衣的敌人，只有从神学开刀，才能有效地战胜它。而路德抓住了主要矛盾，巧妙地把宗教的与民族的内容有机地结合在一起，将各种反对罗马的社会运动联系起来，从改革宗教入手，实现以反对罗马教皇、维护德意志民族独立为核心的政治纲领，因此，他反映了社会各阶层的心声，得到拥护，把运动迅猛地推向前进。

第二，路德坚持了爱国的政治纲领。在同罗马教皇决裂以后的改革进程中，路德表现出坚韧不拔的革命精神与不屈的性格，尽管在1526年以后，由于对诸侯的依赖，他在国内问题上有所让步和妥协，但在反对罗马教廷，争取民族完全独立方面始终不渝，坚持到底，至死不变。在16世纪初年，他以大无畏的精神敢于向通天贯地的庞然大物、西欧的太上皇提出挑战，向罗马教皇投出了革命的第一枪，如无革命的英勇气魄和胆量是不可能做到的。在革命的过程中，他逐渐提高了认识，于1520年毅然与教皇决裂，公开焚毁教皇开除其教籍的教谕。同年他发表了革命性的宗教思想和爱国的政治纲领，并坚持到底。1521年在沃姆斯帝国会议上，查理五世和天主教诸侯要求路德放弃他的主张，遭到路德的坚决拒绝，并且强硬声明说："我坚持这一学说，绝无改变！"[1] 此后，在1530年《奥格斯堡信条》和1538年出版的《施马加登信条》中，继续坚持了其宗教的和民族的观点，后者是他亲自起草和制定的信条，是路德脱离罗马教会的正式宣言。信条中全面坚持了他以唯信得救为基础的教义、组织、仪式。他说：我们"不能依靠任何行为、法律或功德称义，那么显然唯有这信才能使我们称义"[2]。并认为"教皇无非是魔鬼本

---

[1] 苏联科学院主编：《世界通史》第4卷，上册，吉林人民出版社1978年版，第228页。
[2] ［德］马丁·路德：《施马加登信条》，《路德选集》下册，汤清等编译，基督教文艺出版社、金陵神学院托事部联合出版1968年版，第114页。

身，因为他违反上帝，推行他的弥撒、炼狱、修道生活、善功和崇拜各种虚假（教皇制度便正是建立在这些虚假上面）"。"教皇"便是"敌基督者"①。在路德去世前的十个月，1545 年 3 月 25 日，他还发表了《反对魔鬼所建立的罗马教皇统治》一文，坚持其宗教的和民族的主张。他临终时最后的一句话是：我至死信仰耶稣基督，并坚守我的教义。②

第三，路德的爱国政治纲领，尽管由于其对诸侯的依赖性而受到阻碍，但其核心部分，即摆脱罗马控制与剥削，争取民族独立，基本上得以实现。在运动中，特别是经过农民战争，罗马教会遭到沉重打击，教皇在西欧的神权大一统局面由此打开了缺口，在德意志大部分地区，驱逐了外来势力，废除了教阶制，在政治上取得了独立。在部分仍信仰天主教的地区，教皇也被迫承认了世俗诸侯的较大的政治权力。在经济上，大批教产被没收，杜绝了罗马的搜刮与剥削，制止了财富外流。在部分仍信仰天主教的地区，教皇亦被迫承认教产被没收的事实。在思想上，罗马教会的"精神独裁被摧毁了，德意志诸民族大部分都直截了当地抛弃了它，接受了新教"③。这些成果的取得是与路德的爱国纲领密不可分的。

由于他把对罗马教会的批判与民族独立有机地结合在一起，提出了民族的、爱国的政治纲领，并一贯坚持，为纲领的核心部分的实现做出了应有的努力，从而取得了一定的成果，因此，他不仅是一位划时代的宗教改革家，也是一位早期资产阶级民族主义的政治思想家和爱国者。

但是，我们并不能因此忽略他反对农民战争的政治态度及其弱点和局限性，更不能无视其叛徒问题。路德政治纲领的根本特点是只反对外部的封建势力，并不反对国内的封建土地制度和政治制度。相反，他的主张是依靠国内封建主的暴力驱逐罗马教皇的势力于国土之外。他从来无视社会下层的力量，也从未主张过依靠下层发动自下而上的革命运动。这一特点在其著作中非常明显。他说：对于教皇的控制与剥削，"如果德意志君主和贵族不迅速大胆加以干涉，德意志将会变成废墟，

---

① ［德］马丁·路德：《路德选集》下册，汤清等编译，第 123 页。
② ［法］埃米尔·莱奥纳：《基督新教史》第 1 卷，梅里尔出版社 1969 年版，第 257 页（Émile G. Léonard, *A History of Protestantism*, Vol. 1, New York: Bobbs-Merrill, 1969, p. 257）。
③ 《马克思恩格斯选集》第 3 卷，第 445 页。

自趋毁灭"①。"国王、君主和一切贵族（应）把这些罗马来的恶棍驱逐出境。""我以为除了国王和诸侯采用暴力，武装自己，讨伐这些流毒于全世界的恶汉外，别无他法。"②"让教皇把罗马和他从帝国搞到的一切交还我们……让帝国成为名副其实的帝国……让德意志皇帝做一个真实的、有权的皇帝"③。这些均说明他最初欲以皇帝为旗帜，以诸侯为依靠力量，实现其纲领。但查理五世对他不仅不予支持，反而与教皇勾结，签发逮捕令，通缉路德，致使他放弃了对皇帝的幻想，全力依靠诸侯，推行其宗教的与民族的纲领。对此，我们只能从16世纪德意志市民资产阶级的不成熟性和软弱性加以解释。"市民"的代表人物路德不可能认识到"资产阶级"的历史使命，亦无反对国内封建制度的要求，甚至还把贵族视为依靠力量。

然而，运动的发展并不以路德的意志为转移。1524—1525年伟大的农民战争把反对封建的革命运动推向高潮。农民的革命目标远远超出了路德的纲领，他们不仅反对外部的封建势力，而且把路德视为依靠力量的国内封建主也作为革命的对象，并以暴力攻击。这就迫使路德必须在农民与封建诸侯这两支不可调和的敌对势力之间做出明确的抉择。由于市民的不成熟性，路德从无思想准备，也从未设想过在国内以自下而上的暴力形式发动一场全面的资产阶级革命。这就决定了他在敌对的两端中必然站在诸侯的一端，从同情农民转向反对、咒骂与攻击农民战争。农民战争由于得不到，也不可能得到市民资产阶级的支持而失败；平民也由于"他们的运动带有幻想的色彩"而只是"昙花一现"④，但是他们在革命中沉重地打击了国内外的封建势力，均做出了各自的贡献。路德由于抛弃了下层人民，反对农民战争，"这就使它永远成为路德这个名字的一个污点"⑤。也正是于他无视和否定社会下层的力量，致使他的爱国主义与民族主义的纲领未能彻底实现。路德宗也逐渐沦为诸侯加强

---

① ［德］马丁·路德：《罗马教皇权》，《马丁·路德著作集》第1卷，第343页。
② 《马克思恩格斯全集》第7卷，第392、406页。
③ ［德］马丁·路德：《致德意志基督教贵族的公开信》，《马丁·路德著作集》第2卷，第157—158页。
④ 《马克思恩格斯全集》第7卷，第396、397页。
⑤ 《马克思恩格斯全集》第1卷，第585页。

封建势力的工具,并且导致他的晚年未能全部坚持其宗教和政治的、社会的观点。例如,他对政教分离、世俗平等以及对理性的认识,均有所变化。① 这些都是他所代表的阶级的不可克服的弱点所造成,事业未竟,半途而废。从这一方面观察,他原是在德意志人民的全力支持下才成为宗教改革运动的领袖人物,并曾对农民的处境表示过同情,一度在一定程度上反映过社会下层的要求,而当人民运动发展到反对国内封建势力,迫使他必须做出明确的抉择时,他却顽固地站在诸侯一方,反对人民运动,这可以说是一种背弃人民的行径,具有叛卖的性质。

但是,我们也不能不注意到路德在宗教改革进程中,反对以罗马教皇为首的外部封建势力,争取德意志民族的完全独立是他坚决的和一贯的主张。他的局限性决定了他把诸侯作为依靠力量,并依靠他们的暴力实现其纲领,这也是他始终如一的主张,在农民战争的前后,在依靠诸侯和不主张农民以暴力形式反对国内的封建势力这一点上,他仅有量的变化,而无质的区别。而且在改革运动的进程中,他始终坚持他的维护民族独立的爱国政治纲领和原则,从未背叛,并且取得了成果。因此,在这一方面,他的表现是值得肯定的。所以,尽管他在国内反封建斗争中具有叛卖的污点,但从这一革命运动的全部内容和总体来看,路德仍不失为对德意志民族做出了贡献的早期资产阶级民族主义的政治思想家和爱国者;笼统地把他说成在农民战争中间和以后只起到叛徒的作用,似乎是不够全面的。

马丁·路德神学政治思想对后世的深远影响

路德的神学政治思想是 16 世纪德意志的产物,它不可避免地带有依赖诸侯的痕迹,致使以此思想为基础建立的路德宗仅适应于封建势力

---

① 路德对"理性"的论述有三点值得注意。第一,他早期论及世俗事务时,明确地强调"人的自由理性",如他强调法律要"受理性的控制,一切成文法律从理性出发有如从正义的源泉出发一样"。第二,他早期论及信仰和神学时,对理性的论述不尽一致。在《九十五条论纲》第十八条和 1521 年在帝国会议受审问时的声明中将圣经与理性相提并论,放在同等重要的地位;但在《罗马教皇权》中则认为理性应以圣经为根据。第三,路德晚年对"理性"的认识有所变化,转而反对理性,宣称:"理性是魔鬼的情妇。"

强大、资产阶级软弱的地区。因此,它的传播受到局限,在当时仅流传于德意志的大部地区和北欧诸国。但是路德的革命性的神学政治思想并不受国界和地区限制,它在新的更肥沃的土壤上不断结出新的果实,从而对当时和后世产生了广泛的深远的影响。

1517年德意志宗教改革运动兴起后,路德的改革思想不胫而走,传播到广大的西欧地区,对法国、尼德兰、瑞士、英国具有较大的影响。在英国出现了亨利八世的宗教改革,1534年完全摆脱了罗马教皇的控制,建立了新教的重要派别安立甘宗。它对法国的影响更为显著。西方史学家一般认为加尔文的影响要比路德更为普遍和深远。①这无疑是正确的。但是,我们不能忽略路德对加尔文的影响以及他的大部分观点为加尔文所继承这一事实。16世纪30年代初,路德的著作已在法国广为流传。加尔文在人文主义及路德的影响下于1534年前后转到新教立场,接受了路德的革新的神学政治思想,并且把它加以改造和发展,使之适应于更成熟的资产阶级的需要。加尔文于1536年发表了代表作《基督教原理》一书,其"第一版事实上是深刻的路德主义"②。后来虽然屡次修订,但在一些主要观点上均同意路德的观点。例如,他完全拥护圣经最高权威论与基督最高元首论。③加尔文也接受了路德的"唯信得救"论,他说:"我们得救的基本原因是……圣灵的光照——就是信。"④他在此基础上吸收了奥古斯丁预定论的内容,把"得救"与"选民"的内容结合在一起,整合为新的预定论,使之"适合当时资产阶级中最勇敢的人的要求"⑤。加尔文还吸收了路德的"平信徒皆为祭司"的理论,将它发展、改造为应重视普通信徒

---

① [美]约翰·麦克尼尔:《加尔文研究三十年》,《教会史》第17卷,第208页[Jonh T. McNeill, "Thirty years of Calvin Study", *Church History*, Vol. 17, No. 3 (Sep., 1948), p. 208]。
② [法]埃米尔·莱奥纳:《基督新教史》第1卷,第295页。
③ 参阅[法]加尔文《基督教原理》第4卷,第5、6章,载《基督教经典系列》第20卷,费城1921年版,第1084—1102页(Jean Calvin, *Institutes of the Christian Religion*, The Library of Christian Classic, Philadelphia: Presbyterian Board of Publication and Sabbath, 1921, Vol. 20, pp. 1084 - 1102)。
④ [法]加尔文:《基督教原理》第3卷,第14章,第21节,载《基督教经典系列》第20卷,第930页。
⑤ 《马克思恩格斯选集》第3卷,第391页。

的责任，使之明确自己的责任感，在政治生活中发挥他们的作用，创造了长老制议会主义的先例，从而为尼德兰、苏格兰、英格兰革命提供了现成的理论，以适应于资产阶级夺取政权，创立共和国的需要，对革命形势的发展起到了推动作用。

这些事实说明路德的新教神学政治思想对加尔文影响之大之深，尽管加尔文有许多独创之处，但是"原始的加尔文主义乃脱胎于路德主义"，"路德的基本教义就是加尔文的基本教义"[①]。加尔文本人也毕生将路德视为先辈，倍加赞许，1544年他在《教会改革之必要》一文中说："我们都还在追求能与路德同一的目标。"说明萌芽产生于德意志的路德的先进思想，虽由于当地封建势力的强大而夭折，但在新的肥沃的土壤上，经过改造，结出了新的果实。追根溯源，加尔文及新教各派的基本的主要的思想均来源于路德。

基督新教与西方大多数资本主义国家的历史文化关系密切。对今日的国际政治、国际关系与社会生活亦具有一定的影响。在20世纪80年代，新教徒约占基督徒的三分之一，分布于世界上150余个地区和国家，已分化为近600个教派。但作为新教共同信仰的五大信条，多数为路德所提出，[②]足见其影响之深。

他主张的政教分离的原则，教会不干涉政治，政府不干涉信仰，信仰自由，以及强调重视法律等项，对近现代资产阶级政治制度和社会思想的影响至今尚存。

所以，路德的新教神学政治思想的影响绝不仅限于德意志和局部地区，而是对西欧各国均产生了深远的影响，他的革新思想促进了欧洲封建社会的解体，加速了西欧从封建社会向资本主义社会的过渡，并随着新教的发展而传播到全世界。

原载《世界历史》1983年第6期。

[①] [德]特勒尔奇：《基督教社会思想史》，第356—357页。
[②] 新教绝大多数派别的共同信条是：(1)上帝的恩宠与主权；(2)唯信得救；(3)圣经是信仰的准则；(4)教会是基督徒的团契和平信徒皆为祭司；(5)人与人类一切制度的易错性(fallibity)。参见[美]乔治·福雷《新教信仰》，费城1979年版，第16—17页(George W. Forell, *The Protestant Faith*, Philadelphia, 1979, pp. 16 – 17)。

20世纪西方史学界关于加尔文的研究

让·加尔文（1509—1564）是法国著名的神学家、教会政治家、16世纪西欧宗教改革运动最重要的领导人之一。西方各国史学家对加尔文的研究历时四百余年而不衰，20世纪又有新的进展。

一 加尔文研究的新发展及其原因

20世纪加尔文研究的新发展表现在三个方面：（1）研究领域的扩大。除传统的神学、史学研究外，又开辟了社会、政治、文学、艺术等领域的研究，经济史与社会思想史家的兴趣尤为浓厚。（2）研究地区的增多。过去多为法、瑞士、德、英、美等国的新教学者从事加尔文研究，20世纪一些天主教国家如西班牙、意大利等国的学者也加入研究的行列。（3）原始材料与专著等出版物增多。20世纪西方学者整理出版了未发表的加尔文手稿多种，其作品译为多种文字，出版了分类书目提要。并且出现了两次加尔文研究的高潮，第一次为20年代至30年代；第二次为50年代至60年代。

加尔文研究热潮的原因有三：（1）由于新教神学的不同派别对加尔文思想理解的差异，引起了较大的争论，从而刺激了历史研究的发展，甚至一些史学家的"研究兴趣倾向于从路德转向加尔文"[1]，认为加尔文对20世纪的影响比路德更大。

---

[1] 本文主要参考［美］约翰·麦克尼尔《加尔文研究三十年》，载《教会史》第17卷，第207—240页［Jonh T. McNeill, "Thirty years of Calvin Study", *Church History*, Vol. 17, No. 3 (Sep., 1948), pp. 207-240］此处引文见第208页。

（2）马克斯·韦伯（1864—1920）①发表专著断言："加尔文的学说即使不是产生了，也是抚育了近代资本主义。"②接着，恩斯特·特勒尔奇（1865—1923）③赞同并发展了这一观点，从而向宗教改革史、经济史与加尔文研究学界提出了有力的挑战，导致西方学术界长时间地讨论加尔文的学说与近代资本主义的关系。

（3）1959年为加尔文诞生450周年，也是其代表作《基督教原理》最后修订本出版、日内瓦书院（现日内瓦大学）创办、第一个全国性的法国改革派教会建立的400周年。西方许多国家的学术界举行了多种纪念活动，从而促进了加尔文研究。

二 加尔文研究的原始材料

20世纪加尔文研究新发展的表现之一是编写了多种书目指导、书目提要与书目分类。在这些书目中参考价值较高的有两部。一部是卡尔·朔特洛尔的《1517—1585年宗教分裂时期德国史书目》，此书的第1、2、5卷提供了1940年以前发表的加尔文原始资料的综合书目。另一部是A.迪富尔为纪念加尔文诞生450周年编写的书目提要《加尔文研究书目》。

最大部头的加尔文全集是1964年再版的拉丁文版本，由鲍姆、库尼茨、罗伊斯主编的《让·加尔文著作全编》，共59卷。20世纪新整理出版的多卷本的加尔文手稿是罗伯特·M.金登等主编的《加尔文研究补编》，自1961年开始出版，至今各卷尚未出齐，其中包括了迄今未刊的加尔文的布道词。

加尔文的代表作《基督教原理》在20世纪以法、英、德、西班牙等多种文字出版了许多版本。其中具有特色的有以下几种：最佳版本是

---

① 德国著名的社会学家、政治经济学家与历史学家，曾任柏林大学、慕尼黑大学等校教授。他的名著有《新教伦理与资本主义精神》，《宗教社会学论文集》，《科学论文集》与《经济通史》等。

② ［美］约翰·麦克尼尔：《加尔文研究三十年》，载《教会史》第17卷，第232页。

③ 德国历史学家、社会学家和哲学家，柏林大学教授。其代表作为《基督教社会思想史》。

J. D. 伯努瓦主编的法文版两卷集（巴黎，1957），它增加了内容与历史的注释，因此将取代《宗教改革文献》中《基督教原理》的旧本。J. 卡迪埃主编的现代法文版四卷集（瑞士，1955—1959），注释更为详尽。最好的英译本是约翰·麦克尼尔与福特·刘易斯·巴特斯编译的版本，1960年出版。此外，德、英、意等国均出版了节译本。

其他原始资料还有 A. M. 施米特主编的《加尔文英文书信集（1548—1561）》（巴黎，1959），以及 J. 哈柔吐尼主编的《加尔文：评注》（基督教古典丛书，第22卷，费城，1958）。

三 关于加尔文生平的研究

20世纪西方史学界出版了多种加尔文传记，其中论述较多的问题是：加尔文对后世的影响、从天主教到基督新教的转变、与路德的关系等。

迄今为止，20世纪权威性的加尔文传是埃米尔·杜梅尔格的《让·加尔文及其时代》（洛桑，1899—1927），共七卷。该书材料翔实，不仅能使读者了解加尔文，而且会对其人其事产生兴趣。但有的史学家认为作者的调子太高，有将加尔文偶像化的倾向。该书第七卷引用较丰富的材料着重说明了加尔文对欧洲的影响。让·穆拉与保尔·卢韦合著的《加尔文》（1931）一书，着重论述了日内瓦法规的细节，他们认为加尔文的学说，通过傅立叶，对共产主义的发展具有影响。

较有特色的英文著作有三，比较早的是罗伯特·奈杰尔·亨特的《加尔文》（1933）一书。作者以高超的鉴别力，揭示了事件的意义与加尔文的性格。此书的特点是未参与神学的争论与派别斗争，论述较为客观。最实用的传记是约翰·麦克尼尔的《加尔文宗的历史与性质》（1954）。权威性的加尔文思想介绍是弗朗索瓦·温德尔的《加尔文宗教思想的起源和发展》（1963）。

此外，雅各·帕尼埃在《献给阿贝尔·勒弗朗先生的杂文》（1936）中，着重研究了加尔文早期致勒内夫人的信件，并确定了它们的日期。他的《加尔文故居》（巴黎与努瓦营，1939）叙述了努瓦营加尔文博物馆收藏的加尔文的117件遗物和早期法国北部新教的400多件文物目录，对加尔文研究具有参考价值。

四　加尔文的经济、政治思想研究

20世纪西方学术界的加尔文经济思想研究，集中讨论了加尔文的学说与近代资本主义的关系。这是由于20世纪初德国两部著作的发表而引起的。马克斯·韦伯在《新教伦理与资本主义精神》（1904—1905）一书中提出了加尔文的学说抚育了近代资本主义的论断，其理由是英国的清教运动从加尔文学说中汲取了大量元素。在该书未译成英文本前，肯特·富勒顿写了一篇英文提要，名为《加尔文主义与资本主义》（载于《哈佛神学评论》第21卷），由此广为传播。接着，恩斯特·特勒尔奇发表了他对这一命题的著作《基督教各派教会和团体的社会学说》（1912），赞同韦伯的观点并做了补充，强调加尔文鼓励勤劳，"反对懒惰"，促进了资本主义的发展。他们的观点在西方学术界反响较大，赞同与反对者均有，但反对者居多。

乔治·奥布莱恩发表《试论宗教改革的经济效果》（1944），不同意韦伯的观点，他认为宗教改革总的来说是破坏的概念，加尔文学说的主要特点是个人判断。阿米托雷·范范尼出版了《天主教、新教与资本主义》（1934）一书，分析了16世纪及以后，加尔文派与非加尔文派欧洲地区的经济状况，并做了比较，认为韦伯的观点说服力不强。

法国著名历史学家亨利·奥塞在其《资本主义的开端》（1927）及与奥古斯坦·勒诺代合著的《近代的开端》（1938）两书中，提供了加尔文及其有关经济生活的足够材料，认为加尔文关于社会与经济生活的两条基本原理是神圣的世俗化与社会相对主义，基本上不同意韦伯的看法，即加尔文对资本主义精神特性的描述是精确的。安德烈·沙尤研究了日内瓦城的资本主义问题后认为，加尔文的日内瓦法规限制了资本主义的发展，仅使之保持在原始状态。美国学者乔治亚·哈克尼斯的《加尔文其人及其伦理学》（1931）是一部系统的学术著作，详细而又客观地论述了加尔文的社会学说，批评了韦伯的某些观点。英国历史学家赫克托·穆·罗宾逊也是反对韦伯的主要人物。他于1933年发表的《经济个人主义兴起的诸方面》一书，广泛引用历史材料，在有限的篇幅中，有说服力地论述了加尔文的业绩及其反高利贷的态度，批评了韦伯的观点。①

20世纪30年代末，由于二战爆发，讨论中断。在50年代开始的加尔文研究第二次高潮中，西方学术界除讨论神学、教义外，又继续讨论了经济思想问题。美国将过去不同观点的主要著作译为英文出版或再版，主要有：恩斯特·特勒尔奇的《基督新教与进步》（1958）；马克斯·韦伯的《新教伦理与资本主义精神》（1958）；范范尼的《天主教、新教与资本主义》（1955）。美国还出版了格林编写的《基督新教与资本主义》（1959），此书辑录了"韦伯的论点及其批评者的意见"，是一部较好的教学与研究的参考读物。讨论在继续，但无定论。

西方史学界发表的加尔文政治思想研究方面的著作比经济方面的要少，主要有以下几种较为重要的著作。德国在汉诺威重印了《赫伯特·达林·福斯特论文集》，该书着重讨论了加尔文的教会法规、政治思想及其影响，并论述了加尔文政治思想与清教国家的关系。研究加尔文当时政治态度的专著是克劳斯·鲁道夫的《从通信中看加尔文对德国新教徒政治行动的评判》（1930），作者详细叙述了加尔文在法兰克福、沃姆斯和雷根斯堡议会的政治活动。汉斯·豪斯霍耳在《加尔文思想中的国家》（载《宗教改革联合会会刊》第41届年会会刊，1923）一文中，认为加尔文不似路德，在其政治思想中没有皇帝的地位，并认为加尔文的政治思想与马基雅维利有雷同之处。罗伯特·H.默里在其《宗教改革的政治后果：十六世纪政治思想研究》第八章中指出，加尔文提倡代议制政府，并支持消极地反对暴政。集中讨论这一问题的著作还有莫斯的《加尔文主义是极权主义还是民主主义？》（1951）。

加尔文是西方颇为重要的一个历史人物。他的学说与实践对西方的历史、社会、政治、文化诸方面都产生了较大的影响。因此，加尔文是我们今天了解西方和世界必须认真研究的一个历史人物，热切地盼望我国学术界，特别是史学界能尽速填补这一空白。

原载《世界史研究动态》1984年第2期。

---

① H. M. Robertson, *Aspects of the Rise of Economic Individualism*, Cambridge University Press, 1933.

加尔文的"预定论"与资产阶级
——兼与马丁·路德"唯信称义"说比较

让·加尔文（Jean Calvin，1509—1564）是16世纪法国著名的神学家、宗教改革家和教会政治家。他的以"预定论"为核心的宗教学说和政治思想，对西欧、北美多数资本主义国家的社会、历史、政治、文化诸方面均有较大的影响。

西方史学界对加尔文的研究颇为重视，"加尔文学"（Calvin Study）的著述历四百余年而不衰，20世纪又出现了两次加尔文研究的热潮[①]。在讨论中，西方学者均认为加尔文是一位值得肯定的历史人物，但对其作用与影响的评价却存在着较大的分歧。争论的焦点之一是加尔文的学说与近代资本主义的关系。20世纪初，西方著名学者马克斯·韦伯出版《新教伦理与资本主义精神》一书，他根据英国清教运动与加尔文学说的关系提出："加尔文的学说，即使不是产生了，也是抚育了近代资本主义。"[②]继而，特勒尔奇发表《基督教各派教会和团体的社会学说》一书，支持并补充了韦伯的观点，强调加尔文"鼓励勤劳"，"反对懒惰"，促进了资本主义的发展。此后，西方史学家就此发表了不少专著与论文，赞同者与持异议者相持不下，至今尚无定论。但双方所持论据多以加尔文的经济思想与社会、政治思想为主，就其宗教思想的核心"预定论"论述与资产阶级的关系则略嫌不足。

我国史学界对加尔文学说的研究刚刚起步，已出版的专著限于篇幅

---

① 参阅拙文《二十世纪西方史学界关于加尔文的研究》，见《世界史研究动态》1984年第2期。

② 转引自［美］约翰·麦克尼尔《加尔文研究三十年》，载《教会史》第17卷，第208页［Church History，Vol. 17，No. 3（Sep.，1948），p. 208］。

尚未能对预定论作较深入的阐述与探讨。故本文欲着重剖析加尔文的这一学说，对其与资产阶级的关系作尝试性的探讨，并兼与路德的"唯信称义"说相比较。

综观加尔文的一生，可明显地划分三个阶段。第一阶段（1509—1523）是他在故乡、巴黎东北93公里之努瓦营镇度过童年并接受初等教育的时期；第二阶段（1523—1536）为其在巴黎和布鲁日等地接受高等教育，修神学、哲学、法律和探索宗教改革的时期，1536年发表《基督教原理》一书，概述了其宗教理论和社会经济思想，提出了预定论学说；第三阶段（1536—1564）是他在瑞士日内瓦进行宗教改革的实践时期，此28年间，他丰富了神学思想，创立了民主共和的教会观[①]和长老制教会，并成功地主持了西欧第一个资产阶级神权共和国。

1536年初版的《基督教原理》篇幅不大，仅八开本532页，内容尚待充实；在其后的实践中曾不断修改补充，1559年的最后修订版的内容比初版增加了五倍之多，但初版已奠定了预定论的基础。西方基督教史学者公认作者的基本主张在初版后并无改变，其高足与继承人伯撒（Theodore Beza，1519—1605）亦认为加尔文的预定论思想自始至终是明确的和一贯的。由此可见，其预定论学说是他1536年离开法国以前就形成了的，是同16世纪早期法国社会历史背景分不开的。它是当时法国经济和政治的产物。

一 加尔文预定论应资产阶级需要而产生

16世纪初期的法国是拥有1500万人口的西欧封建大国，农业居统治地位，但资本主义的生产关系已经产生，新兴资产阶级已开始从市民等级中分化出来。法国资本主义的发展与英国和尼德兰比较，相对缓慢，但已进入欧洲的先进行列。当时，在制革、麻毛丝纺织、玻璃、制陶、酿酒、采矿、印刷等行业中已出现了分散或集中的资本主义性质的

[①] 1536年初版的《基督教原理》中尚无共和制的教会观。这一思想首次出现于1543年的修订本中，说明它是1536年后在日内瓦实践中的产物。参阅［德］特勒尔奇《基督教社会思想史》，第406页。

手工工场,对外贸易的发展和美洲殖民地的开拓进一步扩大了商品市场。巴黎已成为全国的工商业中心,拥有30万人口,是欧洲最大的城市。资产阶级通过国债制与包税制进行资本的原始积累。1522年法国开始发行有息债券,资产阶级和商人、高利贷者通过购买国债和承包间接税敛财,并通过买官进入政府。因为他们还相对软弱,在政治上还不成熟,尚未成为能够推翻封建统治的政治力量,仅希望能进入政府支持王权,力争实行有利于发展资本主义工商业的政策。但随着资本主义工商业的发展,新兴的资产阶级日益不满现状。他们在经济上受到封建制度的束缚,"货物在陆路运输,沿路的封建领主征收数不清的关税"①;在政治上位居平民,不能享有僧俗贵族的特权;特别在宗教方面,严重地受到中世纪天主教会戒律的束缚。天主教会宣扬的轻视今生,禁欲主义,视财富为罪恶等封建神学思想犹如紧箍咒束缚着资本主义的发展。这种情况在法兰西斯一世(1515—1547)统治时期尤为突出。当时法兰西统一的民族国家已初告形成,王权日益增强,国王与教皇展开了激烈的斗争,斗争结果以王权的胜利告终。1516年法兰西斯一世与教皇签订了博洛尼亚宗教条约,法王从教皇手中取得"任命该国约620个主教、大主教、修道院长的肥缺的授职权"②,从而实际上控制了法国天主教会的组织和财权,使之成为封建专制王权的有力支柱。因此,宗教改革时期法国资产阶级面临的中心任务与德意志资产阶级有所不同,德意志资产阶级当时受西欧的太上皇罗马教廷的经济剥削与政治控制,首要任务是驱逐教皇的势力于国土之外,解决民族矛盾。而法国此时统一的民族国家已初步形成,天主教会成为王权的有力支柱,法国资产阶级所面临的中心任务是继续批判天主教的封建神学,建立适合法国国情的资产阶级神学理论,为资本主义的合理性提供理论基础和宗教依据。这一重任历史地落在加尔文的肩上。

---

① [美]威尔·杜兰:《宗教改革》,《世界文明史》第19卷,台湾幼狮文化事业公司翻译部编译,台湾幼狮文化事业公司1979年版,第240页。

② [英]G. R. 埃尔顿编:《宗教改革 1520—1559》,《新编剑桥近代史》第2卷,剑桥大学出版社1958年版,第211页(G. R. Elton, eds, "The Reformation, 1520—1559", in *The New Cambridge Modern History*, Vol. 2, New York: Cambridge University Press, 1958, p. 211)。

加尔文比路德小26岁，是"第二代的宗教改革家"①。他的青年时代深受人文主义与路德宗教改革的感染与熏陶。16世纪初，人文主义思潮从意大利和德德意志南北两个方向传至法国。意大利的文艺复兴作品和伊拉斯谟的著作在法国广泛流传。20年代巴塞尔出版商傅洛本（Froben，约1460—1527）曾致函路德说：已有人文主义和宗教改革的作品"600种运至法国销售，其至在索邦神学院（Sorbonne，今为巴黎大学重要组成部分）亦争相传阅"②。人文主义思潮在法国的传播从根本上动摇了传统的观念和思想方法。法国人文主义的基本特点是把人文主义的研究方法应用于神学研究，因而导致对希伯来文和希腊文古本圣经的翻译和注释。可以说法国的宗教改革与人文主义思潮的联系比德、英等国更为密切。法国著名的人文主义者、宗教改革的先驱雅各·勒菲弗尔·戴塔普尔（Jacques Lefèvre d'étaples，1455—1537）于1507年开始研究原文圣经，1512年出版新译《保罗书信注解》一书，在《罗马书》的注释中提出了净化教会，否认善功得救，强调信仰得救的主张。他在巴黎讲学期间，门徒众多，其中有加尔文挚友、瑞士的宗教改革家法雷尔。勒菲弗尔于1521年开始将圣经译为法文，1523年出版了法文版《福音书》。

稍后，宗教改革的浪潮又涌入法国，特别是马丁·路德的宗教改革对法国的影响较大。"路德在法国的第一个使者是他的著作，1518年开始运至法国，大部分运至巴黎。1520年一个大学生写道：'没有一本书比路德的著作销售得更快了。'"③ "路德的宗教改革思想越过莱茵河，学生和商人把来自德意志的路德的著作当作每日之新闻，自巴塞尔运来的路德著作在法国到处可以买到，不满现状的人拿着新约当作革命经典。"④ 在德意志和瑞士的宗教改革影响下，法国于16世纪20年代出现了第一批新教徒和秘密的新教团体。他们主要活动于知识界、市民和工

---

① ［法］埃米尔·莱奥纳：《基督新教史》第1卷，梅里尔出版社1969年版，第292页（Émile G. Léonard, A History of Protestantism, Vol. 1, New York: Bobbs-Merrill, 1969, p. 292）。他认为第一代的宗教改革家为马丁·路德、慈温利与闵采尔。
② ［英］G. R. 埃尔顿：《新编剑桥近代史》第2卷，第213—214页。
③ ［英］P. 史密斯：《宗教改革时代》，第190页。
④ ［美］威尔·杜兰：《宗教改革》，《世界文明史》第19卷，第254页。

人群众之中。

加尔文的青年时代正是在这样的历史环境中渡过的。他于1523年赴巴黎，先后在巴黎大学、马奇学院和蒙太古学院学习。在此期间，他与人文主义的领袖、路德的拥护者尼克拉·柯普（Nicholas Cop）交往甚密，并深受其表兄、新教徒皮埃尔·罗伯特（Pierre Robert）的影响。1528年加尔文获文学硕士学位后，本欲深入研究神学，探索宗教改革，但恰在此时其父与当地天主教会因财产纠葛关系破裂，遂命其子改学法律。加尔文本人感到"父亲也许认为学法律足以致富"[①]，他自己也认为"这是一条通向财富和荣誉更有把握的道路"[②]。同年，他考入伊拉斯谟和罗伊希林[③]曾执教的奥尔良法学院修法律，在此"深受人文主义的影响和该校师生中流行的探索精神所熏陶"[④]。他精心研究罗马法，取其精确性和严密性，尽力应用于其神学与伦理学的研究。1529年赴布鲁日学院，受教于人文主义者阿尔西亚提（Andrea Alciata, 1493—1550）和路德派的梧勒马尔（Melchior Wolmar, 1496—1561），获益匪浅。1531年其父去世后，为了集中精力以人文主义的方法研究原文圣经，探索适应法国社会的宗教改革，加尔文回到巴黎入法兰西人文主义学院，专攻希腊文和希伯来文。此学院是以传播人文主义为使命而新建的大学，集中了当代法国著名的古典文学家、东方语文学家和哲学家，在学术观点上与经院哲学的中心巴黎大学的神学家们针锋相对。在此期间，他完成了从经院哲学家到人文主义者的转变，"开始献身于人文主义事业"[⑤]，于1532年发表其处女作《塞涅卡〈论仁慈〉评注》，书中把专制的定义解释为"违反人民的意志"。史学家们认为"这是他彻底的人文主义的证据"[⑥]，并认为"这篇论文是伊拉斯谟式的人文主义的典型作品"[⑦]。1531年，他开始参与新教徒的活动，"1533年完成了从

[①] ［美］威尔·杜兰：《宗教改革》，《世界文明史》第19卷，第188页。
[②] ［法］埃米尔·莱奥纳：《基督新教史》第1卷，第293页。
[③] 约翰·罗伊希林（Johann Reuchlin, 1455—1522），德意志人文主义者，长于希腊文与希伯来文。
[④] ［美］哈罗德·格里姆：《宗教改革时代1500—1650》，第206页。
[⑤] ［英］P. 史密斯：《宗教改革时代》，第162页。
[⑥] ［英］G. R. 埃尔顿：《新编剑桥近代史》第2卷，第114页。
[⑦] ［法］埃米尔·莱奥纳：《基督新教史》第1卷，第257页。

天主教徒到新教徒的转变"①。"加尔文之改信主要是受了路德的影响……他一生中虽亦受了别的影响……但他自己却把真正重要的影响归之于路德"②。同年，加尔文曾为其表兄皮埃尔·罗伯特的法文圣经译本校订并写序言，11 月又为其友人、巴黎大学哲学教授和名誉校长柯普代拟就职演说，因演说词中"采用了伊拉斯谟和路德的语句，鼓吹教会革命"③ 和唯信称义说，被天主教会视为异端，柯普被悬赏通缉，加尔文则被列入黑名单，于 1534 年被迫逃亡至安古拉姆（Angouleme），后来定居巴塞尔。在流亡期间，他获得一段集中的时间，探索适应法国的宗教改革的学说，并使其改革思想系统化、理论化。他精心研究圣经，"读遍教父、奥古斯丁、经院哲学家以及路德和马丁·布塞尔的著作"④，潜心著述，于 1536 年发表代表作《基督教原理》，系统地提出了其预定论学说，年仅 26 岁。

二 加尔文预定论鼓励资本家发财致富

预定论（Predestination，又译作前定论）是加尔文的救赎理论，即尘世间的人如何才能得到拯救的学说。这是他继承保罗、奥古斯丁的救赎理论和马丁·路德"唯信称义"说的思想，结合法国资产阶级的需要提出的新的救赎观。其内容包括三个部分，即"天命说""拣选说"和"呼召说"。

加尔文的"天命说"是把上帝的意志视为绝对、永恒的天命，强调上帝是宇宙的最高主宰，其意志体现于全部空间与时间之中。他提出："万事均为上帝的密旨所统括……无一不在上帝的掌握之中"，并举例说，"没有上帝的命令，任何风都不会刮起来"，"除了上帝确切的指令

---

① ［美］哈罗德·格里姆：《宗教改革时代 1500—1650》，第 257 页。
② ［德］特勒尔奇：《基督教社会思想史》，第 357 页。
③ ［美］威利斯顿·华尔克：《基督教会史》，西蒙舒斯特公司 1970 年版，第 610 页（Williston Walker, *A History of the Christian Church*, New York: Simon & Schuster Inc., 1970, p. 610）。
④ ［美］哈罗德·格里姆：《宗教改革时代 1500—1650》，第 259 页。马丁·布塞尔（Martin Bucer, 1491—1551）出生于法国，莱茵河神秘主义者，斯特拉斯堡的宗教改革家，被誉为"加尔文主义之父"。

外，一滴雨也不会降落"，在人类历史上"每一年，每一月，每一日都在上帝的新的特殊的旨意管理下"。加尔文在此强调"上帝的新的特殊的旨意"的目的在于说明当时法国社会的新变化，即封建贵族的没落与资产阶级的兴起系上帝的合理安排，是天命。他说："世上的秩序、理性、目的和必然性多隐于上帝的旨意之中。"加尔文所以突出天命，说明16世纪法国资产阶级不成熟，需借助神力肯定人类社会的变化和发展，为资本主义的兴起寻求神学上的肯定和批准。他为了说明上帝的绝对权威，还提出了与封建教会神学表面上似乎相似，而实际上有所不同的上帝观，他说：上帝并非"高踞天上，清闲自在地观察人间所发生的事件，而是亲自掌握宇宙的枢纽，不仅用眼观察，还亲自动手，统治一切"。上帝非"好逸恶劳"，"空虚懒惰，昏昏欲睡，而是机智、有效、运用自如，和从事行动"[①]。形象地勾画出了原始积累时期资产阶级的面貌。

"拣选说"是加尔文根据《旧约全书》中犹太民族是上帝选民的说法，并吸收保罗与奥古斯丁的选民说，将其纳入他的预定论之中，用以解释人世间人们的差别的神学理论。他提出：为什么有些人一生默默无闻，而有的人却飞黄腾达，有的人身居高位，而有的人却抑居卑下？他解释说：根本的原因是上帝的拣选。被上帝拣选者，称为"选民"。对于选民，上帝时时决定赐予恩典，给以支持和保护；而未被拣选者则是弃民，将受到永罚。选民居少数，多数被上帝抛弃，成为弃民。某人一旦"被上帝拣选，其子孙亦必被拣选"[②]。加尔文认为选民资格的获得非由于个人的意志，也不在于个人的虔诚、善行和功罪，而是由上帝的绝对意志所决定。他说："参照圣经，我们可以这样说，上帝经过深沉之考虑，才决定谁该获救，谁该毁灭。而且是早在我们出生以前就决定了的，对于上帝的选择和考虑，我们相信除基于他的恩惠外，完全是无理由的，那获救的，其获救完全与善行无关。"他并且给预定论的拣选说下了一个定义："我们所谓预定，是指上帝以其永恒旨意，也就是上

---

① [法]加尔文：《基督教原理》第1卷，第16章，第2节；载《基督教经典系列》第20卷，第199—207页。

② [美]威尔·杜兰：《宗教改革》，《世界文明史》第19卷，第197页。

帝自己决定了世界上每个人的成就。因为人类被创造的命运不同，永恒的生命是为某些人预定了的，对于另一些人，则是永罚。"① 加尔文的拣选说把人之得救与否完全归之于上帝的绝对意志，与个人的善行无关，因为早在"上帝创世以前，他已借着基督挑选了我们"②。其积极意义在于他以上帝的绝对权威否认了教皇的权威和天主教会的救赎理论——圣礼得救论与善功赎罪论③。路德曾以"唯信称义"，即人们仅依信仰便可得救，否认了教皇的救赎理论④。加尔文则从预定论的拣选说出发，认为人们得救与否上帝早已预定拣选，非人力所能左右，包括教皇在内的神职人员亦无济于事，从而彻底否定了教皇的特权及其救赎论。与此同时，我们也必须注意到他把阶级社会人世之沧桑，命运之各异归之于上帝的意志和命中注定，必然掩盖了阶级的剥削与压迫，其实质仍然是剥削阶级的宿命论。

加尔文强调天命和拣选，是否意味着仅仅要求人们消极地服从上帝的安排呢？绝非如此。他的预定论至此仅表达了一半，还有更重要的一半，也是我们过去所忽视的新的内容。他明确提出："拣选仅表明了一半"⑤，更重要的一半则是其"呼召说"（Calling）。⑥

根据加尔文的拣选说，在人们未出生前上帝就已预定了谁是选民，谁是弃民，而且选民少，弃民多。在此情况下，人们必然会考虑到自己的命运，均愿能探知上帝对自己的神秘决定，且每个人均欲成为选

---

① ［法］加尔文：《基督教原理》第3卷，第21章，第7节；载《基督教经典系列》第20卷，第930、926页。
② 《新约·以弗所书》1：4。
③ 天主教会主张罗马教皇是基督在世的代表，掌握神权。信徒只有参与他授予神权的神职人员所主持的"圣事"才能与上帝取得联系，获得神恩，得救赎罪。圣礼共七项，包括圣洗、坚振、圣体、告解、婚配、神品、终傅。其具体说明请参见拙文《基督新教与天主教的关系及其区别》，载《历史教学》1982年第7期。
④ 关于路德"唯信称义"论的具体内容与意义，请阅拙文《马丁·路德早期政治思想初探》，载《世界宗教研究》1983年第2期，以及《关于马丁·路德评价的几个问题》，载《世界历史》1983年第6期。
⑤ ［法］加尔文：《基督教原理》第3卷，第21章，第7节；载《基督教经典系列》第20卷，第930页。
⑥ 加尔文认为上帝对人们有两种呼召，一种称为"普遍呼召"，系指对全人类（包括选民和弃民）发出的一般号召，另一种是"特别呼召"，系指对选民的呼召。本文提到的"呼召说"是转指"特殊呼召"。

民。对于基督教占据着精神领域绝对统治地位的 16 世纪欧洲的人们来说，这种愿望是自然的，也是可以理解的。但是加尔文宣布，上帝的神圣决定秘而不宣，人们更无从探知对自己的决定，他说：关于预定论的拣选说"是极其复杂的，由于人们的好奇心就更使其令人困惑难解"①。但加尔文在此给人们留下一线生机，宣称人虽不能探知上帝的明确决定，但上帝在对人们的呼召中有所透露，使人们能看到一些迹象，找到一些证据，从而感觉和体会到自己是上帝的选民。他说："我们在追求拣选的证据时，最好将注意力集中在那些可作为拣选的明证标记上面。""探讨的方法最好是始终以上帝的呼召为依归"，"上帝的特别拣选本来是隐藏着的，却由呼召而表现出来，因而呼召可称之为拣选的证据"，一蒙呼召"便可使拣选的效果显得十分确切，毫不含糊"，"立刻享有选民的福气"②。由此可知，呼召是被拣选的外在标志和选民身份的体现，根据加尔文的著作，蒙呼召的征兆具体有以下三个方面。

第一，具有对基督的真诚信仰并参加教会。加尔文继承了路德的唯信称义说，提出真诚的信仰是蒙获呼召的标志。他说：称义就是蒙获呼召而"被拣选的印证"，因为真诚的信仰可以"使我们与基督契合"，"我们就得到一个明显的证据，证明我们的名字在生命册上"。人之所以产生真诚的信仰是因为"上帝亲自有效地教导他所拣选的人，引导他们进入信"，"呼召所包含的不只是道的宣讲，也是圣灵的启迪"③。他对是否必须参加教会的看法，与路德的观点不同。路德早年主张信仰自由，唯信称义，不一定参加某一派教会；而加尔文认为新教教会是选民的集团，进入教会是蒙获呼召的标记。他说："为了树立我们的信念，另一个证实拣选之道，我们曾经提到过的和我们呼召相关联的，那就是认识基督的名，为基督所光照，进入教会的怀抱"，"藉着呼召，上帝

---

① ［法］加尔文：《基督教原理》第 3 卷，第 21 章，第 1 节；载《基督教经典系列》第 20 卷，第 921 页。
② 同上书，第 24 章，第 4 节、第 1 节；第 21 章，第 7 节；载《基督教经典系列》第 20 卷，第 968、969、964、930 页。
③ 同上书，第 21 章，第 7 节、第 1 节；第 24 章，第 5 节；载《基督教经典系列》第 20 卷，第 930、970 页。

容纳他们进入他的家庭,叫他们和自己连结起来,成为一体"①。按此理论,进入教会者皆为选民,只有选民才能入教,对于无圣德而已进入教会者还要逐出教会。这就使加尔文的信徒树立了信心,坚信自己是蒙呼召的选民,在事业上得到上帝的支持与保护,启示与帮助。

第二,能够勇于斗争,百折不挠,去争得事业的成功。加尔文反对天主教会轻视今生今世,把一切希望寄托于死后和来世的观念,也不赞成路德把现实世界视为"涕泪之谷"的看法,他认为现实生活非常重要,因为人们正是在现实生活中蒙呼召,获神恩,故应该重视今生和世俗生活的价值。他把今生事业的成功与死后永生紧密地联系在一起,认为:"凡欲求来世在天国得到光荣的,在今世必须斗争,而斗争之胜利必须经历无数困难及克敌制胜始能获得。"经斗争获得事业上成功者,不仅死后升天堂,而且在现世又可理所当然地获得财富,过优裕的生活,因为"一个人所享有的财富非出于偶然,而是上帝的分配",所以是合理的。而对于未积极斗争、缺乏勇气或在竞争中失败者,不仅死后被定罪,而且要体现于现实的苦难生活中。上帝对"被抛弃的人所应受的痛苦与刑罚,都藉着世俗的事物表达出来",这是因为,按照他的神学逻辑,人们获得成功与否,最终决定于上帝意志和是否得到呼召,因为,"上帝对他们所拣选的人时时随意赐予恩惠",选民"在一切事务上均有上帝的指引"②,使之充满基督的灵,成为基督的战士,获得活动的方法、力量与能力,并且得到"可能的机会,意志的动力和行动的后果"③。在肯定上帝的呼召是个人成功与否的决定因素之后,加尔文认为那也与个人的努力有关。他说:"有了神的援助,人的愿望和努力对于救恩的获得也是有利的。"因此,他鼓励人们说:"我们个人依自己微薄的力量奋斗,都会有所前进……不要因成功之渺小而失望……只要我们忠实于自己的方向,奋力上进,不骄傲,不走邪道,永远努力向

---

① [法]加尔文:《基督教原理》第3卷,第24章,第6节、第1节;载《基督教经典系列》第20卷,第972、965页。

② [法]加尔文:《基督教原理》,载《基督教经典系列》第20卷,第714、408、1007、724页。

③ 这是加尔文引用奥古斯丁的话。见[法]加尔文《基督教原理》,载《基督教经典系列》第20卷,第688页。

前,终必成为至善之人。这是我们一生的目的。"① 依此说教,今生事业之成功,财富之获得,既是上帝之呼召,又是获得上帝拣选之明证,既可在现世过优裕的生活,又获天国之入门券。因此,依此思想武装起来的加尔文信徒无一自暴自弃而甘当弃民,均坚信自己是上帝的选民,在事业上得到上帝的帮助与肯定,在激烈竞争的社会海洋里奋起拼搏,百折不回,全力以赴,在挫折中增强信心,在失败中鼓起勇气,力求最终获得成功,以最后证明自己是上帝的选民。

第三,具有高尚的道德品格。加尔文提出选民的道德标准是"节约、俭朴、谦逊",不应"骄傲、粉饰与虚荣"②。"行为不端的人,不能作选民"③,因为具有高尚的品德是上帝呼召之结果。上帝对选民的恩典不仅足以阻止一个基督徒有不良行为,而且有助于养成高尚之品德。在诸种道德标准中,加尔文特别强调"节制"与"忍耐"两项。

他认为真正的基督徒对情欲应加以节制,使之适当。既反对不加限制的放纵主义,又反对中世纪天主教会将人的欲望视为罪恶的禁欲主义和苦行。他认为不应把财富视为罪恶,主张人们顺从上帝的呼召,在各自的职业中追求与获取财富,此为上帝所允许并加以支持的。因为"象牙与黄金以及各种财富,均神恩所赐福,不但许可,而且显然是为人所用的"④。并承认"贷款可以取息,不要超过5%(后改为10%)"。但对财富的使用,应加以节制,不应有"过分的贪欲和无度的浪费……奢侈和享乐"⑤。这里需顺便说明的是,有的西方史学家认为加尔文的"节制"与天主教的禁欲主义有相同的一面,而称之为"现世的禁欲主义"(asceticism within the world)。法国史学家瑟诺博斯认为"加尔文的道德观和禁欲的修道士的道德观是一样的"⑥。德国史学家韦伯和特勒尔奇也认为加尔文虽不赞同天主教主张的为死后永生而禁欲,但他"仍然主张一种禁欲(苦行)主义,只不过是现世中的

---

① [法]加尔文:《基督教原理》,载《基督教经典系列》第20卷,第944、688页。
② 同上书,第728页。
③ [法]瑟诺博斯:《法国史》,沈炼之译,商务印书馆1964年版,第170页。
④ [法]加尔文:《基督教原理》,载《基督教经典系列》第20卷,第840页。
⑤ [美]维兰·杜兰:《宗教改革》,《世界文明史》第19卷,第210页。
⑥ [法]瑟诺博斯:《法国史》,第170页。

禁欲（苦行）罢了"①。实际上，加尔文主张的节制并不[是]禁欲。他说：在生活上不仅满足最低的生活需要，而要生活得[愉]快。"比如在衣着方面，不仅是为了需要，也是为了维持礼节和仪表。"他还说："有人主张物质生活享受不应超过生活之必需"，这"过于苛刻。"如果这样"则除了面包和凉水之外，其他食物都将是非法了"。不应"剥夺我们的享受"②。但他反对"过分享受佳肴美酒，以致脑满肠肥"，并且反对生活放荡，奇装异服，化装舞会，赌博嫖妓等不良习惯。因此我认为加尔文的节制思想不宜视为"禁欲主义"。

加尔文提倡的另一重要道德标准是忍耐。这是他对广大劳动人民和竞争失败者提出的主要道德规范。他说："人们的贫富荣辱均上帝一手安排。""假如他人之事业硕果累累，而自己进步甚微，甚至退步，他当比一般俗人更能安贫乐道，在贫困中寻求安慰。"要求他们应具有"坚忍之心"，并要"时时想到天堂是我的故乡，那么尘世便不是我的乐土了"③。这一说教的目的是很明显的，正如美国史学家威尔·杜兰所说："加尔文认为虔诚的信徒，上帝的选民，应忍受世间的一切痛苦……对世界上所有贫困无靠的人，加尔文所描绘的天国的确充满了诱惑。"④

加尔文的"呼召说"有两个突出特点：（1）他把选民的外在标志即坚定的信心、事业的成功和高尚的道德，说成是蒙呼召之果，而非呼召之因，从而把是否蒙呼召归之于天命，以此为原始积累时期少数资产阶级发财致富蒙上一层神圣的外衣，说成是顺乎天理，合乎人情，为资产阶级的兴起提供了宗教理论。（2）加尔文的拣选说是神秘的与无形的，但他通过呼召说提出了蒙拣选的具体标志，使无形变为有形，使人看得见，抓得着，从而激励人们为求得证实是否蒙上帝的呼召而终生不渝地努力，为现世的事业而奋斗。这样一来，增加了呼召说的预定论就同封建神学宣扬的命定论有了本质区别：前者激励人们终生奋斗，以最

---

① 参阅［德］特勒尔奇《基督教社会思想史》，第283页。
② ［法］加尔文：《基督教原理》，载《基督教经典系列》第20卷，第724、690、716页。
③ 同上。
④ ［美］威尔·杜兰：《宗教改革》，《世界文明史》第19卷，第198页。

实自己是否为上帝的选民；后者则要求人们完全消极地服从上帝对自己命运的安排。前者鼓舞人们为今生今世的个人功业成就而不懈奋斗；后者则要求人们逆来顺受，为死后进入天堂而苦修苦行。虽然二者都同样穿着一件基督的神圣外衣，但资产阶级和封建主阶级不同的人生信念和社会追求在神学语言的表达上的区别，却是如此的鲜明。

三　加尔文预定论是资产阶级神学理论

加尔文是继路德之后西欧宗教改革运动的最重要的宗教改革家。他的历史任务不是从无到有地创立新教，而是把已有的改革理论加以改造、创新，使之适应16世纪资本主义较发达地区的需要。其预定论的三项内容是一个整体。天命说和拣选说是其神学推导的前提，而呼召说则是其实质内容。预定论把信仰与现实生活紧密联系在一起，为资本主义的发展和原始积累提供了理论依据。较之路德的"唯信称义"说，它有以下新的特点：

第一，加尔文的预定论是16世纪初法国社会的产物。当时法国的资本主义经济已进入欧洲的先进行列，手工工场门类较齐全，分布较平衡，商业活跃，出现了全国性的经济中心。资产阶级已开始登上政治舞台，在其成长和资本的原始积累过程中，他们日益不满封建势力的种种束缚，特别是天主教会被法王控制，成为封建王权的思想支柱后，资产阶级与以封建神学为理论基础的世俗封建势力的矛盾日益显露。他们为了自身发展的需要，必须进一步打破封建神学的禁锢，扫清前进道路上的思想障碍，创立资产阶级的世界观，为资本主义的合理性做辩护。

但是，以"唯信称义"为基础的路德的宗教政治思想已不能满足16世纪30年代法国和资本主义较发达地区较激进的资产阶级的需要。因为它是16世纪初年德意志的产物，与预定论产生的历史背景和任务有所不同。16世纪20年代的德意志，由于资本主义经济发展的不平衡性和分散性，国内尚无统一的市场和经济中心，政治上四分五裂，诸侯强大，王权衰落，市民阶级软弱。特别是罗马教皇借机加强了对德意志的政治控制、经济剥削和思想统治，致使各爱国阶层与罗马教廷的矛盾，一度成为德意志社会的主要矛盾。路德的"唯信称义"说的主要任务是从理论上解除教皇的武装，摧毁支撑其至高无上地位的三大神学支柱，[①] 并依靠世俗封建诸侯的武装，驱逐罗马教廷的政治经济势力于国土之外，获取真正的民族独立，促进资本主义的发展。路德的宗教学说在德意志取得了成果，但由于它对世俗诸侯的依赖性，至 30 年代路德宗已蜕化为诸侯加强封建统治的工具。而法国资产阶级当时的主要任务则是批判世俗的封建制度及为它服务的天主教理论，从而为资产阶级的成长开辟的道路，故"唯信称义"说不可能满足把矛头指向世俗封建势力的法国资产阶级的需要，必须在路德的基础上提出更为激进的资产阶级世界观。正是在此形势下，加尔文的预定论应运而生。

预定论是法国和西欧其他较先进地区的资产阶级反封建的思想武器，它以神学的形式出现于世，是由于 16 世纪初法国资产阶级尚未成熟为启蒙运动时代的资产阶级思想家，不能公开而直接地提出自己的哲学思想和政治理论，尚需借助神力的权威来肯定现实世界的发展和变化，所以他必须强调天命论，突出上帝的绝对意志。既然人的得救与否完全是上帝的拣选预定，而非包括教皇在内的人力所能左右，这就从新的角度解除了人们对天主教会的依赖，否定了教皇及其神职人员的特权，同时又借助上帝的意志肯定了封建制度的没落和资本主义兴起的合理性与合法性，从而把社会发展的客观必然性蒙上了一层神圣的外衣，为反对封建制度提供了理论依据。因此恩格斯说："他以真正法国式的尖锐性突出了宗教改革的资产阶级性质。"[②]

第二，预定论把神学应用和服务于现实世界，重点在于改造社会，这是它不同于路德的"唯信称义"说的一个根本特点。"唯信称义"说的重点是突出信仰，强调人与神的精神合一，中心是解决人们如何从罪的折磨和罗马教廷的束缚中解脱出来。路德"对如何将启示实际应用于世俗世界几乎毫无兴趣"[③]，正如马克思所说："路德战胜了信神的奴役制，只是因为他用信仰的奴役制代替了它。他破除了对权威的信仰，却

---

① 罗马教皇的三大神学支柱是：教皇最高权威论，圣礼得救与善功救赎论，教士特权论。详见拙文《马丁·路德早期政治思想初探》第 2 部分，载《世界宗教研究》1983 年第 2 期。
② 《马克思恩格斯选集》第 4 卷，人民出版社 1965 年版，第 252 页。
③ [法] 埃米尔·莱奥纳：《基督新教史》第 1 卷，第 292 页。

恢复了信仰的权威……他把人从外在宗教解放出来,但又把宗教变成了人的内心世界。他把肉体从锁链中解放出来,但又给人的心灵套上了锁链。"① 而预定论的重点则是解决现实中的社会关系问题,要"创造一个新人和新世界",它鼓励人们应积极进取,建设新生活,追求被拣选的确实感,完成自己神圣的历史使命。加尔文曾说:"上帝的话不是教导我们去说,使我们雄辩和难以捉摸,而是改革我们的生活。"② 他还认为:"靠遗产收入为生的懒惰习惯,似乎完全是罪恶的,从事于一种没有确定的目的,又不能获得物质利润的职业,似乎是对时间和精力的愚蠢浪费,不充分利用获取物质利益的机会似乎是不关心上帝的事,懒惰是最可怕的罪行。"③ 它鼓励信徒鄙视清闲与浪费,强调应珍惜时间,节约钱财,充分利用与掌握时机发财致富。其预定论的呼召说把现世的奋斗和事业的成功与得救联系起来,把宗教与现实生活结合在一起,强调现世生活的积极意义,"使人产生一种严肃的功利主义,精力充沛的、有条理的、有目的的人文主义。这种精神是在地上努力,为了得到天上的报偿"④。从而为资产阶级的发财致富、资本主义的发展和日后的夺权与掌握政权镀上了一层圣光。因此恩格斯说:"加尔文教是当时资产阶级利益的真正宗教外衣。"⑤

加尔文的预定论与路德的唯信称义说不同的另一个特点是,它鼓励与依靠"选民"们自己去奋斗以实现其政治、经济主张;而路德的唯信称义说的宗教思想则是依靠封建诸侯的力量实现各项改革。因此,预定论思想的传播,给资产阶级以力量,促进了资本主义的发展,加速了封建制的崩溃,在西欧历史上起到了一定的积极作用。"它与十六世纪后半叶生气勃勃的经济、政治和社会的资本主义因素相结合,与旧秩序展开了斗争,的确对资本主义产生了强有力的影响,成为一支强大的国际力量。"⑥ 总之,它是资本主义的产物,又是资产阶级的思想武器。

---

① 马克思:《〈黑格尔法哲学批判〉导言》,《马克思恩格斯选集》第1卷,第9页。
② [法] 埃米尔·莱奥纳:《基督新教史》第1卷,第294页。
③ [德] 特勒尔奇:《基督教社会思想史》,第289页。
④ 同上书,第386页。
⑤ 《马克思恩格斯选集》第4卷,第252页。
⑥ [美] 哈罗德·格里姆:《宗教改革时代1500—1650》,第256页。

第三，加尔文的预定论不仅反映了一般资产阶级的要求，而且更集中地代表了资产阶级中最富雄心、锐意进取、在经济和政治方面获得成就的一批资产阶级的愿望。在经济领域，资产阶级不可能驾驭客观的经济必然性。在激烈的竞争中，只有少数善于观察、勇于创新、随机应变、能适应形势者，才能得到成功。而且就资产者个人而论，成功与否最终取决于竞争中的许多偶然因素。但预定论给他们以信心和勇气，使之坚定相信自己是上帝的选民，在诸方面得到上帝的帮助和保护，因此，他们能够在失败中吸取教训，在挫折中鼓起勇气，坚持不懈，奋勇进击，直至获得最后的成功。预定论有力地促进了竞争，推动了资本主义的发展。

在政治领域，以预定论为核心，以民主共和为旗帜的宗教政治思想与西欧资产阶级革命运动相结合，对西方历史的直接影响长达二百年之久，成为资产阶级中最激进的先进部分的锐利武器。20世纪英国著名经济史家托尼曾评论说："自宗教改革以来的两个世纪，基督新教中最有特色和最具有影响的派别是以加尔文教义为基础的诸流派。加尔文宗与路德宗不同，它在不同的国家以不同的形式出现，成为一种国际运动，它带来的不是和平，而是刀剑，在加尔文主义的道路上传播了革命。"①

1536年后是加尔文在瑞士日内瓦城推行其宗教改革的时期。在此期间，他在预定论的基础上丰富了他的上帝观、圣礼观和伦理观，特别是创立了以民主共和为特征的长老制教会，有力地维护与巩固了日内瓦的资产阶级政权，成功地主持了西欧第一个资产阶级神圣共和国。并以此为基地，多方派员宣传其教义，使加尔文宗迅速传播于瑞士、尼德兰、法国、苏格兰、英格兰等资本主义较发达的地区。16世纪后半期和17世纪，预定论成为资产阶级与封建势力抗争的精神支柱，特别是在尼德兰和英国资产阶级革命中发挥了重大作用。

这两次资产阶级革命虽各有特点，但共同的特征之一是都披着宗教

---

① ［英］理查德·H. 托尼：《宗教与资本主义的兴起》，彼得·史密斯出版社1963年版，第91页（R. H. Tawney, *Religion and the Rise of Capitalism*, Gloucester: Peter Smith publisher, 1963, p. 91）。

外衣,以宗教改革和清教革命的形式出现于世,都是以预定论为思想基础,以民主共和制为旗帜的资产阶级革命运动。加尔文教会在动员与组织群众方面均起到了早期资产阶级政党的革命作用,其信徒成为革命中的领导和骨干力量。

16 世纪 50 年代,"加尔文教的团体在尼德兰像雨后春笋般到处出现,它们处在秘密状态中……起领导作用的照例是富裕的城市资产阶级"。到 60 年代,尼德兰城乡普遍建立了基层教会和长老会(宗教法庭),公开和秘密地进行布道活动,宣传反抗西班牙和天主教会的统治是上帝选民的神圣使命,教徒大增,仅安特卫普一地信徒即达"13000—14000 人"①。70 年代后,各地先后以暴力推翻了西班牙的统治,在北方以长老制教会为榜样,建立了联邦共和国。

英国资产阶级革命"在加尔文教中给自己找到了现成的理论"②。加尔文的预定论与共和主义思想为清教徒所继承,尽管代表大资产阶级的长老派和代表中、小资产阶级的独立派在某些政见上有所差异,但在反对英国国教与专制制度方面,他们的利益是一致的,资产阶级以清教革命的形式于 1646 年废除了日暮途穷的封建所有制。在预定论思想的鼓励下,克伦威尔的铁骑军唱着圣诗,坚信自己是上帝的选民和革命的正义性,向封建王朝开火,于 1649 年将英王处死,宣告资产阶级共和国的建立,在世界范围内开辟了一个新的时代——资本主义时代。

由于加尔文的预定论与共和主义思想为最激进的资产阶级提供了理论、纲领与旗帜,从而取得了早期资产阶级革命的胜利,加速了资本主义的发展,所以恩格斯对预定论评论说:"加尔文的信条适合当时资产阶级中最勇敢的人的要求。"③而路德的"唯信称义"说则几乎完全不具有这方面的内容。

托尼曾评价说:用加尔文思想武装起来的资产阶级,"虽然他们的胜利尚待赢取,但他们到处都是革命的先锋。如果说,加尔文在较狭窄

---

① [苏]阿·齐斯托兹诺夫:《十六世纪尼德兰资产阶级革命》,刘立勋译,生活·读书·新知三联书店 1962 年版,第 45、67 页。
② 恩格斯:《〈社会主义从空想到科学的发展〉英文版导言》,《马克思恩格斯选集》第 3 卷,人民出版社 1965 年版,第 391 页。
③ 同上。

的范围内，但以同样有力的武器为16世纪的资产阶级做出了贡献，正如马克思为19世纪的无产阶级所做的贡献一样。或者说，预定论学说满足了对关于上帝与选民同在的保证的渴望，正如历史唯物主义在不同的时代满足了相同的渴望一样，这绝非奇谈怪论"①。这一比喻并不很确切，因为他把加尔文的学说对资产阶级的贡献笼统地对应于历史唯物主义对工人阶级的贡献。实际上，加尔文学说对资产阶级的突出意义主要限于16和17世纪，18世纪以后的资产阶级纵然还继续运用预定论为自己服务，但更为激进更为成熟的资产阶级已创立了直接而公开地表达自己阶级意志的更为系统的意识形态体系。而历史唯物主义从其正式诞生之日起，就是成熟而完整的无产阶级的意识形态体系，不仅对于19世纪的无产阶级，而且对于当代的无产阶级，都是最基本的指导思想。尽管它也在各国无产阶级的革命实践中不断发展，但绝不是主要适应于早期资产阶级需要的加尔文学说，可以比拟的。

不过，上述论断尚有可取之处。

首先，他肯定了加尔文的预定论是满足了资产阶级的需要，这就肯定了不是加尔文主义"产生"了资本主义，而是资本主义和资产阶级发展的客观需要产生了加尔文主义；而加尔文主义又反过来满足了资产阶级的需要，从而促进了资本主义的发展。这就否定了把资本主义产生、发展的原因归之于精神因素的唯心史观。

其次，正是从上述比喻中，我们可以从意识形态上十分鲜明地看到无产阶级与资产阶级的本质区别。资产阶级，尤其是从事原始积累并为建立自己的统治而做准备的资产阶级，由于自身是居于剥削地位的少数，就必须借助上帝的权威来为自己的存在和发展的权利辩护，还要借助上帝的权威来吓唬和否定封建统治阶级，更须借助上帝的权威来控制和统治无产阶级和劳动人民。

加尔文的预定论尽管在西方历史上起过某些进步作用，但是我们必须看到它的阶级性，它把原始积累时期的社会分化和阶级压迫均归之于天命，并要求劳动人民安于贫困和忍耐，寄希望于来世，都暴露了它为资产阶级服务的宗教本质。加尔文曾直言不讳地说："阶级的划分是自

---

① [英] 理查德·H. 托尼：《宗教与资本主义的兴起》，第99页。

然的"①,"穷人和富人虽在世上共处,然而各人的境遇均为神所指定"②,以此掩盖了阶级剥削和压迫。这一点西方学者述说得颇为明晰:"支配加尔文整个社会理想的观念乃是人类的不平等是神意所规定。而唯一可言的平等,是人类一律不可能靠自己的力量做任何善事,和必须无条件地一律服从上帝的意志。"③加尔文的预定论表明了人与人之间不仅在经济和政治方面的不平等,而且在宗教上也区分为选民和弃民,同样也不能平等。这恰恰反映了原始积累时期资产阶级的阶级性。

总之,资产阶级必须以某种方式或形式求助于上帝。甚至启蒙时代的资产阶级无神论者也公开声言:即使并没有上帝,也需要创造一个上帝,来促使人民大众服从资本主义的"新秩序"。甚至在今天早已实现政教分离的资本主义国家,例如美国,也还要在其各种面值的硬币和纸币上印上"我们信仰上帝"(In God we trust)的口号,并以之作为自己的立国信条。而无产阶级则完全依靠历史唯物主义所提示的社会历史发展的客观规律和直接体现这一客观规律发展要求的本阶级群众和全体进步人类的实践活动,而无须求助于任何超人间的神秘力量。上帝毕竟是不存在的。正如维护封建统治的上帝已经被送进宗教博物馆一样,资产阶级的上帝也迟早必然要随同资产阶级的历史命运一起结束其历史命运。

原载《历史研究》1985年第1期。

---

① [美]威尔·杜兰:《宗教改革》,《世界文明史》第19卷,第210页。
② [法]加尔文:《基督教原理》,载《基督教经典系列》第20卷,第124页。
③ [德]特勒尔奇:《基督教社会思想史》,第398页。

论西欧资本主义早期的观念更新问题
——兼评加尔文主义的历史作用

一 问题的提出

近年来，关于西欧从封建主义向资本主义转变的问题，不仅在国外，而且在国内史学界均引起了广泛的讨论。就国内情况看，这一讨论大致集中在两个方面。其一是有关这种转变本身的。讨论的问题有：这种转变的完成受到哪些因素的影响和制约？其中哪一种因素起主导的和决定性的作用？各种因素间的关系又是怎样？它们彼此是如何相互作用的？另一方面涉及这种转变在各个国家和地区的不同情况，或者说各种有关因素在各国所起作用大小的差异，其中特别是在中、西方的不同。也就是说，在西欧为什么完成了这种转变，而在中国却没有？毫无疑问，以上两方面问题的讨论，无论从方法论的角度，还是从具体历史研究的角度，均具有明显的意义。

而且，这些问题所以在今天引起人们的兴趣，也绝非偶然。现代化是当今世界谈论的热门话题与追求的目标。特别是发展中国家，一般均投入大量人力，苦心探索精心研究现代化的途径、步骤与方法，参加者有政府工作人员、理论工作者、管理人员与科技人员。具体标准是人均产值、人均收入、三种产业的比例、城市人口比例、人均住房面积、义务教育普及率、大学生的比例、交通发达程度（电话、传真、汽车、火车、飞机）、信息发达程度（报纸、电台、电视、计算机）、千人医生拥有率、人口增长率、平均寿命等指标。这是现代化的重要内容，它标志着经济发展与科技进步的程度。但对于人本身的现代化及其标准往往研究不够或不够具体。这个问题引起了美国科学院院士，斯坦福大学胡佛研究所英格尔斯（Alex Inkeles）教授的注意，他经过调查研究，认为现代化必须由具有现代思想观念的人完成，现代人具有外部特征与内部特征。外部特征是受过 12 年教育、衣着入时、化装得体、汽车出入、手持移动电话……但如仅具其表，并不能被认为是现代人，更重要的是内部特征，即具有现代化人的观念与素质。他提出这方面的标准共十四条，归纳之有七条：①信心十足，乐观主义。②勤劳节俭，效率性强。③信息灵通，求知欲强。④掌握机遇，变革进取。⑤时间观念，惜时守信。⑥不因循守旧，勇于更新。⑦尊重他人，平等待人，乐于接受不同意见[①]。作为现代人应内外兼具，但关键是具有现代人的内部特征。这也是当代基督教文明国家各行各业的普通人及各行各业一切有成就的人所具备的。对于英格尔斯教授的这一观点，我感到很有启发，在我国现代化的过程中，应更加重视培育具有现代思想观念的人，以加速我国的现代化。而且我还认为，作为历史学工作者，我们不仅要视其"流"，更重要的是探其"源"，研究西方社会现代人思想观念产生的过程及其内容，这将有助于我们更好地吸收这一有益的文化。

因此，本文欲仅就一个具体问题，即西欧资本主义早期的观念更新问题做一些历史考察。西欧从封建制向资本主义制度转变的决定性因素是经济关系发展之必然。但"并不是只有经济状况才是积极的，而其余一切都不过是消极的结果"[②]。马克思主义经典作家非常强调包括思想观念在内的多种因素的综合作用。"经济是基础，但是对历史斗争的过程发生影响并且在许多情况下主要是决定着这一斗争的形式的，还有上层建筑的各种因素：阶级斗争的各种政治形式和这个斗争的结果——由胜利了的阶级在获胜以后建立的宪法等等，各种法权形式以及所有这些斗争在参加者头脑中的反映，政治的、法律的和哲学的理论，宗教的观点以及它们向教义体系的进一步发展。"[③]恩格斯在此明确地说明了社

---

① 概括自［美］英格尔斯《个人现代性探索》，哥伦比亚大学出版社 1983 年版（Alex Inkeles: *Exploring Individual Modernity*, New York: Columbia University Press, 1983），或参阅曹中德《人的现代化》，《现代化杂志》1984 年版第 10 期。
② 《恩格斯致符·博尔吉乌斯》，《马克思恩格斯选集》第 4 卷，人民出版社 1965 年版，第 506 页。
③ 《恩格斯致约·布洛赫》，《马克思恩格斯选集》第 4 卷，人民出版社 1965 年版，第 477 页。

会转变时期理论与思想观念的重要性。但过去我们往往忽略了这一点，特别是对"宗教的观点以及它们向教义体系的进一步发展"重视不够，而事实上，"历史上的伟大转折点有宗教变迁相伴随"①，资本主义早期物质文明的成长与资本主义的理论、观念更新相辅相成。它在冲破封建神学思想枷锁，破除天主教会的教义体系中成长壮大，又随着资产阶级革命而普及推广，作用于社会。其理论即加尔文主义。加尔文主义在18世纪中叶资本主义工业化社会之前是资产阶级的理论基础，并以此为指导，进行了一系列的反封建的观念更新、以适应和推动资本主义商品经济的发展，其影响长达二百余年之久。

对此，西方学者曾进行了长期的较广泛的研究。他们认为加尔文主义的观念更新对资本主义的发展，产生了重要的影响。20世纪英国著名经济史家托尼曾评论说："自宗教改革以来的两个世纪，基督新教中最有特色和最有影响的派别是以加尔文主义为基础的诸流派……它成为一种国际运动，它带来的不是和平，而是刀剑，在加尔文主义的道路上传播了革命。"② 在他之前，还有在我国较为流行的韦伯和特勒尔奇的两部名著。③ 他们在各自的著作中，对加尔文主义的理论与观念更新作了专门的论述，其中不乏真知灼见，但他们又夸大了观念的作用或存在某种偏见，无视其与经济关系之联系。因此，本文欲以加尔文主义为例，剖析西欧启蒙运动以前资产阶级反封建观念的斗争，即早期资本主义社会的观念更新问题，进而评析加尔文主义的历史作用，从而说明理论、观念更新在西欧封建社会向资本主义社会过渡时期中的重要性及其斗争的长期性。

二 资产阶级反对封建观念的必要性及其发展阶段

西欧资本主义萌芽产生于14、15世纪，到18世纪中期，其主要国

---

① 《路德维希·费尔巴哈和德国古典哲学的终结》，《马克思恩格斯选集》第4卷，人民出版社1965年版，第231页。
② [英]理查德·H. 托尼：《宗教与资本主义的兴起》，第97页。
③ [德]马克斯·韦伯：《新教伦理与资本主义精神》，四川人民出版社1986年版；[德]特勒尔奇：《基督教社会思想史》，基督教文艺出版社1976年版。

家发展为工业社会。随着资产阶级的发展壮大,进行了多方面的反封建斗争。在政治上,先后建立了世界上第一个日内瓦资产阶级神权共和国——日内瓦,并成功地发动了尼德兰革命和英国资产阶级革命。同时,在思想领域,他们进行了长期的反对封建观念的思想斗争,并有一个逐渐深化的发展过程。

根植于以自然经济为基础的封建观念,束缚与妨碍着资本主义的发展,封建社会的人生观与价值观的中心是贬低和否定现实世界与人的价值,认为人生前活动的根本目的是为了死后的永生。天主教的通俗宣传小册子《要理问答》的第一问即"你为什么活在世界上?"答:"为恭敬天主和救自己的灵魂。"这一问一答简要地说明了封建教会的人生观与价值观。由此基点发展而来的一系列封建观念均不能适应资本主义商品经济的发展。诸如维护封建贵族高高在上的等级观念;王权神授观念;实行禁欲主义,提倡安贫乐道,反对获取财富的观念;节日冗长、圣礼豪华,为荣耀上帝不惜浪费大量时间与金钱的时间观念与价值观念等。因此,资产阶级为适应自身的发展,必须批判陈旧的封建观念,树立有利于资本主义发展的新理论和新观念。

资产阶级反对封建观念的斗争大体上可划分为两个阶段。第一阶段是14—15世纪西欧的文艺复兴运动。第二阶段是16—17世纪的宗教改革运动。它是以马丁·路德和让·加尔文为代表,继承和发扬人文主义思想,从教会内部发动的、批判封建神学、冲击旧宗教思想体系的革命运动。

文艺复兴以文学和艺术的形式打破了以神和死后生活为中心的传统观念,表现了以人和现实世界为中心的思想,以后又扩大到各学术领域。人文主义思想歌颂了人的伟大、人的智慧和能力,以及现实世界的美好和重要,把人的思考和理性从神转移到人自身,从死后转向现实的物质世界。因此说,文艺复兴是"世界的发现与人的发现"[①]。它开拓了人的视野,开辟了一个现实的广阔的新天地,启迪了人们的智慧与良知,有力地打击了传统的封建的人生价值观、财富观与时间观念。文艺

---

① [瑞士] 布克哈特:《意大利文艺复兴时期的文化》,何新译,商务印书馆1979年版,第280页。

复兴的历史意义是伟大的,但其自身又具有历史的局限性。具体表现在:

(1) 文艺复兴是一场世俗的文化运动。它仅从教会外部无情揭露与批判了封建教会的腐败黑暗及其所宣扬的愚昧无知的蒙昧主义,嘲讽了神职人员和个别教皇的道德沦丧。但是人文主义者并未从根本上触及封建神学的理论核心。他们"一方面尖锐地批评某个教皇的行为,而在原则上则重申对教皇的赤胆忠心"①,仅希望教皇能消除弊端,洗心革面,故而不能有效地摧毁其神学思想体系,从根本上否定罗马教皇权。

(2) 人文主义者所讨论和涉及的内容,多为神学以外的学术领域,他们的活动与涉及的范围主要是社会中上层和知识界,未能有效地深入广大群众,社会下层对此鲜少了解,影响面窄,因而未形成全民运动。

(3) 文艺复兴批判了违反人性的禁欲主义,倡导发展人的个性,满足人的欲望,这在当时历史条件下是一个进步。但在任何社会中,个人的欲望不能无限膨胀,仅提倡以个人为中心,就会影响与他人的关系。因此,必须树立有效的、适合商品经济发展的社会道德规范。对此,文艺复兴未能切实地加以解决。

(4) 人文主义的财富观(发财就是一切)与传统的封建观念相矛盾,在宗教信仰上得不到承认,发财与灵魂拯救不能和谐统一,在当时西欧宗教观念极端浓厚的情况下,不利于资产阶级积累财富。

因此,文艺复兴未能形成一种全民性的反封建运动,也未能从根本上动摇封建教会的根基与全面破除旧观念。相反,许多人文主义者与教皇关系密切,成为教皇的座上宾。某些教皇也积极支持文艺复兴运动。享乐人生的世界观亦为一些封建的和日益世俗化的教会贵族所接受,只有从教会内部批判封建神学理论,才能摧毁旧观念的理论基础。

从16世纪开始,西欧开始了宗教改革运动,持续的时间长达200年。西方一位近代学者精练地概括了文艺复兴的人文主义与宗教改革的

---

① [德] B. 博伊默尔:《马丁·路德与罗马教皇》(Bemigius Baumor: *Martin Luther und der Papst*),明斯特1977年版,第45页。转引自《中世纪与文艺复兴研究》(*The Journal of Medieval and Renaissance Studies*) 1984年第2期,第161页。

关系。他说:"没有人文主义,就不会发生宗教改革。"① 宗教改革是文艺复兴的继续,是人文主义思想在宗教领域的运用与发展,从教会内部破除了封建的旧观念,树立了以人为主体的新思想。

1517年马丁·路德的《九十五条论纲》的张贴,揭开了宗教改革的序幕。他在人文主义的道路上跨出了关键性的一步,即对罗马教皇权的批判与否定。1520年12月10日,他以断然的革命行动,当众焚毁了教皇开除其教籍的训令,并于同年发表了《罗马教皇权》《致德意志基督教贵族的公开信》《教会的巴比伦之囚》和《论基督徒的自由》等重要著作,提出了"唯信得救"的理论。路德在宗教领域内强调人的理性与思考,主张人人皆可通过阅读、理解与解释圣经,从而产生信仰,便可得救。人与上帝的直接交通,无须天主教会神职人员为媒介,亦不需善功、圣礼等,从而彻底摧毁了罗马教皇权的三大理论支柱,即教皇最高权威论,圣礼得救与善功赎罪论,教士特权论,② 使教皇、教会和神职人员成了"失去了咸味的盐"③。在此基础上,他进一步提出民族自主、教会平等与世俗平等、政教分离、信仰自由等新的观念。但其思想由于历史条件具有相当的局限性,他之得救的最高境界只是个人与上帝的神秘结合,仅是精神上的解脱与快慰;他的社会改造理论与观念,除民族自主得以实现外,其平等观、自由观、政教分离等均因德意志的具体情况与市民之软弱而未能实现或收效甚微。

真正树立资产阶级的新观念,批判陈旧的封建观念,并以之改造社会和人的思想,且成效显著者乃加尔文主义。

三 加尔文主义的理论基础及其发展

加尔文主义有狭义与广义之分。狭义的加尔文主义又称原始的加尔

---

① [英] 布朗:《宗教改革前的德国人文主义与罗马教皇权》,《中世纪与文艺复兴研究》1984年第2期,第159页。
② 参阅拙文《马丁·路德早期政治思想初探》,《世界宗教研究》1983年第2期。
③ [英] A. W. 沃德编:《剑桥近代史》第3卷,剑桥大学出版社1957年版,第45页(A. W. Ward, eds., *The Cambridge Modern History*, Cambridge: Cambridge university Press, 1957, Vol. 3 p. 45)。

文主义，意指 16 世纪加尔文在法国形成的宗教思想和在日内瓦的实践。① 其核心是加尔文的天人关系与拯救学说"预定论"，以及以长老为中心的民主共和的教会组织制度、纪律和教会观、圣餐观等。② 广义的加尔文主义还包括加尔文的后继者们据其学说，结合各国的实践所发展的预定论；据加尔文及其诸流派理论家的作品拟定的教义和教规；普遍实行的民主共和的教会组织形式和礼拜仪式；根据预定论的思想引申和树立的新思想观念。

加尔文主义的各种破旧立新的观念是与资产阶级的产生与发展相适应的。其理论基础是"预定论"学说。此说包括三个组成部分，即"天命论"，"拣选论"，"呼召论"，加尔文在天命论中强调上帝的绝对意志，认为自然界和人类社会的一切均在上帝意志的绝对掌握之中，人生事业之成败、福祸之降临，均系上帝之安排。人们之所以命运不同，是因为上帝把世人划分为选民和弃民两种，即拣选论。对选民，上帝予以支持、保护并创造条件，使其生前享受荣华富贵，死后可升天堂；对弃民则予以抛弃。至于谁是选民，谁是弃民则是上帝以其绝对意志在人们未出生前早已确定。既然人之是否成为选民，得救与否，上帝早已确定，所以一切"圣事""善行""念经"均无效果。这两说虽然否定了天主教会的中介作用和教皇的权力，但确属宿命论范畴。可是加尔文预定论的实质并非要求人们听天由命，消极服从。他说："拣选仅表明了一半"，更重要的一半则是"呼召论"（Calling）。③

既然上帝早已安排好选民与弃民的名单，而且选民少，弃民多，其时的人们当然均愿做选民，并欲探知上帝对自己的决定。但加尔文提出上帝的决定"秘而不宣"，每个人只能通过上帝对你的呼召看到一线生机，虽得不到明确肯定的答复，但你可在呼召中察觉到上帝透露的一些

---

① ［德］阿瑞德：《世界历史上的基督教》，斯克里布纳出版社 1964 年版，第 305 页（Arend Theodore Van Leeuwen, *Christianity in World History*, New York: Charles Scribner, 1964, p. 305）。

② 具体内容请参阅拙文《加尔文的"预定论"与资产阶级》，《历史研究》1985 年第 1 期。

③ ［法］加尔文：《基督教原理》第 3 卷，第 21 章，第 7 节，威斯敏斯特出版社 1960 年版，第 930 页（Jean Calvin, *Institutes of the Christian Religion*, Kentucky: The Westminster Press, 1960, p. 930）。

迹象，找到一些证据，从而体会与感觉到自己是上帝的选民。

体现上帝呼召的三个具体标志是：

第一，具有坚定的信念与信心。坚信自己是上帝的选民，并有真诚的信仰，在得不到确凿证据时能够丝毫不动摇，反而信心百倍。参加教会组织只是具有坚定信仰的一个标志。

第二，事业之成败。加尔文认为社会上各种职业岗位均为上帝给予呼召之园地，一个人如能在有益于社会的工作中勤奋努力、认真负责、勇于斗争、百折不回而获得成功，是由于上帝呼召的结果，也是选民的标志之一。因为只有上帝给予能力、机会才有可能获得成功。对于选民，今生可以过优裕的生活，死后还得以进入天国。所以依此思想武装起来的加尔文主义信徒无一自暴自弃、甘当弃民，而均坚信自己是选民，在激烈竞争的海洋里奋勇拼搏，全力以赴，力争最后获得成功，确证自己是上帝的选民。

第三，具有高尚的道德品行。他认为获取财富与事业的成功，不能搞歪门邪道，巧取豪夺，而要有道德标准。除传统的基督教伦理道德外，加尔文特别强调勤奋、节约、谦逊与节制。他明确地说，行为不端的人不能成为选民。

加尔文的预定论中之天命论与拣选论均属无形之物，但通过呼召论使无形变为有形，可以看得见摸得着，这就把宗教信仰与现实社会紧密地联系在一起。在其流传过程中，从理论到观念又有所发展和丰富。

1564年加尔文辞世后，其学说在西欧得到较广泛的流传。"法国、日内瓦、荷兰、苏格兰新教运动的基础是加尔文主义，德意志与英格兰的新教亦受其重要影响。特别是美洲殖民地，通过17世纪英国清教徒的移居，有着更大的影响。"① 其发展表现在宗派与理论两个方面。在派别方面，除日内瓦、法国、荷兰、苏格兰与英格兰的长老会外，还有从英国清教徒中分化出来的公理宗、浸礼宗和由各小派汇合而成的贵格宗。

在理论方面，加尔文的预定论于17世纪初在荷兰长老会中曾进行

---

① ［英］格林：《文艺复兴与宗教改革》，伦敦1972年版，第173页（V. H. H. Green, *Renaissance and Reformation*, London: Edward Arnold & Co., 1972, p.173）。

了较长期的激烈辩论。正统的长老会坚持绝对的预定论,① 而一般中、下层资产阶级则赞同"一般预定论"。一般预定论又称"阿明纽斯派"（Arminiaus），或称荷兰抗议派（Remonstrants of Holland）。此派因其代表人物阿明纽斯（Jacobus Arminius，1560—1609）而得名。他是莱顿大学的神学教授与牧师，突出地强调人之是否成为选民主要是人自身的努力，非上帝的绝对预定。他去世后，形成阿明纽斯派，1610年此派提出抗议文（Remonstance），指出"加尔文主义五要点"，概括了其"一般预定论"之内容。要点所强调的内容是：①人的自由意志与能力。强调人们具有自由意志，可据此弃恶从善，人是否能成为选民，个人可以作出选择与努力。②有条件的拣选。上帝虽预知某些人为选民，是基于预见到这些人会对其呼召产生反应与效果，被选之人具有信心是上帝拣选之依据，此信心来自人的自由意志。上帝仅拣选那些他确知据其自由意志来拣选基督的人。所以，是人拣选基督，而非上帝拣选人。③基督救赎是为了全人类，而非仅为了选民。但有的人未必接受此，故只有在某一人接受基督救赎时才能产生效果。④人对成为选民的信心和决心在前，上帝的呼召在后，因此是人的自由意志决定着呼召。⑤选民也有可能堕落。已蒙呼召成为选民之人，若不恒心持守信念，并不断努力，将会丧失选民资格，非一经成为选民而终身有效，更不会荫及子孙。② 此派之预定论的中心思想是强调人的因素，具有更浓厚的人文主义气息，认为人之是否成为选民是人与上帝合作的结果，其中人的自由意志起了重要作用。"在决定性的一刻，人的自由意志是重要的角色，因此是人而不是上帝来决定谁将是接受救赎恩赐的人。"③ 此派的抗议书于1610年提交荷兰长老会讨论，经长期辩论，于1619年在多特大会上被拒绝，并受到压制，至1630年，此派思想始获得合法，得以流传。其预定论思想在荷兰、法国与英国清教徒中传播较广，安立甘宗亦受其影响。当代的许多新教派，除正统的长老宗外，均吸收了此思想。

荷兰正统长老会为反对阿明纽斯派之观点，于1619年公布了加尔

---

① 即加尔文的预定论，因强调上帝的"绝对"意志而得名。
② ［美］大卫·斯蒂尔、柯蒂斯·托马斯：《加尔文主义五特点》，赵中辉译，基督教改革宗翻译社1974年版，第6—7页。
③ 同上书，第8页。

文主义的五项立场,今称为"加尔文主义五基要信仰",为后世正统长老宗教会所持守。五基要信仰是:①世人不能自救。认为人受邪恶本性之束缚,无自由意志,不能自己弃恶从善,信心乃上帝之赐予,非神人之协力。②无条件的拣选。上帝在创世前已确定某人为选民,此乃上帝之绝对意志,将信心赐予选民,乃神拣选之果,而非其因。所以是上帝拣选人,而非人拣选上帝。③特选的救赎或有限的救赎。主张基督救赎仅为了选民,而非为了全人类(加尔文本人尚未如此明确地提出),对选民无条件地赐以信心,并保证拯救永远有效。④圣灵的特别呼召。圣灵不但给选民一般的呼召,而且给以特别的呼召,保证其具有坚定的信念与信心、事业的成功与高尚之道德。⑤选民永远有效,凡蒙拣选、得呼召之人,将永得拯救与恩惠。这五点的中心是,圣父拣选人,圣子为其救赎,圣灵对其发出呼召并产生功效。"整个救恩过程(拣选、救赎、重生)都是神的工作,而且完全是出于神的恩惠。因此,决定谁将是接受恩赐的人,是神而不是人。"① 后世称此为"绝对的预定论"。阿明纽斯派的一般预定论与绝对预定论的区别在于:①前者公开承认在人之成为选民当中,即在事业上的成功与否,主要在于个人的努力与意志,强调了人的因素与价值。这就更加鼓励个人在一生的事业中奋发向上,勤于思考,而且成为选民后,不能有任何松懈,必须奋斗终生。而绝对预定论只是隐蔽地承认人的努力与价值,一切均归之于荣耀上帝并突出其绝对意志。②前者明确承认基督救赎是为了全人类,每个人凭借个人的力量均可成为选民,亦即事业上的成功,机会均等,由此在平等观方面向前发展了一步。尽管在当时历史条件下,个人的成功受到诸方面的限制,非仅靠个人的努力均能达到,但从思想观念上较绝对预定论前进了一步。

　　至英国清教革命时期,又进一步发展了天职观,突出强调现实社会与人生的价值,发展了近代初期人文主义的职业观念,对于人的职业,劳动态度,工作责任等提出了具体要求,使加尔文主义的新观念更加具体化。

　　加尔文以长老为核心的民主共和的教会观在他去世后亦有所发展。

---

① [美]大卫·斯蒂尔、柯蒂斯·托马斯:《加尔文主义五特点》,第11页。

16世纪末叶清教徒分离派领袖布朗提出教会应由信众自己管理，勿须经过长老。17世纪清教徒的独立派进一步提出教会独立自主，宗教宽容，政教分离等主张，为英国资产阶级革命提供了理论依据与样版。

总之，加尔文主义在16世纪后半叶和17世纪得到了较广泛的发展与传播，并以预定论思想学说为基础，演化出达到选民标准所必须的一系列新观念。

四 加尔文主义更新了哪些观念

资产阶级兴起后，为适应自身的发展和商品经济的需要，必须与陈腐落后的封建观念作斗争，进行破旧立新。在掌握政权后，更要加强进行对封建观念的资本主义改造，以建立自己的精神支柱与信念，发展资本主义生产。他们从多方面批判了封建制度，其中最重要的一环是对社会的主体——人的思想进行改造与观念更新。因为只有具备新思想观念的人，才能适应新的生产方式。这一更新在日内瓦、荷兰与英国等地普遍进行，持续了近200年之久，直至启蒙运动。

综合各有关国家的情况，加尔文主义对西欧社会进行了以下几种观念更新。

（1）人的价值观念。人生的目的是什么？价值何在？这是任何时代的人们都必须回答的问题。中世纪的封建教会对此有明确回答，认为遵守戒律，行善功、圣礼，轻视今生与肉体，实行禁欲主义是拯救灵魂的唯一途径，现实的人生毫无价值可言，一切为了死后的永生。

加尔文主义作为基督教的一支，并没有也不可能否认上述人生观，而且更加强调人生的一切都是为了荣耀上帝和得到拯救。因为"对宗教改革时代的人们来说，生活中最重要的事情就是得到永久的拯救"[1]。但是，加尔文的拯救观与天主教截然不同，较路德亦有很大发展。他认为人的现实生活非常重要，在其代表作《基督教原理》中辟专章论述，

---

[1] ［德］马克斯·韦伯:《新教伦理与资本主义精神》，乔治·艾伦·温有限公司1930年版，第104页（Max Weber, *The Protestant Ethic and the Spirit of Capitalism*, London: George Allen & Unwin Ltd., 1930, p.104）。

并从宗教角度肯定了现实世界与人生的重要性。他说:"今生既然有助于我们认识神,怎能忽略它,认为它毫无价值呢?"按照加尔文的预定论学说,"选民在一切事物上均有上帝的指引"①,使之充满智慧与活力,在对社会有益的事业中获得成功,并使之具有高尚的品德,不走邪路,不搞歪门邪道,这些均为上帝呼召之结果。选民在事业上的成功,体现了上帝的绝对意志,因而也就荣耀了上帝,个人亦得到拯救。由此观之,加尔文的拯救观是以现实人生价值为标准的,凡勇于进取,信心百倍,在事业上获得成功者,就必然得到拯救,生前可以获得财富,死后亦为上帝所接纳。这一新观念鼓励着当时的人们在事业上全力发挥自己的聪明才智,奋发图强,不甘落后,为社会作出贡献,体现了个人的价值。它从思想观念上批判了一些人对待现实生活的消极应付,麻木昏庸,混吃等死,无所作为的态度,因此是弃民而得不到拯救。在加尔文看来"生活的全部意义正在于进入世界生活中去"②。至阿明纽斯派时期,更加强调了人的主观能动性,在生活中应充分发挥个人的作用,体现个人的价值,自己掌握自己的命运。这一新观念反映了原始积累时期资产阶级发家致富的要求和商品经济的需要。同时也促进了社会生产的发展与进步。

(2) 忠于职守与提高效率的观念。加尔文认为个人事业上的成功是选民的外在标志和重要证据之一。但社会上职业不同,各行各业,既有资本家,又有雇佣工人和独立劳动者;既有脑力劳动,又有体力劳动,创造的财富不同,收入亦不一,那么如何理解与掌握事业成功的标准?这既是一个理论问题,又是一个现实的社会问题。对此,加尔文从两方面加以说明。①每个人的职务虽有不同,但皆为上帝之派遣,均为天职,故其对于成为选民的价值均等。他说:上帝给每个人"分配不同的职务,他按天命给每个人划分不同的职责,此划分非人力所能改变"。"只要我们服从上帝的呼召,不论何种工作,在上帝的心目中,都是有价值和重要的,无所谓贵贱之分。"②他认为各种职业均是上帝呼召之场所,只要尽职尽责,提高效率,忠于职守,均是荣耀上帝的场所,都

---

① [法] 加尔文:《基督教原理》第 3 卷,第 724 页。
② [德] 特勒尔奇:《基督教社会思想史》,第 365 页。

可以成为选民。"上帝嘱我们在一生的行为中,须重视自己的服务",谁也不应"反抗主的呼召"①。加尔文的这一思想明显地掩盖了资产者与无产者之间的界限,既使资产阶级充满了信心,又给社会下层增添了精神安慰。这使当时人们的工作效率和职责,不仅有法律和规章制度的保证,又增加了上帝的监督,而且上帝无处、无时、无所不在,每个人至少要当一天和尚撞一天钟。他把工作职责与宗教热忱联系在一起,这对稳定社会秩序与发展生产,发挥了一定的保证作用。

(3)机遇观念。加尔文主义认为,每个人的职业均为上帝之安排,非人力所能改变,但上帝的呼召并非僵化不变,工作岗位并非固定。人们在完成现有职责的同时,还需注意掌握时机,利用机会,因而提出了机遇观念。这一观念包括,每个人在工作中要开动脑筋,勤于思考,"留意特别的机会","一有机会即需加以利用"。同时要"把握风向与潮流,趁热打铁"②。在资本主义商品经济发展时期,掌握信息,捕捉与把握时机,对获取利润与成功至关重要,所以这一观念在宗教领域内也有所反映。

尽管人们工作的安排是天命,但每个人工作与职务的变换更是上帝呼召的结果。变换的原则是扬长避短,更适于发挥个人的能力,在两种不同的工作中应选择责任更重大,能取得更多利润的工作,亦即更能荣耀上帝的工作。我们要"以更大的注意力和勤勉,从事那绝对必要的更伟大的工作"。"爱惜光阴的最大秘诀在于明智地辨别和实行这一点,即最大的责任最先履行,一个人在满可以赚一镑钱的时候,却去赚一分钱,这就是他失去时间了。"③ 而失去时间、失去获得更大利润的机会,也就是对上帝的不忠,是不愿成为选民,因而得不到拯救的具体表现。因此,把握与利用机会的机遇观念是履行对上帝职责的一部分。

(4)勤奋节俭观念。资本主义社会初期,资产阶级为了积累资金,发展生产,极力批判封建主的骄奢淫逸,腐朽堕落的生活,提倡勤俭节约的观念,在加尔文主义中也充分反映了这一点。加尔文的上帝观为人

---

① [法]加尔文:《基督教原理》第3卷,第724页。
② [英]巴克斯:《基督徒守则》,载《不列颠宗改革思潮》,基督教文艺出版社1976年版,第132—133页。
③ 同上书,第152页。

们树立了最高榜样。他说:"上帝并非高高在上,清闲自在地观察人世……而是亲自掌握宇宙的枢纽,不仅用眼观察,还亲自动手,统治一切。"上帝并非"好逸恶劳","空虚懒惰,昏昏欲睡,而是机智有效,运用自如和从事行动"①。因此,人们在工作中"最重要的是勤奋,我们要不断地努力工作,像逃命一样地快跑"。"在竞赛里面(我们要)赛跑,这是一种战斗……我们的时间的损失,就是敌人的胜利,在此情况下,又哪有时间去游戏、赌博、游荡、空谈。"② 因此加尔文要求人们勤奋,要有"紧迫感",要节约金钱,反对"过分的贪欲和无度的浪费……奢侈和享乐","懒惰是最可怕的罪行"③。

为树立与提倡勤奋节约的观念,清教理论家巴克斯列举出了必须反对与勤奋相违背的六种蟊贼:①懒惰,这是"大罪"。"懒惰之人看着时间白白流逝,看着工作不作,拖延履行职责。""明天永远是他们工作的日子","今天永远是他们休息的日子"。他认为,好吃懒做,冗长的筵席,贪食好酒都是懒惰的表现,懒惰就是"对上帝的劫夺"。②睡懒觉,凡睡眠时间超过恢复健康和工作所需的限度者即是睡懒觉。③过分装饰打扮,如过度的洗濯、衣着华丽、卷发、抹粉均属虚荣浪费。④铺张浪费,追求新奇,浮夸虚荣,讲排场,如过分装饰房屋、家具、设备等。⑤生活奢华,贪食好酒。⑥闲话无边,"言之无物,口若悬河,词藻华丽"④。加尔文主义的节约观念,不仅要求节约金钱与生活资料,并要求节约时间,在有限的时间内,发挥最大的效率。

(5) 时间观念。巴克斯在《基督徒守则》中,专章论述了时间观念问题。他把节约与利用时间视为与拣选相联系的大事,是对上帝应尽之义务。他主张要放弃一切可以放弃的事,珍惜每一分钟,把它用在"履行责任之事"。"你们是生或死,穷或富,疾病或健康,都以你如何利用时间而定。"所以,"节约时间是比节约金钱更为必需的责任"。为了节约时间,必须付出代价,其要点是①要极其勤奋,放弃安逸懒惰的生活,"所谓爱惜时间,不是将那过去的时间唤回来,不是停止时间的

---

① [法] 加尔文:《基督教原理》第 3 卷,第 200、201 页。
② [英] 巴克斯:《基督徒守则》,载《不列颠宗改革思潮》,第 135、138 页。
③ [德] 特勒尔奇:《基督教社会思想史》,第 287 页。
④ [英] 巴克斯:《基督徒守则》,载《不列颠宗改革思潮》,第 161—167 页。

飞逝，也不是寻求世上的长寿，而是在时间经过时，使时间不被懒惰或犯罪所吞没"，②"避免享乐、嬉戏、闹饮，远离邪荡、淫乱和虚荣"，③"当上帝呼召你作更重要的事，成就更大之事时，应放弃次要之事"，亦即把时间用在刀刃上，加尔文主义要求节约时间，但并非不许休息，休息是"磨刀"，以便工作更有效率，"磨刀不是停工"，节约时间还应不怕得罪人。"宁可让你们那些无所事事的客人失望，让他们知道你既不愿聊天，也没有时间游手好闲，宁可让人说你不礼貌和不和蔼，也不愿堕落。"① 概括来说，其基本精神就是要抓紧现在的每一分钟，用在最重要的事业上，发挥其最高的价值。

（6）民权概念。加尔文为巩固日内瓦的资产阶级政权，反对封建神权和等级制度，提出并实践了以信徒选举产生的长老制教会。据其《教会宪章》，日内瓦的教会设四种职务，长老、牧师、教师、执事。② 长老是一般信徒的领袖，由日内瓦议会选举产生，负责维持教会秩序，监督信徒生活、道德和纪律以及教会管理。教会的权威机构是由 12 名长老和 5 名牧师组成的长老会，独立行使教会的司法权。长老制发挥了一般信徒对教会的管理作用，打破了神职人员的垄断，这是资产阶级反对封建专制，实行民主共和政治在宗教上的反映。加尔文虽仅任牧师与长老会主席，③ 但由于其威望，事实上成为该共和国的最高领袖。长老制体制巩固了日内瓦新生的资产阶级政权，向民权制前进了一步。但是加尔文的民权观念带有浓厚的保守性，他主张在有些地区还应服从封建君主和官吏的统治，即使是不义之君亦应服从。只有当暴君的行为"招致上帝忿怒时"，"毁坏暴君血腥的王权，推翻专制的政府"，才是必要的。但亦需在议会的指导下，才能"行使职权反对君主的残暴与苛政"④，而不允许采取民众自发的行动。加尔文的民权思想与共和政治是有限的，可谓仅具有民权观念的萌芽和民主之趋势。民权观念产生于其继承人伯撒（Béza，1519—1615）时期。他提出"人民的统治权是

---

① ［英］巴克斯：《基督徒守则》，载《不列颠宗改革思潮》，第 133—138 页。
② ［英］迪林伯格编：《让·加尔文选集》第 3 章，第 1 节，牛津大学出版社 1975 年版（John Dillenberger ed., *John Calvin: Selections from His Writings*, Oxford University Press, 1975）。
③ 另一说，加尔文仅任教堂的主任牧师，参加长老会，实际上是主席，但无名义。
④ ［法］加尔文：《基督教原理》第 3 卷，费城版，第 1581—1592 页。

最后的根据"①。在《官府裁判权》一书中他还说,人民是法律的最后根据,在必要时,可以进行暴力革命。此主张包含了近代民权、资产阶级革命和宪法具有最高权力的观念。

民权观念在荷兰的阿尔色修斯（Johannes Althusius,1557—1638）时期日臻完善充实。他是严格的加尔文主义者,被"公认为加尔文主义派国家学说的大师"②,曾任拿骚、赫尔、波恩大学教授,尼德兰革命后任省级法院首席法官。他将加尔文主义应用于政治研究,提出"人民主权论"和现代联邦主义,影响甚大。他的理论依据是,上帝与人类的约定是以社会为基础,而非上帝与当权者订约,当权者只有代表人民的利益时才有权威。因此,主权属于全体人民,全体人民均自由平等,人民是国家和社会的主人。民权观念有力地打破了君权神授论,剥下了封建政权的神圣外衣。民权论者强调此观念是以理性和圣经为依据,应以武力反抗违反上帝意志的统治者,甚至处以极刑,这是人民的权力与责任。民权观念不仅为尼德兰的资产阶级所接受,而且被苏格兰的长老会和英格兰的清教徒所吸收。17世纪英国资产阶级革命中的长老派和独立派均宣传民权观念,它是克伦威尔麾下将军们的信念,正是在此观念的支持下,英王查理一世被送上了断头台。

16世纪末和17世纪初,清教徒的独立派进一步提出民主共和的观念。代表人物为公理宗的鼻祖勃朗（Robert Browne,1550—1633）和巴罗（Henry Barrow,1550—1593）。他们提出上帝的约定是与每个人直接订立的,故每个人均自由平等。信徒的联合,便是教会,故应由信徒直接民主选举产生教会的管理人,各堂会均是独立自主,据圣约自愿联组成的教会,并实行政教分离的政策。民主共和的教会组织形式,为资产阶级共和国提供了神圣样版,为共和国的建立奠定了理论基础,1649年英吉利共和国的建立便是一例。

（7）商品经济观念。破除自然经济,发展商品生产,是资本主义的历史任务。加尔文主义适应这一要求,积极提倡商品经济观念与开源节流的思想。加尔文批判了反对牟取金钱和发财致富、重农轻工商的旧

---

① ［德］特勒尔奇:《基督教社会思想史》,第407页。
② 同上书,第412页。

观念，认为发展货币经济和商品生产与基督教的信仰并不矛盾，工商业与农业一样，同为上帝所承认的职业，牟取更大的利润只不过是勤劳的报酬。在日内瓦，他曾积极扶植服装与天鹅绒制造业，当此两行业被法国排挤后，又以贷款支持钟表制造业，瑞士的这一行业至今驰名世界。加尔文还抛弃了禁止放债的旧传统，认为货币和信用均是生产力，并赞助设立国家银行，以使国家获得商业的利润。但加尔文对贷款有明确的限制，仅允许以商业为目的的生产贷款，不准许靠利息为生的重利盘剥，更不准从穷人和难民处获取利息。利率由法律规定，最初为5%，后为10%。加尔文提倡商品经济观念和生活上勤俭节约的观念，开源节流，无疑促进了资本主义的商品生产。

五 加尔文主义的观念更新解决了什么问题

纵观前述加尔文主义的理论及其社会、政治、经济的新观念，尽管表面上皆与上帝联系在一起，但均与现实密不可分，所解决的问题都是从封建社会向资本主义商品经济社会过渡中需要解决的新问题。它与路德主义不同，如果说路德主义的重点是摧毁封建神学理论体系，建立适应资产阶级的神学思想，那么加尔文主义则是除此之外，重点在于以新思想、新理论、新观念改造社会与改造人，使人们的思想观念适应于资本主义商品经济的发展。它主要解决了下列问题。

（1）宗教信仰与个人事业相结合，调动了人们的积极性与创造性。加尔文主义与基督教其他宗派一样，均相信上帝的存在，并关心人的灵魂拯救问题（即拯救观），这在当时的历史条件下是可以理解的。但加尔文主义的特点与贡献在于把神秘宗教与现实生活巧妙地融为一体，把出世和入世、生前与死后紧密地结合在一起，寓宗教功能于社会功能之中。人之得拯救，成为选民的标志是个人的信念、事业的成功以及道德之高尚；这些是得救的唯一途径。从而在宗教上肯定了人生与人的价值。因此，加尔文主义者对现实生活的态度是积极的，战斗的，充满了活力与生机。他们为了发挥和体现生命的价值，在激烈的竞争中要不沉沦，就必须充分利用有限的时间，勤奋节俭，忠于职守，全力以赴，充分发挥个人的聪明才智，以事业的成功，获取选民的资格。这就在客观上启发与调动了人们的积极性与创造性,当然,也为资产阶级发家致富提供了理论依据。

（2）利与义相结合,为资本主义工商业的发展建立了精神支柱。在基督教传统的理论中,利与义是相对立的。牟利则为不义,称义则必轻利。"你们不可能同时作上帝的忠仆,又作金钱的奴仆。"① 中世纪的天主教会对世人宣扬禁欲主义,提倡安贫乐道、重农抑商,把商业和借贷视为罪恶,而教会自身却大发其财。文艺复兴时期的人文主义者揭露了教会的伪善,抨击了他们的财富观,公开提出:人生的目的是为了发财,贪图财富是一切事业的动力,如果弃绝这一欲望,一切事业将会停止。② 他们虽然坦率地道出了资产阶级的欲望与信念,却提不出系统的理论,从而得不到上帝以及全社会的承认,对拯救忧心忡忡,存在后顾之忧。加尔文则通过神学上的革新,认为利与义二者可以兼得,义是利之因,利为义之果。并对牟利作了若干道德上的限制,如必须从事有利于社会的正当职业,对印制纸牌、淫秽书刊等行业严加禁止;牟取利润不能搞歪门邪道,应采取正当手段,凭借个人的能力,要求诚实、谦虚与节制,而不允许不择手段地牟取暴利。加尔文的这一结合,不仅为资本主义工商业活动提供了精神支柱,资本家可以心安理得地发展生产,而且对发财致富也作了若干道义上的限制。

（3）解决了生产与生活的关系问题。资产阶级发家致富所得到的金钱,重点用于何处,生产抑或生活?这是当时西欧社会迫切需要解决的一个现实问题。16、17世纪的资产阶级处于资本的原始积累时期,社会的发展要求积累资金,扩大再生产。加尔文主义适应生产的需要,坚决批判花天酒地,大吃大喝,铺张浪费,豪华奢侈,讲排场摆阔气等封建贵族的旧观念,大力提倡勤劳节俭,节衣缩食,生活节制,艰苦创业的新观念,并制定法律法规破旧立新,改造社会。这些措施与观念的更新,使腐朽堕落的西欧封建社会习气有所克服,不论在日内瓦,还是尼德兰的资产阶级和英国清教徒的大多数,在较长时期内,以廉俭为荣,铺张浪费为耻,把金钱用于扩大再生产,把精力置于事业中,从而

---

① 《新约·马太福音》6:24。
② 参阅张椿年《意大利文艺复兴时期财富观念的变化》,《世界历史》1987年第3期。

增加与提高了社会的总生产率,加速了社会的前进。在此历史时期内其生产力发展之迅速,马克思曾有明确的总括:"资产阶级在它的不到一百年的阶级统治中所创造的生产力,比过去一切世代创造的全部生产力还要多,还要大。"① 资产阶级在生活上享乐主义思想之抬头是 18 世纪以后的事。

(4) 批判了封建等级、门第观念,树立了自立、自强的思想。加尔文主义认为,选民的三个外在标志:信心、事业、道德只有靠个人的努力、勤奋、修养,始能获得,而门弟、等级均无济于事,因为父母不能代替你成为选民。而且加尔文主义还认为靠父母和家庭遗产为生是不光彩的,也是一种耻辱,只有靠自己的拼搏奋斗获得成功,才能得到上帝的承认。这一观念在长期熏陶中沉淀为一种民族的传统精神,激发了个人的独立性与积极性。

综上所述,我们可以看到适应资本主义商品经济产生与发展的加尔文主义之理论与观念更新在社会转变时期的作用。它批判了阻碍资本主义发展的封建观念,把人改造为具有新观念、新的价值观,适应资本主义商品生产的新人,从而巩固了资本主义制度,推动了生产力的发展与社会前进。由此可以说明,西欧从封建制向资本主义制度转变的决定性因素虽然是经济关系,但包括思想观念更新在内的各种精神因素决非可有可无,无足轻重,它也是一种重要的物质力量。物质文明与精神文明二者相辅相成,缺一不可,经济因素及与其相适应的各种思想观念的综合作用,推动着社会的前进与发展。

同时,我们还可以看到,西欧从封建制向资本主义制度转变时期,反封建思想观念斗争、进行观念更新的长期性与艰巨性。如从文艺复兴计,其批判封建观念长达 400 年之久。即使从加尔文主义诞生之日计,也有近 200 年的历史。在长期的反封建斗争中,他们进行了艰苦细致的工作,其特点是以宗教的说教、上帝的监督强化新观念的树立。对于一个人来说,可谓从生到死,从家庭到社会,从学校到教堂,每日每时都在接受加尔文主义的新观念,并且世代相传。在资产阶级革命前,它是

---

① 马克思、恩格斯:《共产党宣言》,《马克思恩格斯选集》第 1 卷,人民出版社 1965 年版,第 256 页。

发动革命的理论和精神力量，在革命后，以之改造社会和人的思想，并逐步形成一种民族传统，对西欧、北美有关国家的影响长达200年之久。

启蒙运动后，由于科学的发展与社会的进步，国家实行政教分离，人们的宗教观念逐渐淡薄。但是，宗教之迷雾开始消散后，这些资产阶级商品生产的新观念已根植于世俗社会之中。时至今日，我们从西方奋发向上的企业家、事业家、科学家、社会中坚与精英人士中不难找到加尔文主义思想观念的痕迹与精神。

加尔文主义的思想观念，尽管具有明显的资本主义性质，但与西欧的封建观念相较，诸如封建贵族的骄奢淫逸，浪费无度；生活昏聩，无所事事；讲求门第，饱食终日；高高在上，追求神权等，无疑具有历史的进步性，理应属于人类历史上文化优秀遗产的一部分。

六　需要澄清的两个问题

韦伯的《新教伦理与资本主义精神》和特勒尔奇的《基督教社会思想史》是目前在我国较为流行的有关加尔文主义的两部名著。在作品中，他们较详细地分析了加尔文主义与资本主义的产生和发展的关系，其中不乏精辟之论断，但是也必须澄清其中的两个基本观点。

首先，关于资本主义生产与资本主义精神观念之间的关系问题，在上述著作中，特别是韦伯的著作中，突出地强调加尔文主义，即资本主义精神的作用。他提出："戈泰因正确地把加尔文派的分布称为资本主义的温床。"他还说："较为天真的唯物史观认为，这些观念是作为经济环境的反映，或作为上层建筑而产生的。""资本主义精神无疑在资本主义秩序出现以前就出现了。"① 美国新教学者约翰·麦克尼尔把韦伯的观点概括为"加尔文的学说即使不是产生了，也是抚育了近代资本主义"②。韦伯的观点否定了意识形态源于经济关系，不承认存在决

---

① ［德］马克斯·韦伯：《新教伦理与资本主义精神》，第43、67、55页。该书注：戈泰因的这句话引自 Gothein, *Writschaftsgeschichte Des Schwarzwaldes*, Vol. 1, p. 67.

② ［美］约翰·麦克尼尔：《加尔文研究三十年》，《教会史》第17卷，第208页。

意识，把加尔文主义的理论、观念说成是仅源于基督教，似乎是只有基督教才能产生资本主义商品经济的新观念，从而推导出只有基督教文化才能产生资本主义的结论。我们认为，加尔文主义作为基督教的一派，是意识形态之一，只能是资本主义经济在人们思想上的反映，但它又具有相对的独立性，反作用于资本主义经济。加尔文主义是基督教义的发展，是适应资本主义商品经济的产生而出现的，它的产生又推动了资本主义的发展。韦伯颠倒了意识形态与经济基础的关系，因而陷入了唯心主义的泥坑。

其次，特勒尔奇在《加尔文主义与资本主义》一节中强调："加尔文派虔敬和勤勉的习惯，使资本主义存在有了口实，并增加了力量"，"有了不断勤勉的劳动，再加上限制消费和奢华，遂产生了资本积累的趋势"[1]。韦伯在其书中亦强调此。在他们看来，似乎只要具有勤勉节俭的习惯，资本家就可以发家，便可以产生资本的原始积累。无疑，早期的资产阶级多具有勤奋节俭等加尔文主义的观念，但仅依此并不能奏效。"所谓原始积累只不过是生产者和生产资料分离的历史过程……而对他们的这种剥夺的历史是用血和火的文字载入人类编年史的。""资本来到世间，从头到脚，每个毛孔都滴着血和肮脏的东西。"[2] 马克思在《资本论》中对原始积累已有深邃的精辟的分析，无须赘言。在此仅指出，资本家的发家，资本的原始积累，实质的内容是占有雇佣劳动者的劳动，仅靠勤劳节俭是发不了家的。

原载《史学理论》1988年第2期。

---

[1] ［德］特勒尔奇：《基督教社会思想史》，第418、823页。
[2] 马克思：《资本论》第1卷，人民出版社1975年版，第783、829页。

近年来西方史学界的闵采尔研究热潮

托马斯·闵采尔（Thomas Müntzer，1489—1525）是中世纪德国农民战争的领袖，同时也是16世纪三大宗教改革家之一，在德国历史上占有较重要的一席之地。长期以来受到西方史学界的重视，尤其是20世纪90年代前后，西方出现了闵采尔研究的热潮，发表了一批新成果。为开拓我们的视野，把我国的闵采尔研究引向深入，本文欲对西方史学界出现闵采尔研究热潮的原因、发表的主要著作及其主要观点作一概括介绍。

就其原因而言，大致有三个方面。第一，二战后西方的闵采尔研究一直因意识形态的分歧而观点相左，由互不相容的马克思主义者和新教路德宗学者的观点所主宰。到20世纪70年代，双方开始对话，至80年代，随着世界政治形势的缓和，冷战的淡化与结束，双方均感到有必要客观地、不带政治偏见地进行缜密研究，重新评价这一历史人物。第二，80年代新出版了一批有关闵采尔的原始资料。最重要的是闵采尔的著作书信集。这些资料虽在1968年已由京特·弗兰茨编辑出版，却存在着严重缺陷，到80年代末，德国史学家乌尔里希·布本海马重编此书，并把1968年以来新发现的资料和原来省略的资料收入，使之成为一部可以信赖的资料集；另外1989年，彼得·马西森（Peter Matheson）将《托马斯·闵采尔全集》译为英文出版，为研究者带来了方便。第三，按照传统的观点，1989年是闵采尔诞生500周年，是年在德国（包括原东德与西德）、美国、英国都举行了大型的闵采尔诞生500周年纪念会，从而掀起了闵采尔的研究热潮。

会后出版了一批学术专著，其中重要的有：格哈特·布伦德勒的《托马斯·闵采尔：思想与行动》（Gerhard Brendler, *Thomas Muentzer*：

Geist und Faust, Berlin: Deutscher Verlag der Wissenschaften, 1989); 乌尔里希·布本海马的《托马斯·闵采尔：出生与成长》(Ulrich Bubenheimer, *Thomas Müntzer: Herkunft und Bildung*, Leiden: E. J. Brill, 1989); 阿伯拉罕·弗里森的《托马斯·闵采尔，不敬神者的摧毁者：16世纪宗教革命的形成》(Abraham Friesen, *Thomas Muentzera, Destroyer of the Godless: The Making of a Sixteenth-Century Religious Revolutionary*, California: University of California Press, 1990), 汉斯-于尔根·格尔茨的《托马斯·闵采尔：神秘主义者、预言家、革命者》(Hans-Jürgen Goertz, *Thomas Müntzer: Mystiker, Apokalyptiker, Revolutionär*, Munich: C. H. Beck, 1989); 埃里希·W. 格里蒂希的《托马斯·闵采尔：一个错误的悲剧》(Erich W. Gritsch, *Thomas Müntzer: A Tragedy of Errors*, Minneapolis: Fortress Press, 1989), 汤姆·斯科特的《托马斯·闵采尔：德国宗教改革中的神学与革命》(Tom Scott, *Thomas Müntzer: Theology and Revolution in the German Reformation*, New York: St. Martin's Press, 1989); 京特·福格勒的《托马斯·闵采尔》(Günter Vogler, *Thomas Müntzer*, Berlin: Gütersloher Verlagshaus, 1989)。这些论著就闵采尔的生平、神学思想、其神学与革命的关系等问题作了广泛探讨，主要讨论的问题及其观点如下。

一 关于闵采尔的生辰及早期经历

闵采尔的出生时间始终是一个悬而未决的问题。威美尔曼认为他出生于1490—1493年间；[①] 恩格斯认为是1498年；[②]《不列颠百科全书》认为是1490年之前；缪索在其《闵采尔及其时代》一书中提出了三个时间：1490年、1493年及1498年；[③] 德国保守的史学家海因里希·贝

[①] [德] 威康·威美尔曼：《伟大的德国农民战争》（上册），北京编译社译，商务印书馆1982年版，第195页。

[②] 《马克思恩格斯全集》第7卷，第410页。但在该卷671页第222注中又订正为1490年。

[③] 转引自刘明翰《试论闵采尔》，《世界历史》1979年第5期。

默尔于 1922 年提出 1488 年或 1489 年之假设;① 《新编天主教百科全书》认为可能是 1468 年。总之，众说纷纭，莫衷一是。1989 年德国史学家布本海马经过最仔细的推敲，认为"闵采尔大致出生在 1470—1495 年间，而且此时段的后半期比前半期可能性更大"②。据此看来，闵采尔确切的出生时间仍然是一个有待继续考证之谜。

探讨闵采尔早年经历的权威著作是布本海马之书。它把有关闵采尔到茨维考任牧师前的成长时期（1519 年以前）的各种资料和观点汇于一册。在该书中，布氏对公认的有关闵采尔早期生平的"传说"作了广泛探讨，从中区分出哪些是全无根据的、哪些是看似有道理却不能肯定的、哪些是有可能但却未经证实的。如他把闵采尔于 1506 或 1507 年进入莱比锡大学，1519 年出席了路德与艾克的莱比锡论战这两件事都归于最后一类。此外，他对一些传统看法也提出了挑战，认为马太斯·蒙采尔不是闵采尔的父亲，闵采尔也未曾任不伦瑞克的圣马丁学校的教师。他不仅力图删去这些证据不足的假设，也提出了自己的见解，如他认为，闵采尔于 1519 年初曾到奥拉明德，并在此研究过陶勒尔的著作等。布氏著作集中探讨了闵采尔在 1514—1517 年作为牧师在不伦瑞克的经历，及 1517—1518 年作为学生在维滕贝格的经历，至少在两个方面推进了闵采尔研究：

其一，他以不伦瑞克的新资料为基础，就闵采尔的家庭出身提出了一个新看法。在 20 世纪的闵采尔生平研究中，其出身一直是个推测性较强的领域，有人甚至以他后来在农民战争中担任的角色而认为他出身于社会下层。布本海马认为，要确切证实闵采尔父亲的名字及职业是不可能的，不过，他用不伦瑞克的新资料勾勒了一个由其血亲、姻亲及朋友构成的圈子。布氏从闵采尔与金工有许多私下交往而推测他很可能当过

---

① ［加拿大］詹姆斯·M. 斯特耶：《1989 年的闵采尔研究论述》，《16 世纪杂志》1990 年第 4 期，第 655 页（James M. Stayer, "Thomas Muntzer in 1989: A Review Article", *The Sixteenth Century Journal*, Vol. 21, No. 4 (Winter, 1990), p. 655)。

② ［德］乌尔里希·布本海马：《托马斯·闵采尔：出生与成长》，布里尔出版社 1989 年版，第 19 页（Ulrich Bubenheimer, *Thomas Müntzer: Herkunft und Bildung*, Leiden: E. J. Brill, 1989, p.19)，见［加拿大］詹姆斯·M. 斯特耶《1989 年的闵采尔研究论述》，《16 世纪杂志》1990 年第 4 期，第 655 页。

铸币工及钱商；此外，他的血亲和姻亲都是城市居民，其中一个批发商，数名城镇市议员。据此，布氏推测：闵采尔的家庭和路德的家庭不仅源于同一地区，而且同属一类人，他们都直接或间接地从图林根的铜矿这一新财富中获利，因而使他们能得到就业和受教育的机会。福格勒直截了当地表达了布氏的这一推断，即"闵采尔很可能是一个较富裕的市民"①。

其二，路德与罗马教皇论战的最初几年，闵采尔是否正在维滕贝格，西方史学界对此存有怀疑，布本海马证实了这一点。他对维滕贝格的新资料之一、闵采尔手写的一份材料作了分析，认为这是闵采尔听人文主义学者阿斯蒂坎皮鲁斯（Aesticampianus，1457—1520）于1517—1518年之冬，在维滕贝格大学就圣·杰罗姆的一部著作进行系列讲演时所做的笔录残片。布氏强调这个人文主义学者对闵采尔后来神学思想的形成有重要影响。

二　闵采尔革命神学形成的时间

对闵采尔革命神学形成于何时，西方史学界看法也不一致，以1520年5月为界，存在两派观点。一派认为是在此之前，另一派认为是在此之后。后者的代表人物是布本海马，他研究闵采尔早期生平后认为："在探讨闵采尔早期生平中，我既没有遇见一个革命的闵采尔，也没有碰到一个在'革命途中'的人"②，其革命神学是他到达茨维考后，在与伊格拉努斯论战期间才形成的，而在此之前，他仅具有进步的改革观。弗里森的看法与布本海马的观点截然相反，他认为，闵采尔来到茨维考之前，即已形成了"充分完备的爆炸性神学"③，这种神学与路德

---

① ［加拿大］詹姆斯·M. 斯特耶：《1989年的闵采尔研究论述》，《16世纪杂志》1990年第4期，第659页。
② ［德］乌尔里希·布本海马：《托马斯·闵采尔：出生与成长》，布里尔出版社1989年版，第19页。见［加拿大］詹姆斯·M. 斯特耶《1989年的闵采尔研究论述》，《16世纪杂志》1990年第4期，第660页。
③ ［加拿大］詹姆斯·M. 斯特耶：《1989年的闵采尔研究论述》，《16世纪杂志》1990年第4期，第660页。

或维滕贝格几乎无任何关系,它的形成既无须方济各会修士或伊格拉努斯的反对,也无须尼古拉斯·施托黑的支持。闵采尔神学思想的形成并不是由于他与早期宗教改革人物有过几次善意或恶意的遭遇,而是他读了三位古代和中世纪作家奥古斯丁、犹西比乌斯和陶勒尔的著作。格尔茨虽然支持布本海马的观点,在具体论述上却又不同,他认为闵采尔在离开维滕贝格前,没有迹象表明他已意识到自己与路德的分歧,当然也不意味着在此之前他就与路德持有同样的神学观点。当时,他们都还在从中世纪思想因素中汲取营养发展自己的神学。不过,闵采尔思想的形成显然要比路德晚得多,只是到了茨维考时期,其独立的神学才开始定型。① 布伦德勒支持布本海马的观点,不过,他明确提出,闵采尔神学形成的标志是1521年11月《布拉格宣言》的发表。

三　闵采尔与路德的关系

这里包括两个问题:路德对闵采尔的影响,路德与闵采尔的决裂。

关于第一个问题,西方史学界都承认路德对闵采尔具有影响,不过对影响的程度,却有不同看法。弗里森认为,虽然路德对闵采尔革命神学的形成没有影响,但闵采尔对路德《论忏悔》(1521)一书做出了积极的反响;他还认为,闵采尔在维滕贝格时,路德是他了解奥古斯丁、陶勒尔的中介人。而布本海马则认为,使闵采尔了解神秘主义的不是路德,而是卡尔斯塔特。闵采尔于1520年5月到达茨维考时,具有以后两年中分裂为伊拉斯谟派、路德派和激进派的维滕贝格大学全体教员共同的进步改革观。言下之意,路德的影响只占极小部分,因为路德在当时并不是该大学"唯一令人感兴趣的教授",1517—1519年的维滕贝格大学也"不是一所路德派大学"。布伦德勒认为,1521年前的闵采尔属路德派,只是在该年碰上"茨维考的先知"后,才"抛弃了路德神学,转向神秘的唯灵论"②。

---

① [加拿大]詹姆斯·M. 斯特耶:《1989年的闵采尔研究论述》,《16世纪杂志》1990年第4期,第661页。
② 同上书,第659、661—662页。

关于闵采尔与路德决裂的原因，西方学者提出了三点：

其一，闵采尔对圣经有独特看法。布本海马认为，闵采尔善于比较圣经版本，对圣经解释有独到之处。他反对伊格拉努斯对《新约》的本本主义，认为圣经启示只有通过圣灵获得，反对那种对《新约》断章取义、用一种教规去论证另一教规的做法；福格勒也认为，闵采尔反对以纯学术的、语言学的方法来对待圣经，反对直观理解圣经，在圣经中寻找的应是一种灵性体验。故他们认为，这种唯灵论及闵采尔对伊格拉努斯本本主义的痛恨为他后来攻击路德埋下了伏笔。

其二，闵采尔神学具有更浓厚的神秘色彩。其神学坚信到世界末日时，即在"这个收割时节，不敬上帝者必须被摧毁"①，因而他鼓励其追随者起义，诉诸武力，而路德反对其神学及使用武力的做法。

其三，虽然闵采尔在后期已意识到自己与路德在神学上的分歧，认识到路德的唯信称义是一种"廉价、甜蜜"的宗教，但仍尽力去争取他，决裂主要来自路德一方。同时，路德对闵采尔主张武力也有误解。福格勒认为，闵采尔在阿尔斯泰特建立的团契是个自卫性组织，当时的阿尔斯泰特是信仰新教的萨克森选侯的一块飞地，四周是蠢蠢欲动的信奉天主教的诸侯，他们迫害去听闵采尔布道及参加新教仪式的臣民，闵采尔诉诸武力，只是为了保护平民，使其不致因听取新教福音而遭到迫害；他还证明，闵采尔在1525年5月的军事行动目标也只是限于征服缪尔豪森周围50英里的地方。弗里森也认为，闵采尔迫不得已才以这种方式来保护其宗教改革及其追随者。但是，这种诉诸武力的号召，却使路德与闵采尔的神学分歧达到了顶点。然而，仅6年后，路德也认为"保护福音的武力是正义的"②。因此，分裂其实来自路德，而闵采尔并不愿意把神学分歧转化为政治对立。

---

① [美]亚伯拉罕·弗里森：《托马斯·闵采尔，不敬神者的摧毁者：16世纪宗教革命的形成》，加利福尼亚大学1990年版，第271页（Abraham Friesen, *Thomas Muentzera, Destroyer of the Godless: The Making of a Sixteenth-Century Religious Revolutionary*, California: University of California Press, 1990, p.271）。

② [加拿大]詹姆斯·M.斯特耶：《1989年的闵采尔研究论述》，《16世纪杂志》1990年第4期，第668页。

四 闵采尔神学的思想渊源及内容

西方学者认为，闵采尔就读于维滕贝格大学时，受到了人文主义的影响，此为其神学中的重要因素之一。

他们还认为，使闵采尔的各种神学思想融为一体的是一种"秩序"观念（ordo rerum），此观念来源于古昆体良修辞学派（The Antique rhetoric of Quintilian），它使闵采尔有关圣经、历史、自然乃至个人启示的成熟神学融为一体。布本海马的这一见解得到了公认。

西方史学界普遍认为神秘主义对闵采尔有重大影响。弗里森甚至认为闵采尔神学直接来源于神秘主义，而与其他一切无关。这当然有极端之嫌，不过，他对闵采尔神学中的神秘成分所做的研究是一流的。他认为闵采尔神学得力于陶勒尔、犹西比乌、奥古斯丁等人的著作，闵采尔虽未引用陶勒尔的原话，但对一个早已熟悉德国神秘主义观点及虔诚的人来说，很容易做到融会贯通。他还认为，闵采尔在探索外部世界时，不只是运用了其神秘灵性，而且直接表达了一种天启观念，此为把犹西比乌教会史和奥古斯丁在其反多纳图斯派的论战中，用稗子做比喻进行解释。它构成了闵采尔的信仰，他相信：基督教在 2 世纪就已堕落，因为那时就有一个堕落的教士用仪式取代了圣灵对个人的直接启示；在收割时节即将来临之前，稗子将会压制麦子，这是上帝的意志，而路德宣布的基督徒的孤独状态是圣灵在世界末日前夕重新活动的一个迹象；在此时刻，为使麦子长起来，必将稗子拔掉。

布伦德勒的看法实质与上述观点一致。他认为闵采尔神学具有神秘唯灵论特色，同时也是一种基于相信 2 世纪教会堕落之上的历史神学，此神学的内容包含着"叫有权柄者失位，叫卑贱者升高"[1]，以恢复耶稣和使徒的教会。

总之，对闵采尔神学中的神秘因素，多数学者都注意到"近代虔诚"（Modern Devotion）和圣灵直接启示在其中的分量，只有弗里森提到奥古斯丁和犹西比乌对其神学的重要影响，他是第一位研究此点的专家。

---

[1] 《新约·路加福音》1：52。

五 闵采尔革命经历的一致性问题

这是学者们探讨的主题之一。大家都公认，闵采尔作为一个投身于变革现实的宗教改革家，其生涯必有某种一致性，即使不是从茨维考时期开始，至少也应从布拉格时期开始。一般说来，西方史学家倾向于从一种始终如一的神学中去寻求这种一致性，而原东德的马克思主义学者们则是从他对革命形势的响应中来探讨这一点。当然，西方学者并不否认这种革命形势，而原东德的史学家也不否认这种始终如一的神学。其具体看法如下：

格尔茨认为，闵采尔是一位始终如一的革命家，从《布拉格宣言》问世到他辞世，闵采尔实质上都坚持了同一种神秘的革命神学，在此神学中，人的灵魂通过圣灵得到再生与社会政治结构的革命变迁融为一体，这是其一致性的主流。同时，格尔茨又从实践方面来丰富其论断，他从反教士的社会动力入手，探讨闵采尔革命自觉意识的发展。他认为，在闵采尔宗教改革神学中，选民的敌人是分段扩大的，从教皇和罗马教士到人文主义学者，进而扩大到路德派圣经神学家，直至各种统治者。在这种反教士气氛包围中，闵采尔直到生命最后数日才弄清楚自己信奉的神学的社会政治含义——它十分符合逻辑地使他当上了起义平民的领袖。总之，格尔茨认为，闵采尔神学的逻辑将他塑造成一个对不敬神者的摧毁者，而反教士传统和宗教改革经历，又使他确认了这些不敬神者，即一切特权阶层。这表明，格尔茨主要从神学方面来探讨闵采尔经历的一致性。

弗里森主要也是从神学方面来探讨其一致性。他认为，由于闵采尔有一份天启的在世界末日前夕消灭不敬神者的议事日程，故他对当时形势作了实践性的反应，或至少是尽可能地去实践。依弗里森的逻辑，闵采尔有一份杀人计划，只是受到环境所限，未能如愿。他反对格尔茨关于闵采尔永不会跨出自卫门槛的看法，认为闵采尔已越过自卫范围，用暴力去夷平天主教信仰，并在势力所及的范围内取得了成功。此外，还有一个因素迫使闵采尔走上革命道路，弗里森说："不管怎样，促使闵采尔断然与他同时代的多数人决裂的是因为他相信：在这'收割时节'

不敬神者必须被摧毁。"①

福格勒从神学与革命两方面对此作了探讨,他认为,闵采尔作为一个宗教改革家,其神学纲领的发展及宗教改革在城乡下层民众中深入人心,这二者并行发展使闵采尔成为最杰出的宗教改革家,又使他成为农民战争的领袖。闵采尔至死所坚持的是同一神学,它在客观上与那种用物质标准把人分为高贵者与卑贱者、富人与穷人的政治社会等级制度相对抗,故受到诸侯的敌视,闵采尔出于保卫自己的宗教改革理论,只得与平民联合起来为"神的法律"而斗争。

此外,还有两人仅从单方面论述此问题。一是布伦德勒,他虽然确信闵采尔的纲领本质上是神学的,不过,他只从闵采尔对革命形势的反应方面来探讨闵采尔。他认为,闵采尔在阿尔斯泰特成为激进分子,在缪尔豪森和弗兰肯豪森为革命而战,故有人评论说,布伦德勒的闵采尔是"一个穿着16世纪服装的近代革命家"②。另一为斯科特,他单从神学方面来探讨。他接受格尔茨对闵采尔神学方面的见解,却未注意到格尔茨理论的双重性,结果,他的闵采尔成了某种神学决定论的单纯产物,成为一个教条主义的盲从者,躬身于用毁灭世界的理论去神秘地净化自己的灵魂。

六 对闵采尔评价的新趋势

20世纪70年代以前,闵采尔研究分为新教路德宗学者和马克思主义者两大派,由于意识形态上的分歧,对闵采尔的评价各执一端。70年代后,双方在此问题上开始对话,但在认识上相距太远。至90年代前后,对闵采尔的评价出现了大同小异的趋势。如格尔茨关于闵采尔是一个革命神学家的观点与原东德"左翼"史学家福格勒的结论基本相同,福格勒认为,从近代的观点看,闵采尔创造了一种"革命神

---

① [美] 亚伯拉罕·弗里森:《托马斯·闵采尔,不敬神者的摧毁者:16世纪宗教革命的形成》,加利福尼亚大学1990年版,第271页。

② [加拿大] 詹姆斯·M. 斯特耶:《1989年的闵采尔研究论述》,《16世纪杂志》1990年第4期,第665页。

学"，"闵采尔行动的基础是他的神学"①。西方传记家不再认为闵采尔完全抛弃了路德宗的信仰，甚至不再坚持他是一个没有理解路德的神学家或是"出于偶然"、违背其原则才卷入农民战争的这类见解；原东德史学家也不再坚持闵采尔是农民战争的主要理论家和革命组织者的观点。由于双方都不再坚信自己的看法是定论，因而，对闵采尔的不同观点不再那么"锋芒毕露"了。自然，在这种大同的前提下，由于对闵采尔神学、神学与革命的关系等问题看法上的差异，即使在西方史学界（指不包括原东德史学家）对闵采尔的评价也存在一些小异，对此前文已提及，不一一赘述。

本文与龙秀清合写，原载《世界史研究动态》1993年第2期。

---

① ［德］京特·福格勒：《托马斯·闵采尔》，1989年柏林版，第276、272页（Günter Vogler, *Thomas Müntzer*, Berlin: Gütersloher Verlagshaus, 1989, p. 276, 272）。见［加拿大］詹姆斯·M. 斯特耶《1989年的闵采尔研究论述》，《16世纪杂志》1990年第4期，第656页。

基督新教与天主教的关系及其区别

一　基督教的名称与宗派

基督教（Christianity）并非一个统一的整体。它是在历史上形成和发展的、以信仰救世主耶稣为核心的正统与非正统的各个大小教派的总称。其中最大的派别有三，即天主教，或罗马公教（Roman Catholicism，旧译为罗马教），东正教（Eastern Orthodox）和抗议教（Protestantism 亦译为抗议宗、抗罗宗，旧译为更正教、复原教，我国学术界称其为基督新教，或新教）。它们是基督教历史上两次大分裂的产物。

基督教的第一次大分裂发生于1054年，究其根源则可上溯到罗马帝国晚期。395年，罗马帝国分为东、西两部分，形成了以君士坦丁堡为中心的东罗马帝国，和以罗马为中心的西罗马帝国。在此后的500余年中，东、西两方的教会由于语言和政治上的差异，分裂成为以罗马为中心的拉丁教会和以君士坦丁堡为中心的希腊教会。双方为争夺正统地位和势力范围进行了长期的斗争，最后于1054年正式分裂。自此，希腊教会称为东正教；拉丁教会称为罗马公教。罗马公教在1582年（明朝万历十年）经耶稣会士、意大利人利玛窦（Matteo Ricci，1552—1610）传入我国，汉译为"天主教"①，俗称旧教。

基督教第二次大分裂发生于16世纪。当时，西欧民族国家和市民资产阶级兴起，要求摆脱封建势力的国际中心——罗马教廷控制与剥削的群众运动日益高涨。首先在德国爆发了马丁·路德领导的宗教改革运

---

① "天主"一词来源于《史记》第28卷《封禅书》。见中华书局1959年版标点本《史记》第4册，第1376页。

动,接着在瑞士出现了加尔文的宗教改革以及英国的宗教改革,产生了一批脱离罗马教廷的新型教会,统称为抗议教(Protestantism)①。1807年该教传入我国后,汉译为基督教、耶稣教,或新教等等。在学术界则习称为新教。因此,"基督教"这一名称在我国具有广义与狭义的两个含义。广义的基督教(Christianity)是各教派的总称;狭义的基督教则仅指抗议教(Protestantism)。为了避免混淆,我认为将"Protestantism",汉译为"基督新教"为宜。

基督新教亦非一个统一的整体。它是经过宗教改革运动产生的、脱离罗马教廷的各基督教派的总称,主要有三大宗派:①路德宗(Lutheranism),亦称信义宗,流传于德国和北欧诸国,传入我国后称为中华信义会。②加尔文宗(Calvinism),亦称改革宗(Reformed Protestantism)或长老宗(Presbyterianism),流传于瑞士、法国、德国、苏格兰、荷兰等地,传入我国后称为长老会。③安立甘宗(Anglicanism),又称圣公宗或英国国教,传入我国后称为圣公会。

16世纪末和17世纪,英国继宗教改革之后又爆发了清教运动,主张清除英国国教中保留的天主教传统,以加尔文宗的教义进一步实行改革,从而又陆续产生了一批独立于英国国教的新宗派。它们主要有:公理宗(Congregationalism),传入我国后称为中华基督教会;浸礼宗(Baptists),我国称之为中国浸礼会;贵格会(Quakers),又称公谊宗或教友会。到18世纪,随着英国资本主义的进一步发展,又分化出卫斯理宗(Wesleyanism),亦称美以美宗(Methodism),汉译为监理宗或循道宗。19世纪首先在英国又出现了跨宗派的宗教团体,如青年会、女青年会、救世军等②。到20世纪,基督新教的派别已达数百种,目前仅美国就有200余种派别③。这些种类繁多的教派在教义、组织形式与

---

① 1529年神圣罗马帝国皇帝在斯拜尔(Speyer)召开帝国会议。会上信仰天主教的诸侯占优势,重申反对异端的禁令,并禁止夺取教会的财产。信仰路德教的诸侯对此联合提出抗议,因而被称为抗议者(Protestant)。后来其他脱离罗马教廷的教派信徒也被称为抗议者,抗议教的名称源于此。

② 关于基督新教的宗派,请参阅雷海宗《基督教的宗派及其性质》,《历史教学》1957年第1期。

③ [英]多蒂、罗斯:《美国宗教》,载《美国的语言和生活》,哈珀—罗出版社1968年版,第399页(Glady Doty, Janet Ross, "Religion in U.S.A", *Language and Life in the U.S.A.*, New York: Harper & Row, 1968, p.399)。

制度、礼仪诸方面均有差别，所以这篇短文只能就 16 世纪基督新教的三大宗派的共同点来说明其与天主教之异同。

二　基督新教与天主教之异同

这一问题可以从其教义、组织机构与制度、礼仪三个方面说明。

第一，教义方面。基督新教与天主教均属基督教的派别。它们的基本经典都是《圣经》，包括《旧约全书》与《新约全书》。但天主教的《旧约全书》篇幅较多，共 46 卷；基督新教的《旧约全书》为 39 卷。此外天主教的经典还包括圣传和教皇的决定。

它们共同的信条有四点。①信三位一体，崇信至高无上、全能全知的上帝，它具有三个"位格"（Person），即圣父、圣子、圣灵（天主教称为圣神）。但这三个"位格"并非相互独立的三个神，而是具有"同一本体"的唯一神。圣父在天，创天地万物，圣子为耶稣基督，降临尘世拯救世人，圣灵自父、子出，启迪世人避恶从善。②信原祖原罪，认为人类起源于上帝所造的人类始祖亚当与夏娃，他们居住在伊甸乐园，因受魔鬼撒旦的诱惑，偷吃了禁果，懂得了羞耻与生儿育女，因此犯了罪，这种罪有继承性，株连了全人类，所以人一出生就继承了这种罪性，称为原罪。③信基督救赎，崇信耶稣基督为拯救人类降临人世，为了赎买世人的原罪和所犯下的其他罪，亲自受难，被钉死在十字架上，三日后复活、升天。耶稣的这一献身，洗净了世人的罪。因此，人们欲灵魂得救，必依靠救世主。④信灵魂不灭与世界末日，末日到来之时，一切死去的人都要复活，与活着的人一起受耶稣的审判，义人（指得救与高尚的人）得永生，恶人下地狱。

天主教和基督新教共同奉行的教规和纪律是摩西①十诫，其内容是：除上帝外，不许拜别的神。不许制造和敬拜偶像。不许妄称耶和华的名。六日勤劳作工，第七日守安息日为圣日。须孝敬父母。不许杀人。不许奸淫。不许偷盗。不许作假见证陷害人。不许贪恋他人所有的财物②。

---

① 古代犹太人的部落领袖，传说他曾代表犹太人接受上帝的"十诫"。
② 天主教奉行的"十诫"无第二条"不许制造和敬拜偶像"，增加一条为"勿贪他人妻"。

基督新教与天主教在教义方面的主要区别是：首先，天主教认为教皇是基督在世的最高代表，是教会的最高首脑，具有最高的权威，因此，历代教皇的命令、决定都奉为经典。基督新教则否认之，认为最高的权威是圣经，最高的首脑是基督，教皇的决定也可能是错误的，因此不能作为经典。其次，对世人如何才能得救这一问题，也存在着根本的分歧。天主教认为世人只有参加神职人员主持的圣事，才能得到神恩，得永生。因此一般教徒只能依靠天主教会，对神职人员俯首帖耳，才能得救。基督新教出于反封建的要求，代表资产阶级的经济、政治利益，反其道而行之，提出"因信称义"的基本教义，任何人皆可通过自由阅读和理解圣经，信仰耶稣基督，而成为义人。即单纯由于个人的信仰就可以得救，无须通过神职人员的圣事，这就意味着否定了天主教的教阶制度、神职人员的特权和天主教会的权威。复次，天主教为了威慑教众，制造恐怖气氛，在地狱之外，又提出炼狱①的说教。只有依靠作善功，购买赎罪券，才能免除炼狱之苦。基督新教反对这一恫吓与威胁、否认此说，认为单纯靠个人信仰，就可以得救。所以，新教教义的基本点是强调信徒的地位，相信人的理性，突出个人的作用，在此基础上，每个人都可以通过阅读和理解圣经与上帝直接打交道，达到永生之路。虽然它也是唯心主义的，但对于人们宗教思想的解放，具有划时代的意义。

第二，组织形式与制度方面。天主教实行集权制、教阶制与任命制。神职人员按教阶分成三级，即教皇、主教、司铎。教皇被认为是罗马教廷（即梵蒂冈）的最高领袖，握有天主教会的最高立法、司法、行政权，统率全世界的天主教会。主教是一个教区的教会首脑，根据教区的大小设大主教和主教，管理与监督本区教务，有施行全部圣事的全权，由教皇直接任命。司铎即神父，由主教授神权，并在罗马教廷备案，负责基层教堂的教务，可履行除坚振与神品以外的圣事。司铎之下为修士和修女。天主教实行自上而下的以教皇为首的统一领导，有严密

---

① 炼狱，亦称涤罪所，是 7 世纪天主教会提出的说教，认为善人死后升天堂，恶人下地狱，一般的信徒死后要先在炼狱中熬炼，至罪尽时为止。

的组织系统和层层控制、任命的组织制度①。

基督新教在组织上与罗马教廷切断关系，建立了民族的、独立的、自主的教会。在制度上反对教阶制、任命制，多数教派实行选举制。因宗派之不同，其制度大体可分为三种：即长老制、公理制与主教制。

长老制始于加尔文宗。教会的领导人称为长老，由信徒选举产生。执行具体任务的负责人称为执事。专业的牧师系由长老会议聘请。

公理制是17世纪英国清教运动中产生的一种制度。"公理"意为"公共管理"，公理会与浸礼会均实行此种制度。其具体内容是教堂各自独立，由全体教徒直接管理，各教堂之间只有联合性质的机构，而无相互隶属的上下级关系，专业牧师由该堂全体教徒聘请。有的教堂也通过选举产生长老管理教务，但非终身职。

主教制主要是英国圣公会实行的制度，在形式上较接近天主教，但它是脱离罗马教会的独立的民族国家的教会。它把教牧人员分为三级，即主教、会长和会吏。主教是教区的首领，会长相当于牧师，会吏相当于见习牧师。此外北欧信义会（属路德宗）也采用主教制。卫斯理宗接近主教制，我国称其主教为会督。

总之，基督新教打破了天主教会的教阶制，贯彻一般信徒与教牧人员平等的原则，体现了资产阶级的民主、共和精神。

第三，礼仪方面。天主教的礼仪较多，形式豪华，内容烦琐，圣礼多达七件，即①圣洗：入教仪式，婴儿在八天内领洗；②坚振：成年时举行的坚定信仰之礼；③告解：教徒向神职人员秘密悔罪的仪式和制度；④圣体：由神职人员在弥撒中将面饼和葡萄酒化为耶稣的肉和血，教徒向神父秘密悔罪，经赦免后始能领圣体，以示与耶稣合为一体，但圣"血"不允许一般教徒饮用，据说是担心教徒人多手杂，易将圣"血"溅于杯外，有损基督之尊严，故只准神职人员独饮；⑤终傅：为即将去世的信徒施行的圣礼，以利灵魂升天；⑥神品：由修士晋升司铎之礼；⑦婚配：神职人员主持的婚礼。这七种圣礼必须由神职人员主持

---

① 我国天主教广大神职人员，教友为了维护祖国的独立尊严，保卫教会纯洁，坚决摆脱了罗马教廷的控制，走上独立自主，自办教会的道路。他们曾于1957年在北京召开天主教代表会议，成立了"中国天主教爱国会"，通过了反对罗马教廷的控制、实行独立自主、自办教会的决议。

才能生效，一般信徒只有参加圣礼才能获得神恩，因此它们是控制教徒的手段。

基督新教反对繁多的圣礼、豪华的仪式和神职人员的特权，主张廉价教会，从经济和时间上厉行节约。各宗派对削减圣礼项目的主张不一，路德宗主张凡圣经中未明确反对的天主教的圣礼，均应保留，加尔文宗则主张凡圣经中无明确规定的均应取消。故新教各教派所施行的圣礼项目不一，方式亦有差别，但基本的两项——圣洗和圣餐（即天主教之圣体）均予保留，内容较简化，场面较朴素。洗礼是入教仪式，方式有点水礼与浸礼两种①。圣餐礼与天主教不同之处是：一般教徒与教牧人员都可以领用面饼与葡萄酒，以示平等。基督新教的主要节日如圣诞节、复活节与天主教相同，但对一些次要节日，多数新教已不重视。

综上所述，基督新教是市民资产阶级在反封建斗争中从天主教分裂出来的一个革新教派，其教义打破了封建神学的枷锁，提倡个性解放与理性思考。在组织形式与制度方面贯彻了平等与民主的精神，并简化礼仪，在时间与财富方面实行节约。这些主张是原始积累时期新兴资产阶级的政治、经济观点在宗教上的反映。至于天主教后来虽历经改革，力求适应资产阶级的需要，但它仍然保留了较多的封建烙印。马丁·路德点燃的宗教改革运动和基督新教的创立在反封建的资产阶级革命中确曾起过积极的作用，可是，确如马克思所说："路德战胜了信神的奴役制，只是因为他用信仰的奴役制代替了它。他破除了对权威的信仰，却恢复了信仰的权威。他把僧侣变成了俗人。但又把俗人变成了僧侣。他把人从外在宗教解放出来，但又把宗教变成了人的内心世界。他把肉体从锁链中解放出来，但又给人的心灵套上了链。"② 因此，基督新教与天主教虽然在教义、组织、和礼仪诸方面有所差别，但它们都是一种麻醉剂，是人民的鸦片。

原载《历史教学》1982年第7期。

---

① 点水礼由牧师沾圣水点在受洗人的前额上，浸礼多在教堂修建的"浸礼池"中举行，受洗者快速将全身浸入水中。

② 马克思：《〈黑格尔法哲学批判〉导言》，《马克思恩格斯选集》第1卷，第9页。

基督新教在中国的历史与现状

基督新教自 1807 年传入我国，至今已有 180 余年的历史，它对中国的社会和文化曾产生过深刻的冲击和影响。本文试从历史学的角度对此进行探讨，以推动学术界对中国基督教史的研究。

一 基督新教的传入与"洋教"之称号

首传新教于我国者为英国伦敦会①传教士马礼逊（Robert Morrison，1752—1834），他于 1807 年到达广州进行传播基督教的活动。随后来华传教的还有德国路德宗礼贤会（1830）、美国公理会（1834）、美国圣公会（1835）、美国浸礼会（1836）、美国长老会（1837）等。当时正值中国封建社会末期，清政府奉行闭关锁国政策，禁止外国人在华传教。同时，19 世纪的中国，佛教、道教和儒家思想在知识界和民间流传极广，影响深远。加之马礼逊等所传之教为中国人民所陌生的西化的宗教，故其传教收效甚微。马礼逊来华后的第 7 年，即 1814 年始有信徒 1 人，到 1833 年，仅有信徒 3 人②，至 1840 年鸦片战争前，新教信徒人数尚不足 10 人③。新教大规模的传入是在鸦片战争以后。

1840 年英帝国主义用炮舰打开了中国的大门，爆发了鸦片战争，随着中国的失败，清政府被迫签订不平等条约，其他列强也接踵而至，

---

① 伦敦会为 1795 年英国一些教会建立的跨宗派的传教团体，得到公理会、长老会和圣公会的支持。

② 中华续行委办会特别调查委员会编制：《中华归主》，中国社会科学出版社 1987 年版，第 1295 页。

③ 王治心：《中国基督教史纲》，基督教文艺出版社 1979 年版，第 167 页。

使中国陷入半殖民地的深渊，建造教堂与传教权的内容亦被列入不平等条约之中①。由此，通称"差会"的西方传教机构依靠强力与特权在中国传教，英美等国数以千计的传教士来到中国。西方传教机构还在经济上通过资助控制着中国教会，具有支配与管理权。所传之教，从形式到内容均为西式，不少教堂甚至悬挂外国国旗。从历史的角度来看，包括宗教在内的文化交流是历史的必然，但正常的交流应是和平的、友好的和相互的。而基督教在中国的传播，夹杂了强力与特权，这一切给基督教的信仰蒙上了阴影，这是中国民众与之格格不入的重要原因之一。在中国人民的心目中，视基督教为伴随列强侵略与特权而来的外国宗教，与"洋火""洋腊""洋油""洋灰"等名称一样，称基督教（包括天主教）为"洋教"，称西方传教士为"洋教士"。尽管大多数未居于领导地位的西方传教士多怀有善良的动机与愿望，但不可否认的是某些传教士确实参与了列强的侵略活动。如《中英南京条约》的起草人为马礼逊之子、传教士马儒翰（John Robert Morrison，1814—1843）。中文本则为荷兰布道会传教士郭实腊（Gutzlaff，1803—1851）所起草，在鸦片战争中，他曾随英侵略军北上，任翻译兼情报官。对此，任何尊重史实的中外人士都无疑义。英国著名中国教会史家怀待曾说："一切传教士都从鸦片战争和随着中国的失败而签订的诸条约和法令中，获得了利益与好处。"② 随着中国人民的觉醒与民族意识的增强，反帝的呼声日增，由此引发了一系列反对基督教的运动。它来自两个方面，一方面来自民间，表现为"反洋教运动"，具体表现为一系列反对天主教的教案，但在福建、四川等地亦涉及新教，最后这一运动汇合为义和团运动。另一方而来自知识界，基督教不仅受到传统的儒家的反对，而且在20世纪初也受到新型知识分子的抵制，"非基督教运动"即源于知识界。一些青年学生，包括知识界的一些领袖人物，均把反对基督教视为反帝的一部分。1922年8月在上海成立的"非基督教学生同盟"曾得到知识界和教育界上层的支持。基督教之所以受到如此普遍的反对与抵

---

① 参阅《中外条约汇编》，商务印书馆1933年版，第6、77、127页。
② ［英］鲍勃·怀特：《中国与基督教未完成的碰撞》，柯林斯出版社1988年版，第113页（Bob Whyte, *Unfinished Encounter: China and Christianity*, London: Collins, 1988, p. 113）。

制，与其自身及中国国情均有联系。其主要原因是，第一，基督教大规模传入中国与帝国主义列强的侵略俱来，传教事业以武力为后盾，教会享有特权，大大刺激了中国人民的民族感情。尽管宗教与政治有所不同，但广大民众首先与直接感到的是政治侵略与压迫。第二，西方差会无视中华民族五千年的历史与文化。传教士所传的西化的教义和礼仪与中国传统文化格格不入，难以理解与认同。第三，五四运动以来，中国先进的知识分子提倡科学与民主，视宗教为科学的对立物，认为发展科学必须批判宗教，水火不能相容。因此，百余年来西方差会的传教活动收效甚微，历史事实说明了这一点。1840—1949年，西方新教有160个差会[①]派遣了数以千计的传教士来华，建立教堂4726座，大专院校23所，中学240所，小学6812所，幼儿园174所，师范学校28所，医学院校10所，护士学校58所，慈善机构69个，医院332座，出版机构39所，报刊81种[②]，花费了众多的人力和物力，但至1949年，全国仅有信徒70万人[③]，且70%在农村，40%为文盲。

基督教要得到中国人民的理解和认同，必须摆脱"洋教"的形象和外国人的控制。中国教会中的有识之士早在19世纪70年代对此就已经有了认识，表现为自立运动与本色运动。

二　中国教会早期的自立运动与本色运动

教案之迭起，新教之受挫，促使中国教会内部爱国人士的猛醒。他们反对不平等条约和外国势力的羁绊，力图改变洋教的形象，建立具有中华民族特色的基督新教。在19世纪出现了"自立运动"，又称"教会自主自传运动"。他们出自爱国的热情，要求脱离外国差会的束缚与控制，实现全部独立，自办教会，实质上已包含了"三自"的某些内容。此运动起源于19世纪70年代。1873年，基督徒陈梦南在广东肇庆首建独立的"中华福音会"，最初仅有教堂2座，而后发展为50处，

[①] 据中华续行委办会特别调查委员会编制：《中华归主·附录》统计。
[②] 据王治心《中国基督教史纲》统计。
[③] 此数字为我国目前公认的数字。另据美国《世界基督徒手册》与1949年11月号《中国传教公报》，均认为我国新教信徒人数约为80万。

并传播到东北地区。后来,俞国桢于 1906 年在上海建立了"中国耶稣教自立会",在成立宣言中提出"废除保护教会的不平等条约……觉醒了的各地区教会和具有崇高理想的基督教徒,即将建立一个自治、自传、自养的教会……坚决反对外国教会的控制"①。此为我国基督教历史上首次提出的将爱教与爱国结合在一起的"三自"主张。这一爱国教会一直持续到 1950 年,与"三自爱国运动"合流。自立运动在全国范围均有反响,浙江平阳、镇海、上海罗店,福建莆田、广东南澳、湖北天门和湖南常德等地均先后建立了自立教会。1910 年,天津的徐君汇和张伯岑等人联合当地 6 个教会,发起成立了自立教会。此后各地历年有所增加,1921 年增至 150 处,1924 年达 330 处,1927 年发展到 600 处,并扩展到北京、香港、宁波、徐州、长沙和太原等地。但 1927 年大革命失败后,由于经费困难及多方面的原因,自立运动受到挫折,各地的自立教会多数自生自灭,所存甚少。

"本色教会运动"是 20 世纪 20 年代由教会中的另一部分爱国人士发起的,旨在使基督教纳入民族化的轨道。其特征是反对全盘西化,主张在教义、组织、礼仪方面应与中国传统文化相结合,发扬东方固有的文明,但仍与西方差会保持一定的合作。1922 年,他们在上海召开中国基督教全国大会,选举产生了以诚静怡为会长的全国性组织"中华全国基督教协进会"。该会提出建立本色教会的口号,并对此做出了具体的解释。诚静怡曾著文说:"当今举世皆闻的'本色教会'四字,也是协进会所提倡。一方面求使中国信徒担负责任,一方面发扬固有文明,使基督教消除洋教之丑号"②。此主张得到多数宗派中爱国人士的响应。在具体贯彻中表现出三个特点:第一,强调教会应由中国基督徒负责管理,关于传教和经费使用权,西方传教士退居辅助地位,但经济上仍接受西方差会的援助。第二,提倡基督教与中国传统文化相结合,包括以中国文化观念表达与解释教义,在礼仪中吸收我国的风俗习惯,如礼拜时点燃香烛,吟唱国乐曲调的赞美诗等。第三,同宗派教会实现大联合。除长老会早已与公理会组成"中华基督教联合会"外,1922 年后,

---

① [英]鲍勃·怀特:《中国与基督教未完成的碰撞》,第 127 页。
② 诚静怡:《协进会对教会之贡献》,《真光》1927 年第 6 期。

信义会、圣公会及卫斯理宗各会均组建了全国性组织，日趋联合统一。

本色教会运动是20世纪前期我国基督教界爱国人士民族意识觉醒的反映和表现。他们以"洋教"为耻，力图削弱外国教会的控制，逐步实现自治、自传和自养的尝试。但由于其在经济上仍依赖于西方差会，以及反对本色化的外国传教士之干扰，尽管教会取得了中国基督教的名义，但在实质上仍受西方差会的控制。

以上两种爱国运动的历史表明，要求摆脱外国势力的控制、独立自主、自办教会的主张是中国爱国基督徒的夙愿，也是中国人民争取独立和民族尊严的正义要求在宗教上的体现。但是，当时中国半封建半殖民地的社会性质决定了这两种运动的妥协性和不彻底性，因而收效甚微。这一爱国爱教的思想和运动只有中华民族真正独立后才有可能实现，只有国家的独立才有教会的独立。中国基督教的新生是在中华人民共和国建立以后才真正得以实现。

三　当代中国基督教的革命

新中国的建立为爱国基督徒实现多年来自治、自传和自养的夙愿，创造了历史的前提。

最初，一些教会领袖和信徒由于曾受到旧制度的庇护和反动宣传的影响，对人民政府的宗教政策不了解而顾虑重重，或抱有成见，或消极观望。正值此时，1949年9月21日至30日中国人民政治协商会议举行了第一次会议，与会的政协代表中就有5位基督教民主人士。会议通过的《共同纲领》第6条明确规定了宗教信仰自由的政策。这一纲领性文件的公布，使大部分信徒消除了顾虑，了解了政策。但教会在实际工作中仍遇到一些具体的困难和误解。在周恩来总理的亲切关怀下，1950年4月，宗教界代表在北京集会，经过认真的讨论和反思认识到，中国基督教必须清除过去西方的影响和烙印，完成自身的改造，使之与发展变化了的中国社会相协调，与独立自主的新中国的国际地位相适应，才能在广大群众的心目中改变旧的形象，得到理解和认同。诚如基督教爱国领袖吴耀宗先生所说："关于基督教所发生的困难，主要责任是应由基督教本身来担负的。基督教同时代脱了节……并且发生了反时代的作用……基督教同资本主义在意识形态上是同一时代的产物,目前基督教的信仰内容和仪式制度,大部分是受了资本主义社会的影响。中国基督教除了这种影响之外,当然更受了一百多年来半封建半殖民地的社会影响。"① 他们经过充分的酝酿,由中华基督教青年会全国协会出版组主任吴耀宗、中华基督教女青年会全国协会总干事邓裕志、北京燕京大学教授兼宗教学院院长赵紫宸、中华基督教青年会全国协会事工组主任刘良模等40位基督教界的领袖和著名人士发起,1500名教会领导人士响应,于1950年9月23日发表了题为《中国基督教界宣言·中国基督教在新中国建设中努力的途径》的革新宣言,号召全国基督徒割断与西方差会的关系,在最短的时期内完成自治、自传和自养的运动。宣言提出中国基督教会及团体总的任务是:"彻底拥护《共同纲领》,在政府领导下,反对帝国主义、封建主义和官僚资本主义,为建设一个独立、民主、和平、统一和富强的新中国而奋斗。"它确定的基本方针是"培养一般信徒爱国民主精神,和自尊自信的心理。中国基督教过去所倡导的自治、自养、自传的运动,已有相当成就,今后应在最短期内,完成此项任务……以达到基督教革新的目标"②。"宣言"的发表受到爱国基督徒的积极响应和支持,并发动了签名运动,至1950年12月签名人数为78596人。此后,由于抗美援朝运动和美国政府冻结中国在美国的公私财产,而加速了运动的发展。广大信徒爱国热情高涨,至1951年4月,拥护"三自"的签名人数已达18万人③。在此基础上,基督教界于1951年4月在北京成立了"中国基督教抗美援朝三自革新委员会筹备委员会",吴耀宗当选为主席。在该会的领导下,继续开展宣传发动工作,克服重重阻力,至1954年7月,签名拥护"三自"革新的基督徒总数已达413000人,为我国基督徒总数的三分之二。基督教界遂于1954年7月在北京召开了中国基督教第一届全国会议,出席代表244人,代表了32个宗派和13个独立教会,正式成立了以吴耀宗为首的

---

① 吴耀宗:《展开基督教革新运动的旗帜》,《天风》1950年第13—14期。
② 《中国基督教界宣言·中国基督教在新中国建设中努力的途径》,《人民日报》1950年9月23日。
③ 陆定一:《在"处理接受美国津贴的基督教团体会议"上的讲话》,《人民日报》1951年4月25日。

"中国基督教三自爱国运动委员会"。

中国基督教界宣言的发表和三自爱国运动委员会的建立,反映了我国基督徒的心声,实现了我国基督徒长期以来爱国爱教,主张收回教权,独立自主的夙愿,结束了我国教会长期被外国教会控制的局面,从而受到广大群众的普遍欢迎。同时,它也是我国教会领袖和基督徒克服西方差会所造成的宗派歧见,排除干扰,在爱国主义旗帜下实现大团结的产物。这一运动的兴起标志着我国基督教从"洋教"转化为中国人自己的基督教的新起点,开辟了中国基督教历史的新篇章。

至20世纪50年代末,由于在指导思想上的"左"的错误,教会的某些正常活动开始受到影响。到六七十年代,宗教信仰自由政策遭到严重破坏,教会活动全部中断,教堂被占用,《圣经》被烧毁,基督教在中国蒙受灾难。但是,此次与其他历史上的灾难不同,它不仅是基督徒的灾难,也是中国一切正直的人们,包括广大干部和知识分子的共同灾难。中国的基督徒与广大民众共患难,彼此间增进了友谊、感情和相互理解,增强了信心。在党的十一届三中全会以来,中国走上了改革开放的道路,中国基督教的三自爱国运动由此进入了巩固与发展的阶段。

四 三自爱国运动的巩固与发展

十一届三中全会以后,法制建设不断得到加强,宗教信仰自由的政策重新得以贯彻和落实,在宪法中增加了"不得歧视信仰宗教的公民和不信仰宗教的公民"的内容。为保障宗教信仰自由政策的落实,又在刑法第147条中规定"国家工作人员非法剥夺公民的正当的宗教信仰自由和侵犯少数民族的风俗习惯,情节严重的,处二年以下有期徒刑或拘役"。目前,有关部门正在草拟《宗教法》[①],以切实保障国家宗教政策的贯彻执行。

为总结工作,巩固和发展教会事业,1950年10月6日至13日在南京举行了"中国基督教第三届全国会议"。与会者一致认为,30余年

---

① 1994年1月,国务院发布《宗教活动场所管理条例》,2005年3月颁布《中华人民共和国宗教法》。

来,"三自爱国运动"所取得的成绩是巨大的,中国基督徒的爱国觉悟和民族自尊心有了很大提高,中国教会依附于外国势力的局面已经改变,成为与新中国相称的、自治、自养、自传的中国教会,同时也改变了广大民众对基督教的看法①。本次会议还决定建立全国性的教务组织"中国基督教协会"。它与"中国基督教三自爱国运动委员会"的关系是分工合作,两个组织都以全国基督徒为主体,一个是中国基督徒作为人民组成的人民团体;一个则为中国基督徒作为信徒组成的信徒团体。在全国两会的领导下,教务工作健康发展,取得了明显的成就。

据教会资料统计,至 1988 年,中国基督新教信徒已从 1949 年的 70 万人增加到 400 万人②,教堂 4044 座,聚会点 1600 余个。绝大多数省市已恢复或建立了"三自爱国运动委员会"和"基督教协会"(直辖市)或"教务委员会"(各省和自治区)。为弥补神职人员的不足,从合格的传道人中按立了 300 余位牧师,其中仅六分之一为女牧师。为培养青年教牧人员,南京金陵协和神学院于 1981 年 3 月复课,它是我国神学教育的最高学府,除本科生外,还有研究科与专科神学生。此后,又建立了燕京神学院(北京)、广州协和神学院以及沈阳、福州、成都、杭州、武汉、上海、合肥等省市的神学院 12 所,神学生 70 余人。截至 1989 年,全国两会发行了《新旧约全书》《新约全书》、横排本简体字《新约全书附诗篇》等约 250 万册,《赞美诗》70 万册,全国两会刊物《天风》,以神学研究为主《金陵神学志》和学术刊物《宗教》,均在国内外具有一定的影响。

中国教会实行"三自",其根本目的是使教会成为中国基督徒自己的教会,并非自我孤立。十余年来,本着相互尊重、平等友好的方针,中国教会广泛开展了国际联系,先后与亚洲、北美、欧洲、非洲和大洋洲近 30 个国家和地区的基督教组织建立了正式联系。全国两会还邀请了德国、英国、美国、日本、印度、菲律宾、匈牙利、法国、芬兰等国的教会人士来华访问、讲学,其中包括英国坎特伯雷大主教伦西博士和世界基督教联合会总干事、诺贝尔和平奖获得者、南非圣公会大主教图

---

① 参见《中国基督教第三届全国会议决议》,载《天风》1981 年第 1 期。
② 《金陵神学志》1988 年第 4 期,近年来信徒又有增加。

图等,这些广泛的国际联系和交往,增强了中国基督徒与各国基督徒的友谊,相互了解和信任。

总之,中国基督教的"三自爱国运动"近40年来所取得的成就是明显的、重大的。它使中国的教会从西方的宣教区和附属品变成独立自主的教会,特别是近十余年来,在健康的道路上发展了自我,取得了新的成绩。中国基督教协会会长丁光训先生于1988年在全国两会常委联席会议上总结了三自七个方面的成就,"1. 在新中国高举爱国主义旗帜,团结广大信徒热爱祖国,投身社会主义建设;2. 基督徒通过实践三自爱国,改变了它在广大人民中的形象,减少了落实宗教信仰自由政策的困难,给基督教赢得了一个较好的环境……3. 在全国范围内实现了中国教会先辈独立自主、自治、自养、自传的遗愿,为今天的治好、养好、传好开辟了道路;4. 促进了教派之间的和睦共处,为后来的无宗派局面准备了条件;5. 开创了第三世界教会在全国范围独立自主自办的先河;6. 揭示了传教运动遭受殖民主义、帝国主义的损害,引起世界各国教牧领袖和广大信徒以及历史学者的重视,在一定程度上促进了对传教工作理论上、实践上的反思和更新;7. 在国际教会中赢得了许多对华友好的领袖和同道,同时也使他们更多地看到教会的希望,加强了他们的信心"[①]。这些成就的取得,在1949年以前是不可想象的,只有在"三自"的道路上,才有今日的发展。

五 中国基督新教的特色

中国的基督教经过创业阶段和巩固,发展时期,成为初步具有中国特色的教会,表现在以下几个方面:

第一,结束了宗派林立的局面,进入了后宗派(Post-Denomination)时期。过去中国新教有160个受西方差会管理的教派,彼此间相互对峙和攻讦,20世纪50年代初,由于朝鲜战争爆发,中美两国关系冻结,传教机构撤退,中国的各宗派领导机构乃至基层组织陷于瘫痪,各宗派组织再也无力指导其所属教会。在此情况下,各地的基督徒自发地超越

[①] 丁光训:《理顺三自组织和教会的关系》,《金陵神学志》1989年第1期。

宗派界限联合起来。由于中国宗派的历史较短，影响较轻，各地各派的基督徒也比较容易在三自爱国旗帜下相互接近。1958年各地基督徒打破教派界限开始共同举行礼拜。特别是在"文革"中，他们经受了共同的磨难，增强了团结，原有宗派偏见一扫而光，故而至70年代末和80年代，宗派组织与机构在我国已不复存在。1980年，我国不分宗派的"中国基督教协会"的建立标志着中国基督教已进入后宗派时期，尽管在信仰与礼仪方面，尚保留了原教派信徒所熟悉的特点，但各教派相互尊重，1986年8月16日召开的第四届全国会议的代表，一致赞同我国基督教贯彻"各原宗派不再标出自己的名号单独行事，停止了各自的全国性与地区性的组织机构，不独自进行国际联系，不单独出版和散布宗派性出版物；都参加三自运动，信徒间同心合作，在信仰上求大同、存小异，不互相攻击；主张教会独立自主，信徒爱国爱教，荣神益人"[①]。西方教会多年来一向倡导教会合一，但收效甚微，只有在我国第一个建立了全国性不分宗派的教会组织，这一创举受到国际基督教界的尊重和赞赏。中国基督教进入后宗派时期，有利于基督徒之间消除分歧，发挥"荣神益人"的社会功能，为"四化"建设做出贡献。

第二，信仰上的相互尊重与和好神学的萌生。中国基督教虽已进入后宗派时期，但在神学信仰方面仍保留了各宗派神学的特点和痕迹。从历史与现实的具体情况出发，"中国基督教协会"的方针是，"在任何涉及信仰的问题上，我们的原则是相互尊重，不是干涉信仰或统一信仰"[②]。在布道、出版物、神学教育等实践活动中贯彻兼容并蓄、取长补短、发扬各派优点、尊重信徒个人选择的原则。

与此同时，我国的神学家们对中国神学的发展进行了认真的思考与探索。他们认为，中国神学的建立必须与我国的国情相适应，不能机械地模仿西方或套用西方的模式。近年来丁光训先生就提出了"和好神学"的思考。他认为，福音的核心在于它宣告基督是爱，以此使人与他和好，也使人与人和好。这是基督教同其他一切宗教的区别所在[③]。和

[①] 中国基督教三自爱国运动委员会、中国基督教协会：《中国基督教第四届全国会议专辑》，上海，1986年油印本，第25页。
[②] 丁光训：《回顾与展望》，《天风》1981年第1期。
[③] 参阅丁光训《和好信息》，《金陵神学志》1986年第5期。

好神学的提出，是中国神学与中国国情相结合的尝试，这一学说既源于《圣经》，又具有中国的特色，它将在实践中丰富与发展。

第三，礼仪方面的民族特色。由于原有宗派礼仪的影响，我国基督徒在这方面尚保留了各自的特点。对此，中国基督教协会本着相互尊重的原则，均予以保留。例如在洗礼中，北京的教会就设有五种形式，以满足众多信徒的多种礼仪传统之需要等。

在崇拜的艺术表现形式方面，中国教会进行了民族化探讨。在音乐、美术和赞美诗的创作中，吸收了传统中国文化的表现方式。例如，以刺绣绘制耶稣和圣母像、以剪纸表现圣经故事、以古筝伴唱圣诗等，所有这些，均增强了中国信徒的亲切感。这些民族特色均反映了我国基督教会为治好、传好和养好而做出的努力，它为基督教的历史书写了新的篇章，为第三世界的教会发展提供了宝贵的经验。

抚今追昔，中国基督教只有坚定地走自己的路，既吸收西方的有益文化，又根植于中国的土地，防止外来势力的渗透，排除干扰，健全自我，体现社会价值，才能在民族化的大道上健康发展，这是不可逆转的趋势。

原载《历史教学》1991 年第 1 期。

十年来我国关于基督教史研究的评估

基督教史是世界历史与宗教学的重要组成部分，是内容浩瀚、丰富多彩的一门专史。在我国，对于基督教史（不含中国基督教史）的研究起步较晚，基点较低，尚属一门新兴学科。十一届三中全会召开以来，这方面的研究工作已经开始，现把这方面的研究情况综述如下。

一　十年来研究工作的回顾

1978年以来，世界史学界的基督教史研究具有以下成果与特点：

（1）发表了一批论著。主要有李平晔的《人的发现——马丁·路德与宗教改革》（四川人民出版社1983年版）；张绥的《中世纪"上帝的文化"——中世纪基督教会史》（浙江人民出版社1987年版）与《东正教和东正教在中国》（学林出版社1986年版）。主要内容含有基督教史的作品有：黄心川等编《世界三大宗教》（生活·读书·新知三联书店1979年版）；于可主编的《世界三大宗教及其流派》（湖南人民出版社1988年版）等。

公开发表的学术文章逐年上升，十年来共发表383篇（不含译文），其中论文153篇，研究动态35篇，评介文章195篇。十年来，基督教史文章发表的园地也在不断增加。除《世界宗教研究》《世界宗教资料》发表大量基督教史文章（82篇）外，全国性的报纸和史学刊物也公开发表了一批文章，计《人民日报》（9篇），《光明日报》（7篇），《历史研究》（4篇），《世界历史》（9篇），《世界史研究动态》（13篇），《历史教学》（11篇）。各高等学校学报发表的相关文章也为数不少，计85篇，其余散见于其他报刊。

（2）研究与教学工作相结合，队伍不断扩大。十年来在高校中初步形成了一支基督教史的研究队伍，专门或主要从事这一领域的研究工作，包括老、中、青三代，总数30余人。开设此课者有南开大学、杭州大学、北京大学、南京大学、复旦大学、湘潭大学、北京师范大学等十余所高校，有的学校还招收了此研究方向的硕士学位研究生（过去除神学院和教会大学外，在国立大学无开此课者）。在世界史学界对此感兴趣者亦不乏其人，近年来还涌现了一批青年学者，并研修有成。

（3）参加有关工具书和普及读物的编写。基督教史研究工作者参加了有关世界历史工具书的编写。朱庭光主编的《外国历史名人传》中含有基督教人物16篇。朱庭光、张椿年主编的《外国历史大事集》内含有关基督教史事件15篇。十年来，已出版这一领域的外国历史小丛书有《教皇史话》《马丁·路德》《闵采尔》《基督教史话》《英国新教及其宗派》《东正教》《胡格诺战争》等。此外尚有发表于各报刊的知识性文章195篇，它们满足了各界的需要，普及了基督教史的知识。

（4）进行学术讨论与交流。1978年以来的十年，世界中世纪史研究会与有关高校举行了三次宗教改革史的学术讨论会。1983年在长沙举行了"纪念马丁·路德诞生五百周年学术讨论会"。这是我国首次召开的有关基督教史人物的学术会议，提交论文40余篇。与会者就路德宗教改革的历史背景，神学思想，政治社会思想及历史评价等进行了热烈讨论，促进了基督教史的研究。1987年在西安召开了"文艺复兴与宗教改革学术讨论会"，会议就文艺复兴与宗教改革之关系、加尔文与路德神学思想、社会思想的比较，做了较广泛的探讨，把研究向纵深发展推进了一步。1988年在开封举行了"16世纪社会变革学术讨论会"，就英国宗教改革的历史背景、宗教改革运动的影响与意义交换了意见。为了协调与深入进行宗教改革史的研究，还筹备组建了"文艺复兴与宗教改革史研究分会"，报名参加者30余人。与此同时，尚进行了一些国际学术交流。

二 重点讨论的问题与观点

十年来，我国世界史学界对近2000年的基督教史作了较广泛的研究，内容涉及各个历史时期的有关神学、哲学、伦理、社会、政治、教义、组织、礼仪、人物、事件等诸方面的探讨。其中较集中和较深入讨论的问题有以下七个方面。

（1）耶稣其人。关于耶稣是否确有其人的问题，自18世纪以来，西方史学界一直争论不休，我国学者对此意见亦不一，目前有两种不同意见。一种意见认为耶稣是真实的历史人物，确有其人，其依据有三：①1世纪犹太史家约瑟弗斯著作中曾提到耶稣，并说"他是基督"。虽然这句话很可能是改写，但不能作为不存在这一历史人物的依据。②罗马史家著作中说明了基督教是由一个称为"基督"的人所创立，而对基督徒来说，它是耶稣的专有称号。③福音书的资料来源可能包括从耶稣活动时期到成书时期有关耶稣各种传说的记载，故有一定的真实性。据此三方面说明耶稣是一个历史人物，他很可能是当时犹太社会群众运动的领袖，运动失败后，人民长期铭记他，奉为救世主。① 另一种意见认为在历史上并无耶稣其人，仅是传说的虚构人物，因为在他同时代或1世纪的作品中几乎完全没有可靠的材料提到过他。"耶稣"仅是犹太人中一个非常普遍的名字，是"约书亚"一词的希腊文译法。② 主张此看法者尚有一些同志。我认为在发掘出新的史料以前，从历史科学的角度，很难确切地说明其有或无。但根据目前的迹象和基督教的传说来看，我赞同证明耶稣无比证明耶稣有更困难。此问题的最终解决，尚有待于新史料的发现。

（2）原始基督教的性质与作用。原始基督教产生之初，其性质与作用如何？它仅仅是一个宗教派别还是兼有政治性质？其思想是否具有进步性，还是只有麻醉性，历史作用如何？十年来我国世界史学者对此讨论颇为热烈。归纳起来有四种意见。①认为它是犹太民族争取独立解放高潮中派生出来的一个犹太教的新宗派，但这只不过是受尽磨难的群众对强大敌人无可奈何，只有发发牢骚，表现对现实苦难的抗议而已。他们没有组织群众斗争，没有革命行动，只把希望寄托于神，消极等待救世主来临。它只能用这种永远不能实现的幻觉使群众麻木下去。它毕

---

① 胡玉堂：《历史上的耶稣》，《历史研究》1981年第2期。
② 颜昌友：《耶稣——传说中的虚物人物》，《世界宗教研究》1981年第2期。

竟是麻醉人民的鸦片①。②与前者不同，认为它的纲领中，革命因素是主要的。它反抗压迫的革命精神，在斗争中团结互助，民族平等、爱国主义精神都很突出，它并非都是消极等待，而基本上是号召人们积极行动。"千年王国"的理想有其消极的一面，但它却可能促使人们积极努力，而且它是当时革命运动的外衣和组织形式。②③从当时犹太社会的主要矛盾与社会思想角度评价，认为原始基督教不仅是犹太教的一个新教派，它也提出了新的政治、社会思想与纲领，最初它是作为被压迫群众的运动而产生的，是奴隶和被释放奴隶的宗派。其进步意义在于反对罗马帝国统治，提倡在现实土地上建立一个理想的、平等的、公共消费的社会与国家。其政治、社会思想既有积极的革命的一面，又有消极的、空想的和虚幻的一面。但在其初期，积极因素起了较大作用，并对后世欧洲历史、思想史有着巨大的影响。③ ④认为原始基督教根本就不是社会政治运动，也不是作为阶级斗争的产物——不论是积极的还是消极的——而出现的。因而谈不到革命还是反动的问题。基督教亦断无什么狭隘的民族意识和爱国主义观念，如果说原始基督教有什么革命性的话，那么，它确是思想史、伦理史、文化史上的一次革命。④

产生以上不同意见的原因很多。主要有三：①原始基督教（1世纪30年代至392年）有一个漫长的发展过程，包括产生期，形成期与演变期，研究其性质与作用在时间上宜具体分析，才能得出较全面的结论。②分析的角度有所不同。③对《新约全书》各章形成的过程、时间、作者等以及《新约伪经》均有待于深入探讨，确定其可靠程度，始有助于这一问题的圆满解决。

（3）德意志宗教改革运动的背景、性质与任务。关于德意志宗教改革运动的资产阶级性质，学者们看法一致。但由于对16世纪德国的经济发展水平、资产阶级成熟的程度的估计和认识不同，因而对这一革命运动的主要任务存在不同的看法与要求。主要有五种：①变革生产关系，进行资产阶级的革命。持此看法的同志认为"16世纪初叶，德国

---

① 司马英：《对原始基督教的认识与评价》，《昆明师院学报》1980年第4期。
② 姚鹏：《原始基督教是被压迫阶级的革命运动》，《复旦学报》1981年第4期。
③ 于可：《试论原始基督教的政治思想》，《世界历史》1981年第6期。
④ 安希孟：《关于原始基督教的性质》，《宗教》1981年第2期。

社会经济发展水平在欧洲是名列前茅的……德意志工商业的发展水平也不落后于其他国家",宗教改革"是资产阶级为了从意识观念形态上建立符合自身利益的宗教的过程,是为了借此建立资本主义土地所有制的一种形式"①,"宗教改革绝不是天主教内部的神学纷争,而是一场变革封建制度的政治大革命。"② ②民族自主。16世纪"德意志的经济状况造成了政治上的分散性,由此决定了在阶级关系上地方诸侯的经济、政治势力的强大。王权衰落、市民阶级软弱……当时客观条件比较成熟的只是德意志民族摆脱罗马教皇的压迫,维护民族独立的革命运动"③。"在德国随着教廷压榨的加重,民族主义也在滋长,可悲的是德国没有能与教廷相抗衡的王权,因而就只有通过全民族的浴血奋战换来别国用法令、诏典得到的果实。"④ ③主要目标是建立民族的廉俭教会。路德的宗教改革"是由正在形成中的温和的资产阶级代表人物所领导,主要目标是建立民族的廉俭教会"。"路德的改革同德国农民战争,从其任务、战斗目标、活动的内容和形式,以及时间范围等多方面来看,二者是内容不尽相同的两个运动。"⑤ ④基本任务是结束分裂局面而建立统一的国家。"16世纪初德国资本主义生产已有一定程度的发展,德国革命的基本任务是结束国家分裂局面,建立一个能为资本主义发展开辟道路的统一的中央集权国家。"⑥ ⑤民族独立与国家统一。"16世纪初德国工商业中一些部门已达到或超过当时西欧先进国家的水平,德国当时面临的任务是民族独立与国家统一,二者虽有区别,但又互相联系,不能割裂。"⑦

以上五种看法均有其理由与根据。在整个西欧,资产阶级革命运动有一个由浅入深的过程,且各个国家和地区在政治、经济、思想诸方面

---

① 郑如霖:《论欧洲早期的宗教改革运动》,《华南师范学院学报》1979年第2期。
② 孟广林:《第一号资产阶级革命——世界中世纪史的终结和近代史的开端》,《贵州大学学报》1985年第4期。
③ 于可:《关于马丁·路德评价的几个问题》,《世界历史》1983年第6期。
④ 修海涛:《德国宗教改革的起因》,《世界历史》1982年第6期。
⑤ 刘明翰:《关于德国农民战争史的几个问题》,《文史哲》1985年第2期。
⑥ 孔祥民:《德国农民战争刍议》,《北京师范大学学报》1986年第2期。
⑦ 雷雨田:《马丁·路德宗教改革学术讨论会在长沙举行》,《世界史研究动态》1984年第2期。

的发展亦不平衡,从近代的观点来观察,德意志需要解决的问题很多,如民族自主,消除封建割据,建立统一的中央集权国家,以至于进行资产阶级革命等,但我们对宗教改革运动所要求的应是该国较成熟的和条件具备的内容。深入发掘史料,从中探讨其客观存在而又有可能解决的问题作为其主要任务,我以为这是解决此问题的有效途径,有待于我们做进一步的努力。

(4)马丁·路德的神学思想与政治思想研究。关于这一问题在三个方面取得新的进展。①我国传统认为路德宗教改革神学思想的核心是"因信称义"。近年来,我国世界史学界对此作了较细致的探讨,认为因信称义"非路德提出的为其所独有的思想,《圣经》中早已有之。路德的贡献是在此基础上提出了唯信称义说,它与因信称义有所区别。"①并进一步分析了其思想渊源,与人文主义的关系,认为它"包含了强烈的个人主义思想和反对罗马政权奴役的思想"②,把路德的神学思想讨论引向深入。②路德神学思想与中世纪宗教改革家神学思想的根本区别在于对《圣经》的态度。中世纪的宗教改革家把圣经视为法律,而路德则把圣经视为产生信仰的依据,这一思想成为其全部思想体系的核心。③③较深入地探讨了路德的政治思想与纲领,其内容主要是驱逐罗马教皇的政治、经济势力于国土之外,实现民族自主;政教分离,君权独立,建立廉俭的民族教会;批判等级制度,为市民资产阶级争取自由平等。④

(5)关于马丁·路德的评价。学者们由于对德意志宗教改革运动的主要任务和对路德神学、政治思想的贡献认识不同,因而对路德的评价提出了不同的标准,要求不一,意见分歧。归纳起来,大体上有两种不同的标准和评价。一般说来,持资产阶级革命说的学者,强调其对农

---

① 于可:《马丁·路德早期政治思想初探》,《世界宗教研究》1983年第2期。雷雨田:《是因信称义还是唯信称义——评马丁·路德宗教改革政治思想的核心》,《湖南师院学报》1983年第1期。

② 李平晔:《马丁·路德因信称义说与资产阶级个人主义》,《世界宗教研究》1983年第1期。

③ 于可:《关于马丁·路德评价的几个问题》,《世界历史》1983年第6期。

④ 雷雨田:《封建神教的叛逆者——马丁·路德》,《湘潭大学学报》1983年第4期;于可:《马丁·路德早期政治思想初探》,《世界宗教研究》1983年第2期。

民战争的态度和运动的结果，多采用阶段论的方法，把路德的一生分阶段评价。有的将其一生分为两段，认为其前段是"一个卓越的资产阶级温和派宗教改革家，伟大的德意志民族的语言家，同情下层人民，还是一位人文主义教育家兼新教教派的创始人……但随着革命的深入，其妥协性和动摇性不断暴露，以致逐渐堕落，从右倾走上反对革命的道路，成为镇压德国农民战争的帮凶"①。亦有的学者将其一生分为三段，以沃姆斯会议和农民战争为分界线，评价其一生为革命—改良—叛变，最终成为叛徒。② 另一种意见则认为路德是市民资产阶级的代表人物，其纲领的根本特点是反对外部封建势力罗马教皇，并不反对国内的封建主，相反，他主张依靠国内封建主的暴力驱逐教皇的势力。他从未重视社会下层的力量，也从未主张过依靠下层发动自下而上的资产阶级革命，对农民仅是同情而已。这一态度在农民战争前后并无质的变化，所以根本谈不上叛变问题。从其贡献看，他是一位划时代的宗教改革家，也是早期资产阶级民族主义爱国者，③ 或将其评价为"向封建神权勇敢挑战的斗士"，"封建神权的叛逆者"④。

（6）关于德意志宗教改革与农民战争的关系。近年来对路德的宗教改革与农民战争的异同与关系有两种不同的看法。一种意见认为二者虽有某些共同之点，但其内容却是不尽相同的两个运动。农民战争的目标是反对封建和剥削，结果以失败而告终。路德改革的主要目标则是建立廉价教会，1554年路德派教会公开确立，以成功而告终。故二者虽有重要联系，但却是各有本身的线索、任务和阶段性的两个运动。⑤ 另一种意见认为路德的改革是德国资产阶级革命的开端，是欧洲资产阶级反封建制度的第一次大决战，不能认为仅仅是为建立一个廉价的教会。农民战争是在路德的号召下发生的，是宗教改革的继续和合乎逻辑的发

---

① 郑如霖：《略论马丁·路德》，《华南师院学报》1982年第3期。
② 雷雨田：《封建神教的叛逆者——马丁·路德》，《湘潭大学学报》1983年第4期；于可：《马丁·路德早期政治思想初探》，《世界宗教研究》1983年第2期。
③ 于可：《关于马丁·路德评价的几个问题》，《世界历史》1983年第6期。
④ 刘青华：《向封建神权勇敢挑成的战士——马丁·路德》《四川大学学报》1983年第1期；雷雨田：《封建神权的叛逆者——马丁·路德》，《湘潭大学学报》1983年第4期。
⑤ 刘明翰：《关于德国农民战争史的几个问题》，《文史哲》1985年第2期。

展。路德宗教改革是德国资产阶级革命的开始,到德国农民战争时达到顶点,农民战争失败后基本结束。①

(7) 加尔文、路德比较。关于加尔文与加尔文主义,我国过去研究甚少,近年有了新进展。首先表现于对其神学思想与社会功能根据原著作了较深入的实事求是的探讨,具体分析了其预定论的内容,天命论、拣选论、呼召论三者之间的联系与内涵。有学者认为拣选论是神秘而无形的,但它通过呼召论提出了拣选的具体标志:坚定的信念,事业的成功和高尚的道德,使无形变为有形,使人看得见,摸得着,从而激励人们为求得证实自己被拣选而努力终生,为现世的事业而奋斗,促进了社会的前进和发展。② 学者们还对加尔文与路德神学思想之异同及其社会作用作了进一步探讨,认为他们均是近代宗教改革的伟大代表人物,但其社会功能有所不同,主要有以下四种看法:①认为预定论的神学思想主要服务于现实社会,重点在于改造社会,与路德的"唯信称义",与上帝的神秘的结合有所不同;另一特点是加尔文依靠选民实现自己的理想,而路德则依靠诸侯的力量实现其改革。③ ②路德与加尔文的神学是应两种不同的社会需要负两种不同的历史使命而产生的,是两种不同功能的宗教理论。路德主义是世俗封建势力反对教会封建势力的理论武器,是苦难恐惧心灵的安慰。加尔文主义则是资产阶级改造社会的根本大法。④ ③加尔文学说没有把反世俗封建势力作为主要目标……其目的主要是打击天主教会,但在新教徒处于少数的情况下,如在法国,其最高目标不是推翻天主教会,而只是用和平的方法为新教徒争取一个平等地位。⑤ ④认为文艺复兴是人的发现,路德宗教改革是在宗教领域对人的肯定,而加尔文主义则是对人和社会的改造,以适应商品经济的发展。"它批判了阻碍资本主义发展的封建观念,把人改造为具有

---

① 孔祥民:《德国农民战争史刍议》,《北京师范大学学报》1986 年第 2 期。
② 于可:《加尔文的"预定论"与资产阶级》,《历史研究》1985 年的 1 期。
③ 于可:《论西欧资本主义早期的观念更新问题——兼评加尔文主义的历史作用》,《史学理论》1988 年第 2 期。
④ 傅雁南:《路德主义与加尔文主义——两种不同功用的宗教理论》,《世界宗教研究》1986 年第 2 期。
⑤ 王加丰:《加尔文主义与法国宗教改革》,《世界宗教研究》1987 年第 1 期。

新观念、新价值观、适应商品生产的新人，从而巩固了资本主义制度，推动了生产力的发展与社会的前进。"①

三 十年来成果的评估

1978年以来的十年里，我们取得了上述初步成果，尽管从数量到质量方面均存在种种问题、不足与缺陷，但我们决不能低估，而应从我们自己的起点出发，做一较客观地评估。

上述成果可以认为是空前的。新中国成立以前，我国世界史学界几乎没有人专门或主要研究基督教史，文章亦颇鲜见。除教会大学和神学院外，在国立大学从未开设过基督教史课程。究其原因，除了世界史学科相当薄弱外，更为重要的是与基督教史的认识有关。基督教曾四度传入我国，前三次为和平传入，而19世纪的第四次则是伴随帝国主义的侵略，依靠火与剑，凭借不平等条约大规模传入中国的。因此，基督教在中国人的心目中冠以"洋"字，是西方强制推行的结果。所以受到众多爱国的中国人的抵制，以至于多次出现教案。在学术界，许多学者出于爱国心，视之为帝国主义侵略的一部分，亦未严格区分基督教与帝国主义二者之界限，以致新中国成立以前史学界几乎无人研究。这一视角对新中国成立以后的史学界亦有影响。今天，我国实行改革开放的政策，面向世界，中西文化正在进行平等的交流。从历史的角度观察，19世纪基督教伴随帝国主义的侵略而大规模地传入我国，这是历史事实，它也给基督教蒙上了一层阴影。但近年来，我国学术界从两个方面深入思考，得出了以下两点认识。①帝国主义与基督教是两种不同性质的事物和范畴，帝国主义虽曾利用过基督教，而且部分传教士的确参与了侵略活动，但二者毕竟不能视为一体，相互等同。宗教是一种特殊的意识形态，是对宇宙和人生认识的一种思想体系。②基督教自产生起伴随着西方历史的发展已近2000年，是西方文化的主要组成部分。近代西方社会的文化渊源，一般认为来自"二希主义"（希腊文化与希伯来—基督教文化），深

---

① 于可：《论西欧资本主义早期的观念更新问题——兼评加尔文主义的历史作用》，《史学理论》1988年第2期。

入研究基督教历史对于我们认识今日西方有着重要意义，也有利于我们汲取有益之精华。因此，加强对基督教史的研究，具有重要的现实意义。

上述成果也是1978年以前所无法取得的。在当时的条件下，基督教史的研究基本上是一片空白，在1949—1978年近30年中无一部专著，公开发表的文章仅48篇，平均每年不到两篇（不含中国基督教史），且多属评价与批判文章。究其原因是多种因素造成的。新中国成立后除受到传统的影响外，又由于全盘引进苏联当时的史学观点，其中许多属于片面或僵化地理解马克思与恩格斯的某些具体论断。我国史学界和宗教学界受其影响较大，在基督教史研究中存在着教条主义的倾向，集中表现在两个方面：其一，以现成的结论代替具体问题的具体分析。对基督教历史上的任何时期、任何宗派最终均冠以"人民的鸦片"而不区分新兴的、上升阶级的宗教与腐朽的、没落阶级的宗教，均视为统治阶级麻醉人民的思想工具。在评价其历史作用时，所强调的是消极性、麻醉性、阶级性和保守性。路德评价中的"叛徒论"，加尔文评价中的"宿命论"均属此。其二，宗教思想是一种复杂的历史、文化现象，但当时仅以"唯物"或"唯心"加以区分、评价，这样做未免过于简单化。由于这两种观点的影响，使许多有志之士望而生畏，却步不前，因而成果稀少。

三中全会以来，在党的开放政策指引下，史学工作者和宗教学学者认识到历史研究不是从现成的结论出发，去寻找史料，而是要依据广泛的、可靠的史料，进行科学分析，实事求是地得出结论，"事实是研究的出发点，研究工作的任务不是重复众所周知的事实，而是探究它的所以然"[①]。因此，前述成果之取得应是在开放改革政策与百家争鸣方针的指引下，广大史学工作者提高认识，解放思想，辛勤劳动，追求真理的结果。今天，我们可以实事求是地把基督教史的事件、人物、宗派等置于人类历史长河中加以客观的分析观察，评价其社会功能与历史作用。所以，尽管成绩微薄，但我们绝不可低估。它迈开了扎实的第一步，走上了新的起点。

原载《世界史研究动态》1989年第7期。

[①] 赵复三：《究竟怎样认识宗教的本质》，《中国社会科学》1986年第3期。

天主教自由派向保守派的新挑战
——评《困境中的教会》

一 自由派与保守派的斗争

第二次世界大战后，随着国际形势的发展、社会与科学的进步，特别是西方现代化国家物质生活的丰富，罗马天主教会日益陷入了全面的信仰危机。在思想上，传统的天主教理论及与之相适应的教规、教阶、教仪均受到无情的批判；在组织上，地方教会的独立意识增强，它们开始蔑视教皇权威而仅将其视为信仰的象征。自由派和保守派就是在这场危机中孕育形成的。它们在振兴教会问题上观点不一，前者主张适应时代洪流，改革教会传统，从而使陷入危机的天主教会重新萌发出新的机制，获得新的生命力；后者则坚决主张维护教会的旧有传统，以"封闭"政策去对付世俗变革的冲击，继续维护教会和教皇的权威。

自由派和保守派自诞生以来已发生过两次大的论争。第一次爆发于20世纪60年代的第二次梵蒂冈大公会议（简称"梵二会议"）期间。当时，由于教皇约翰二十三世（1958—1963年在职）较为开明，一些主张教会改革的教士与神学家的积极参与，自由派基本上控制了局面。会议通过的文件强调教义、教规应适应现代化的发展、主教团分享教皇一些权力、对普世主义和天主教与犹太教、伊斯兰教等其他宗教及同科学、无神论者的对话予以肯定等。虽有许多问题未能解决，但它标志着天主教会已迈入了改革的时代。第二次论争始于教皇约翰·保罗二世（1978—2005）在位之时。就其所涉及的问题而言，一方面是梵二会议留待解决的"遗产"，主要有堕胎节育问题、神职人员可否结婚、夫妻中无罪被弃者重新结婚的可能性、神职人员放弃世俗财产问题、主教的退休制度以及改变主教的委任制度等；另一方面则是对约翰·保罗二世现行政策的评价，他对梵二会议所持的模棱两可的态度令两派均感不满，因而对教皇现行政策的评价便成为他们争论的一项重要内容。保守派指责教皇一味地贯彻梵二会议精神，对自由派妥协，致使解放神学、地方教会运动和女权主义神学等日益猖獗，从而加深了教会思想混乱和分裂的倾向。自由派则批判教皇反对妇女担任神职、反对人工节育及教士结婚等立场，认为教皇没有继续贯彻梵二会议的精神，中断了天主教会的改革进程。这场争论在 1985 年召开的世界主教特别会议上达到了高潮，双方据理力争，各不相让，均力图使教皇转向自己一方。但是，由于约翰·保罗二世的折中主义策略，使得该会的结果含混不清，在解放神学、女权主义神学和地方主教会议的作用与地位等问题上均无重大突破。

世界主教特别会议后，两派虽暂时趋于平静，但斗争并未因此而停止。美国天主教学者于 1987 年出版的《困境中的教会——梵蒂冈是否背叛了梵二会议?》一书向我们展示了这一内容。该书为前杜宾根大学神学教授、著名神学家汉斯·孔与美国坦普尔大学（Temple University）天主教思想及宗教对话教授伦纳德·斯威德勒合编的一部论文集。书中共收集欧美自由派神学家的论文 28 篇，其中 12 篇取自 1986 年出版的德文版论文集《天主教会向何处去?》（Whither the Catholic Church?），其余 16 篇均为美国神学家的新著。从论文的观点来看，神学家们皆从自由派的立场出发对罗马教皇的现行政策作了较客观的评价，认为约翰·保罗二世及臣属正力图在系统神学、宗教道德、圣经研究、宗教会法等方面把天主教会恢复到梵二会议以前的状态。该文集的出版实际上是自由派神学家对约翰·保罗二世的抨击及对保守派的挑战，于此，他们更明确地阐述了自己的观点，表明自己对教皇现行政策的看法，把两派在世界主教特别会议之后的斗争引向深入。

自由派勇于提出挑战是基于他们对现实的考虑。这部论文集的首篇是汉斯·孔的《论天主教会的现状》。该篇客观而冷静地分析了自由派所处的形势，认为自由派在以下两个方面优于保守派。首先，保守派所赞同的教会中央集权专制主义的统治违背了历史的发展方向，不符合时代的要求。在天主教会中，信徒的自决意识已有所增强，他们依据《圣经》,"认为教皇并非凌驾于教会之上,而只是教会中的一员,并非主教中的独裁者,而只是主教之间的联结;并非教会的统治者,而只是上帝的众仆之仆"①。这种观点在广大信徒中虽未发展成为公众的舆论,但却为自由派提倡的教会改革提供了一片沃土。其次,1985年秋季的世界主教特别会议也产生了有利于自由派的结果,或者说为自由派的主张能在教会中得到普遍的拥护提供了某种机会。因为汉斯·孔发现该会虽然弥漫着折中主义色彩,但在会后颁布《最后的报告》中仍有一处提及相当数量的主教支持复兴梵二会议精神,它所提及的问题主要有10个方面:"①教会应该是一个社团;②统一中的多元主义;③主教与教皇的分权原则;④分享和相互信任;⑤妇女的天职与传教;⑥青年是教会的希望;⑦基层社团与教会应优先惠顾穷人;⑧普世主义;⑨与其他宗教的对话;⑩教义的现代化。"② 汉斯·孔指出,报告中提及的每一点都把罗马教廷的行政权限制在梵二会议的范围。他认为,世界主教会议今后不必再讨论对梵二会议精神的继承问题,需要考虑的只是如何把这些精神付诸实践。从以上两个方面考虑,汉斯·孔坚信自由派会在下一次争论中获胜。因而他们强烈呼吁召开第三次梵蒂冈大公会议,向保守派提出挑战。

二 两派论争的新发展

《困境中的教会》一书不仅预示着一场更大的论争的到来,而且还具体提出了两派之间的新分歧。神学家们在本书中所讨论的问题主要集中于系统神学、圣经研究、宗教道德、宗教教育、教会法和未来的教会模式等。对这些问题的探讨向我们展示了两派在教皇现行政策问题上的新分歧。

---

① [瑞士]汉斯·孔:《论天主教会的现状:该书的必要性》,载[瑞士]汉斯·孔等编《困境中的教会》,圣弗兰西斯科哈珀—罗有限公司1987年版,第2页(Hans Küng, "On the State of Catholic Church: or Why a Book like This is Necessary", in Hans Küng, Leonard J. Swidler, eds, *The Church in Anguish: Has the Vatican Betrayed the Council?*, San Francisco: Harper & Row, 1987, p. 2)。

② 同上书,第14—16页。

系统神学是教义的重要组成部分。荷兰内梅亨大学神学教授海尔门·海因在《约瑟夫·拉青格的"恶梦神学"》一文中分析了当今梵蒂冈信理部部长拉青格神学思想的变化，具体说明了罗马教廷的政策在系统神学领域的变化。他发现拉青格从教会批评家和改革家那里接受了批判主义方法，意识到教会不仅与超凡的圣体、圣礼相联结，而且也存在着世俗的组织机构与传教活动。他运用此法理解神学上的争论，分析教会的形成过程，成为梵二会议上著名的教会批评家之一。其神学思想的转变始于1970年发表的《教会民主化》（Democratization in the Church）一文。该篇对解放神学所提出的"民主""自由"等概念持有异议，认为"民主，无论在卡尔·拉纳还是其学生那里都已变成了一种'称义的谎言'；而自由，则被等同为否认任何社会约束的自我限制"[1]。而后，他的神学思想越来越远离从前的轨道，他反对使用历史批判法和社会批判法，以权威代替逻辑，将自己囿于偏狭的合法神学之中。海因指出，这种变化其实是对罗马中心论和新学院派神学的回归。其目的是预防教会的严重分裂和对教会领袖的挑战。它标志着罗马教廷的政策在系统神学领域的变化和对梵二会议的背离。

杜宾根大学神学教授狄特马尔·梅斯专门从道德准则角度分析了罗马教廷的现行政策。他详细地研究了罗马教廷近十年来发布的有关文件及受迫害者的状况，发现天主教会的道德准则同样与梵二会议精神背道而驰。他提出，梵二会议已开始将教会的社会准则推向人类的社会伦理准则，教会的认识模式亦由教条式转为开放式，强调与时代特征和信徒的实际意识对话。而当今罗马天主教会的道德准则却是以道德本身的丧失作为代价。以最有争议的性伦理领域的道德准则为例，梵蒂冈规定：①禁止人工节制生育。严格区分"安全期"与"人工节育"的不同，认为后者往往导致虐杀初级生命的非道德行为。②禁止人工流产，认为这同样是残害与他人无害的幼小生命的不道德行为。③性行为当伴随神圣的婚约，禁止婚前、婚外及非婚性行为和同性恋。可以看出，随着人

---

[1] ［德］海尔门·海因：《约瑟夫·拉青格的"恶梦神学"》，载［瑞士］汉斯·孔等编《困境中的教会》，第75—76页（Herman Häring, "Joseph Ratzinger's Nightmare Theology", in Hans Küng, Leonard J. Swidler, eds, The Church in Anguish, San Francisco: Harper & Row, 1987, pp. 75 – 76）。

类道德意识和道德习惯的发展,天主教的古老的道德准则将日益成为违背人性的非道德准则。而这却是罗马教廷未能继续贯彻梵二会议精神、沿袭旧有传统和故步自封的结果。

瑞士神学家乔治·希尔伯特在《对历史批判法的诋毁》一文中谈到了圣经研究的问题。他认为,由于梵二会议与当今罗马教廷对历史批判法所持的态度不同,因此它们对圣经的理解与诠释皆有不同的原则与模式。

在研究了梵二会议的文件之后,希尔伯特提出会议在圣经研究问题上有四项原则:①把圣经内容分为三个层次,即耶稣本人的圣谕及圣迹,使徒的传谕和先知的福音。②圣谕在不同层次的记述中往往有不同的形式。③不应仅仅把福音书视为某某的作品,它包含着一定的社会内容。④圣经不仅是具有单一色彩的历史记述,其背后尚隐藏着一个未知的世界。他认为梵二会议从根本上承认了历史批判法的思维模式,它在圣经研究中做到了多方面、多层次、发展地和深入地探讨问题。而今天的罗马教廷,情况恰恰相反。虽然教皇本人并未对历史批判法持否定态度,但拉青格为首的信理部却对这一研究方法进行恣意诋毁:虔诚的信徒和忠于教会的圣经诠释者由于使用历史批判的方法而走向教会的对立面。他们认为历史批判法虽然为更好地理解圣经提供了诸多的可能性,但从本质上说,它只能历史地看待圣经而不能依照现代的要求解释它。因此,拉青格呼吁"圣经就是圣经,是信仰的准则"①。希尔伯特认为这种教条式的圣经研究法是与梵二会议精神相悖的。

关于当今罗马教廷在宗教教育问题上所推行的政策,杜宾根大学神学教授沃尔夫冈·巴瑟罗斯在其《要回到旧的〈要理问答〉吗?》一文中作了分析与评估。作者认为现今的天主教会已回归到《要理问答》时代。罗马教廷反对把人文科学和社会科学引入宗教教育领域,呼吁回归到一种正规的宗教教育理论的时代。拉青格提出:"没有《要理问答》,社会将丧失信仰的逻辑;没有《要理问答》,信仰的解释就会支离破碎

---

① [德]乔治·希尔伯特:《对历史批判法的诋毁》,载[瑞士]汉斯·孔等编《困境中的教会》,第123页(Georg Schelbert, "Defaming the Historical Critical Method", in Hans Küng, Leonard J. Swidler, eds, *The Church in Anguish*, San Francisco: Harper & Row, 1987, p.123)

而无公断;没有《要理问答》就会抛弃对圣经的研究;也不会再有针对某种特殊问题的宗教教育。"① 另外,作者还提到了现代人的素质问题。他认为许多人已经发现了自己的自决能力,愿意在不同的宗教选择中做出取舍。他们拒绝潜移默化式的灌输,除非他们愚蠢或者已被引入歧途。在寻找生活意义的时侯,他们反对福音书,因为福音书并不能使他们体验到上帝如何使生活变得有意义,如何引导他们走出世俗,如何使他们摆脱奴役、罪恶;如何使他们复活,让他们有力量去爱。同时指出,这些现代人所需要的宗教教育不可能是呆板的《要理问答》,而只能是开放式的、引进人文科学与社会科学方法观念的新式教育。

在教会法问题上,荷兰内梅亨大学教会法教授孔特·沃尔夫深入分析了1983年1月约翰·保罗二世颁布的新教会法。他认为,尽管约翰·保罗二世曾提醒人们约翰二十三世早在梵二会议之初即已宣布改革旧教会法,尽管他一再强调上一次大公会议与这部新法典的联系,但是,无论从语言上还是从内容上,都很难从这部法典中寻得梵二会议的精神。

孔特·沃尔夫认为"新的教会法在许多方面似乎是梵一会议而非梵二会议成果的汇集"②,他列举了如下四个方面:①在教皇和主教的关系上,新的教会法强调教皇的特权。"新的律法书对教皇权的解释是前一教会法中所没有的……教皇被视为'耶稣的代表',他不仅对教会而且对其他一切宗教团体皆有至高无上的权力。"③ ②主教会议的职责并未体现分享教皇的权力。"主教会议的权限经常是做一些次要的阐发和引申。而且,在进一步阐明问题的时候,主教会议要拥护教皇的政令和法案。这种分享仍体现着教皇的统治。"④ ③在教皇与地方教会的关系

---

① [德] 沃尔夫冈·巴瑟罗斯:《要回到旧的〈要理问答〉吗?》,载[瑞士]汉斯·孔等编《困境中的教会》,第163页(Wolfgang Bärtholomaus, "Return to the Old Catechism?", in Hans Küng, Leonard J. Swidler, eds, *The Church in Anguish*, San Francisco: Harper & Row, 1987, p. 163)。

② [德] 孔特·沃尔夫:《新的教会法——同样的旧体系》,载[瑞士]汉斯·孔等编《困境中的教会》,第104页(Knuf Walf, "The New Canon Law—The Same Old System", in Hans Küng, Leonard J. Swidler, eds, *The Church in Anguish*, San Francisco: Harper & Row, 1987, p. 104)。

③ 同上书,第94页。

④ [德] 孔特·沃尔夫:《新的教会法——同样的旧体系》,载[瑞士]汉斯·孔等编《困境中的教会》,第97页。

上，与梵二会议的精神相反，强调加强教皇对地方教会的影响。"如果你认真读一读新教会法，你就会了解在那些动听的陈述背后教皇对地方教会仍具有特殊权力。"① ④在教友的权利问题上，新教会法亦未表现出不同。梵二会议认为：世俗教友都是信徒，都受过洗礼，彼此是弟兄，是同一身体上的肢体。但是新律法在教士与教友之间划出了明显的界限，因为新律法中辟有专章《论教友的权利与义务》，其地位与教士有明显的不同。

在《困境中的教会》中，大部分美国神学家均关注近年来发生在美国的一系列宗教迫害事件。他们发现事件的起因均是受害人对一些敏感问题的探究，因此对梵蒂冈的现行政策产生了疑虑。他们均在各自的文章中探讨了这一类问题，希望客观地评价梵蒂冈的现行政策和未来教会的模式，在诸多的文章中，斯威德勒的文章最具有代表性。他认为"正如教皇约翰二十三世及梵二会议精神所指出的，'无论个人还是团体，其使命的首要方面应通过时代象征'来体现。就我们这个时代而言，无论在世俗世界还是在教会里，其时代象征都必须远离专制与集权"②。"而目前天主教会在很大程度上违背了传统，更趋于向集中和权威主义的回归。"③ 斯威德勒还指出，美国的教会模式代表了未来教会的模式，因为其思考—分歧—对话—抉择的模式不仅与梵二会议精神一致，而且符合圣经所提倡的传统，具有正确性与可行性。

三　简评《困境中的教会》

作为天主教内部自由派与保守派斗争的产物，该书发表的现实意义不言自明。它进一步阐明了自由派的观点和主张，袒露了目前天主教会内部两派的分歧，揭示了梵蒂冈的发展动向，说明罗马教皇中央集权大

---

① ［德］孔特·沃尔夫：《新的教会法——同样的旧体系》，载［瑞士］汉斯·孔等编《困境中的教会》，第98页。

② ［美］伦纳德·斯威德勒：《民主—分歧—对话：天主教会的使命》，载［瑞士］汉斯·孔等编《困境中的教会》，第306页（Leonard Swidler, "A Catholic Vocation", in Hans Küng, Leonard J. Swidler, eds, *The Church in Anguish*, San Francisco: Harper & Row, 1987, p.306）。

③ 同上书，第322页。

一统局面的裂隙日益增大。因此，本书将会在基督教世界及其他各界读者中引起广泛的反响，并有助于自由派在下一次交锋中取得优势。正如主编者之一汉斯·孔所言："长期暴露问题之所在，将会导致类似宗教改革和梵二会议式的革命的爆发。"①

该书不仅在天主教神学观点上提出了新见解，而且在研究方法上也令人耳目一新。汉斯·孔曾提出：神学不应是一种神秘的学问，仅对已信仰的人有效，相反，它应便于那些不信的人理解，不应成为一种对"纯"信仰的颂扬，也不应视之为某一学派的辩护工具，而应是毫不妥协地以科学态度对真理进行探讨。这就是说，天主教自由派神学已不再是重复"信经"中的"真理"，很多天主教神学家和伦理学家皆已吸收科学的方法，特别是心理学、精神分析学、社会学、人类学和语言学来分析神学问题。

《困境中的教会》正是一些著名的天主教自由派对这种新研究方法的一次尝试。在这些文章中，没有旧神学武断的演绎法，而是从事实中得出较客观的结论。在研究梵蒂冈的现行政策时，神学家们的基本着眼点是梵二会议的文件与现今罗马教廷的文件，经过比较而得出结论。如前已介绍过的乔治·希尔伯特的《对历史批判法的诋毁》就是最典型的一例。他首先通过对梵二会议文件的研究指出该会承认历史批判法在圣经学中的作用，提出了解释《圣经》的四个基本原则，然后与信理部对历史批判法的态度相比较，最后得出结论认为，当今教会在圣经研究上背离了梵二会议精神。

同时，书中还有几处专门论述了新的神学研究方法，斯威德勒在《一场持续的争论：斗争中的孔》一文中曾对汉斯·孔的研究方法加以总结，他认为汉斯·孔的神学研究方法有两个特点。第一个是历史性，"他历史地、因而也是发展地看问题，丝毫不惧怕变化的观念。他的世界观完全不同于传统的那一种。"② 这是一种新的模式。汉斯·孔之所

---

① ［瑞士］汉斯·孔：《论天主教会的现状：该书的必要性》，载［瑞士］汉斯·孔等编《困境中的教会》，第13页。
② ［美］伦纳德·斯威德勒；《一场持续的争论：斗争中的孔》，载［瑞士］汉斯·孔等编《困境中的教会》，第201页（Leonard Swidler, "A Continuous Controversy: Küng in Conflict", in Hans Küng, Leonard J. Swidler, eds, *The Church in Anguish*, San Francisco: Harper & Row, 1987, p. 201）。

以受到迫害，主要是由于这种新的认识模式不能自然而然地为人们所接受。第二个特点是"对话"。汉斯·孔认为客观世界是一种广泛的联系，而且，对现实的叙述与叙述者本人所处的时代、文化背景、社会阶层和环境以及使用的语言皆有关联，故而神学研究亦应在与神学以外的领域交流、对话中得出较全面的结论。此外，汉斯·孔本人也在文章中评论过拉青格的神学研究方法，认为拉青格把修女人数的锐减归罪于女权运动、心理学、社会学和政治神学等，实际上是在掩饰教会的错误。"拉青格只从冲击教会的现代世界中去寻找恶源，而无视天主教会本身的罪恶"，这是一种偏狭，由此得出的结论必然是"阴郁的预言"。同时，他还提醒人们不尊重历史事实会导致卑鄙的武断盲目，拉青格就是这样行事的。他在不尊重客观事实的情况下，为了达到攻击对手的目的使用了如下手段："讽刺反对派扰乱了神圣的秩序；制造桃色新闻；披着现代自由的外衣谴责'保守'言辞"① 等等。

总之，《困境中的教会》是天主教自由派学者的一部力作，是我国宗教学者研究当代天主教的必读之书。

本文与吴舒屏合写，原载《世界宗教资料》1989 年第 3 期。

---

① ［瑞士］汉斯·孔：《枢机拉青格、教皇沃伊蒂瓦和梵蒂冈的恐惧》，载［瑞士］汉斯·孔等编《困境中的教会》，第 61 页（Hans Küng, "Cardinal Ratzinger, Pope Wojtyla and Fear at Vatican," in Hans Küng, Leonard J. Swidler, eds, The Church in Anguish, San Francisco: Harper & Row, 1987, p. 61）。

基督教史话

什么是基督教

基督教与佛教、伊斯兰教并列为世界三大宗教。在研究古今中外各个时期的历史过程中，我们都会接触到一些有关基督教的经典、派别、人物、事件和制度，即使是学习马克思、恩格斯的原著，这些问题亦比比皆是。在现实生活中，涉及基督教的问题，更非鲜见。20世纪80年代初，全世界的基督教信徒997783140人，约占世界总人口的1/4（美国1983年《世界年鉴》），分布于150余个国家和地区，它对当代西方的政治、经济、文化、社会生活诸方面的影响较深。

一 基督教名称的来源

基督教（Christianity）从其名称来看，顾名思义，它是一种信仰基督（Christ）的宗教。"基督"一词意为救世主。此字最初来源于犹太人希伯来文的弥赛亚（Mashiah）一词，意译为"受膏者"。因为古代犹太人的君主行就职仪式时，在头发和前额上由祭司涂以羊油，象征上帝赐福、降恩和承认之意，故被称为"受膏者"。公元前6世纪犹太亡国后，数千名犹太贵族、祭司、工匠及其家属被俘往巴比伦，史称"巴比伦之囚"。此时，这些流亡者幻想上帝将会派遣一位弥赛亚来拯救处于水深火热中的犹太人，并将帮助他们重返家园，复兴故国。这样，弥赛亚一词遂演化为"复国救主"之意。及公元前538年波斯帝国兴起，允许犹太人重返故土建附属国。犹太教正式形成后，弥赛亚一词又逐步演化为"救主"之意。公元前1世纪罗马帝国侵入巴勒斯坦后，犹太人的民族灾难达到了顶峰。此后，犹太教兴起了许多新的教派，均预言救主即将降临人世。其中认为传说中的耶稣就是救世主的一派，后来逐渐演化成为基督教。

其所以称为基督教是因为救世主一词的希腊文为"Christós",拉丁文为"Christus",汉译音为基利斯督,简称基督,故我国称之为基督教。

该教于1世纪中期产生,在发展过程中不断分化,出现许多派别,除正统教外,还有许多被正统教会称之为异端的派别。在中世纪有100余派,当代已有500余派,其中有三大支派,即天主教、东正教和在宗教改革过程中产生的基督新教,学术界习称新教,新教中又有七个主要宗派。所以说基督教自形成之日起,并非一个统一的整体,但其共性是均认为耶稣就是基督,就是救世主,这是它区别于其他宗教的一个根本特征。所以,基督教可以说是1世纪中期产生的,在历史上形成和发展的、以信仰耶稣基督为核心的各教派的总称。

自16世纪陆续产生的脱离罗马教廷的新教派原文为"Protestantism",其意译应为抗议宗或抗罗宗,但于1807年传入我国后,宗教界将该词亦译为"基督教",民间俗称耶稣教,学术界则称为新教。因此,这一名称在我国产生了广义与狭义的两种含义。广义的基督教(Christianity)是指各教派的总称;狭义的基督教则仅指脱离罗马教廷的抗议宗(Protestantism)。为避免混淆,将狭义的基督教译为"基督新教"较为适宜。这一译法已逐渐得到我国学术界,包括香港、台湾的基督教学术界的承认。

二 基督教的经典、教义、组织和礼仪

基督教的教派林立,在教义、组织制度以及宗教仪式的项目和内容方面可谓千差万别、形式各异。在此我们仅就其绝大多数教派所承认和实行的教义、组织制度和礼仪作一介绍。

基督教的经典是《圣经》,又称《新旧约全书》,其中《旧约全书》是基督教继承犹太教的《圣经》,《新约全书》是基督教自身的经典。据《新约·希伯来书》解释:犹太教的圣经是上帝与犹太人订立的约法,由于他们"不恒心守约",已陈旧了,故称之为《旧约全书》。《新约全书》则是上帝与基督徒新订立的约法,由耶稣基督作为保证人,故称《新约全书》。

基督教教义的核心是神学信条,其基本信条有四:①信"三位一

体"的上帝，认为世界和宇宙存在一种超自然和超社会的神秘力量，即上帝。他是至高无上，全能全知，无所不在，创天地万物的唯一真神。但上帝具有三个位格（Person），即包括圣父、圣子、圣灵三个部分，其中圣父在天，圣子为耶稣基督，圣灵（天主教称为圣神）是上帝与世人的中介，给人以启迪。这三个位格并非独立的三个神，而是同一本体，属于一个上帝的三个部分。②信原祖原罪，认为人类起源于一个共同的祖先。据《旧约·创世记》，原祖是亚当和夏娃，他们是上帝在创世的第六天，按照自己形象创造的。亚当和夏娃最初住在伊甸乐园（据圣经考古学者考证，伊甸乐园即西亚的美索不达米亚平原），过着无忧无虑的生活。后因夏娃受魔鬼的引诱，偷吃了上帝禁食的生命果，而懂得羞耻与生儿育女，因此触怒了上帝，被逐出乐园，降罚尘世。后来基督教会把阶级社会各种灾难解释为是由于人类的原祖犯了罪，所以现实社会充满邪恶，这种罪称为"原罪"。基督教会认为人一出生就继承了这种罪性，只有加入基督教，依靠教会才能赦免。③信基督救赎，认为人世间充满罪恶，而世人不能自救，于是上帝大发慈悲，派其独生子耶稣降临世间，拯救人类。耶稣基督为救赎世人的罪，甘愿自己被钉死在十字架上，以自己的血洗净世人的罪过。所以人们欲灵魂得救，就要信仰、祈求耶稣基督。④信灵魂不灭与世界末日，认为人的肉体是短暂的，而灵魂则长存，现实世界有限，世界末日迟早会到来。人死以后灵魂将受到审判，善者升天堂，恶者下地狱。

基督教的信条和其他宗教的说教一样，其基本内容是相信一种虚幻的神秘力量，即神定胜人，而非人定胜天；把阶级社会的剥削、压迫、苦难以及各种自然灾害均归之为由于人类犯了罪，咎由自取，从而掩盖了阶级压迫的实质，并且把人们的精神生活引向虚无缥缈的彼岸世界。

基督教奉行的教规是十诫，其内容是：除上帝外，不许拜别的神。不许制造和敬拜偶像（天主教无此条，另增一条为"勿贪他人妻"）。不许妄称耶和华（即上帝）的名。六日勤劳作工，第七日守安息日为圣日。须孝敬父母。不许杀人。不许奸淫。不许偷盗。不许作假见证陷害人。不许贪恋他人所有的财物。

基督教的组织称为教会，是制定与解释教义，执行教规，管理信徒和传教的机构。其组织制度不统一，大体有四种：教皇制，主教制，长老制，公理制。教皇制是天主教的教会制度，其特点是任命制、集权制与教阶制。天主教的神职人员分为三级：教皇、主教、神父（或神甫）。教皇是天主教的最高领袖，又是教皇驻地梵蒂冈的最高元首，实行集权制，一切重大决策，诸如建立教区，解释教义，制定教规，任命主教等均归教皇掌握。其他主教因教区与权限的大小不同分为总主教、大主教和主教。基层教堂的神职人员为神父，尊称司铎，负责本堂区的教务工作。进修道院而未晋升为司铎者称为修士，无神权。妇女不准担任神职，出家后终生为修女。天主教会组织严密，层层控制。我国天主教的广大神职人员、教友为了维护祖国的独立和尊严，保卫教会的纯洁，已摆脱了罗马教皇的控制，实行自治、自传、自养，走上独立自主自办教会的道路。

天主教的一切神职人员均须独身，东正教的主教亦不许结婚，而神父则可听其自便。天主教的独身制度目前已遭到许多国家的中下层神职人员的反对和抵制，但教皇仍坚持这一制度。

主教制是新教圣公宗和卫斯理宗的组织制度。圣公宗的教牧人员分为主教、会长、会吏三级，以坎特伯雷大主教的地位最高，会长相当于牧师，会吏相当于实习牧师。卫斯理宗的主教在我国称为会督。此外，北欧的路德宗也有采用主教制的。

长老制是加尔文宗的组织制度，教会由信徒选出长老，与牧师一起共同管理教会。公理制是英国清教运动产生的较为民主的组织制度，由信徒公众治理教会，目前新教的公理宗、浸礼宗均实行此制。

基督教各派实行的圣礼不一，天主教有七项，形式豪华，内容繁复；新教则主张廉俭教会，经济上和时间上厉行节约，减少了圣礼的项目和内容。目前，绝大多数教派所公认的圣礼有洗礼和圣餐礼。洗礼是入教仪式，方式有点水礼与浸礼两种。圣餐（天主教称为圣体）是信徒领用面饼和葡萄酒，以纪念或重演基督救赎，表示与基督合为一体。

基督教历史悠久，变化丛生，下一次我们谈谈它的产生和发展。

原载《外国史知识》1985年第4期。

基督教的产生与演变

基督教产生于1世纪中期的巴勒斯坦地区。从其产生至392年，学术界称之为原始基督教或早期基督教，分为三个阶段：1世纪30—60年代为其产生时期；1世纪中期至2世纪中期为形成时期；此后至392年为原始基督教的演变及其与罗马帝国政权合流的时期。

一 原始基督教的产生及其教义

原始基督教本是犹太教众多派别中的一派，它是古犹太人民反抗罗马帝国群众运动的产物。古代犹太人是西亚地区的一个灾难深重的弱小民族。他们自公元前11世纪建国后，长期被周围的大国，如亚述、新巴比伦、波斯、马其顿等所统治和奴役。公元前2世纪罗马势力东进后，犹太民族灾难达到了顶峰。他们发动了反抗罗马的斗争，1世纪初，起义连绵不断，但由于力量悬殊，均告失败，许多人被卖为奴隶，一些起义领袖被钉死在十字架上。在反抗罗马的激烈的群众斗争中，由于政治态度和宗教观点的差异，犹太教分裂为四大派和近百个小派，其中的一个小派拿撒勒派，后来发展为原始基督教。

按照圣经的说法，基督教由耶稣基督于1世纪30年代初创立。耶稣的养父为木匠约瑟，母玛利亚为童贞女，因圣灵受孕生耶稣于伯利恒。他是救主，受圣父的派遣，下降尘世拯救世人。耶稣生前事迹主要是为穷人治病、传道与创教。由于他宣传的教义不利于罗马的统治而被钉死在十字架上，死后三天复活升天，并将复临人世，建立上帝之国。

经历史学家、圣经考据学家们的研究认为，历史上是否有耶稣其人，尚不能肯定。一般认为耶稣只是传说中的人物，因此说基督教由耶稣创立是没有根据的，它只是由拿撒勒派逐渐发展而形成的一种新的宗教。

"拿撒勒"（Nazarites）意为持守某些教义、规则的人。该派之先驱为施洗者约翰，他出身贫苦，据《新约》记载，曾为耶稣受洗，因反抗罗马被处死。此后传说中的耶稣可能继为此派领袖，在社会下层继续宣传其教义和政治主张，也有可能想发动起义。由于拿撒勒派的主张与传统的教义相抵触，犹太教的当权派拒不承认耶稣是救主，此派被逐出圣殿，后来逐渐在巴勒斯坦、小亚细亚一带发展成为一个独立的教派，即原始基督教。

原始基督教与犹太教分离后，在地中海沿岸广为流传，信徒中犹太人居多；有自由人，也有奴隶、被释奴隶，主要以下层民众为主。其所以比当时存在的民族宗教更具有吸引力，除因宣传仇视罗马，建立平等社会外，还与其改革犹太教的教义和礼仪有关。原始基督教打破了民族宗教的狭隘性，建立了一种新的普世性信仰。初期的教义有以下三点：

第一，一神与选民。崇信犹太教的耶和华为全宇宙的唯一真神，但排除了只有犹太人才是选民的说法，主张凡基督徒均为选民，这就打破了选民的民族界限。这也是它在300年后能战胜其他民族宗教的一个基本因素。

第二，信仰耶稣基督，信仰因信得救。宣扬信徒不分民族、贫富，只要信仰基督，便可得到拯救与赐福。它打破了各种原始宗教需靠大量献祭、上贡才能赎罪祈福的传统，以精神信仰为主，并实行经济上的互助，因而对社会下层特别具有吸引力。

第三，改革礼仪。它废除了犹太教的仪式、禁忌和献祭，打破了犹太教的排他性、孤立性与保守性。如犹太教禁止吃"走兽中仅反刍而不分蹄者"，如骆驼，或"仅分蹄而不反刍者"，如猪；禁止与外族通婚；实行割礼等，原始基督教均予废除。该教只有洗礼和圣餐两项仪礼，洗礼是入教仪式与选民的标志；圣餐则是犹太教公餐制的演化，亦含有济贫的因素。当时认为圣餐中的面饼系由群山之麦粒结为一体，象征基督徒的团结；葡萄酒系经踹、踏、压榨而成，系象征对敌人的仇恨。

初期的教义受到了帝国内部劳动群众的欢迎，传播迅速，信徒日增。但它毕竟是一种宗教，具有虚幻性、空想性与麻醉性，不可避免地在发展过程中逐步演化、变质,在300年后成为帝国的国教。

二 原始基督教的演变

原始基督教产生后,由于信徒成员的变化,神职人员的产生和教义的发展,而逐渐向奴隶主阶级靠拢。

罗马帝国的建立,逐渐消灭了各民族的政治和社会的差异。帝国初期,不仅奴隶的地位毫无改善,即使是罗马公民也普遍处于无权状态,甚至一些奴隶主也由于帝国捐税日增和内部斗争而破产。罗马公民的意志消沉与精神颓废相当普遍,被压迫民族向往过去的独立生活,亦不满现状,各阶层普遍出现了信仰危机。这为基督教的传播提供了广阔的社会基础,基督徒中非犹太人的信徒大增,社会中、上层人士入教者亦不少。这一批有产者和奴隶主财大气粗,又有知识,他们在经济和理论方面逐渐成为主导力量,控制了教会。

原始基督教的另一演变表现在神职人员的产生及其对教会的把持。它与犹太教分离后,最初的组织与活动非常简单,只有一些分散的基督教团体和游方传道的使徒,并无固定的组织。后来,在流传的过程中逐渐产生了召集人,称为长老或执事。他们多出自富有家庭,既有空余时间,又能提供集会的场所。同时还出现了经费管理人,称为财务官或监督。随着信徒和捐献的增多,到2世纪出现了集财权、神权和管理权于一身的主教,成为教会的专职领导人。到2世纪中期,罗马、叙利亚和小亚细亚等地普遍出现了由各自的主教主持的教会,他们成为基督教的领导力量,教会的组织已牢固地控制在有产者的手中。

基督教教义的变化反映在《新约全书》中。1世纪中期至2世纪中期是其基本定型的时期。基督教与犹太教分离后需要有自己的经典,特别是以非犹太人为主的教会,他们不熟悉《旧约》,对此更为迫切。又因当时宗派林立,斗争激烈,亦均需有自己的经典。同时基督教还面临着一些急需重新做出解释的问题,例如最初预言人间天国即将到来,但事实上根本不能实现,故需在教义上做出新的说明。

基督教的主教和神学家们为了能自圆其说,在教义中,大量吸收了希腊、罗马的庸俗哲学。特别是斐洛和塞涅卡的思想。斐洛是1世纪中期亚历山大里亚希腊化的犹太人，他以希腊唯心主义哲学解释犹太教的教义，提出了"灵智论"，认为上帝有其智慧，智慧的人格化则是上帝的长子等。塞涅卡是1世纪罗马的唯心主义哲学家，主张尽本分，听天命，宣扬人应该服从命运的安排。基督教的神学家从这两种唯心主义哲学中吸收了大量的内容，并赋予宗教的形式，致使教义发生了很大的变化。他们把灵智论演化为圣父、圣子和圣灵三位一体的教义；把耶稣说成从来就是上帝，为拯救世人甘愿被钉死在十字架上；把原来地上的理想社会演化为死后的天国等。与此同时，在政治态度上也有很大变化。《新约全书》主张服从罗马皇帝的统治，甘当顺民，神化皇权；承认奴隶制度的合理性，宣扬服从听命；主张无原则的忍耐与超阶级的爱。但为了保持对劳动群众的吸引力，又不得不保存过去一些下层派别的主张，因而，内容相互矛盾之处甚多。

《新约全书》到2世纪中期已初步定型，至4世纪始定编，全书共27卷，原文为希腊文，包括《启示录》，使徒书信21篇，福音书4卷和《使徒行传》。《启示录》是新约中成稿最早的一篇，作品以预言的形式保存了较多原始基督教的主张。使徒书信反映了1世纪中期至2世纪中期神学，伦理道德和政治思想的变化。福音书有马可、马太、路加、约翰四部。"福音"是好消息之意，其内容是描绘耶稣的生平。《新约全书》的定型标志着原始基督教的形成。

三　原始基督教与罗马政权的合流

原始基督教从形成至392年发展成为罗马国教，有一个演化过程。在此期间，正统的教会牢牢地掌握在主教和神学家手中。他们在思想上神化皇帝和奴隶制度，从理论上论证基督教与罗马帝国利益的一致性，在行动上不断向皇帝写效忠信，主动向帝国政权靠拢。而此时正值帝国内部出现了全国性的奴隶制总危机，史称"三世纪危机"，具体表现为政局动荡、经济崩溃、思想空虚。帝国统治集团和知识界的部分人士也感到前途渺茫，悲观失望，丧失信心，因而其中一些人也皈依了基督教，在宗教中寻求慰藉。帝国当权人士虽对基督教进行过镇压，但已逐步认识到基督教对克服帝国危机具有特殊的作用，故在4世纪二者逐渐合流。

311年，君士坦丁大帝依靠基督教会和蛮族军队的支持，先后击败了帝国西部的几个竞争者，成为西部的唯一统治者。因此他决心支持基督教，于313年与帝国东部的统治者联合发表"米兰敕令"，宣布基督教为合法宗教。这个敕令标志帝国从对基督教实行宽容与镇压相结合的政策转变为依靠、扶持和利用的政策。君士坦丁大帝取得全国政权后，深感基督教在教义、经典、组织和礼仪方面不统一，教派斗争激烈，不利于发挥统治工具作用。为此他于325年召开尼西亚会议，亲临致词，树立三位一体派为正统；制定《尼西亚信经》，确立基督教的基本信条；颁布教会法规，加强主教制，规定皇帝对宗教的领导权和主教的任命权。会后，又以皇帝的名义确定《新约》经卷的数字，派人抄录50部，分发各地使用。尼西亚会议后，基督教得到长足的发展。至392年，皇帝狄奥多西一世公布法律，禁止一切原始宗教活动，定基督教为国教。

原载《外国史知识》1985年第5期。

基督教的教派

古往今来，基督教并非一个统一的整体，而是宗派林立，派别丛生，各派均有自己的名称、教义、组织和礼仪。因此，我们欲了解和研究基督教，洞悉其教派是必不可少的。

目前，全世界基督教的派别达数百派。但探本溯源，其中绝大部分均分属于基督教的三大支派，即天主教、东正教和基督新教。这三大支派是基督教历史上两次大分裂的产物。

基督教第一次大分裂发生于1054年，由此形成西欧的天主教与东欧的东正教两派。这次大分裂虽然发生于11世纪，但双方的裂痕由来已久。4世纪基督教成为罗马国教后，一切听命于皇帝，他既是帝国的君主，又是基督教会的最高领袖。教会依罗马行省而建立教区，在各教区中，罗马和君士坦丁堡二城主教的地位日益增高。罗马城是帝国的首都，该城主教以罗马教会是耶稣的门徒彼得和保罗二人亲自建立为由，强调其地位应高于其他教会，后来逐渐发展为帝国西部教会的中心。由于这一地区的教会使用拉丁语，故习称"拉丁教会"。帝国东部地区教会的中心为君士坦丁堡，它们使用希腊语，故东部教会又习称为"希腊教会"或"东方教会"。君士坦丁堡大主教的权力由于330年的迁都而提高，君士坦丁堡被认为是"第二罗马"或"新罗马"，意欲与罗马主教平起平坐，但并未得到罗马主教的承认。395年帝国分裂为东、西两个罗马帝国，这一历史事件更强化了教会的分歧，基督教事实上已分裂成为东、西两个教会。此后，各自走上了独立发展的道路。

5世纪后，西罗马帝国屡遭蛮族入侵，政局混乱，罗马主教利奥一世（440—461）借机要求皇帝授予特权，并自封为基督教会的领袖，从而控制了西罗马帝国的教会，由此奠定了教皇制的基础。6世纪末，教皇格利高里一世（590—604）借伦巴德人进攻，东罗马皇帝鞭长莫及之机，攫取了罗马城的世俗统治权，出任执政官，掌握了该城的政治、经济、军事大权，其领地及于意大利中部及沿海岛屿。756年，法兰克国王丕平为报答教皇支持、投靠之恩，又将拉文纳地区赠予教皇，史称"丕平献土"，这一历史事件标志教皇国的建立。此教皇国延续了一千余年，直至1870年始被迫缩为梵蒂冈城国。由此，教皇俨如世俗的国君，政治、经济势力大增，至中世纪中期达到了顶峰，实际上成为西欧各君主国的太上皇。而与此同时，东方教会则始终在拜占庭皇帝控制之下，成为巩固皇权的思想统治工具。它在皇帝的支持下，在东欧地区广泛传播，并自视为正统，不承认教皇的地位。因此，双方均否认对方的决议，自视为正宗，认为自己的传教地区包括对方的势力范围，关系日趋恶化。9世纪双方为争夺对保加利亚教会的控制权，几乎导致公开分裂。最后于1054年，双方因争夺意大利南部教会的统治权而发生冲突，导致罗马教皇与君士坦丁堡大主教公开决裂，相互开除对方教籍，断绝来往。由此，基督教会正式分裂为天主教与东正教。

天主教是基督教的重要支派，信徒人数超过5.8亿人，约占世界基督徒总数的60%，主要分布于南北美洲，欧洲中南部和亚洲等地。天主教原本称为"公教"（Ecclesia Catholica），音译为"加特力教"。该教于1582年（明朝万历十年）由意大利耶稣会传教士利玛窦传入我国，汉译为天主教。"天主"一词来源于《史记·封禅书》内有秦始皇首至泰山祭天主，由此得名。

天主教的经典为《新旧约全书》，以此作为其教义的主要来源和依据。它不同于其他支派的关键在于其教义来源还包括：①"圣传"，亦称口传或教会传统，指古代的先知、使徒口传下来的"上帝启示"的各种说法而形成的传统，这些传统说法虽无圣经依据，但也作为教义的一部分，如认为耶稣之母玛利亚未染原罪，肉身升天等；②教皇的决定亦作为教义之来源，并认为教皇是基督在世界上的代表，他在信仰和信理方面永无谬误等。

天主教会的组织制度是教皇制，其内容包括集权制、任命制与教阶制。即一切立法、司法和行政大权均集中于梵蒂冈的罗马教皇，一切主教、高级教职均需教皇任命，并认为神职人员在教会内的地位高于世俗人士，神职人员又分为三级：教皇、主教、神父，以下为修士、修女，他们在神学方面的待遇与地位亦不相同，并且组织严密，层层控制。

　　天主教的圣礼多达七种，而且形式豪华，内容烦琐。①圣洗：入教仪式，婴儿出生后八天领洗；②坚振：成年时举行的坚定信仰之礼；③告解：信徒向神父秘密悔罪的仪式和制度；④圣体：由神职人员在弥撒中将无酵面饼和葡萄酒祝圣化为耶稣的肉与血，信徒经告解后始能领取面饼，以示与基督合为一体，但圣"血"不许一般信徒领用，只准神职人员独饮，据说是担心教徒人多手杂，易将圣"血"溅于杯外，有损基督的尊严；⑤终傅：为即将去世的信徒施行的圣礼，以利灵魂升天；⑥婚配：神职人员主持的婚礼，以示上帝的承认与祝福；⑦神品：由修士晋升神父之礼。天主教规定这七项圣礼均需神父以上的神职人员主持才能生效，其中神品与坚振两项只有主教才能主持。天主教由于实行教皇集权制，一切大事听命于梵蒂冈，所以教内不允许出现神学上的宗派，仅有修会。修会是经罗马教皇批准的神父、修士或修女的组织。各修会在教义上是一致的，但在会规、培养与活动方式、任务、衣着、活动地区和建会的目的等方面，均有所不同。目前，较大的天主教修会有耶稣会，圣方济各会，圣多明我会，遣使会，圣言会，基督徒弟兄会等。它们在近代西方殖民主义活动中，充当了马前卒。

　　1054年东、西教会分裂后，东方教会自称为"正教"或"东正教"，希腊原文为"Orthodoxia"，意为保有正统教义的正宗教会。东正教与天主教在教义、礼仪方面并无大的原则性分歧，仅在具体细节上有所区别。如东正教不承认天主教主张的圣母无原罪说，也不承认教皇永无谬误，并反对把教皇的决定作为教义的来源与根据之一。在礼仪方面，东正教亦实行七项圣礼，与天主教不同的是圣洗仪式增加驱魔的内容，实行浸洗（全身快速投入水中），天主教则实行洒洗；坚振礼可由一般神职人员主持，但所需之圣油必由主教祝圣；东正教使用面包作为圣体，天主教使用面饼；东正教的神父可结婚，仅主教必须禁婚，天主教则均禁婚。东正教与天主教最大的不同点是教会制度的区别。东正教会实行主教制，在拜占庭帝国时期是帝国的国教，循过去的传统，一切听命于皇帝。皇帝可任命大主教（东正教的大主教，我国学界一般译为牧首），召开主教会议，批准宗教会议的决定，并有权解释教义。君士坦丁堡大主教仅居于首席地位，对其他教区并无直接领导权。在东正教的历史上，它从未形成像罗马教皇那样的独立的政治势力，而是长期依附于政权。1453年拜占庭帝国灭亡后，东正教的中心逐渐转移到俄国。16世纪，莫斯科正教会独立，成为使用古斯拉夫语的俄罗斯正教会，受沙皇控制，并成为国教，称莫斯科为"第三罗马"。18世纪后，东欧一些国家的正教会亦先后脱离君士坦丁堡牧首的管辖而独立。目前独立自主的东正教会有君士坦丁堡、俄罗斯、亚历山大里亚、安提柯、耶路撒冷、格鲁吉亚、塞尔维亚、罗马尼亚、保加利亚、塞浦路斯、希腊、阿尔巴尼亚、波兰、捷克、美国等15个正教会，1984年时，信徒有74174500人。该教于1727年中俄《恰克图条约》签订后，随俄国传教士传入我国。

天主教与东正教均为欧洲中世纪发展起来的基督教支派，近代以来，它们虽经历次改革，力求适应资产阶级的需要，但均保留了若干封建的烙印。随着资本主义的兴起，资产阶级的壮大，基督教的另一支派基督新教应运而生。它是适应资产阶级的需要而兴起的重要支派，也是基督教史上的第二次大分裂的产物，新教对于资本主义的历史产生了深远的影响，限于篇幅，下一期专文介绍。

原载《外国史知识》1985年第6期。

基督新教及其宗派

基督新教（Protestantism）是基督教历史上第二次大分裂的产物，我国宗教界曾先后译为"抗议宗""抗罗宗""更正教""复原教""耶稣教"等，学术界则习称为新教。它是自16世纪马丁·路德发动宗教改革后陆续产生的脱离罗马教廷各教派的总称。"Protestantism"这一名称的使用有一个过程，该名最早产生于1529年，当时，神圣罗马帝国皇帝在斯拜尔召开会议，重申路德等教派为异端，并禁止夺取天主教会的财产，信仰路德宗的诸侯们联合对此提出抗议，因而被称为抗议派（Protestants），由此得名。后来其他一些新教派也在其名称前面冠以此词，以示区别于天主教，至18世纪末逐成为新教的共同名称，为各国学术界和宗教界所使用。

新教自16世纪20年代产生以来，至今全世界共有信徒343546740人，占基督徒总数的1/3，分布于世界上150余个国家和地区。

新教并非一个统一的整体，并无统一的领导机构。目前，新教有500多派，仅美国就有200余派。但这些派别大都是新教的七个主要宗派的演化或联合的产物。它们是16世纪产生的路德宗、加尔文宗、安立甘宗；17世纪产生的公理宗、浸礼宗、贵格宗；18世纪建立的卫斯理宗。这七个主要宗派构成了新教的主干。

16世纪的宗教改革运动是西欧资产阶级反对封建制度的第一次大决战。当时，罗马教皇是西欧封建制度的中心和总代表，他在经济上是最大的地主，掌握西欧土地的1/3，在政治上竭尽全力控制着各国的政局，并主宰着整个西欧的精神生活。所以，那时的反封建斗争必然把矛头指向罗马教皇。又由于16世纪的资产阶级尚未成熟，还不能提出公开的、明确的政治纲领，因此，这场革命只能以宗教改革的形式出现。

宗教改革运动首先发生于德意志。当时，德意志在政治上四分五裂，受教皇的控制；经济上受到罗马教皇的严重搜刮，每年从德意志运往罗马的金币达 30 万之多。特别是他滥发赎罪券坑害群众，宣称不管犯了什么罪，只要购买了赎罪券均可被赦免，并规定赎各种罪的价格：如重婚 6 个金币，偷窃 9 个金币，杀人 8 个金币等，以此大量骗取银钱，从而激起了举国上下的普遍不满。在此基础上，马丁·路德于 1517 年公开贴出抨击罗马教皇滥发赎罪券的《九十五条论纲》，由此点燃了宗教改革运动之火。路德是神学教授、市民资产阶级的代表。他的《论纲》引起了德意志各爱国阶级、阶层的强烈反响；它们纷纷响应支持，从而掀起了反封建、反教皇的爱国民族运动。在群众的推动下，路德认识到只有解除教皇的"神圣"武装，才能有效地解决其政治控制与经济剥削问题。当时教皇的神学理论支柱是：宣称他就是基督在世的代表、教会的最高首领，任何人欲求上帝降福免灾，必须以天主教会为中介，参加神职人员主持的圣礼，服从教会的统治，做众多的好事，如念经、施舍、朝圣、购赎罪券等。路德针对此提出了"唯信得救"的理论，意思是人们只要信仰基督，便可得救。他宣称：基督教信仰的最高权威是圣经，而不是教皇，任何人只要通过阅读、理解圣经，产生对基督的信仰，便可得到上帝的喜爱和赐福，完全不需要教皇所宣传的那一套说教，从而彻底否定了教皇和天主教会的神学理论，使之成为宗教信仰的多余之物。路德的这一思想体现了资产阶级的自由与平等的要求，和反对封建束缚，维护民族尊严的愿望。因此，"唯信得救"论提出后，受到了德国绝大多数备受封建压迫的各阶层人民的拥护，也受到长期不满教皇搜刮的德意志部分封建主的赞同，他们出于经济上的考虑也支持路德的宗教改革。

此外，路德还主张建立民族的与廉俭的教会，在组织、经济和信仰诸方面彻底断绝与罗马的关系。为了适应原始积累时期资产阶级的需要，他还提出宗教活动应节约时间和金钱，减少与简化圣礼，路德宗仅保留洗礼与圣餐两项，删除并合并了大量次要节日。

经过群众运动和农民战争，天主教会在德意志遭到了沉重的打击。1530 年路德宗发布《奥格斯堡信条》，公布了它不同于罗马天主教的系统教义 21 条款，路德宗正式成立。至 16 世纪 50 年代，在德意志的大部分地区确立了路德宗的信仰，并传播至北欧和西欧的一些国家。

路德的"唯信得救"论是新教诸派的神学理论基础，并为第二代宗教改革家加尔文所继承，影响深远。他的思想与改革，在基督教的历史上开辟了一个新的时代——资本主义时代。因此恩格斯把他列为划时代的巨人之一。但是路德的宗教思想本身对世俗封建主具有依赖性与妥协性，不能适应资本主义较发达地区的需要，传播受到了局限。16世纪主要流行于德意志和封建王权较强大的北欧诸国。17世纪后，随移民传入美国。1847年由德国传教士传入我国。目前，全世界有信徒7000余万人。

16世纪产生的另一个新教重要派别是加尔文宗，又称长老宗或改革宗，由法国人让·加尔文于1541年创立于瑞士日内瓦城。加尔文的新教派有两点新的内容，其一为"预定论"。他把基督教传统的预定论赋予新的解释，强调每个人的不同命运均为上帝所决定，上帝对喜爱者在各方面给以支持，使之成为选民，否则便是弃民，个人无法改变和影响上帝的庄严决定。既然如此，当时人们当然希望成为选民，也都想知道自己是否是选民。于是加尔文进而宣称：上帝的神圣决定秘而不宣，但每个人均可在生前从自己的事业的成败体会到自己是否是上帝的选民。如某人在对社会有益的各种职业中万事如意，获得成功，并且有道德，参加教会等，就是他得到上帝支持、成为选民的外在标志。因而，他的"预定论"就激励着每个人全力奋斗，争取事业上的成功，成为选民。这一思想显然是把资本主义原始积累时期的社会分化、商业竞争成败的现实加以神化，鼓励资产阶级广求财源，发家致富，成为资产阶级追求财富的理论根据。加尔文新教派另一新的内容是坚持实行民主共和的教会制度。基层教堂由信徒选举长老负责，由长老聘请牧师，发挥一般信徒的管理作用。它是资产阶级反对封建专制，要求民主共和的政治主张在宗教上的反映。加尔文的这些主张是适应资本主义的发展，为资产阶级在政治上推翻专制制度、夺取与掌握政权服务的新思想。恩格斯对此评价说："加尔文的教会组织是完全民主共和的，而在上帝的王国已经共和化了的地方，人间的王国还能从属于君主、主教和领主吗？"它为英国发生的资产阶级革命的第二幕提供了意识形态的"外衣"。因此，加尔文宗在资本主义较发达的地区广为传播，影响较大。此后产生的新教教派均不同程度地吸收了加尔文的教义。20 世纪 80 年代初，全世界有信徒 4000 余万人。该宗于 1813 年由美国教士传入我国。

安立甘宗（Anglicans）是 16 世纪英王亨利八世（1509—1547）为维护民族独立，反对罗马教皇控制而发动的、自上而下的宗教改革之产物。其教会称为圣公会，英格兰的圣公会称为英国国教，目前，英国国教仅是世界安立甘团体之一员。此派在神学上并无新的建树，在教义方面它吸收并综合了路德与加尔文的思想，在教会制度方面保留了天主教的主教制，以英国女王为教会的领袖，是新教流派中保留天主教残余较多的一派。80 年代初，共有信徒 4500 余万人，主要分布于英语国家，1844 年传入我国。

公理宗、浸礼宗、贵格宗均为 17 世纪英国资产阶级革命中因政见和宗教观点的分歧而产生的新宗派。英国革命是以清教运动的形式进行的。"清教徒"是因他们主张以加尔文的教义改造英国国教，清除天主教的残余而得名。后来清教徒分裂，一些较保守的人仅反对主教制，要求改行长老制，故称为长老派；较激进的一派要求脱离国教，另立教会，称为独立派。随着革命的发展，由于独立派中的阶层、政见和对革命要求的不同而分裂为新的宗派。公理宗是独立派的核心，以坚持教会由信徒管理而得名，主张打破国定教区，自行联合，一切自理。80 年代初共有信徒 250 万人，1807 年传入我国。浸礼宗亦属独立派的一支。它以加尔文的教义为基础，吸收了部分再洗礼派的教义，坚持施洗时行浸水礼（全身浸入水中），因而有别于其他宗派。目前主要流传于美国黑人中，共有信徒 2500 余万人，1836 年传入我国。贵格宗来源于英国革命中出现的诸小派，多为小资产阶级和劳动者，他们不满英国革命后的现状，要求政治平等与经济保障，有的还采取了激进的行动，遭到镇压，后来集结为贵格宗。该宗的正式名称为公谊宗或教友派，"贵格"一词为英语"Quaker"之音译，意为颤抖者，因该宗建立之初在聚会时常有人全身颤抖而得名。该宗的特点是以圣灵的直接启示作为思想行动的指南，要求形式上的绝对平等，反对一切暴力和战争。由于其教义之消沉与孤寂，19 世纪后在英国趋于没落。目前全世界仅有信徒 20 余万人，主要集中于美国，人数虽少，但因其思想体系具有特点，故仍被公认为新教的一个主要宗派。1887 年由美国教士传入我国。

18 世纪英国开始了工业革命,旧工业区扩大,并建立了新工业区,无产阶级的人数增多,生活日益恶化。然而旧有各派不愿到艰苦地区传道,卫斯理宗应运产生。该宗因创立人为约翰·卫斯理而得名,又称循道宗、监理宗,1795 年脱离国教会独立。该宗并无新的神学思想,仅在组织制度与活动方式上具有特点:精选会员,严密组织,露天巡回布道,强调社会服务,在巩固资本主义制度、维护与安定社会秩序方面发挥了作用。1847 年传入我国。

新教在产生之初,确曾在西欧历史上发挥了某些程度不同的积极作用,对西欧各民族国家和近代文化的形成,以及资产阶级革命的进程具有重要的影响。但在英国革命后,这一作用逐渐降低,自法国大革命始,资产阶级革命已不需披以宗教外衣了,此后新教各派就完全成为资本主义对外扩张,对内实行精神控制的一种工具了。有关对基督教的全面看法,将在下一期《马克思主义与基督教》一文中与大家共同讨论。

原载《外国史知识》1985 年第 7 期。

马克思主义与基督教

基督教自产生迄今，经历了奴隶、封建、资本主义直到今天的社会主义社会，已有2000年的历史。它起源于亚洲的巴勒斯坦地区，在罗马帝国时期传播至欧洲和非洲，到近代又随西方殖民主义扩张和资本主义的侵略，扩展到全世界绝大多数国家和地区，发展成世界性宗教。那么，基督教的本质与特征是什么？历史作用如何？如何看待社会主义时期的基督教呢？

对此，在有神论与无神论之间，在马克思主义与非马克思主义之间，历来存在着较大的分歧。19世纪资产阶级宗教学的创始人缪勒（Max Muller，1834—1898）认为：基督教是人类对于伟大造物主的承认。当代西方一些基督教学者认为基督教是人们对上帝的信仰和崇拜，是人对自己和他人生命的最大关怀。也有人把基督教说成是"爱的宗教"，其特征是对人和上帝的爱。还有人以为基督教不过是一种迷信，微不足道。这些说法，虽从某一方面说明了基督教的内容与特点，但均未科学地说明它的本质与特征。只有依据马克思主义的唯物史观，才能做出科学的论断。

一　基督教的特征及其与一般迷信的区别

马克思主义认为：基督教是人们头脑对外部世界的一种反映，是一种社会意识形态。其特点是以虚幻的方式反映客观世界。基督教和其他宗教一样，有两个基本的特征。其一是信仰与崇拜一个根本不存在的超自然、超社会的神秘力量，即三位一体的上帝，相信它是宇宙的主宰，创造一切，具有无穷无尽的力量，支配着人类的现实生活和命运。其二是相信人具有脱离肉身而独立存在的灵魂，且长存不灭，并认为在现实世界之外还存在着一个彼岸世界，在那里有天堂和地狱。所以恩格斯说它"不过是支配人们日常生活的外部力量在人们头脑中幻想的反映，在这种反映中，人间的力量采取了超人间力量的形式"。由此说明：基督教是一种特殊的意识形态，其"特殊"之点在于它是人们对自然界和社会的一种虚幻的、歪曲的、颠倒的、因而也是错误的反映和认识。

但是，我们绝不能因此把基督教与一般的迷信相等同。日常所说的迷信活动是指算命、相面、合婚、驱鬼等。近年来，还有人用微型电脑测算人们的吉凶祸福，这些均属迷信。基督教作为一种世界性宗教，具有系统而完整的经典与教义，阐述了该教的人生观与世界观。天主教的《要理问答》中第一问就是："你为什么活在世界上？"答："为敬上帝和救自己的灵魂。"圣经中系统地说明了神创世界、宇宙和上帝造人的观点。此外，基督教的教义还以神学的语言说明了该教的哲学思想、伦理道德和政治思想。而一般的迷信则无这些内容，所回答的仅仅是某一具体问题，如吉凶、婚姻、疾病、谋职等。更有一些巫婆神汉，借此骗取钱财，坑害群众，皆属取缔之列。其次，基督教有固定的组织与团体，如教会、修会、团契等，并制定出明确的教规、纪律和节日、仪式等。更为重要的是基督教自产生之日起，作为一种意识形态与社会力量，在一定的历史时期内，程度不同地影响着人类的历史和文化，而一般的迷信根本无此作用。

二　基督教的历史作用

基督教在长达 2000 年的历史中作用如何？这是一个十分复杂的问题。1844 年马克思曾深刻地评论说："宗教里的苦难既是现实的苦难的表现，又是对这种现实的苦难的抗议……宗教是人民的鸦片。"马克思的这一言简意赅的论断，对基督教并不例外。我国学术界近年来对此曾进行了热烈的讨论，但看法尚未一致。我以为可从两个方面理解。第一，马克思从世界观的高度形象地说明了基督教神学世界观的社会作用。它把人们追求美好的、现实的希望和理想寄托于神的力量，把现实的生活引向来世，用虚无缥缈的天堂给阶级社会中处于水深火热之中的群众以精神上的寄托。这种安慰犹如麻醉剂一样，虽可暂时减轻病人某些精神上的苦恼，但从根本上说无济于事。因此，马克思形象地将之比喻为"人民的鸦片"。第二，马克思从人类社会发展的高度概括了基督教神学世界观在历史长河中的作用。它不是依靠人类自身的努力和奋斗，也不鼓励人们正确地认识世界与改造世界，去创造美好的生活，而是把人民群众的注意力引向幻境与神力。因此，它在客观上压抑了人的理性，消磨了人同自然和社会做斗争的勇气和信心。所以，它在人类历史的长河中是一种消极与保守的因素。从本质上看，无助于人类的进步和促进社会的发展。马克思的这一科学论断，既是历史的总结，又是理论的概括，是我们从整体和本质方面认识基督教社会历史作用的出发点。

基督教在近两千年的历史过程中，长期被统治阶级所利用，成为麻醉人民的工具。但是历史现象是复杂的，值得注意的是在不同的历史时期中，因其教派之不同与政治态度之各异，基督教各派除均具有基督教之共性外，还有各派之个性或阶级性。例如，中世纪后期，有代表封建领主利益的天主教的上帝，也有代表新兴资产阶级利益的基督新教之上帝，还有众多的代表劳动人民的异端教派的上帝。因此，对于基督教的不同派别、不同的历史人物，在各自的历史时期内的社会历史作用，必须具体分析，而不应简单化、公式化。列宁曾说：马克思主义最本质的东西，马克思主义活的灵魂，就是具体地分析具体情况。事实上，有些教派和人物在历史上确实起到了一定的进步作用。恩格斯曾把基督新教的创立者马丁·路德和达·芬奇、马基雅维里并列为巨人时代的巨人。16世纪加尔文的"预定论"神学思想成为西欧较先进地区资产阶级反封建斗争的思想武器，其共和制的教会思想为尼德兰革命和英国资产阶级革命提供了现成的思想武器。更有众多的异端教派发动反封建的革命运动，以暴力反抗统治阶级。它们均程度不同地在历史上起过进步作用。但是，到了18世纪法国革命资产阶级已强大到能独立地、公开地提出自己的战斗口号和政治纲领后，宗教就不再具有这方面的作用了。工人阶级是以马克思主义为思想武器的先进阶级，既不相信救世主，也不依靠神灵，全靠自己救自己。它以辩证唯物主义和历史唯物主义的世界观，团结全体劳动群众，去改造旧世界，建立新世界。所以，世界上既没有工人阶级的宗教,也没有代表工人阶级的基督教教派,更没有工人阶级领导的、代表工人阶级利益的社会主义的宗教。

三 社会主义时期的基督教

基督教是阶级社会的产物,在封建社会得到长足的发展,并受到资产阶级的大力支持和提倡。在社会主义社会,虽然没有社会主义的基督教,但是在这一历史时期,基督教将会长期存在。我们对此应有明确和足够的认识。依据马克思主义的原理,基督教有其产生、发展和消亡的规律。社会主义社会虽然清除了剥削制度和剥削阶级,但由于基督教的信仰、道德规范、礼仪节日已深入到信徒的思想和生活习惯之中,从而产生了宗教感情,形成一种传统力量,因而在群众中具有一定的影响。新中国成立后,虽然科学、教育和工农业生产得到空前的发展,但与发达国家比较还十分落后。教育、婚姻、卫生、就业等诸多社会问题尚未彻底解决,社会主义精神文明和物质文明尚需大大提高。加之我国与国际联系的日益增多,基督教存在的社会根源并未完全消失。同时,自然的奥秘虽然一个接着一个被揭示,但在人类征服自然界的无限过程中,仅仅是走了很小的一步。从微观到宏观,从生命的产生到宇宙的起源,大量科学课题尚待探索。对于洪水、地震、时疫等天灾,在一定程度上我们还要靠天吃饭。这些都会使部分人产生错觉和神秘感,从而进入了基督徒的行列。这也就决定了我国社会主义时期基督教存在的长期性。

既然基督教在我国将会长期存在,所以我们对此应有正确的认识。

第一,我国的基督教已经摆脱了帝国主义的控制,走上了独立自主、反帝爱国的道路。新中国成立后,基督教的广大教牧人员、学术界人士和信徒是爱国的,在政治上拥护中国共产党的领导,走社会主义的道路。早在1950年基督新教界爱国人士就曾发表宣言,主张割断与国外的联系,实现自治、自养、自传。1954年正式成立了中国基督教三自爱国运动委员会。天主教也相继成立了中国天主教爱国会,反对罗马教廷的控制,实现了独立自主、自办教会的主张。多年来,他们团结全国教友反帝爱国,积极参加祖国各项社会主义建设,发挥了作用。当然,在共产主义世界观与基督教世界观之间还存在着无神与有神的根本

分歧，但这只是"大同"中的"小异"了，仅属于人民内部不同的思想认识了。

第二，对于人民内部的不同思想认识只能说服，不能压服，任何以强力压制的行为都是违背马克思主义的。世界各国的历史事实均证明了这一点。因此我国依马克思主义原理，按宗教发展的历史规律制定了正确的宗教信仰自由的政策。对此我们必须自觉地遵守执行。我们必须开展无神论和共产主义一定要实现的宣传和教育，普及科学知识，扩大无神论的阵地。在这项工作中切忌简单粗暴的做法，应避免形式主义与教条主义。要做到这一点，首要的任务是我们必须了解基督教，了解它的历史与现状。

第三，开展对基督教的历史与现状的调查研究刻不容缓。应该承认：过去由于种种原因，我们对基督教的研究很差，在一些方面可以说是处于无知的状态。可喜的是十一届三中全会召开后，科学的春天来到了。基督教史，乃至于宗教史的研究迈出了可喜的一步。在此，热切地盼望对基督教史研究有兴趣的青年史学工作者踊跃投入这一行列。

原载《外国史知识》1985年第8期。

基督新教宗派研究

马丁·路德生平

马丁·路德（1483年11月10日—1546年2月18日）是德意志著名的宗教改革家神学家、思想家、世界历史文化伟人。16世纪初他发动了具有国际影响的基督教改革运动。在改革中他成为这一运动的思想领袖，并建立了路德宗和基督新教。

一　路德的家庭与获得硕士学位

马丁·路德于1483年生于德国（当时称为德意志民族的神圣罗马帝国）的艾斯莱本城。其父汉斯，母玛格丽特本为农民。在路德出生后不久，因生活困难，全家迁至工矿区曼斯菲尔德，依靠其父在铜矿做工度日，但仍入不敷出，其母还要上山砍柴，以补家用。后来汉斯租了几个小熔炉，雇了工匠，成为一个小业主，跻身市民阶层，生活始有改善。由于他为人诚恳，讲究信用，于1491年被选为这个小镇议会的议员，但其家庭生活仍很艰苦，这固然与他子女多达7人有关，但更重要的是与当时德国的国弱民贫有关。

16世纪的德意志正值中世纪末期，四分五裂，皇权衰落，诸侯称霸，各据一方。广大农民、市民和手工业者，不仅要受本国、本地封建主的盘剥，而且还要受罗马天主教教廷的控制与剥削。其时的罗马教皇不仅是天主教会的宗教领袖，而且在西欧各国占有广大的领地，其土地总量大约占有西欧土地的1/3，是西欧最大的封建主，并且在各国征收"什一税"。此外，教皇还通过多种手段敛财，如放高利贷，拍卖圣职，贩卖"圣物"，特别是发售"赎罪券"，更成为教皇独有的发财手段。由于教皇的富有，在经济上占有优势，所以在西欧政治上独有特权，地位高于各国的皇帝、国王。他能操纵各国的政治，成为西欧各国、各地区的"太上皇"。德国的分裂割据，无统一政权的抵制，从而助长了教皇的贪欲，使得其为所欲为地加强了在德国的搜刮，致使德意志国弱民贫，广大的农民、平民、手工业者深受其害，也影响了市民的发展。路德的童年就是在这种大环境下度过的。

路德的父母都是虔诚的天主教徒，对子女的教育非常严格，他们相信棒打出孝子，特别是对长子路德，在宗教上的要求更为严厉，稍有过失，即被责打。因为当时天主教的教规繁多，一个孩子很难全部遵守。所以，路德经常受到惩罚。他的父亲曾有一天打了他15次。路德后来回忆家庭教育时说："有一次，因为偷吃了一个果子，母亲把我打得头破血流，这也是我后来出家修道的原因之一。"路德的父母是很爱其子女的，他们之所以动辄打骂，是因为当时天主教在西欧各国具有国教地位，而教规多如牛毛，可以说贯穿人的一生，从生到死，时时刻刻，一举一动，均需按教规办理，否则就要受到处罚。如星期五是斋戒日，不许吃奶油，若吃了一点，即违犯了教规，就要惩罚。所以，路德的父母对长子的要求特别严格。

1490年，路德7岁时，就近上了教会小学，教师都是天主教的神职人员。因为当时教会掌握着各级学校，以便灌输天主教的教义。在小学，路德主要学习拉丁文和天主经、圣母经、信经等经文，以及赞美诗，他感到非常乏味。因此，他经常遭到鞭打，在挨打时其他学生均要围观，并为他念悔罪经。有一天，路德因为误用一个名词，被老师打了好几次。这些体罚，在路德幼小的心灵上刻上了深深的烙印。他认为天主教的上帝是严厉的，信仰是恐怖的，在这个环境里他感觉不到一点慈爱。

1497年5月，路德14岁，挥泪告别了父母与乡亲，只身赴马格德堡中学就读。这是一所著名的学校，教育水平较高。但是，在外地读书花销颇大，父母的供应有限，他甚至每天食不果腹。路德无奈，只得和一些贫寒的学生每天上街讨一顿饭。当时德国中小学生乞讨的方法是，个人或几个人到富豪的大门口去唱圣歌，一直唱到施主给予食品为止。但也有为富不仁者，不仅不给任何东西，还大声责骂把他们轰走。路德在马格德堡中学读书一年，其父母觉得他讨饭的生活太苦了，遂于

1498年送他到爱森纳赫城的圣乔治中学就读。其父原指望当地的亲戚们多少能给他点帮助，但却丝毫未得到照顾，依然经常挨饿。有一次，他竟然饿晕在地。因此，路德只能随同贫苦同学上街唱圣歌讨饭，生活依然相当艰苦。我们可以设想，一个孩子如果经常为生活去乞讨，才能坚持学习，这需要多么大的毅力！但路德后来回忆说，这一段贫困的生活并没有什么不好，反而磨炼了他的意志和克服困难的勇气与决心。看来，路德少年时代的艰苦生活对他后来事业的发展和成就不无关系，增强了他对罗马教皇斗争的信心和勇气。

路德在家庭和中、小学所受的教育是正统的天主教神学教育。当时他也是一个虔诚的天主教徒。天主教信仰的内容很多，但其基本点认为：人是有罪的，所以必须拯救自己的灵魂。而教皇是基督在现实世界的代表，所以人们只有参加神职人员主持的圣礼，才能受到上帝的恩宠，得到拯救。此外，还要"行善功"，指做好事，主要包括捐献财物、施舍、帮助他人、购买"赎罪券"等。这就是说，一个人只要表示悔罪，并有一定的行动，经神职人员的赦免，便可得救，死后即可升天堂。这是对一般信徒的要求。天主教会还认为，更积极、更有效的得救途径是修道与苦行，成为神职人员，则可优先升入天堂。

路德自幼所受的都是天主教的宗教教育，而且当时从家庭、学校到社会都被宗教氛围所笼罩。所以，路德在中学毕业以前对罗马教皇的神圣性、天主教信条的可信性，甚至对修道与苦行均深信不疑。这是当时路德的思想和信仰的主流。但是他也受到了一些流行的新思想的影响。

当时在社会上流行的新思想主要有神秘主义和人文主义。这两种思潮都是针对罗马教皇的唯我独尊，天主教的等级制，神权至上，重视死后生活，轻视现实社会，以及教会的腐败而提出的新思想。神秘主义者主张人可与上帝直接交往，只有品德高尚的人，才能与上帝在精神上交流。这就直接否定了腐败的神职人员的神圣性。15世纪最著名的神秘主义团体是"共同生活弟兄会"。他们创办了许多学校，培养青少年。人文主义是欧洲文艺复兴运动的核心思想。人文主义者通过文学艺术作品提倡人的伟大与价值、现实生活的美好与重要，对教皇与教会的腐败作了辛辣的讽刺与揭露。这两种新思潮都自觉或不自觉地动摇了罗马天主教的理论根基，也对路德产生了影响。路德在马格德堡就读的中学就是"共同生活弟兄会"主办的，是一所颇有名气的学校。该校使用人文主义的教学法，讲授古希腊文化的价值和人文主义著作。虽然路德本人当时仍是一个虔诚的天主教徒，后来他也从未直接谈及该校对他的影响，但从他以后的思想发展和表现来看，人文主义和神秘主义思潮已在路德的思想中深深地埋下了一颗种子。

1501 年路德 18 岁时，家境渐佳，其父已担任了市议员，路德考入了爱尔福特大学文科，攻读法律与哲学。这所大学是德意志历史最悠久的名牌大学之一，课程多而且要求严。路德主要修习了逻辑学、修辞学、雄辩术、法理学、天文学、物理学、音乐等。在学习中，他非常勤奋，独立思考，又善于辩论。因此他得了一个"哲学家"的绰号。在此期间，他还学会了弹琴。爱尔福特大学经常开设人文主义学者的讲座，路德因为功课负担重，时间不允许他经常去听讲。但他或多或少地再次接触到人文主义思想。不过，这并未动摇他的天主教的思想基础，他仍是一个天主教的忠实信徒，是教皇及其理论的崇拜者。

1502 年他学完基础课后，获得文学士学位，1505 年 22 岁时，又获硕士学位，而且是仅有的 17 名硕士的第二名。路德获得名牌大学的硕士，给其家庭带来了欢乐。他的父亲为此感到了满足，希望路德成为一名律师，从此步入上层社会。路德的朋友和同学还为他举行了一次火炬游行，以示庆贺。然而，就在此时，他的人生道路发生了重大的、突然的变化。路德没有到社会上就职，而是步入了奥古斯丁修道院，以求得到上帝的恩宠和积极的拯救。

二 获博士学位与新宗教思想的形成

路德进入奥古斯丁修道院做修士，从表面上看，似乎是偶然的决定。其实不然，这只不过是他长期接受天主教教育和一些偶然性事件相联系的结果。在他行将毕业之时，他的两个弟弟相继不幸病故，紧接着其好友亚历克西斯被人杀害，使他悲痛万分，深感人生之短促，生离死别之痛苦，遂产生了出家修道的想法。1505 年 7 月 2 日他在返校途中，于荒郊野外突遇强雷暴雨，顿时，霹雳从天而降，击于其身旁，旁边的大树被劈裂，震耳欲聋的雷声夹着闪电，使路德大惊失色，恐惧万分，以为死亡就要降临。对上帝的恐惧感,使他立即双膝跪倒许愿说:圣安娜(又译:圣亚拿,路德的保护天使)! 救救我,我愿意做修士。后来路德回忆此情此景时说,当时突然死亡的恐惧和极度的痛苦包围着他,使他发了不得已但又很必要的誓言。

他回校后,立即把自己的大部分书卖掉,在自己的房间里举行便宴款待同学。他们弹唱高歌,尽情欢乐。最后,路德宣布了他的决定,致使大家目瞪口呆。一位硕士为何要当修道士呢? 同学们对此疑惑不解,纷纷劝阻,但路德无动于衷,坚决前往。1505年7月17日,他在爱尔福特进入以严守旧规闻名的奥古斯丁修道院,成为见习修士,过着与父母隔绝的生活,开始探求人如何才能得救的问题。

奥古斯丁修道院是天主教的一个重要的托钵修会("钵"是盛食物的盘子,托钵即以讨饭为生)。早年该院修士均沿街乞讨,后来,由于捐献增多,大部分修士均有供应,只需部分新来的修士外出讨饭,作为苦修的一部分。

路德进入该院的第一年受尽了嘲笑与折磨。众修士以贬损一位硕士为乐。他们安排路德看门、扫地、打扫卫生和各种苦工。有一次,他抽暇回屋看书,有个修士说:"你只想耗时间,你还没有提水、砍柴呢,我们这不养闲人。"中世纪圣经稀少,奥古斯丁修院也只有一部供修士们阅读,但置于院内用铁链锁住,以免丢失。有一次,路德也去翻阅圣经,修士们逐之,甚至有一修士还轻蔑地说:你不需要读圣经,只要能念经就行了,你只配出去要钱、米、鸡蛋、鱼,干这些活。果然,不久他就被分配到城里去托钵要饭。路德只得背着口袋,上街乞讨。但本城的市民一般都认识他,对他很尊重,很快便能盛满口袋,返回修道院。路德认为这是他苦修的一部分,并不在意。

他沿街乞讨的情形,很快被其母校的教授们所知晓,纷纷要求修院当局免除其苦役,安排他在修院读书和担任修士。他因此才如愿以偿,开始修习神学。他为了能研读圣经的原文,又继续苦学希伯来文和古希腊文,因为圣经中的《旧约全书》的原文是古希伯来文,《新约全书》是用古希腊文写的。

与此同时,他一面苦读圣经,研究教义。另一方面他想以自我折磨的苦行,甚至鞭打自己,来体会与探讨教皇提出的"积极"得救之效果。这说明他当时对教皇极为忠实,对其理论深信不疑。他以为这样做便可得到上帝的恩宠、喜爱和启示。于是他开始不吃不喝,闭门思过,盼望上帝给予启示。但经数日,他不仅没有得到任何启示和安慰,相反人已昏厥过去。其同班的修士们因几天未见到路德,非常奇怪,便到房间去找他。他们见屋门紧闭,敲门无人答应,便破门而入,见路德已昏倒在地上了,遂唤来众修士连拍带打,大声呼唤,还唱圣诗,路德始渐渐苏醒。路德通过个人的亲身经历证明,仅因个人的行为、善举,包括苦行,并不能得到上帝的恩宠、启示和拯救,也没有找到得救的证据。于是苦行宣告失败。那么如何才能得救呢？这是路德开始重新认真探索的一个根本问题。

路德放弃苦行后,继续研究圣经,得到了新任院长施托皮茨的赞许和喜爱。他特别赠送给路德一部圣经,这在当时确属珍贵的财产。路德的健康也逐渐恢复了,准备接受圣职。1507年4月,他24岁时被晋升为司铎（神父的尊称）。

1508年路德经院长推荐,前往新建的维滕贝格大学从事高级神学研究。这所大学地处萨克森地区,是由萨克森选侯智者腓特烈（1465—1525）于1502年资助建立的新大学。路德研究神学的特点完全是根据圣经的原文,并作出自己的解释,而非依据其他。在潜心研究圣经的过程中,当他读到《罗马书》第一章第17节时,对"义人必因信得生"这句话深受感动,由此他开始了新的神学思考。1509年3月路德在维滕贝格大学获得"圣经学"学士学位,并开始承担部分教学工作。路德的老师、朋友和赞助人施托皮茨对他影响很大。施托皮茨是一位带有神秘主义色彩的神学家,不满意当时天主教会神职人员的纪律松弛与腐败,主张严守教规,并引起了与罗马的一些修会的争论。他派路德和另一修士去罗马参加有关这一问题的讨论会。

1510年底,路德怀着喜悦与朝圣的心情去访问罗马。因为罗马是教皇的驻地,而教皇又自称是上帝在人间的代表,所以他认为罗马一定是一座圣洁、庄严、美好的城市。在他到达罗马郊外时,不禁高声欢呼："我向你致敬,神圣的罗马城！"

然而他在访问罗马期间,所目睹与所想象的全然不同,罗马不是圣洁,而是腐败。他亲眼看到罗马教皇们的骄奢淫逸。他们出入乘高车驷马，住豪华府院，奴仆成群，赌博、酗酒、嫖妓，无所不为。这一切使路德大失所望，他心目中神圣高洁的教皇形象破灭了，罗马城的庄严也一扫而光。他后来回忆说："罗马的局面已不堪述说，那里有撒谎欺骗、偷窃、奢侈、奸诈和其他亵渎上帝之事。在罗马，凡事都是遵照魔鬼的意思行事。"他还说："罗马所有的罪恶，都令人梦想不到，不是亲临其境，决不会信以为真，罗马实在是万恶丛生之地。"教皇的皇宫是"有12个裸女，陪伴在吃晚餐的地方"。"很难描述，而且不可能相信，那里的龌龊究竟达到了什么地步。如果说有地狱的话，那么罗马便是地狱……基督徒愈接近罗马，就愈变坏。谁第一次去罗马，就是去找骗子；第二次，他就染上了骗子的习气；第三次，他自己就成为骗子了。"路德此次去罗马的所见所闻，对他后来否定罗马教皇权起了很大作用。

路德从罗马回到维滕贝格后，成为施托皮茨的拥护者。施托皮茨也逐渐发现了路德的才华。1511年他派路德回到爱尔福特大学攻读博士学位的课程。1512年路德重返维滕贝格大学，被该校授予博士学位，并很快晋升为圣经学教授。这是他终身的职业，讲授圣经，一直坚持到他的晚年。不久，他被选为大学评议会的评议员。1515年，他又兼任了奥古斯丁八所修道院的监督。这是他担任的最高职务。此时他32岁。

在维滕贝格大学，路德除了讲授《罗马书》《加拉太书》《诗篇》等经典外，还经常去教堂布道、讲经。此外，他继续研读希伯来文和古希腊文，吸收人文主义者对古代语言的研究成果，做了大量的圣经注释工作。与此同时，他还研究了人文主义、神秘主义和早期宗教改革家英国的约翰·威克利夫（约1320—1384）和捷克的约翰·胡司（约1369—1415）的改革学说。他们均反对罗马教皇的贪婪与腐败，主张一般信徒与神职人员平等，一般信徒也可以同领圣体（面饼）和圣血（葡萄酒，天主教会不准一般信徒领葡萄酒），并反对教皇兜售赎罪券。胡司因反对教皇，主张改革，被教皇勾结皇帝将他诱杀，处以火刑。路德早在修道院时，就阅读过胡司的著作。在其《自传》中他说："我在图书馆看到胡司演说的抄本，在这些演说里，真的找到了许多东西，我大为吃惊。这个人为什么被烧死？他所引证的圣经符合基督教的道理，很有说服力。"

路德在研究圣经中，特别是研究《罗马书》和《加拉太书》时，产生了一个疑团：圣经中明文记载，"义人必因信得生"，所突出的是信仰，而天主教会强调的是教规和善行，为什么与圣经记载不同呢？他考虑：如果没有信仰，只是表面上遵守律法、教规，施善行，做补赎，靠修道，难道就能够得救吗？他经过多年的沉思冥想，反复对照圣经，推敲各句之间的联系，终于大彻大悟。他认为，宗教上得救最关键的是"信仰"，按照圣经的说法，耶稣被钉死在十字架上，已为人类在上帝面前偿还了人的罪债。因此，只要真正有了信仰，便可得救。这真是"长期思考，偶然得之"。

路德认为，"因信称义"是基督教神学最根本的信条，也是神学思想的核心。后来，路德在翻译德语圣经时，在"因信称义"后面，加了一个"唯"字，故现在我国史学界将其译为"唯信称义"①。其意是唯有信仰，才能成为"义人"。"义人"是基督教的专有名词，其意是无罪的、得救的、自由的、高尚的、能得到永生的人，亦即在宗教上得到解脱的人，心理上平衡的人。这一新的宗教思想为路德创立基督新教打下了理论基础。同时，路德以圣经为依据，反复观察天主教会的神学理论，他发现在中世纪天主教的教义、教规和礼仪中，有许多在圣经中根本找不到依据，而教会的弊端均是背离圣经的结果。

路德根据"唯信称义"的宗教思想讲课和讲道，令人耳目一新，影响很大，深受听众的欢迎，他的名声也随之愈高。维滕贝格附近的教堂也纷纷按照路德的方法，依据圣经和唯信称义的教义布道。

与此同时，路德还经常到所属修院的城市访问，与各界人士交往，进一步了解天主教会的弊端，决心进行改革工作。

1516年，路德以其研读圣经的新观点，写了一份改革天主教会的理论和问题的论纲，作为澄清是非、公开辩论的材料。其中谈到了信仰与得救的关系问题。他提出，人不能先"行义"而后"成义"，而是先"成义"后才能"行义"。其意为，人不能只因为表面上做了一些好事，就能成为义人，而是先有了信仰，成为义人，才会作出真正的善举。这说明，路德的"唯信称义"的新宗教思想此时已经定型。

---

① "Justification by faith alone"，港台学者将其译为"仅因信称义""唯独因信称义"或"藉信称义"等。

1517年2月，他又准备了一份反对天主教传统神学的论纲，欲作为在其他大学辩论时使用的参考和依据。连路德自己也没有想到，这份论纲竟成了点燃西欧宗教改革运动的导火线。

三 罗马教皇的腐败与赎罪券

罗马教皇是天主教会的最高领袖。他自认为是耶稣基督在现实世界的代表，应该拥有比世俗君主更高的权力。当时，各国君主的权力所及，只限本国，而教皇的权力则遍及整个天主教世界。按常理说，作为天主教会的最高宗教领袖与教皇国的最高元首，教皇应该是一位道德高尚，廉洁自律，严守教规的人。但是，中世纪的罗马教皇已腐败透顶，他们本身就是最大的封建领主，教皇们爱财如命，生活腐化堕落，不择手段地搜刮金钱。天主教会规定神职人员不许结婚，但教皇带头娶"妻"生子，妻妾成群，私生子众多。教皇既然如此，主教和神父们当然也就上行下效了。这种情况发展到15世纪，可以说其腐败已达到了登峰造极的地步。马丁·路德开始宗教改革之时的教皇利奥十世（1513—1521年在位）有一句名言：既然上帝安排我们享受，就让我们尽情地享受一下吧！他三日一小宴，五日一大宴，到处寻欢作乐。其宫廷内有683个仆人，为了应付日益增多的开销，他拍卖了39个主教的职位，所得款项超过了教廷的年收入。他下定决心在他去世以前，要把全部钱财挥霍得一干二净。为了搜刮钱财，教皇们达到了不择手段的地步。其中，民愤最大的是发售"赎罪券"。

"赎罪券"，顾名思义，即花一定的钱，买一张教皇出售的有赎罪功效的证明书。教皇发售赎罪券，名义上是为了上帝的某种事业，实际上是为了敛财致富。在神学理论上，教皇宣称，他是基督在世的代表，掌握着最高神权，所以他有权赦免人们的罪责。信徒购买赎罪券是一种补赎和善行，亦即花钱可以免罪。

古代的基督教本无此物，圣经上亦无此一说。赎罪券的起源最早可追溯至十字军东征时期（1096—1291）。这是教皇纠集西欧封建主对地中海东部发动的侵略战争，先后共7次。当时教皇为了号召与哄骗西欧的基督徒参加十字军，宣布凡参加十字军圣战者，均可免除其一切罪责，死后可直升天堂，并发赎罪证明一张，即最初的赎罪券。后来，教皇为了敛财又进一步宣布，凡因种种原因不能参军，但能捐款捐物、资助十字军者，亦可发赎罪证明，具有同样的功效。

此后，罗马教廷为了自圆其说，制造了一个教皇掌握"善功宝库"的理论。其内容是，圣母玛利亚和众多圣徒，积累了大量"善功"，他们为升天堂所需的"善功"早已绰绰有余，余下者存于"宝库"之中。而一般信徒中有许多人的"善功"不足以升天堂，尚需入炼狱。教廷神学家提出，教皇掌握着"善功宝库"的钥匙，谁购买赎罪券后，教皇便可从宝库中，拨一定的"善功"给你，足以使你升天堂。这便成为赎罪券功效的神学理论依据，使教皇发售赎罪券合理化、合法化。到14世纪后，这种交钱免罪的办法逐渐以公开出售赎罪券的形式进行。教皇大量印制面值不等的赎罪券，如同其他有价证券一样，投入市场，派人沿街叫卖。教皇本尼狄克十二世（1334—1342）曾制定了一个公开的价目表，犯不同的罪行，价格各异，具体价目是：

罪名	赦免价
杀人罪	8个金币
谋杀双亲或兄弟姊妹	6个金币
在教堂犯奸污罪	6个金币
伪造文书	7个金币

…………

1476年，教皇西克斯图斯四世（1471—1484年在位）又把赎罪券扩大到在"炼狱"中的亡灵。天主教的教义规定，除地狱外，还有"炼狱"。地狱是永久性的，永无翻身之日；炼狱则是基督徒生前的罪虽已赦免，但有些尚未作完补赎的灵魂，将要进炼狱，待修正炼净罪责后，才能进天堂。如果一个人生前犯有小罪，也要进炼狱。教皇把赎罪券的功效扩大到已死去的人，是他扩大财源的新手法。因为这就要求人们不仅要为自己买赎罪券，还要为已死去的亲属和祖先们购买赎罪券。

教皇发售赎罪券不仅在数量上不断增加，而且发售次数也日益频繁，1500、1501、1504和1509年均发售了赎罪券。这种变本加厉的搜刮，早已引起各国、各界的不满。16世纪初年，英国、法国、西班牙等民族国家已经兴起，经常抵制教皇在其领土上发售赎罪券。而此时四分五裂的德意志，则成为教皇宰割的重点。赎罪券集中在德国发售，必然引起了德意志各阶层的不满。不仅农民、手工业者、市民深受其害，即使是地方上的诸侯、贵族看到本地的滚滚财源流入罗马，也怨声载道。路德任职的维滕贝格大学所在地，萨克森的选侯腓特烈就曾限制过教皇在其领地发售赎罪券。一些中、小贵族也表现出了强烈的反感和不满。有关这类的故事很多，仅举一例说明。

据说当时萨克森有一个男爵，当他听到教皇的特使吹嘘赎罪券的功效时，按捺住心中的怒火，表面谦恭地问特使说：你说赎罪券什么罪都能赦免，我现有一种罪不知能否赦免？特使问：你是什么罪？男爵说：我的罪还没有犯，只是想先买一张，以便将来犯，不知赎罪券是否有效？特使答道：当然有效，但是你这张赎罪券特殊，价格当然要贵一些，那么你计划犯什么罪呢？男爵说：我有一个仇人，想痛打他一顿，但决不伤害他的筋骨，也不让他流血，不要他的东西。不知能不能赦免？特使听后，认为这是发财的好机会，便说：我是教皇的全权代表，你这点事不算什么，我有权预先赦免你的罪，但要收15个金币。男爵说：这太贵了，能不能少一点？双方一再讨价还价，最后议定了双方都满意的价格，达成了交易。特使专门为他写了一张赎罪券，不仅写明了罪的具体内容，而且写上了已预先赦免了他的罪。男爵满意而去。过了几天，特使在该城卖完赎罪券后，收拾行装与随从们出北门，计划到下一个城市去兜售。当他们出了北门行走数里后，忽然从路旁小树林里窜出一伙强人，猛地一把抓住了特使的衣领，几个小伙子上来七手八脚狠揍猛打，特使痛得哇哇直叫。众人一呼而去。特使大怒，宣布立即回城，令官府缉拿凶手。官府亦很震惊，教皇的特使被打不是小事，丝毫不敢怠慢；连夜缉拿男爵归案，并在公堂上审问。男爵坦白地承认了痛打特使的事实后说，上帝已经赦免了我的罪，并呈上了特使给他写的赎罪券。法官看后问特使：他抢劫了你的财物吗？特使说：没有。又问他打得你伤筋动骨了吗？特使回答说：没有。你流血了吗？回答说没有。法官旋即对特使说：你是教皇的全权代表，有权赦免众人的各种罪，这张赎罪券已写得很清楚，你已经预先赦免了男爵的罪，上面有你的签名,现在宣布退堂。特使哑口无言,只得灰溜溜地走了。类似的故事不胜枚举,说明了当时德意志各阶层,包括中、小贵族,对教皇出售赎罪券搜刮钱财的不满程度。当时甚至天主教教士对此举也很不满意。有的说:这简直是不可思议的事。一个人故意犯罪,竟然能得到教皇的赦免,难道教皇的权力竟高于使徒、天使、圣母玛利亚,而与基督处于同等的地位吗?

1517年,教皇利奥十世为修缮罗马城的圣彼得大教堂再次发售赎罪券。他没有想到,由此导致了马丁·路德发动的宗教改革运动。

四 路德发表《九十五条论纲》,点燃了宗教改革运动的烈火

路德发动宗教改革运动的直接原因,是教皇于1517年再次发售赎罪券。这次赎罪券的收入名义上是修教堂,而实际上是教皇与德意志勃兰登堡大主教相勾结的产物。当时勃兰登堡的大主教、多明我会会士阿尔布雷希特曾数次险些被教皇免职,为了保住这一职位,他必须贷款贿赂教皇,为此,他欠下了一大笔债。教皇为了使阿尔布雷希特能偿还债务,便允许他在德国发售赎罪券,所得金额的一半归教皇,作为修缮圣彼得大教堂之用,另一半则归阿尔布雷希特还债。此次的赎罪券并没有在路德所属的教区内发售,只是在其边境地区推销,因为萨克森选侯智者腓特烈抵制在其领地内兜售赎罪券,以便可以顺利地征收他自己规定的税收。

承包这次赎罪券的推销人是多明我会的修士台彻尔(Johann Tetzel,1465—1519),此人能言善辩,口若悬河,自1500年开始,他的主要工作便是贩卖赎罪券,具有多次的推销经验。他每到一个城市的郊外,便要求该城的地方官、修士、修女和学校师生以及各界的显要人士出城迎接他。然后,与大家一起排成庄严的行列进城。队伍的最前面是教皇钦赐的红十字架,象征教皇的权力,后面是教皇颁发赎罪券的教谕,用金线绣在天鹅绒上,以示隆重,众人手持蜡烛,并有乐队伴奏,吹吹打打,簇拥着台彻尔进城,到教堂前的广场上。此后,即由台彻尔在围观的群众面前,宣读教皇的教谕,吹嘘赎罪券的功效。然后即行兜售,依

据罪责卖不同价格的赎罪券。他在宣传赎罪券功效时，可谓费尽心机，信口开河，吹得天花乱坠。他说：

"现在请留心听，上帝和圣彼得正呼唤你要考虑你的灵魂和你那些去世亲人的灵魂的救恩……现在你留心，听你去世的亲友的声音，他们恳求你说：'可怜我们，可怜我们。我们正在悲惨的痛苦中，你用少量金钱便能救赎我出来。'你不希望吗？要张开你的耳朵，听做父亲的对儿子说，做母亲的对做女儿的说：'我们生你，养育你，使你长大，把财产遗留给你，而你这样残忍，心这么硬，现在不愿意花这样少的钱使我们脱离痛苦。'要记住，你能解救他们，因为钱币叮当一声落入银库，灵魂立即出炼狱。"

当路德获悉台彻尔关于赎罪券功效的无耻吹嘘，并有一些信徒向他请教是否可信时，他愤怒地拍案而起，表示一定要戳穿其骗局。他连夜奋战，用拉丁文写出了《关于赎罪券效能的辩论》一文，又称《九十五条论纲》，于1517年10月31日中午，钉在万圣堂的大门上，时年34岁。此门是专用于公布学术活动的公告栏。路德此前已贴文宣告：由于对真理的热爱，以及希望将真理明朗化，下列诸问题，将在维滕贝格讨论。由马丁·路德担任主席。他要求无法参加口头辩论的人，可以通信的方法，提出问题辩论。这个教堂是萨克森选侯腓特烈在维滕贝格新建的教堂，这一天恰是开幕之日，"论纲"刚刚贴出，便有许多人来观看。

在"论纲"中，路德否认教皇有权赦免任何人的全部罪责，他认为最多只能赦免违反教皇规定的教规的罪责（第3条），所以那些推销赎罪券的人说可挽救人的一切惩罚是错误的（第21条）。他要求对那些听任这些谬论在信徒中流传的神职人员加以问罪（第80条）。他提出：每个真正悔改的基督徒，即使没有赎罪券，也可以脱离惩罚和罪责（第36条）。他还指出，那些说教皇的赎罪券乃是上帝使人与自己和好的无价恩赐的人，是我们应当特别警惕的（第33条）。这些内容实际上否定了教皇的神圣性，并向教皇的权威发出了挑战。但路德写"论纲"时的初衷，并无意发动宗教改革运动，也无意全面批判和否定罗马教皇，更无意脱离天主教，另建新教。其本意只不过是揭露与斥责台彻尔对赎罪券功效的无耻吹嘘。所以，"论纲"的公布只能说是他反对罗马教皇的第一步，仅仅是开始。

但即使路德最初并没有想到"论纲"发表的广泛影响。当拉丁文的"论纲"张贴后，立即被维滕贝格大学的学生译为德文，并印刷传送，在两周内传遍了德意志，不到四周，传遍了整个西欧地区。特别是在德国，"论纲"像一个火花落入火药桶一样，顿时骤起星火燎原之势，得到了各阶层的回应。他们从各自的不同角度加以理解和解释。市民认为，这是反对罗马教皇的腐败与专制，进行宗教改革运动的开始。封建诸侯与贵族把它看成是摆脱罗马教皇的政治控制和经济盘剥，夺取教会财产的大好时机。农民和平民则认为这不仅是反对外来封建势力罗马教皇的开始，而且也是反对国内封建压迫的信号；要和一切封建统治者算总账。由此，路德的"论纲"顿时成为德意志各阶层均接受的共同纲领。路德也顿时成为德意志民族的精神领袖。"论纲"也成为德意志知识分子谈论的中心。他们认为，"论纲"是成千上万人期待已久的抗议，表达了几代人的呼声，并得到了当时最著名的人文主义者伊拉斯谟[①]的赞扬。他说：每一个善良的人都同意路德，我想除了少数靠炼狱生活的人而外，没有一个人不赞成路德的论文。

而路德本人则静观事态的发展，他把若干册"论纲"送给主持此次赎罪券发行的、多明我会的大主教及其主教们。同时，他计划开始翻译《新约全书》。恰在此时，维滕贝格大学来了一位年轻有为的、21岁的希腊文教授菲利普·梅兰希顿（Philipp Melanchthon，1497—1560）。他性格温和，态度和蔼，且学识渊博，口才出众，交往甚广。他的古希腊文水平优于路德。他们很快就成为挚友，以至终生。路德把梅兰希顿视为他的得力助手，并共同准备着手翻译《新约全书》。

五 奥格斯堡会谈与莱比锡辩论

大主教阿尔布雷希特收到路德的"论纲"后，又看到德意志各阶层群情激昂的形势，因而惊恐不安。他于1517年12月将此事件呈报给罗

[①] 伊拉斯谟（Erasmus，1466—1536），尼德兰著名的人文主义思想家和神学家，著有《愚人颂》等。

马教皇，要求教皇禁止路德的言论和行动。台彻尔一伙也于12月，针对路德的"论纲"，写了《106条驳论》，批判路德。他们把"驳论"印刷成小册子到处兜售。当小册子在维滕贝格被沿街叫卖时，一些大学生包围了贩卖者，将800份小册子当场焚毁。

但当时教皇尚未认识到路德的"论纲"后果的严重性，竟狂妄地认为，这只不过是一个喝醉了酒的德国奥古斯丁会士的呓语，等他酒醒之后，便不会瞎嘟囔了。罗马的多数高级神职人员也认为这不过是多明我会与奥古斯丁修会之间的一场争论，没有什么值得大惊小怪的。

后来，教皇逐渐察觉到了事态的严重性，因为"论纲"的传播不仅阻碍了赎罪券的发售，更重要的是反教皇的声浪日益高涨。教皇欲先给路德一点颜色看看，来个下马威。遂于1518年4月授意德意志奥古斯丁修会罢免了路德担任的最高职位——修会监督之职。在当时情况下，这是一项重要的免职，但路德对此毫不在乎，反而感到快慰，认为卸下了此包袱，可全力投入神学研究，定会做出更大的贡献。

教皇见此举无效，便于1518年颁布敕令，命路德去罗马受审，在众大主教面前说明他反对赎罪券的观点和根据。但由于德意志各界的支持以及萨克森选侯腓特烈的庇护，教皇的这一阴谋未能得逞。

此时，德国因戈尔斯塔特大学的神学家约翰·埃克（Johann Eck，1486—1543）深深感到路德倡导的思想对天主教传统神学的危害性。他说：路德的思想完全是异端邪说，是欲震撼教廷的宝座，天主教的大厦已岌岌可危，只要从基础上拆下几块基石，墙身就保不住了。他撰文反对路德的思想，批判"论纲"，并上诉罗马，控告路德为异端。还有一些地区的主教也给教皇写信，要求教皇按异端罪行烧死路德。

教皇利奥十世见路德拒不听命，于是决心除掉这个异端。他采取了两个措施。第一，他派人把传路德到罗马的传票送给奥格斯堡的教皇亲信卡耶坦（Thomas Cajetan，1469—1534），让他交给路德，并告知如不听命，将开除其教籍，以此威胁路德从命。第二，他派出使节会见腓特烈选侯，说服他不要支持路德，并宣布将要送给腓特烈金玫瑰勋章，这是教皇赠予世俗诸侯的最高荣誉，以收买选侯腓特烈。使节见到选侯后，费尽心机，多方劝说，但腓特烈坚决庇护路德，教皇对此亦无可奈何。因为德意志皇帝的选举迫在眉睫，腓特烈在选举中很有影响，所以教皇不敢得罪他。经多次会谈，双方妥协的结果是令路德在奥格斯堡与教廷驻德意志圣使卡耶坦会谈并受审。

1518年10月7日，路德被传至奥格斯堡与卡耶坦会谈。路德临行前，腓特烈选侯赠送20个金币作为路费，并派一位法学家担任他的顾问。会谈中，他们讨论了赎罪券以及信仰与圣礼的关系等问题，卡耶坦欲迫使路德承认错误，而路德拒不承认。当讨论到教皇所坚持的"善功宝库"时，双方发生了激烈的辩论。由于路德坚持己见，卡耶坦大怒，高喊：滚出去！并说：你如果不撤回自己的观点，就不再会谈。双方不欢而散后，卡耶坦秘密策划，欲把路德绑架到罗马。但路德很快得到了消息，在友人的帮助下，星夜从暗道逃离奥格斯堡，返回了维滕贝格。

1519年3月，教皇见以威胁手段未能使路德屈服，便改用利诱。他传信给路德说：只要路德收回自己的观点，将授予主教的职位。教皇的这一许愿可以说是破天荒的。因为中世纪的天主教会规定，主教和主教以上的职位只允许贵族担任，而路德虽然是教授，却只是一介平民，所以没有担任主教的资格。但路德对教皇的这一利诱毫无兴趣，无动于衷。

教皇进一步开展攻势，派教廷司库米尔蒂茨赴德国维滕贝格，力劝路德，以求和解。米尔蒂茨到德国后，唯恐贸然面见路德碰一鼻子灰，所以他首先托路德的朋友、萨克森选侯的秘书从中疏通。经路德同意后，二人会晤，米尔蒂茨对路德好言相劝，请求路德照顾大局，二人一度达成协定（其内容是，为共同防止教会分裂，教皇将不再坚持要求路德去罗马受审，争论可以在德国主教主持下通过谈判解决；路德同意不再发表新的煽动性言论，并写信给教皇表示效忠）。1519年3月，路德按此协议写信给教皇，表示自己从未有意损害罗马教皇的威信，并承认教皇的权力在世俗世界高于一切。但他并未表示从此收回自己的观点。

路德本以为此协议可平息事端，彼此相安无事。但事态的发展并不以路德的意志为转移。教廷中以埃克为代表一批神学家，并不善罢甘休。埃克认为，《九十五条论纲》激起的反教皇浪潮已冲击到整个罗马教会，要求继续论战，严惩路德。他对路德重新发起了挑战，路德被迫还击，从而导致了1519年夏天的莱比锡公开辩论。

这场公开辩论是埃克的一个阴谋。他以为在此以前，路德只是公开否认赎罪券的部分功效，并未直接否认与攻击罗马教皇的言论。埃克欲在此次辩论中诱使路德发表直接攻击教皇的言论，以便置路德于死地。而路德在"论纲"公布后的两年时间里，针对社会上各种强烈的反响，也进一步思考并引申到罗马教皇权的问题，但他并未公开发表过这方面的有关言论。所以他认为，这次公开辩论是他把宗教改革运动引向深入的大好时机，因此他决定应战，出席辩论。他的决定得到了维滕贝格大学师生及其支持者的赞同。维滕贝格大学校长亲自护送路德去莱比锡，同时还有梅兰希顿陪同，教师、学生200余人执戟戴盔武装护送路德前往，一路上浩浩荡荡，气势壮观。

在1519年6月27日至7月8日的莱比锡辩论会上，路德与埃克首先就赎罪券的功效问题展开辩论，继而深入到出售赎罪券的教皇与教会。在辩论中，埃克气势汹汹，强调教皇是基督在世的代表，因而具有最高的权威，所以教皇永无谬误。路德以圣经为依据，否认教皇是基督的代表，提出圣经上根本没有关于"教皇"一词的记述。他说，没有教皇，教会依然会存在。此语一出，是路德公开否认罗马教皇权力的开始，也是宗教改革运动的重要转折。对此，与会者为之震惊，并迅速地传到了西欧各地。路德的发言始终是依据圣经，持之有故，有理有据，埃克则理屈词穷，无言以对。但他的确是一个狡猾奸诈的老狐狸，在此劣势下，他不仅保持了头脑的冷静，而且还进一步施展诡计，诱使路德自己承认支持异端，以便按此定罪。于是埃克把话锋一转，他说：多才的博士，如果您当真反对胡司派，为什么不公开驳斥他们呢？路德此时此刻明确果断地表态说："胡司提出的理论，有许多出自基督与圣经的真理，判处胡司为异端是错误的。"路德支持胡司的这一言论，使埃克欣喜若狂，以为抓住了路德的把柄，说明路德公开地为胡司翻案，为异端张目，凭此，就完全可以判定路德为异端分子，于是便草草结束了这次辩论。

会后，埃克到罗马向教皇利奥十世亲自报告了路德的"反动言论"，要求教皇判处路德以重罪。教皇听到后，异常愤怒，但他对路德的理论在德国到底有多大的影响，尚有怀疑，遂派了一个特使前往德国进行调查。特使回来报告说：德国的形势非常严峻，十分之九的德国人高喊支持路德，剩下十分之一的人高喊罗马教皇该死。教皇大怒，下定决心严厉制裁路德。

1520年6月15日，教皇发布诏书，斥责路德是闯进葡萄园的狐狸和野猪；指出路德的41种著作中的宗教思想为异端邪说或纯属恶意诽谤；各地应将路德的著作全部焚毁；路德在60天内，如不放弃自己的观点，将被开除教籍。教皇还下令要求德国各地诸侯按诏书行事，并派埃克与教宗特使赴德国监督诏书的贯彻执行。

教皇利奥十世自以为是基督教世界的最高领袖和西欧的太上皇，颁发这一诏书定能镇压与震慑路德及其支持者，但教皇在德国的权势已今非昔比，不可能完全行之有效了。而路德在莱比锡辩论后，德国各阶层，包括平民与许多诸侯，均支持路德对罗马教皇的抨击，而且呼声日高。所以诏书在德国并未真正落实，许多诸侯、城市和大学都加以抵制，拒不执行。埃克的日子也很不好过，他到处遭到唾骂，甚至被殴打。因此，他在莱比锡只得找一个避难所隐藏。而路德经莱比锡辩论，公开了个人的观点后，进行宗教改革的信心更加坚强。他早已预料到了教皇必会加以报复，所以面对教皇的诏书毫无畏惧。他以敢为天下先的大无畏的革命精神，于1520年12月10日在维滕贝格公开烧毁了教皇的诏书，从此走上了与罗马教皇彻底决裂的道路。

早在"论纲"发表前后，路德就已经思考到了"罗马教皇权"的问题。他经过多年的圣经和教会史的研究，以及对早期基督教的了解，对否定"罗马教皇权"及其理论支柱，早已成竹在胸。但由于教皇的权势之大，地位之高，使他不敢过早坦率地发表自己的观点。经过莱比锡公开辩论，亮明了自己的看法后，他已无所顾忌，在各界人士的支持下，他公开著书立说，破釜沉舟，发表了三大名著，将他的神学思想与政治思想，具体地、明确地公之于世。

六　摧毁教皇至上的三大理论支柱

路德在莱比锡公开辩论后，对教皇的斗争有了新的认识，他认为，要拯救教会，只有斗争到底，软弱、后退均无出路。他感到背后有诸侯、市民、农民的支持，不必惧怕教皇的恐吓，同时，也为此而受到鼓舞。当时有的朋友劝他，不要走得太远了，言辞应缓和一些。路德回答说：我过去攻击教皇的虚伪和罪行的用语太温和了。他还说：要用剑，别用笔，上帝的语言便是剑，就是战争、改革。现在，要运用百般武器，讨伐教皇。在莱比锡辩论后不久，于1520年夏，他以一泻千里之势，发表了他的三大名著：《致德意志基督教贵族的公开信》《教会被掳于巴比伦》和《基督徒的自由》。在书中，他全面地阐述了其神学思想与政治思想。

罗马教皇在西欧居于太上皇的地位，不仅仅因为他是西欧最大的封建领主，敛财手段多样，经济上富有，更重要的是因为他是西欧的宗教与精神领袖，掌握着遍及各国的天主教会。为了维护教皇至高无上的地位，天主教有一整套神学理论及其支柱，以论证教皇至上、神职人员至高说教的正确性。其神学理论支柱主要有三：

第一，教皇是上帝在现实世界的代表，这是教皇的一大法宝。因为基督教信仰的神是上帝，教皇宣称自己是上帝的代表，当然就成为世界上独一无二的最高统治者，凌驾于一切人之上，包括皇帝、国王、贵族，都要听从他的调遣。所以，他在西欧享有最高的权威，具有对世俗政权和万民的领导权、圣经解释权、教规立法权、赎罪赦免权、终审判决权，并且言出法随，他的决定就是教规，任何基督徒均不得违反。这种专制君主式的宗教领袖在人类历史上是罕见的。

第二，"圣礼"得救论和"善功"赎罪论。天主教会认为，世人的祈福与赎罪只有通过神职人员主持的七项圣礼，才能与上帝取得联系，始能得到降福与宽容。个人在其他场合均不可能与上帝直接交往，因而离开圣礼便不能得救。同时信徒必须行善功，做好事，包括购买赎罪券，才能赎罪，减轻或免除"炼狱"之苦。

第三，教士特权论。罗马教廷认为，教皇握有耶稣基督通过门徒彼得授予的神权，亦称"钥匙权"，即打开天堂大门的权力。这种权力由教皇授予主教，主教授予神父，因此各级神职人员掌握着神权，是上帝与人之间的中介，唯有他们主持的圣事，始能生效，得到神恩。他们的理论是，神职人员是受了神的"印记"的人，是"属灵的等级"，所以高人一等。一般基督徒，包括皇帝、贵族在内，均为"属世的等级"。当时的西欧社会也据此划分为三个等级：教会贵族为第一等级（包括主教以上的教职和修院院长等），第二等级是世俗贵族（皇帝、国王、公爵、伯爵、侯爵以及子爵、男爵等），第三等级为市民、农民、平民、手工业者。天主教会认为，第一等级是属灵的等级，不论其本人道德品质如何，都是"特殊"的人，高于世俗人士的人，所行的圣事均有效。因此世俗百姓只能听从他们的摆布，匍匐在他们的脚下，像对上帝一样，恳求哀告。

路德集中世纪宗教改革之大成，以圣经为依据，在三大名著中，抓住了罗马教皇主张的神职人员是"神人中介"这一理论要害，提出了划时代的"唯信称义"理论，一举摧毁了教皇的三大理论支柱。这一理论在圣经中已有记载，如《罗马书》中即有"义人必因信得生"，"凡信他的都得到义"。这一思想过去都译为"因信称义"，路德认为在德语中，只有译为"唯信称义"才符合圣经的原义。他说："灵魂称义不因任何行为，仅由于信仰"，"你可以通过这种信仰而成为新人，使你一切的罪都得到赦免"。意即唯因信仰，而不是由于其他，亦不需要神人中介，都可以得救。人有了信仰，根本就不需要神职人员的圣礼，也不需要念经、斋戒、施舍、朝圣、购买"圣物"和赎罪券等，就可以得到上帝的承认与恩典，得到上帝的"生命、真理、光明、和平、正义、救恩、快乐、自由、智慧、能力和光荣，以及我们所估计不到的各种幸福之道"。路德的这一简明的教义，打破了神职人员垄断人与上帝联系的特权，建立了人与上帝的新型关系，满足了人们宗教上的需要。人人都可在阅读圣经的基础上，产生信仰，从而得到宗教上的解脱。这就把以罗马教皇为代表的天主教会和神职人员抛到一边，成了多余的人，无用的人。当时，法国有一位主教对这一点认识非常深刻，他一针见血地说：路德的"唯信称义"使他们成为失去了咸味的盐。

在三大名著中，路德进一步提出了新的教会观、圣礼观，和一般信徒都是神职的平等理论。他认为，按照圣经，教会是一切基督徒的集合，哪里有基督徒哪里便有教会。基督教除了基督是领袖外，没有别的领袖。教会在现实世界上没有"头"，主教和教皇都不能统治它，只有天上的基督是"头"。这一理论就从根基上否定了教皇存在的合理性与合法性，彻底否认了神职人员的特权。

路德的圣礼观认为，凡圣经中无记载的圣礼，一律无效，只保留洗礼与圣餐。他还说：每个基督徒，经大家同意，都可以主持圣礼，均能生效。我们都是神职，彼此没有区别。由此就彻底地剥下了教士的神圣外衣，否定了他们的特权，体现了人人平等。

路德的这些新理论，公开而有力地否定了教皇至高无上的地位，摧毁了罗马教皇权的神学理论支柱，剥下了教皇最高统治权的神圣外衣，把基督徒从教皇的禁锢下解放出来，为路德反对罗马教皇、争取民族自主的政治思想提供了神学依据和武器。所以，"唯信称义"是路德政治思想的神学理论基础。

七　路德的爱国政治纲领

路德自幼年时代起，就深受德意志国弱民贫之苦，长大成人后逐渐认识到其原因在于罗马教皇的外来干涉与搜刮。所以他在三大名著中，提出新的神学思想的同时，也提出了他的爱国政治主张，使德意志走上富强之路。其政治思想主要有三点：

第一，驱逐罗马教廷的政治特权、经济势力于国土之外，实现民族自主。

他首先揭露了教皇的野心与阴谋。他说，"教皇的野心是想统治世界。他既想当教皇，又想统治德意志帝国。他给我们一个帝国的虚名，而他和教会占有我们的城市和土地，窃取我们的财富、权力和法律。他没能当上皇帝，至少成功地做了太上皇。他羞辱我们的皇帝，让皇帝吻他的脚，当他骑驴时，还让皇帝给他执蹬扶缰。这哪像一个独立的帝国和掌权的皇帝呢？"所以，必须驱逐罗马教皇的势力于国土之外，废除他的特权，实现民族自主，德意志才有出路。

路德继而分析德意志国弱民贫的原因。他说，德国人赖以生存的土地大量被教皇侵占，德意志一半或一半以上的土地属于罗马教会。每年从德意志流向罗马的现金达30万金币以上。它通过赎罪券、教区、修道院、主教区、牧职把德国的金钱和财富吸尽。因此，必须号召、呼请与依靠德国的君主和贵族，以武力驱逐教宗的势力于国土之外。他说，如果诸侯和贵族不迅速地对此加以武力干涉，德意志就快要灭亡了。君主、国王、贵族应把罗马来的这些恶棍驱逐出境，把教皇窃取的权力夺回来，使德意志民族不再受外来势力的干涉和剥削，让教皇把他从帝国搞到的一切交回来，让帝国成为名副其实的帝国。路德的这一主张对诸侯、贵族具有很大的号召力，促使他们有理、有据地夺回教产，同时，对农民运动也起到了推动作用。按路德的想法，在驱除外来势力，实现民族自主后，建立一个完全独立自主的国家。

第二，政教分离，君权独立，建立民族的与廉俭的教会。

路德认为，政教不分是教皇窃取与滥用政治权力的借口和漏洞，危害极大。他主张建国的一条重要原则是"政教分离"，政府不干涉信仰，教会不干涉政治，二者各司其职，分管世俗生活和精神生活。他说，教皇和主教只应宣扬上帝之道，但他们现在却放弃了这个责任，变成了世俗君主，干涉政治和法律，这完全是本末倒置。同样，政府也不要干涉信仰，应注意完成自己的事务，允许人们按照自己的能力和意志信这信那，决不要用暴力强迫人们，因为信仰是自由的，没有人因受逼迫而产生信仰。

君权独立是路德针对教皇干涉政府行使职权而提出的一项进步主张。因为当时神职人员实际享有"治外法权"，即使犯了罪，也只能受宗教法庭的审判，世俗政权不得过问。路德提出，政府的权力应及于一切人，不管是教皇、主教还是神父，均不能例外。他特别强调独立的司法权，各国应按自己的法律行事，具有终审判决权。凡属世俗的事，任何案件都不应送到罗马审理。

建立民族教会是路德民族独立的思想在宗教上的必然反映。他提出一切教会的职位都应该脱离罗马教会，今后，主教的任命由德国主教会代自己决定。在经济上，德国教会的钱财和任何俸禄都不准流入罗马。这说明路德的民族教会的特点是在组织上、经济上、政治上斩断与罗马教皇的关系，实现教会的独立自主。

为了适应市民的需要，路德提出宗教信仰要在时间和金钱上厉行节约，亦称廉俭教会。他认为天主教的节日繁多，危害极大，既荒废了工作，又浪费了钱财。还有的人借节日之机喝酒、赌博。所以他主张只保留圣诞节和复活节，其他重要节日合并到礼拜天。同时他还提出减少圣礼，简化圣礼，天主教原有的七项圣礼减少为两项，仅保留洗礼和圣餐，时间也缩短一些。此外，他主张废除罗马教皇的一切敛财手段如朝圣、作超度弥撒、贩卖赎罪券等。他还建议德意志民族通过法律和命令，禁止奢侈、贪食、醉酒、铺张浪费、大吃大喝、奇装异服。

第三，批判等级制度，为市民争取自由、平等。

中世纪西欧的等级制是封建制度的重要组成部分。它分为属灵的等级和属世的等级，在属灵的等级中又实行三级圣品制，即主教、神父、辅祭三级。属世的等级又分为世俗贵族和第三等级，以做到尊卑有序，贵贱有别，等级森严，层层控制，公开地维护人与人的不平等的制度。

路德代表新兴的市民对此极为不满，进行了猛烈地抨击。他以一般信徒均属神职的理论反对"属灵""属世"的划分。他说，这种划分完全是一种谎言和虚伪，"神职"乃是一种服务和职分，他们并不比其他基督徒高贵或优越。教俗之间实际上没有差别，即使有所差别，也只是工作和职务上的不同，而不是等级上的差异，亦无高低贵贱之分。基督教世界的神职无非是执行公务的职员，他在职时做这个工作，一旦去职后，就和其他人一样，仍是农民和市民。

在此基础上，路德进而提出世俗间的平等。他认为，贵族与市民、农民一样，亦无贵贱之分，不管是男是女，是王侯贵族还是农民，大家都一样。在基督徒之间除基督外，没有尊长，大家都是平等的，有同样的权力、权利、禀赋和荣誉。他说，人与人之间的关系是相互服务的关系，掌权的人只不过是受委托，以武器惩罚恶人，保护善人。他们和工匠、农民一样，各有各的职务。由此说明，路德不仅主张教俗之间的平等，而且也提出了世俗人之间的平等。当然，在那个时代，路德要求的只是教俗之间思想上的平等，宗教上的平等，所争取的是世俗之间政治上的平等，特别是第三等级与贵族的平等。但这确是一个进步的主张，为资产阶级参与政治进行呐喊。

路德为了反对罗马教皇的思想禁锢和精神独裁，提出了信仰自由的主张。他认为，人们的信仰完全应由个人决定。每个人应对个人的信仰负责，他人不必干涉。他说不能强迫命令，压制信仰自由，如果用暴力强迫人信这信那，不但无益，而且也不可能，这必须用别的方法达到，而不能用暴力去完成。他提醒当权者说：不要以法律强制人们的信仰，谁"若想用法律和命令强迫人们的信仰，他们就是蠢人……他们的目的达不到而且也不可能，他们无论如何发怒，除了使一些人在言行上服从他们以外，什么也达不到……他们这样做，只能强迫良心软弱的人撒谎，说一些言不由衷的话"。

经过宗教改革运动和农民战争，路德的政治思想和纲领基本上得以实现。由于德意志诸侯势力强大，皇权衰落的原因，最后并未实现皇帝统一领导下的德意志帝国，而且，一部分地区仍然保留了天主教的信仰和等级制。这是德意志具体的历史条件造成的。路德本人只是一位思想家和教授，把德意志未实现统一的责任归咎于路德，有欠公允。他能提出国家统一的思想和纲领已属难能可贵了。

八 "这是我的立场"

1520年路德发表了他的三大名著，彻底揭露与批判罗马教皇制度，从而更加激怒了教皇，决心置路德于死地而后快。但是，路德背后有萨克森选侯腓特烈作为靠山，致使教皇鞭长莫及，无可奈何。教皇曾费尽心思讨好与收买选侯腓特烈，曾许诺颁赠给他金玫瑰花勋章，允许维滕贝格教堂发售赎罪券，并恩赐其私生子以圣俸，用这些诱人的条件换取他放弃对路德的支持。但选侯腓特烈早已洞悉教皇的手法、花招及其实用主义的态度，并不为此所动。当然，他也没有公开发表赞同路德的言论，只是暗中支持路德。所以，教皇只得把希望寄托在德意志皇帝身上。

当时德意志的老皇帝已于1519年去世，应由其孙查理五世（1519—1556年在位）继任皇帝，但在德意志，皇帝需由有选举权的诸侯选举产生。当时德意志诸侯的势力强大，查理五世为了顺利当选，不惜重金收买，花了85万金币贿赂诸侯，始当选为皇帝。由于西班牙的事务，他迟至1520年11月才回到德国行加冕礼。查理是一个虔诚的天主教徒，他的加冕礼亦需教皇主持，而教皇的条件是皇帝必须制裁路德，二人一拍即合，很快达成了协议，查理五世遂加冕即位。

教皇于1521年1月正式发布了开除路德教籍的教谕，并派圣使亚良德前往德意志，监督与协助查理五世制裁路德。年轻的皇帝查理五世对路德的案件感到非常棘手，因为众诸侯实力强大，而且意见分歧严重，大致上分为三派。按照圣使亚良德和一些反对路德的诸侯的意见，此问题很简单，教皇已有旨意，应由皇帝独裁决定，亦不需经过审判和听取其他人的意见，即行宣判。

而另一批以选侯腓特烈为代表的诸侯，他们反对不经审判、不听路德本人的申辩，就加以判刑。他们要求必须澄清是非，允许路德申诉，然后再决定是否判刑。亚良德又亲自会见腓特烈，请求他逮捕路德。腓特烈征求伊拉斯谟的意见，伊拉斯谟说：路德捍卫教会的主张不应该被制止。腓特烈选侯又问他，马丁·路德有什么错误？他回答说：有两条，他攻击戴着皇冠的教皇和鼓着肚子的教士。于是，腓特烈婉言拒绝了亚良德的要求。

还有一些中间派，主张由皇帝、英王和匈牙利国王指定一个公正的、不偏不倚的法庭负责审理此案。查理五世因此感到审判路德困难重重。由于他惧怕以选侯腓特烈为代表的实力派诸侯，所以，经多次交锋，最后他被迫作了让步，决定召开沃尔姆斯（又译：沃姆斯）国会，听取路德的申辩后，再行定罪，并保证路德在路途上的安全。

查理五世本欲让选侯腓特烈负责把路德带至沃尔姆斯，遭到拒绝。皇帝只好发出公文，内称："我们高贵的、亲爱的、尊敬的马丁·路德惠鉴：我们和国会已决定给你安全证，前来国会答复关于你的著作和教谕之事。准你于21日之内报到。"教宗特使亚良德看后，大为不满，叫道：绝不能这样称呼异端分子，但也无可奈何。为及时送达，这一重要公文未经邮差传递，而是由皇帝的传令官亲自送交路德。

路德是否去呢？帝国会议将于1521年4月17日召开，路德如果去就必须在16日以前到达。他的一些朋友为此忧心忡忡，深恐100年前胡司的悲剧重演（胡司在百余年前被皇帝以开会的名义诱捕，处以火刑），极力劝说路德不要去。但路德决心已定，准时赴会。他说，他一定要在老虎嘴里、在他们的牙齿中坚持基督的真理。又说，他一定要到沃尔姆斯去，胡司虽然被烧死，但他传播的真理并没有一起被烧掉。他还写信给朋友说："现在我认为，教皇是基督的仇敌，是魔鬼的使者。"许多朋友以忧虑的心情为路德送行，还有朋友护送，因为要走十几天才能到达。路德临行前，与其好友梅兰希顿告别说："如果我回不来，如果他们把我置于死地，你应宣讲和捍卫真理。"然后，他信心十足地高

唱着赞美诗,与朋友们一起出发。其中有一段诗文是:

> 亲戚财货可舍,
> 渺小浮生可丧,
> 他虽残杀我身,
> 主道依然兴旺,
> 上主国度久长。

他唱的这首赞美诗实际上是一首战歌,被后人誉为16世纪的《马赛曲》。他们一路平安无事,于4月16日清晨,到达沃尔姆斯城郊,由身着鹰徽大衣的皇帝的传令官作前导,接路德进城。当地市民们虽然正在吃午饭,仍有2000余人夹道欢迎,并护送他前往住所。

1521年4月17日下午4时,路德由皇帝的传令官和司礼官带领,护送前往帝国会议大厅。路德进去后,见到金碧辉煌的大厅的正位,坐着身着紫袍、气宇轩昂的年轻皇帝查理五世,教俗贵族分坐两旁,一边是6个选侯、24个公爵、1位公主、8个侯爵和一些世俗贵族;另一边是教皇特使、大主教、修院院长等教会贵族,共约200余人。主审官由特里尔总主教的助理埃克担任。路德被带到大厅中央的一张桌子前站定,桌上放着一堆路德的著作。路德是第一次见到这样的排场,也许有点紧张,教会特使亚良德与其同伙相互递了个眼色,嘲讽地说:这位维滕贝格大学的教授大概是吓得魂不附体了。

主审官埃克指着桌上的书发问:"马丁·路德,这些书是你的著作吗?"路德回答说:"请举书名。"主审官逐一宣读了书名。路德说:"是!"主审官又问:"你是为你所有的书辩护,还是打算抛弃一部分?"路德经短暂考虑后,回答说:"这些著作是有关上帝的理论和信仰、得救的大问题,如不经深思熟虑是很危险的,因此,我请求给我时间仔细考虑。"这也许是他麻痹敌人的策略,也可能是腓特烈选侯事先安排好的拖延战术。皇帝与众公侯磋商后,决定让路德次日同一时间前来答复。

路德回来后,经全面考虑,并与朋友们反复商讨,认为必须迎战到底,才有出路,不然将会前功尽弃。在朋友们和群众的鼓励下,路德勇气十足，积极准备了次日的论战。第二天下午，路德按时赴会。但由于街上早已挤满了人，都想看看路德的风采，为了看清楚，不少人竟上了房顶，会场门口的道路早已挤得水泄不通。传令官只好领他从小路绕行，直到6点钟才到达会场。

当日换了一个更大的会场，人数也更多，挤满了会场，除皇帝外，其他人甚至无法坐下来。由于天色已晚，大厅四壁燃起了火炬，灯火通明，大厅中央仍是放着路德著作的那张桌子。路德站定后，主审官埃克冷冰冰地指着桌上的书说："你已经仔细考虑过了，你是否愿意放弃你的观点？"路德沉着地回答说："现在我回答你们昨天提出的问题。这些书都是我的著作，至于是否放弃，则要加以区分。"这是路德的机警之处，如果不加区分，则只能回答"是"或"否"。如加以区分，则有更多的发言时间，既抨击了教皇，又可宣传自己的新宗教思想，还能借此机会扩大影响。

路德铿锵有力、有条不紊地足足答辩了两个小时。他说："我关于信仰的著作，非常简明，连我的仇敌也不得不认可它是基督徒的读物，甚至教皇在教谕中也没有说我的全部著作都应抛弃。我的另一类著作，是猛烈抨击教皇邪恶生活的作品，世人都因此感到悲痛，谁能否定这一点呢？至于说有的著作攻击个人有过火之处，我可以道歉。"接着，他对他的各类著作具体加以分析说明。

查理五世因不太能听懂路德带有方言的德语，命他用拉丁语复述。路德又用拉丁语说明，以致时间拖得较长。这时，皇帝听得不耐烦了，命主审官埃克传其旨意，叫路德简明扼要、直接干脆地回答，坚持的就说坚持，放弃的就说放弃，勿须多言。路德回答说，既然陛下叫我做简明的回答，那我可以说："除非用圣经的文字和明白的理性，证明我是错的，否则我决不放弃自己的观点，因为我不能昧着良心。"稍后，又斩钉截铁地说："这是我的立场，决不反悔。"这句话路德是用德语说的，有人要求他用拉丁语再说一遍，路德又用拉丁语肯定了他的结论，并高举双臂，作骑士胜利的姿势。接着会场里出现片刻路德与埃克大声争辩的混杂声。此时查理五世令路德退出，宣布闭会。会场内外顿时骚动起来，群众以为要把路德投入监狱，议论纷纷，有的落泪，有的喊叫，乱作一团。路德则大步穿过众人，走向他的朋友们。

路德说的"这是我的立场,决不反悔"这句话,成为路德具有历史意义的反对罗马教皇的传世名言。后来路德宗信徒在沃尔姆斯竖立的马丁·路德纪念像的下部即镌刻有这句名言。许多纪念马丁·路德的书在封面上也印上了这句话。近人考据了这句话的可靠性,发现在帝国议会的手写记录里,没有这句话。它首次出现于《马丁·路德语录》第一版。多数史学家认为,手写记录里之所以没有这句话,是因为当时会场已经混乱而没有记上,但路德的朋友们记得很清楚,所以收入在路德的语录中,因此这句话是可信的。

路德回到住所时已精疲力竭,但仍流露出战斗胜利的喜悦。他坚定地对朋友们说:"即使我的多少颗头颅被斩掉,也决不收回前言。"一些支持他的诸侯也派人前来慰问。有的送来名牌啤酒。选侯腓特烈也说,路德在皇帝和众公侯面前,德语和拉丁语讲得妙极了,而且很有胆量和气势。

会后,皇帝召集选侯和公侯们讨论如何惩治路德,但意见不一,有的要求严惩,有的主张先礼后兵,先进行规劝,无效后再惩办。加之,当晚在沃尔姆斯的大会堂门口和街头有人张贴了许多带有农民标记的招贴画,旨在暗示,如果惩办路德,农民将进行起义。查理五世无奈,被迫拖了几天。

路德虽然取得了精神上的胜利,但皇帝在教皇和特使的督促下,待支持路德的腓特烈等选侯离去后,匆忙召集国会,通过了帝国的《沃尔姆斯法令》。法令判决路德为魔鬼缠身的"传异端者",是一个无法无天、怙恶不悛、比胡司更坏十倍的人,限定他在 21 天内投案自首,期限满后,任何人不得庇护他,追随他的人也要定罪,其著作应被查禁。此法令决定了路德终生都是通缉犯,影响了其一生的自由活动,也意味着支持他的腓特烈选侯必须谨慎从事,至少不能公开地支持路德了。《沃尔姆斯法令》公布后,路德的朋友们均为他担惊受怕。

九 瓦尔特堡避难与翻译圣经

路德深知帝国会议闭会后,教皇和皇帝决不会善罢甘休,所以,他在结束申辩的 18 日深夜,便在朋友们的护送下悄然离开了沃尔姆斯,向维滕贝格方向归去。在前十几天的归途中，他的晓行夜宿，平安无事。有一天，他突然收到了友人送来的一张纸条，上面写着：为避免危险须走小路，避开大道。

当路德的车骑离开大道不久，行至爱森纳赫村外的小树林中时，突然从树林中冲出几个全副武装的骑士来，他们包围了车骑，大嚷大叫，把路德从车上拉下来，让他上了一匹马，并给他披上一件骑士的罩袍，呼啸而去。骑士们带着路德在树林中来回转，直到晚上十一时，方到达瓦尔特堡。

这是怎么一回事呢？原来这是腓特烈选侯的一个精心安排。他事先已知道了《沃尔姆斯法令》的内容，感到路德目前的处境很危险，为避免皇帝缉拿路德，故布置亲信要绝对保证路德的安全。其亲信即安排了"劫持"的一幕，事先，甚至腓特烈本人亦不知这一具体安排。

路德失踪后，他的朋友们非常惊恐，不知出了什么事。路德的敌人则欣喜一时。但不久民众就怨声载道，认为是教皇和皇帝的一伙人谋害了路德。连坚持惩办路德的一些教会贵族也不知如何是好，因为他们背上了谋害路德的黑锅。其中一人说：为澄清事实，目前唯一的办法是到各地把路德找回来，然后再正大光明地惩办他。

路德住进瓦尔特堡的第二天清晨，就脱下了修士的道袍，并说："再见吧！你这可怜的道袍！"由于伙食供应非常丰富，他日益发胖，并且留了胡须，还有两个仆人服侍他，过着安定的生活。他在这里住了将近一年，一直到1522年2月29日。外人都不知路德在此处，通信处只能使用代号，来往信件也只能托朋友代交。

瓦尔特堡风光幽丽，古树参天，古朴秀美，但路德无暇欣赏大自然的美景。他认为，这里虽然没有战斗生活，却是集中精力写作的大好时光，绝不能浪费时间。与此同时，他也不断地了解外界改革的情况。

在避难期间，他写了《论修道誓愿》一书，提出：修士的"誓愿"（包括终生禁婚）在圣经中并无根据，而且婚姻是善，童贞更善，自由则最善。罗马教会说，修道是"圣召"，亦无根据，因为圣召对每个人都一样。路德的这本书出版后，许多修士、修女读毕，深为赞同，纷纷离去。维滕贝格的奥古斯丁修道院明确规定，此后，任何成员均可自由去留。然而，他在此最重要的工作是开始了德语圣经的翻译。

罗马教会的《新约全书》是拉丁文本，而一般老百姓根本不懂拉丁语，不利于圣经的传播和阅读。路德早就计划根据《新约全书》的原文（古希腊文）直接翻译成德语的《新约全书》，却一直没有时间。他认为此次避难是天赐良机，但此任务绝非一个人所能完成。因此他特请他的好友梅兰希顿教授前来参加。

路德和梅兰希顿合作完成了《新约全书》的翻译，于1522年9月出版，受到了德国广大群众的欢迎。一个多月就全部售出，到1533年已再版了50次。后来，他又从《旧约全书》的原文（希伯来文），直接译成德文的《旧约全书》，于1534年出版。圣经的翻译和修订占去了路德的大量时间，《新约全书》出版后，他曾进行了多次修订，一直到1546年去世前不久，仍反复修改。

为了使译文通俗易懂、准确无误、优美生动，他吸收了人文主义者研究古希腊文、古希伯来文的成果，又汲取德国民间语言的精华，竭尽全力地完成了这一历史性的巨作。他使用的德语方言是以萨克森法庭用语为基础，并结合了他在旅行中所熟悉的多种方言，使得词汇更加丰富。后来，他谈到圣经翻译时说，为了搞清楚圣经中的钱币，他曾专门去请教过维滕贝格的钱币收藏家；为了弄清《利未记》（祭司法典）中提到的公牛、山羊的内脏名称，他曾去屠宰场请教过屠夫；为了语言通俗易懂、形象化，他曾和妇女、儿童交谈，听听他们是怎么说的，亲眼看着他们在谈论时是如何开口的。所以，路德的德语圣经译文，无论是词汇的丰富性，还是在语言的规范方面，都是德语的范本。后来，德国著名诗人海涅，对路德的圣经译本的评价非常高。他说："马丁·路德创造了德语，是因为他翻译了圣经而完成的……这部古老的书是使德国语言不断更新的源泉。路德所译圣经中的所有成语和句型都是德语的典范，作家可以一直使用。"

路德的德语圣经也给宗教改革运动的深入和农民运动的发展提供了有力的武器。因为路德的译本通俗易懂，粗通文字的人均能阅读。人们从圣经中了解到早期基督教的平等思想，与天主教的教阶制形成了鲜明的对比。后来，在德国农民战争中，农民提出了许多条款，最后写上一句话："以上所举各条，都是依据圣经的教导。"

正值路德在幽静的瓦尔特堡翻译圣经之时，德意志的改革运动也自发进行。运动中出现了激进派。最活跃的是"重洗派",他们认为天主教实行"婴儿受洗",而婴儿根本不懂事,所以主张成年时再举行一次洗礼,故名。最初,他们主要活动于茨维考城,以平民和矿工为主,主张暴力斗争。1521年暴力行动也波及维滕贝格城。激进派欲加速改革的步伐,工匠们持长戟,学生们身怀利刃,他们冲击修道院,捣毁祭坛和偶像,甚至把教士从圣坛上赶走,往圣母玛利亚的雕像扔石头。40多名学生捣毁了修道院的祭坛。有的神职人员在街上行走,身上被洒了大粪。维滕贝格的急进改革者们也发表了一些加速改革的言论,其改革的速度与方法均与路德不同。

这些激进行为很快传到了瓦尔特堡,路德深为不安。他不得不暂时放下译经工作,于1521年12月初,着骑士服装,秘密地回到维滕贝格,力图以他的威望,劝告人们停止过激的行动。他回到瓦尔特堡后,迅速写了一篇《谨告全体基督徒严防暴乱和煽动书》,到处散发。他在书中说,过激是无理性的暴动,叛乱所引起的伤害,总是超过革命的成就。并说,在世俗政府尚未命令时决不要轻举妄动,应约束自己,切勿乱说、乱想和乱动。路德还特将此文转送给萨克森选侯,请求他严防暴动。

但是到了1521年年底,茨维考城的"先知"们来到了维滕贝格,使骚乱更加升级,他的宣传世界末日即将来临,所有的神职人员都要被处死。1522年,维滕贝格市议会通过法令,拆除市内所有教堂的偶像,解散奥古斯丁修道院。梅兰希顿急忙通知路德,让他拿出稳定局势的办法。腓特烈选侯也要求路德赶快回来平息事端。因此,路德于1522年3月结束避难生活,返回了维滕贝格。

路德回到维滕贝格后,连续作了8天讲演。在讲演中,他反对以暴力的方式进行改革,说明他的温和方式改革与激进的不同。他说,圣经是改革的动力,如果人的信仰发生了真正的变化,教堂的偶像不必以暴力的方式去捣毁,也将必然被废弃。谁如果认为只有捣毁偶像,才能得到拯救的话,那是极端错误的。如果是这样的话,那么连猪都可以成为基督徒了。路德的温和性还表现在改革的速度方面,他反对激进派操之过急,主张人们的信仰的改变有一个过程,应允许一些人慢慢思考,宜耐心等待。此后,路德又增加了一条战线,既要反对罗马教皇,又要反对狂热的激进派。

由于路德的讲演得到了维滕贝格市民的赞同,事端得以平息。茨维考的"先知"们被驱逐出了维滕贝格。此后路德又到萨克森选侯地区的一些城市去作巡回讲演,宣传他的温和的改革主张,并强调要服从世俗政权的法律和安排。他的这些思想经过加工整理,成为《论世俗政权》一书,于1523年3月发表。由此,改革的速度放慢了。直到1526年,路德才制定出统一的新教教会的礼拜仪式。与此同时,新教教会也得到了发展,遍布全国大部分地区。但是,由于《沃尔姆斯法令》依然有效,路德的活动范围只能限于萨克森选侯和其他支持宗教改革的诸侯管辖区。

路德稳健的改革路线的特点是,积极反对罗马教皇外来封建势力的控制和搜刮,而并不反对德意志内部的封建诸侯。与此相反,它是依靠国内的封建势力反对外来的封建势力。在国内,它最多只是反对封建主的贪婪与暴行,主张减轻农民的一些负担,谴责放高利贷的行为。所以,路德的改革,满足不了广大农民和平民的反对国内封建主的要求。农民的要求是反对一切封建剥削和压迫,推翻封建制度,因此,农民以暴力方式进行改革,把宗教改革与反对一切封建势力结合起来,从小到大,由零散到集体,逐步汇为1524—1525年伟大的德国农民战争。

十 反对农民战争

中世纪的德意志社会像一座金字塔,平民和农民处在最底层。平民的成员较为复杂,包括破产的手工业者、帮工、奴仆和流浪者。他们没有任何权利,甚至连第三等级也不够。当时,他们还没有也不可能成为独立的政治力量。农民战争前,他们追随市民,农民战争爆发后,他们积极参加了农民战争。

德国农民是人数最多、受苦最深的群众。他们不仅受教皇、皇帝、诸侯和官吏的剥削和压榨,而且直接受领主的统治和盘剥。中世纪西欧的领主和中国的地主不同。领主不仅要求农民交租交税,还具有直接的政治统治权。他们不仅规定名目众多的苛捐杂税,还可任意霸占农民的妻女,摊派徭役,否则将处以酷刑,如割耳、挖眼、火焚等。甚至夏季池塘里的青蛙叫声，扰乱了领主的睡眠，也规定农民有义务去赶走青蛙，轮流值班。可以说，当时的德国农民处于水深火热之中。因此，自15世纪以来，德国农民的反抗与斗争此起彼伏。后来，产生了农民的秘密组织"鞋会"。在15世纪"鞋会"已经组织过多次小规模的起义。

马丁·路德发动宗教改革运动后，农民们积极支持路德，认为这是和教俗封建主算总账的时候到了。因而他们全力参加反对罗马教皇的斗争。但随着运动的发展，农民已不满于路德的只反对教会封建主，而不反对国内封建主的路线和目标。他们的要求比路德的目标更高，走得更远，欲消灭一切封建势力，彻底翻身。他们的改革方式是以暴力达到目的。农民先以零星的暴力行动袭击教堂、主教区、修道院和世俗封建主，至1524年汇合为席卷全国许多地区、有三分之二的农民参加的农民战争。1524—1525年的这次大起义是德国乃至西欧历史上规模最大的农民战争。其中心有三：士瓦本、法兰克尼亚、萨克森和图林根，并涌现出领袖人物闵采尔。

托马斯·闵采尔是16世纪德意志的另一位重要的改革家。幼年时代曾受到"鞋会"、胡司宗教改革和人文主义的影响，在中学时期曾组织反对马格德堡大主教的秘密团体，后考入莱比锡和美因茨大学修哲学、神学，获硕士学位。在担任神职人员期间，他广交矿工、农民和平民，了解社会下层人民的生活。1517年路德发表《九十五条论纲》时，他积极支持路德，并参加了宗教改革运动。

1520年4月，他经路德介绍去茨维考担任神父，该地是萨克森选侯管辖下的一个工矿区，纺织业很发达。闵采尔在此城推行路德的改革运动，并把路德称为"尊崇的朋友中的榜样和灯塔"。他在该城工作期间，改革思想得到了急剧的发展。此城有一个称为"重洗派"的民间秘密教派。这是一个无统一教义、组织松散的教派。他们反对封建压迫，崇信原始基督教的"千年王国"（未来的理想社会）即将来临，现在的任务是通过暴力斗争，在现实世界建立"千年王国"。闵采尔赞同他们的理想，并帮助他们，于1521年在该城举行起义。失败后，闵采尔被迫逃亡到布拉格。

1522年，闵采尔到阿尔斯泰特当神父，在此进行急进的改革。此时，他在改革路线和神学思想、观点上，与路德发生了严重分歧。他提出信仰就是理性,是神性在人身上的表现;基督是人,是先知和师表,否认基督的神性;天国不在死后,而在人间;信徒的使命就是通过暴力在人间建立天国。闵采尔在这个小城动员基督徒捣毁祭坛,火焚偶像,并建立了秘密组织"上帝的选民同盟"(又名基督教同盟)。他把他的急进观点写成小册子,散发流传,在平民和农民中广泛地受到欢迎与拥护。路德不同意这一急进路线,因此两人公开决裂。

1524 年他到农民中去宣传他的教义,发动武装斗争,其学生和信徒中的许多人,都成为农民战争的领袖。1524 年夏,农民战争首先爆发于士瓦本,其纲领为《十二条款》。闵采尔亲自领导了 1525 年图林根和萨克森地区的起义。由于诸侯的镇压和农民军缺乏训练,起义失败,5000 余人被杀害。闵采尔受伤被捕,经严刑拷打,壮烈牺牲,年仅 36 岁。闵采尔为解救农民的痛苦,推翻封建制度,为追求人与人在思想、政治、经济上的全面平等的理想而战斗,这种精神是可贵的,但脱离现实。他的思想显然超越了人类历史的发展阶段,带有幻想与空想的色彩,因而最终失败。

路德与闵采尔的改革路线不同,他不赞成以暴力进行改革,更不同意反对当时国内的封建主,只是要求他们善待农民。农民运动兴起后,他同情农民的不幸境遇。1525 年 5 月,他发表《对自由的劝告:答士瓦本农民十二条款》一文,对士瓦本农民的《十二条款》作了分析。文章同情农民的抱怨,批评了诸侯的过分勒索,但说明农民的要求不能过高。1525 年图林根农民起义,来势凶猛,最初颇有获胜之势。路德对此极为不满,写了一篇措辞激烈的文章《反对农民杀人抢掠》,号召诸侯、贵族镇压农民起义。

1524—1525 年德国伟大的农民战争虽然失败,但是它沉重地打击了德国天主教会的势力,在战争中,许多修道院、教堂被焚毁,财产被瓜分,在德国大势已去,有力地推动了德意志的改革运动。农民战争也打击了封建贵族,特别是小贵族骑士,从此日趋没落。

十一 基督新教的建立与路德宗的传播

1525 年农民战争失败后,路德集中力量从事路德宗的建设工作。

但就在此年,智者腓特烈选侯去世了。新任的萨克森选侯约翰(1468—1532)和以后的继任者约翰·腓特烈选侯(1503—1554)仍然支持路德的宗教改革。当时,由于信仰路德宗的各地区的教务发展极不统一,在教义、教士任免、礼拜仪式和内容、财物管理、教士薪俸等方面存在差异,而路德本人又无法统一管理,他依然只是一位教授,最多只能提出一些具体办法和建议。因此,他致函萨克森选侯,建议派"监督"到各地视察教会的情况,统一上述存在的差异,并建议没收教产用以支付牧师的薪俸和开办学校。选侯采纳了路德的建议,派"监督"到各地视察,统一管理。最初巡察仅属权宜之计,每年一次。后来,逐渐形成一种"监督制",每个教区的管理人为常设的"监督",由诸侯派遣。这就为诸侯控制教会,奠定了组织基础。当然,基督新教路德宗的"监督"与天主教的主教不同,它没有"神权",只负责教会的行政管理。

在农民战争中,天主教会遭到了沉重的打击,路德派教会得到了发展。皇帝查理五世虽然仍敌视宗教改革运动和忠于罗马教,但他作为皇帝,不得不从政治出发,求得路德派诸侯的支持。为协调国内各方势力,他于1526年召开施派尔国会。由于当时社会上普遍认为农民战争的爆发,是天主教会过分搜刮所致,国内反罗马教会的呼声很高,所以一些天主教诸侯未敢出席此次会议。路德派诸侯在会议上遂占了上风,大会做出了许多有利于路德派的决议,并否定了继续贯彻沃尔姆斯会议的法令和禁止宗教改革运动的决议。施派尔会议还决定:宽赦反对《沃尔姆斯法令》的人;在下次国会召开前,各地区有权按其对上帝和皇帝的保证行事,实际上就是各地诸侯可自行其是:教士可以结婚;一般信徒可饼酒同领;可以使用拉丁语或德语做礼拜等。这个决议当然有利于路德派教会的发展,路德也甚为兴奋。他说:"此后将不再有恐惧和戒律了,每个人都可随心所欲。"他利用在下次会议召开前的间隙,做了一些路德派教会的巩固和整顿工作。

但是好景不长,1529年2月帝国召开了第二次施派尔国会。此次,天主教诸侯全部出席了会议,他们在会上占了多数。因而,决定废除1526年施派尔国会通过的、有利于路德派的决议,并决定继续贯彻《沃尔姆斯法令》。因此,路德派诸侯联名提出抗议,并把抗议书提交皇帝,要求下次会议再议。时人把路德派信徒称为"抗议者",把路德派称为"抗议宗"。

最初,"抗议宗"这一名称仅指路德派,但后来在西欧又陆续产生了一些脱离罗马教廷的派别,也都被称为"抗议宗",所以这一词汇逐渐成为脱离罗马教廷、以路德的"唯信称义"思想为基础的新派别的总称。"抗议宗"这一名称在我国有多种译名,最初译为"抗罗宗"(意为反抗罗马天主教教皇的宗派),后又有人译为"耶稣教""新教""基督教"等名称。因此"基督教"这一名称在我国就有了广义与狭义之分。广义的基督教是指基督教三大支派的总称。狭义的基督教则仅指"抗议宗"。为避免混淆,目前我国学术界多将此词译为"基督新教",但中国的新教教会仍称为基督教会。

由于路德派诸侯的抗议,查理五世不得不在1530年再次召开奥格斯堡国会,继续讨论宗教问题。路德因为仍是通缉犯,所以不能参加会议。提交会议的文件由梅兰希顿起草,称为《奥格斯堡信条》。信条共28条,包括阐述路德派宗教信仰的主张和反对天主教会的弊端两个部分,由诸侯上交皇帝,供会议讨论。天主教诸侯对此不予承认,并单方面宣布,《沃尔姆斯法令》继续有效,恢复教会的财产和审判权,并将使用武力镇压路德派。会议虽未达成协议,但路德派在此次会议上提出了系统的纲领性文件《奥格斯堡信条》,所以学术界一般把1530年作为路德宗和基督新教诞生之年。从此,基督教产生了它的第三个支派,即与天主教、东正教并列的基督新教。

1530年底,路德派诸侯为对付皇帝和天主教诸侯的威胁,在施马加登召开会议,商讨对策,并于1531年组成施马加登同盟,以抵抗皇帝和天主教诸侯的武力镇压。同盟的领袖是萨克森选侯和黑森伯爵,先后有14个地区的诸侯和21个城市参加,几乎包括了整个德意志北部和中、南部的大部分地区。同盟决议:实行武装自卫反击,对象包括皇帝在内。查理五世见难以压服路德派诸侯,不久,遂宣布在下次会议召开前,暂不执行《沃尔姆斯法令》和迫害路德派信徒。

1535年施马加登同盟为准备参加行将召开的会议,委托路德起草关于宗教信仰的文件。路德甚为兴奋,亲自撰写了全面阐述其神学思想的信条,即《施马加登信条》,弥补了《奥格斯堡信条》之不足,文中称教宗为敌基督者。这两个信条至今为基督新教各宗派所公认,成为它们共同信仰的基本信条。

马丁·路德首创的基督新教既然是基督教的三大支派之一，其信仰的主要部分与天主教当然有共同之处，但在神学、圣礼和组织制度方面又有许多不同。其基本经典都是圣经，包括《旧约全书》和《新约全书》。但天主教的《旧约全书》篇幅较多，共46卷；基督新教的《旧约全书》仅39卷。此外，天主教的经典还包括"圣传"（神圣的传统）和教皇的决定等，新教则不予承认。

路德创立的基督新教在教义方面与天主教不同之处主要有三点：新教否认教皇是基督在世的代表、教会的最高权威与首脑。主张最高的权威是圣经，最高的首脑是基督，教皇是人，也可能犯错误，甚至不能升天堂。在得救的问题上，路德坚持"唯信称义"的教义，人人都可通过自由阅读与理解圣经，产生信仰，从而得到拯救。无须天主教神职人员主持的圣礼，仅靠信仰，就可以得到上帝的启示，这就否定了天主教提出的"炼狱"说，解除了教会对信徒的威胁与恐吓。总之，新教教义的基本点是，强调信徒的地位，相信人的理性，突出个人在信仰中的作用。每个人都可以直接与上帝相联系。这对于人们宗教思想的解放，具有划时代的意义。

在教会组织制度方面，路德宗教会反对罗马教皇的集权制、教阶制和神职人员的任命制。在组织上与罗马教皇断绝联系，建立民族的、独立的、自主的教会。多数宗派实行选举制，聘任牧师。牧师可以结婚成家。这体现了信徒是教会的主人，神职人员与信徒完全平等的原则，清除了封建制度在宗教上的烙印。

在礼仪方面，天主教礼仪较多，铺张烦琐。路德宗简化礼仪，仅保留洗礼和圣餐。每个信徒均可饼酒同领，以示平等。基督新教削减了大量天主教的节日，仅保留了圣诞节和复活节，一些重要的节日则合并到礼拜天，在礼拜中纪念之。

从其教义、组织制度和礼仪的革新，可以看出基督新教是市民在反封建斗争中，从天主教分化出来的一个新的支派。其教义打破了封建神学的枷锁，提倡个性解放和理性思考。在教会制度方面它贯彻了平等和民主的精神，并简化礼仪和节日，在时间和金钱方面厉行节约。这些主张都体现了近代社会的要求。由于路德创立的基督新教适应了社会发展的潮流，所以，它一旦产生，便得到迅速地传播和发展，影响深远。

路德反对罗马教皇和宗教改革的神学思想，不仅在德国产生了划时代的重大影响，而且波及的范围达到了整个欧洲，在全欧激起了一道反对罗马教皇的强烈的冲击波。1517年路德发表《九十五条论纲》后，在一个月内就传遍了欧洲。此后路德发表的文章、著作以及德文圣经又不断地迅速销往各国，特别是英国、法国、瑞士、尼德兰（现在的荷兰、比利时、卢森堡）和北欧诸国。在这些国家中都出现了路德的拥护者和回应者，进而出现了宗教改革家。

在这些国家中，由于各国的具体历史情况不同，有的全盘接受了路德的宗教改革思想，并加以移植，如北欧地区；有的则吸收其精华，结合本国实际，进一步发展了路德的改革思想，建立了新的宗派。其中影响最大的是法国的宗教改革家约翰·加尔文（1509—1564）。

加尔文的青年时代深受人文主义和路德宗教改革的影响与感染。路德的著作自1518年开始运往法国。当时的人们评论说：没有一本书比路德的著作销售得更快了。加尔文经过长期的思考，于1533年改宗为新教信徒，他后来回忆说，他之改宗曾受到了许多影响，但真正重要的影响应归之于路德。1534年，加尔文由于从事宗教改革的宣传工作而被政府通缉，被迫逃亡。在两年的流亡生活中，他不仅没有虚度年华，反而更加珍惜时间，集中力量，将其宗教改革思想加以系统化和理论化，于1536年发表其代表作《基督教原理》，年方26岁。

加尔文的著作发表后，名声大振，他的朋友介绍他去瑞士的日内瓦主持宗教改革。当时，日内瓦的资产阶级已初步掌握了政权，但苦于没有内行专家主持宗教改革。加尔文到日内瓦后，依照他的理论，协助议会，成功地进行了宗教改革，在日内瓦建立了世界上第一个资产阶级神权共和国，成为新教的又一个中心。他在日内瓦的实践又丰富了他的理论，并建立了基督新教的另一个宗派——长老宗。

他以路德的"唯信称义"为基础，创造性地提出了"呼召论"。其内容是：人之得救与否，上帝早已决定，得救者为"选民"，不能得救者为"弃民"，而且"选民"少，"弃民"多。加尔文提出了三项选民的标准：①有坚定的信心，相信自己是选民；②学习与事业上的成功；③品德高尚，特别是勤俭与节约，走正道。这样，每个基督徒都会坚信自己是上帝的选民，在事业上奋勇拼搏，百折不回，全力以赴，以便取得成功，而且不敢走歪门邪道，投机取巧。加尔文在路德的一般信徒皆可为祭司理论的基础上，还提出了民主共和的"长老制"教会思想，即由信徒选出长老，组成"长老会"，与牧师共同管理教会。因此他建立的宗派成为"长老宗"。

路德的宗教改革思想也迅速传到了英国。英国于1529年开始了自上而下的改革，断断续续进行了数十年，直到1571年始完成。其特点是英国的改革并无新的改革思想，在教义方面，主要是吸收了路德和加尔文的思想；与罗马教皇脱离关系，以英王为教会首领；在组织制度方面仍保留了天主教的主教制。其教派称为"圣公会"，音译为"安立甘宗"，又称"英国国教"，因为它是英国全民的信仰。

北欧地区由于与德意志的关系密切，所以很快接受了"路德宗"。1519年，丹麦国王（萨克森选侯之侄）请萨克森选侯派人来丹麦协助进行宗教改革，后又派人到维滕贝格考察学习。由此，路德宗在丹麦取代了天主教。瑞典国王于1527年颁布敕令，宣布没收天主教会的财产归国王所有，建立路德宗教会。挪威也于1539年皈依了路德宗。不久，芬兰也皈依了路德宗。路德宗在北欧这四个国家均属国教。

路德不仅是路德宗的建立者，也是基督新教的宗师。16世纪基督新教只有三个来源，即路德宗、长老宗、圣公会。至17、18世纪，它又在路德和加尔文神学思想的基础上，产生了公理宗（由信徒直接管理教会），浸礼宗（行洗礼时全身浸入水中）和卫斯理宗。这六大宗派被称为基督新教的主流宗派。2004年，基督新教在全世界已有99个宗派，19524个教会团体，信徒7亿余人，占基督徒总数的35%。

十二　婚姻与家庭

罗马教皇规定天主教会的神职人员，包括主教、司铎、修士、修女，均实行禁婚制，并成为一条严格的教规。德国宗教改革运动开始后，许多修士、修女冲破了教皇的禁制，还俗结婚。有的主教和司铎也娶了妻子。

路德的许多朋友，包括梅兰希顿都就这个问题请教路德，认为路德派对此应有一个明确的态度。路德认为，圣经中并没在规定神职人员不准结婚，而且《希伯来书》十三章 4 节明文规定"婚姻人人都当尊重"。《提摩太前书》三章 2 节更明确地说："作监督（指神职人员）的，只作一个妇人的丈夫……好好管理自己的家，……人若不知道管理自己的家，焉能照管上帝的教会呢？"路德对这些经文早已通晓，也了解罗马教皇禁婚的弊端。所以，他写了一篇《论修道誓愿》的专论，明确地表示，"婚姻是善……但自由最善"。他说根本没有什么所谓特别的"召命"。当时有人评价他的这篇文章说，这是导致修院的修士和修女都还俗的文章。但他本人此时尚没有结婚的念头。

1523 年，维滕贝格附近有一所宁普奇修道院。其中有一些修女深悟路德改革的必要，认为修道院只会使人懒惰，欲还俗回家。但其家长们反对，如果贸然还俗，将无家可归。无奈之下，修女们便派代表去请教路德。路德对她们深表同情，并答应帮助她们离开修道院。路德负责地委托了一个朋友帮助她们在复活节的夜晚离开修道院，其中 9 人到达维滕贝格。路德的朋友还帮助她们寻找了职业或结婚成家。其中一个修女卡塔琳妮·冯·博拉既未结婚也没有找到正式的工作，只得做了两年家庭保姆。在这期间，有人给她介绍了两个对象，但她都不满意。她欣赏路德的人品与学识，并大胆地向路德求婚。路德对此非常高兴。但这一年路德已 42 岁，博拉 26 岁，年龄差距较大，他对此曾犹豫不决，但最终还是决心与博拉成婚。

路德表示，博拉为人善良可亲，就是拿法国或威尼斯来换博拉，他也不同意。同时他还概括地说明了他结婚的理由：因为他的父亲希望他成家立业，娶妻生子应该取悦于其父；同时也是为了羞辱教皇和魔鬼。

1525 年 6 月 13 日，路德与博拉公开举行了订婚仪式。这在当时是结婚前一个必需的仪式。结婚典礼定于 6 月 27 日举行。路德发出了许多请帖，广泛地邀请了众亲友前来参加。上午十时，路德携博拉，穿过维滕贝格的大街来到响着钟声的教堂前的广场，在许多群众的祝福声中，举行了结婚的宗教仪式。接着，在奥古斯丁修道院举行了午餐会。晚上，在市政厅举行舞会，一直跳舞到晚上十一时，宾客们始依依不舍地踏上归途。

路德结婚后的家庭生活改变了他的生活方式。他曾回忆说：未婚时，床铺整年都没有收拾过，而且因汗水而发臭。那时只知辛勤工作，疲劳至极，倒在床上便睡了。而且路德也不会理财，他生性慷慨，出手大方，对钱满不在乎。结婚以后，博拉负责家庭事务，把家务料理得井井有条，生活有序，也提高了路德的工作效率。路德对此非常满意，亲切地称她为"我的肋骨"。(《创世记》记载，上帝先创造了亚当，然后取下他的肋骨，创造了夏娃。故路德把博拉比作肋骨。)

婚后的生活虽然幸福，但却增加了开支，入不敷出。因为路德已没有修道院的收入，他的著作也从未得到过稿费，仅靠大学教授的薪金不足以维持全家的生活。1526年他不得不买了一部木工车床，欲做细木工维持生活。后来，萨克森选侯闻此情况后，特将奥古斯丁修道院赠送给路德，房子可住也可出租，并将其教授的年薪提高了一倍，达300个金币，后来又提高到500金币。这些收入才使他们能够过上衣食无忧的安定生活，路德从此可以集中精力从事他的工作了。

博拉的确是一位贤内助，她不仅管理家务，还参加一些农业劳动。她在菜园里种了黄瓜、豌豆、卷心菜等，在果园照料苹果、桃、葡萄、梨等果树。此外他们还有一个鱼塘，并且在谷仓旁的院子里，养着母牛、母鸡、鸭和猪。这些活是一个典型的农妇所做的工作，但博拉干得很出色。

此外，照顾路德的生活也是非常繁重的事情。路德中年时，身体已多病。在瓦尔特堡避难时，他的身体已开始发胖，并患失眠、便秘症。后来，他又患痔疮、结石、眩晕和耳鸣等症。博拉为他搜集草药、膏药，并为他按摩，可称得上是半个医生。路德喜欢喝酒，还常以酒量大自豪。他经常喝烈性酒和啤酒。路德有一个筒状大杯，是专门喝啤酒用的。此杯自下而上有三个圈。他说最下面的圈代表"十诫"，中间的圈代表"使徒信经"，最上面的圈代表"主祷文"。路德以他能喝至主祷文而自豪。但因为他有病，所以博拉不许他喝烈性酒，并亲自酿造啤酒给他喝。因为据说啤酒可溶化结石，还可医治失眠。她对路德的照顾可以说做到了无微不至。

他们共有6个子女，除一个女儿早丧外，皆长大成人，路德对其子女都满怀爱心。闲暇时，路德用笛子吹奏自己创作的赞美诗曲，全家合唱赞美诗。有时，全家到花园中散步，欣赏大自然的微风、泉流、鸟语、花香，共享天伦之乐。他曾说，世界上没有一件事能够比得上有一个美满家庭的快乐。同时，路德对子女的要求也非常严格。有一次，他的儿子约翰犯了错误，他不准儿子来见他达三天之久。博拉为儿子说情也无济于事。路德说，我宁愿他死了，也不愿他变坏，他如果不认真写一份检讨书认错，我绝不饶恕他。由于严格的家庭教育，几个孩子均顺利成长，事业有成。

路德的家庭除了 6 个子女外，还收留了 11 个无依无靠的侄子和侄女，还有一些寄宿的学生，共同生活者达 25 人。每天临时来的朋友也不少。吃饭时，路德总要发议论，谈天论地，即兴发言，无所不谈。寄宿学生和朋友们将此看成受教育的好机会。他们都带着笔和笔记本来吃饭，逢言必记。后来，学生们把笔记加以分类、整理、归纳，这就是路德的名著《桌上谈》。经过整理的《桌上谈》共 6596 条语录，内容包罗万象，从上帝的威严到易北河的青蛙，从教皇、政治到猪、妊娠，无所不包，还有一些格言。下面列举几句：

"修道士是全能上帝皮袄上的跳蚤。"
"人身体的构造教皇无法控制的唯一部分是大小便。"
"狗是最忠心的动物，愈是平凡，愈加珍贵。"
"德意志是教皇的猪，这就是为什么我们要给他那么多的熏肉和腊肠。"
"挪亚方舟长 300 肘（古希伯来长度单位，约等于手至肘骨的长度），宽 50 肘。"
"它若不是记录在圣经中，我便不会相信。我若曾在方舟中，我便会死了。它里面漆黑一团，它比我的房子大三倍，而且装满了动物。"
"人问路德为什么这样激烈，他回答说，一根树枝用切面包的刀就可割断，一棵橡树就得用一把斧头了。"
"莱茵河可惜不够大，不足以溺死所有这帮可恶的罗马横征暴敛者……大主教、主教、修道院院长。"
"我的敌人调查我的一举一动……我在维滕贝格放个屁，他们在罗马立刻就会闻到。"

"妇女之所以要戴面纱，是为了天使；我之所以穿裤子，是为了女士。"

"舞蹈是一种集体礼节训练，少男少女，经由舞蹈可以彼此结识和建立友谊。"

"他们的舞会，有时我也想去参加，不过我怕这些年轻人会因我的加入而少转几圈。"

《桌上谈》是路德的杂论，闪烁着其智慧的火花，内容丰富，在百余卷的《路德全集》中多达 6 卷。

路德的婚姻家庭观明显地带有中世纪的色彩，男性家长制的烙印很突出。他认为男人是妻子的头，她不但要爱他，还要尊重和顺从他。他主张妻子应留在家中，活动范围是儿女、教会和厨房。儿女需顺从父母，特别要顺从父亲。

十三　路德晚年的生活和贡献

1533 年，路德年已半百，在 400 多年前的欧洲已属高寿，50 岁已进入了他的晚年时期。在 1546 年他去世前的这 13 年，他的身体每况愈下，患有多种慢性病，逐渐成了一个性急、暴躁的老人。他除了以前的病症外，又增加疝气、膀胱结石、耳溃疡、风湿性关节炎、坐骨神经痛和心悸亢进等症。1535 年，维滕贝格城流行瘟疫（当时对流行性传染病的总称），他当时虽没有被感染，挺过来了，但到了 1537 年，他已是百病缠身，四肢发抖，疼痛不已，且经常失眠，并常大量喝酒以减轻病痛，因此，被迫结束了教学生涯。但此后，他仍然带病工作，从事圣经译注，书写反罗马教皇的文章和普及性读物，以及传教、布道的工作。

1534 年路德译完并出版了《旧约全书》，此后不断地修订和大量地加以注释，以求准确和通俗易懂。这一修订工作一直持续到他去世前不久。有时为了修改一个词语，使之德国化，会苦思冥想好几天。有的言辞不易表达时，则附有木刻插图，全书约 500 幅。这些木刻插图虽非精美的艺术作品，但它们确实使人一看就懂。《启示录》是圣经最难懂的一篇。其插图在象征与基督为敌的"穿朱红衣服的女人"的头上，戴上了教皇的三重冠冕，使人一看便知，这是一个敌基督者。他还对从龙口出来的青蛙加注说，这青蛙是他的敌人埃克等人。

路德还出版了一本《赞美诗集》，其中有 23 首的歌词是他创作的，6 首是他改编的，并为部分歌词谱了曲，至少有 10 首被公认是他所创作。路德一生非常热爱音乐，富有极大的热忱。他曾说：

"我绝不因任何事情而放弃我那卑微的音乐天赋，无论多伟大的事……音乐驱逐魔鬼，并使众人快乐；使众人忘却一切愤怒、鄙夷、傲慢等等。我给音乐以仅次于神学的地位和荣誉……我的心对音乐所激起的反映是沸腾的和满溢的，音乐时常都令我焕发活力，并使我脱离可怕的烦恼。"他对音乐的酷爱达到了不可或缺的地步，甚至于认为，人生有不可缺少的三大乐趣是爱情、音乐与美酒。

路德很重视儿童教育，曾就开办学校的问题给德意志国会议员写过信，提出若干建议，并发表了"论孩子们的继续求学"的讲演录，说明他对教育的关心和远见。为了让少年儿童了解宗教改革和基督新教的思想，他专门写了通俗易懂的《小问答》，作为他们的教材。

晚年，他虽然工作忙碌，疾病缠身，也没有忘记反罗马教皇的斗争。1539 年他写了论战性文章《论大公会议和教会》，批判了天主教教皇的专制主义。在他去世前不久的 1545 年，还写了一篇火药味最浓文章《反对魔鬼建立的罗马教廷》，这是他写的最后一篇论战性的论文。此文的用词连路德的朋友都惊呆了，文中把教皇称为"魔鬼""老魔头""老屁精"，把红衣主教称为"魔鬼的遗孽""无知的笨驴"等。路德还担心一般老百姓看不懂，在文中特意附上插图，其中三张画讽刺性极强。一张画着教皇骑在猪身上，对着一堆大粪作饭前祈祷；一张画着教皇和三个红衣主教，戴着手铐脚镣走向断头台；还有一张画着教皇头上顶着垃圾桶，大摇大摆地被一群魔鬼拥向宝座。

1546 年初，曼斯菲尔德伯爵与当地贵族因矿产资源发生纠纷，争得不可开交，双方都认为路德是可信任的人，要求路德去艾斯莱本为他们调解。路德无法推辞，只得答应前往。其妻预感到这很可能是生离死别，痛苦万分，与路德含泪告别。路德对她百般安慰说：我能成功地平安归来，我相信这一点。

隆冬季节，路德艰难地启程，路上受了风寒，于 1546 年 2 月 17 日总算回到故乡艾斯莱本。他的病势加重了，但还能在屋里走几步。忽然他头脑里闪现出一个念头。他说，我生在艾斯莱本，受洗于艾斯莱本，恐怕我也要死在艾斯莱本吧！晚饭后，他很早便睡觉。子夜后，他突然醒来，自知生命将要结束。同来的朋友来看他，问：是否始终坚持他的改革理论。他用劲地说"是"。随即便与世长辞了。时间是1546年2月18日，享年63岁。

路德去世后，被安葬在维滕贝格的万圣堂，墓碑上写着"这是马丁·路德安息的地方"。追悼会上梅兰希顿致悼词，概括了他一生的贡献。

路德的一生给人类留下了丰富的遗产。他的著作等身，经后人整理，卷帙浩繁。当代最权威的版本是德文魏玛版《路德全集》，自1883年开始陆续出版，历时百余年，至2009年才出齐，共123卷。全书共分四大部分：有关神学、伦理学、教育、社会、政治、经济等方面的论著、注释和笔记共84卷；路德通信共18卷，其中1卷是无日期的信件；《桌上谈》共6卷；德文圣经共15卷；另有索引8卷。美国版《路德全集》共55卷，于1965年出齐。全书分两个部分：第一部分30卷，为圣经讲章；第二部分共24卷，包括路德关于政治、经济、社会、宗教改革方面的作品以及文化方面的论著、书信及谈话等，末卷为索引。

十四　世界历史文化上的伟人

在叙述了路德一生诸方面的情况后，脑海里总会浮现出点点滴滴的印象。这就需要我们加以概括，综合出几个方面，来认识路德在世界历史上的地位。

（一）马丁·路德是一位划时代的宗教改革思想家

16世纪是西欧从封建社会向近代资本主义社会过渡的时代。社会经济已经发生了变化，但在思想领域居统治地位的仍是罗马天主教会。它是封建主义统治的国际中心和思想支柱。而当时的罗马教皇既专制又腐败。西欧的有识之士早已有人对此加以攻击和批判。这就是人文主义者和早期的宗教改革家。

人文主义者对天主教会和罗马教皇的攻击和揭露,不可谓不深刻、辛辣。人文主义者发起了文艺复兴运动,他们通过文艺作品歌颂人的伟大、智能、能力和良知,以及现实世界的美好和重要。所以说,文艺复兴运动是"世界的发现和人的发现"。但它只是从教会外部揭露和讽刺教皇和神职人员的腐败、黑暗,而根本未涉及神学的理论和体系等关键性的问题。因而文艺复兴运动不可能动摇罗马教廷的理论大厦。

早期的宗教改革家,如威克利夫和胡司,他们直接把矛头指向罗马教皇,主张以圣经为本;基督是教会的元首,信徒是教会的中心;教俗人士平等;教皇无权向国家征税;使用民族语言做礼拜;反对教会拥有财产;建立民族教会等。但是他们没有抓住"罗马教皇权"这一理论核心,所以未能摧毁其根基,教皇的统治并未被动摇。

而路德则集早期宗教改革运动之大成,针对罗马教皇权赖以存在的三个理论支柱,提出了"唯信称义"的理论,从根本上否定了罗马教皇及其神职人员的中介作用。人们只要根据圣经,产生信仰,便可以达到基督教的"得救"之目的。从而使教士成为多余的人,无用的人,被缴械的人,因而摧毁了罗马教皇至高无上的理论支柱。并且,他肯定了人和人的理性在宗教信仰中的地位与作用,将人的个性与思考体现于信仰之中。这是其跨出中世纪思想领域,进入近代思想大门的具体体现。

路德不同于中世纪宗教改革家的一个基本点是,早期宗教改革家虽把圣经视为最高权威,但只是把圣经作为律法,消极照办,而路德则是把圣经作为产生信仰的依据。人们均可根据圣经去理解、思考、解释并作出判断,由此而产生的信仰的基础则是人的理性,人的意志和人的自由,在宗教领域突出了人的因素。德国著名诗人和政论家海涅曾评论说:"自从路德说出了人们必须用圣经本身或用理性的论据来反驳他的教义这句话以后,人类的理性才被授予解释圣经的权利,而且它,这理性,在一切宗教领域中才被认为是最高裁判者。这样一来,德国产生了所谓精神自由,或如人们所说的思想自由。"这说明了路德的改革思想反映了历史的转折和新时代的兴起。路德也就理所当然地成为新时代的先驱和划时代的宗教改革家。因此，恩格斯把他列为"巨人时代"的"巨人"之一，把他和达·芬奇等并列为在各自领域中的划时代的巨人。

（二）路德是德意志伟大的爱国者

任何人都有自己的祖国，都是本民族的一员。爱国主义是自古以来的一个永恒的美德。路德自青年时代就亲身体会到德意志的国弱民贫、罗马教皇的专横与剥削。驱逐外来的封建势力，拯救德意志民族，实现民族自主与独立是许多爱国的志士仁人的梦想。而16世纪初年，德意志的市民尚未强大到能够担任领导角色，组织团结农民，发动一次全面的、反对国内外封建制度的、能够胜利的资产阶级革命。当时的形势所具备和允许的、能够取得成功和完成的，只是反对罗马教廷的民族压迫和封建压迫的、具有资产阶级民族主义革命色彩的任务。路德提出的爱国纲领是由市民发动，依靠国内封建主自上而下地驱逐罗马势力于国土之外，取得民族自主与真正的独立。然后创造有利于资本主义发展的环境，实现其政教分离、世俗平等的理想。

事实证明，路德的这一爱国纲领得到了德意志各阶层的支持和拥护，经过宗教改革运动，特别是经过伟大的农民战争，罗马教会遭到了沉重的打击，教皇在西欧大一统的局面被打开了缺口。德国大部分地区废除了天主教的教阶制，在政治上取得了真正的独立。在经济上大量教产被没收，杜绝了财富的外流。在思想上，罗马教会的精神独裁被摧毁，大部分地区接受了基督新教。此后德意志民族的独立基本上得到了维护。这些成果的取得是多种因素造成的，绝非路德一人之功，但与他的号召、动员，爱国政治纲领的提出密不可分。路德不仅提出反罗马的爱国纲领，而且坚持到底，奋斗终生，至死不变，故不愧为德意志的爱国者。他只是一位教授和思想家，能够做出如此大的贡献，实在可贵。正因为他是一位爱国主义者，所以，至今德意志民族把他奉为民族英雄。

（三）路德是德意志民族文化的奠基人

在路德以前，德意志方言、土语众多，词汇、文体不一。路德翻译的德文圣经，书写的赞美诗、布道词、教义问答对于德语的规范化、词汇的丰富具有重要的历史意义。他的圣经语言成为后世德国通用的语言，相当于普通话。因为，每个人在家庭中所接受的都是圣经语言，在学校听到的是教义问答，在教会宣读的是路德的布道词，唱的是路德的赞美诗和音乐。所以，路德的圣经翻译等作品对德意志语言的统一和规范起到了空前的作用。他使用的丰富词汇和优美文体，对后世德意志文学的发展起到了重要的示范和推动作用。有人评论说，路德所用词汇的丰富繁多与文体的优美，只有英国的莎士比亚才可与之相比，在德国没有人可与之相提并论。

在音乐方面，他除了亲自作曲外，还创办了唱诗班，有主唱与合唱。他的最大改革是打破了天主教会只有唱诗班的旧规，提倡全体基督徒的合唱。这对音乐的普及和提高发挥了重要作用。

（四）路德是基督新教的一代宗师

路德是基督新教的第一个宗派路德宗的创始人。他的"唯信称义"和"信徒皆为祭司"的神学理论，至今为绝大多数基督新教的宗派所承认，被称为新教理论的两大柱石。特别重要的一点是，加尔文在路德神学和政治思想的基础上创立了加尔文主义，使之适应资产阶级夺取政权、创立与巩固共和国的需要，为尼德兰和英国资产阶级革命提供了理论武器，从而对西欧和后世产生了深远的影响。这一点为基督教史学界和国际学术界所公认，他们评论说：原始的加尔文主义乃脱胎于路德主义，路德的基本教义就是加尔文的基本教义。1544年加尔文在《教会改革之必要》一文中说，我们还都在追求与路德同一的目标。追根溯源，加尔文及新教各宗派的基本的、主要的思想均来源于路德。

自路德创立基督新教至今，该派从无到有，从小到大，已成为基督教的三大支派之一，也是西欧、北美、大洋洲众多国家精神文明的支柱和基本特征，至今，其信徒已分布于世界上150余个国家和地区。

近500年来，德意志人民一直把路德奉为民族英雄、文化的奠基人和民族团结的象征。第二次世界大战后，德国曾分裂为两部分，但他们都把马丁·路德视为其共同的精神领袖和统一的思想基础。国际学术界也公认马丁·路德是世界历史文化上的伟人，不断地深入研究路德对欧洲和近代历史与文化的影响和作用。1983年，为纪念路德诞辰500周年，国际学术界曾专门举行了路德研究的国际学术会议。同年，我国史学界也召集了路德研究学术讨论会，标志着我国路德研究的新起点。

原载《路德文集》，上海三联书店2005年版。

基督新教的七大宗派及其历史渊源

基督新教（Protestantism）是与天主教、东正教并列的基督教三大支派之一，产生于16世纪20年代，至今已有近500年的历史。它是伴随着资本主义的兴起和发展而产生的新教派，因而与西方大多数资本主义国家的历史与文化关系密切，同时也是我们研究近代历史、哲学、文学艺术、民族等问题不可忽略的一个重要方面。它自产生后，随着资本主义的侵略扩张传播到全世界，在今天的国际政治、国际关系与社会生活中亦具有一定的影响。20世纪80年代初，其教徒总数有3.2亿人，约占基督徒总数的三分之一，分布于世界上150个国家和地区，其中大部分居住于北美和欧洲，其余分散于亚洲、非洲、大洋洲和南美洲。新教于1807年传入我国，[①] 其名称在学术界和宗教界曾先后译为"抗议宗""抗罗宗""更正教""复原教""改正教""耶稣教""新教"等。

新教并非一个统一的整体，它是经过16世纪宗教改革运动开始陆续产生的脱离罗马教廷的各新教教派的总称。"Protestantism"这一名称的使用有一个历史过程，最早产生于1529年。当时，神圣罗马帝国皇帝在施派尔召开帝国会议，会上信仰天主教的诸侯占优势，重申反对异端（包括新教各派）的禁令，并禁止夺取教会财产。信仰路德宗的诸侯对此联会提出抗议，因而被称为抗议者（Protestant），至17世纪，此名称曾用来专指路德宗与英国圣公会教徒，直至1789年美国圣公会在其名称之前也冠以"Protestant"一词作为其正式名称后，"Protestantism"始成为新教的正式名称，逐渐被各国学术界和宗教界所使用。目

---

① 1807年（嘉庆十二年）英国国教联合组织伦敦会传教士马礼逊（Robert Morrison, 1772—1834）来华，故作为新教传入我国之年。

前，新教约有 600 个教派，仅美国就多达 200 余个，①但这些繁多的派别大多是新教七大宗派演化或者联合的产物，纯属新建立者居少数，这七大宗派产生的先后顺序是：①路德宗（Lutherans），亦称信义宗；②加尔文宗（Calvinists），亦称改革宗或归正宗（Reformed Protestantism），又称长老宗（Presbyterians）；③安立甘宗（Anglicans），又称圣公会（Episcopalian Churches）或英国国教（Church of England）；④公理宗（Congregationists）；⑤浸礼宗（Baptists）；⑥公谊会，又称贵格会（Quakers）或教友会（Society of Friends）；⑦卫斯理宗（Wesleyans），又称循道宗（Methodists）。上述七大宗派构成了新教的基础，所以，只有了解这七大宗派的具体情况，才能深入地了解基督新教。

一 宗教改革运动与路德、加尔文、安立甘宗的建立

16 世纪初，西欧的经济、政治、社会和意识形态处于由封建制向资本主义的转变时期，封建制度日趋没落，资本主义勃兴。随着阶级关系的变化，民族国家的逐渐形成，新兴的资产阶级在反封建的斗争中登上了政治舞台。当时，西欧各国的反封建斗争矛头均首先指向罗马教皇，因为罗马天主教会在经济上是西欧最大的地主，掌握西欧约三分之一的土地；在政治上竭尽全力妄图控制西欧各国，并主宰着整个西欧的精神生活，它是"封建制度的国际中心"②。因此，资产阶级反对封建制度首先必须在经济、政治方面，特别是在神学理论方面摧毁罗马教皇的统治。西欧的这一革命运动是以"宗教改革"的形式出现的，它开始于 1517 年马丁·路德公开贴出抨击罗马教皇滥发赎罪券的《九十五条论纲》，结束于 16 世纪 50 年代，其中德意志结束于 1555 年《奥格斯堡和约》的签订，英国结束于 1559 年伊丽莎白女王恢复英国国教的信仰；丹麦、瑞典、法国分别结束于 1559 年克里斯坦三世（Christian

---

① [英]多蒂、罗斯：《美国宗教》，载《美国的语言和生活》，哈珀—罗出版社 1968 年版，第 399 页（Glady Doty, Janet Ross, "Religion in U.S.A", Language and Life in the U.S.A., New York: Harper & Row, 1968, p. 399）。

② 恩格斯：《〈社会主义从空想到科学的发展〉英文版导言》，《马克思恩格斯选集》第 3 卷，第 39 页。

Ⅲ)、1560年古斯塔维斯一世（Gustavus Ⅰ）和1559年亨利二世之死[①]。宗教改革运动及其思潮席卷了西欧，并波及东欧部分国家，产生了一批宗教改革家，他们是德意志路德宗的创立者马丁·路德，重洗派和农民战争的领导人闵采尔以及在瑞士苏黎世从事改革的茨温利（Ulrich Zwingli，1484—1531），其中影响深远并得到发展和流传的是路德的宗教思想。

马丁·路德（Martin Luther，1483—1546）是德意志市民资产阶级宗教改革的代表、教士和维滕贝格大学神学教授，早年受正规的神学教育，获神学博士学位。他在反封建、反教皇的爱国民族运动高涨的形势下，于1517年点燃了德意志的宗教改革运动，继而在1520年前后针对罗马教皇的封建神学，提出了新的适应资产阶级需要的神学思想。要点有三：

第一，针对天主教会的"教皇最高权威论"提出"圣经最高权威论"，强调它是上帝的启示，是人们信仰的最高准绳和最高权威，并说"基督教在世界上除基督为头外，没有别的头，因为基督教除基督的名称外没有别的头"。从而解除了教皇对世俗政权和万民的最高领导权。

第二，针对天主教会的"圣礼得救论"和"善功赎罪论"提出"唯信称义"的基本教义，主张人们唯有根据圣经的启示产生对基督的信仰，才能成为义人，即无罪的、得救的、自由的、高尚的、得永生的人。据此，每个人均可在阅读、解释和理解圣经的基础上产生信仰，得到精神上的解脱和安慰，满足人们宗教上的需要，从而彻底否定了天主教会对信徒的精神禁锢与高压手段。人们不再需要由神职人员主持的七项圣礼，也不再需要念经、斋戒、施舍、朝圣、购买赎罪券等"善功"，更不必匍匐在教士的脚下恳求哀告，使天主教会及教皇、主教、神父成为多余的人。

第三，针对天主教会的"教士特权论"提出"平信徒皆为祭司"的思想。教皇宣扬教士握有耶稣基督通过第一宗徒彼得授予的神权，他们是人和上帝之间的中介，唯有通过教士主持的圣礼，才能与上帝交

[①] 关于西欧宗教改革运动的结束的年代，西方学术界主张不一，本文采用《剑桥近代史》的说法。参阅［英］G. R. 埃尔顿编《新编剑桥近代史》第2卷，第2—3页。

通，得到神恩。因此教士是受了神的"印记"的人，是"属灵的阶级"，而一般信徒是"属世的阶级"或称"平信徒"。这一差别实际上是封建等级制度在宗教上的反映和批准。路德主张任何基督徒经过众信徒的推举均可主持圣礼并产生效力。他说："让每个了解自己是基督徒的人确信，我们都是祭司，彼此没有分别，即是说：我们对圣道和一切圣礼有同等的权力"，从而打击了封建等级制度和教士的特权，体现了资产阶级的平等观念。

此外，他还主张建立民族的、廉俭的教会，在组织、经济和信仰等方面均与罗马断绝关系。为了适应原始积累时期资产阶级的需要，他还提出宗教活动应从时间和金钱上厉行节约，删除并合并一些次要节日，减少与简化圣礼，仅保留洗礼与圣餐两项。

路德的神学思想得到受人文主义思想影响的市民资产阶级和反对天主教会的封建诸侯的支持，经过群众运动和农民战争，沉重地打击了罗马天主教会在德意志的势力，经历了40年曲折反复的斗争，德意志的大部地区确立了路德宗的信仰。

路德以他的革新教义奠定了新教神学的理论基础，成为新教的奠基人和开山祖，因而被奉为基督教的三大伟人之一[①]。他的基本观点"唯信称义""圣经最高权威论"以及"平信徒皆为祭司"为绝大多数新教派别所承认与接受，特别是为第二代的宗教改革家加尔文所继承，产生了深远的影响，然而路德思想本身对世俗封建主具有依赖性与妥协性，不适应资本主义较发达的地区，传播受到了局限。16世纪仅流行于德意志的大部分地区和王权较强大的斯堪的纳维亚诸国，其后，随移民传入美国。1847年由德国传教士传入我国。

加尔文宗的创立人为让·加尔文（Jean Calvin，1509—1564），1509年出生于法国巴黎附近之努瓦营的一个资产阶级家庭。1523—1532年是他求学和思想成型的时期，先后就读于巴黎大学和奥尔良学院，主修神学与法律。这一时期人文主义思潮在法国已广为流传，路德的思想和著作亦已传至法国，在知识界和宗教界出现了拥护路德等人的

[①] 新教奉为伟人的其他二人是保罗与奥古斯丁。天主教与东正教所奉伟人，前两位与新教同，仅第三位有异，分别为阿奎那和尼康。

新教派。加尔文在新思潮的熏陶下，特别是在人文主义者伊拉斯谟（Erasmus，1466—1536）和勒费弗尔（Lefevre，1455—1537）和激进的新教活动家的影响下，逐步转向新教。1531年加尔文开始参加巴黎新教徒的活动，发表了拉丁文论集《塞涅卡〈论仁慈〉评注》，书中表达了支持路德派的观点和反对专制主义的倾向，他把"专制"的定义解释为"违反人民意志的统治"。此后，他多方面地宣传路德派的"因信称义"和改革教会的思想，1533年被罗马教会控为异端，被迫出走，先后流亡于昂古莱姆、巴塞尔、斯特拉斯堡和日内瓦。因此，西方学术界一般认为1533年为加尔文完全转为新教之年。他在两年多的流亡生活中，用一段集中的时间归纳、分析、整理个人的宗教改革思想，写出了他的代表作《基督教原理》，1536年7月初版于巴塞尔。

加尔文所外的环境与时代决定了他的历史任务不是创立新教，而是组织和巩固新教；不是创立新的神学思想，而是对它整理、改造和系统化，特别是将新教的思想应用于现实社会，使之适应于更加成长的资产阶级反封建的革命要求。所以，他在《基督教原理》中继承与发扬了路德神学思想中的革新部分，摒除了他的依附于封建主的软弱和不坚决的妥协部分，系统地阐述了他的宗教思想。这一思想是对意欲与封建制度彻底决裂的法国、瑞士较成熟的资产阶级的要求在宗教上的肯定和批准，并且在瑞士的法语区日内瓦付诸实践，创立了神权共和国和加尔文宗。加尔文的宗教思想主要有三：

第一，预定论（Predestinarianism），或译为前定论。他以奥古斯丁的预定论为基础，吸收了路德"因信称义"的理论，加以新的解释，提出上帝以其绝对的最高意志对世人进行拣选，被选中者是上帝的选民，即"义人"或"称义"，其他则为弃民，要受上帝的永罚。这一不可改变的命运在该人未出生前早已由上帝决定，个人的一切祈祷、虔诚、善行均无济于事。他还认为上帝的决定秘而不宣，但可通过上帝的呼召（Calling）体现出来，人们可以根据个人在世上的具体情况加以揣摩。如果某人在对社会有益的各种职业中百事如意，获得成功，并且有道德，参加教会且信仰坚定，就是他蒙呼召成为选民的外在标志。这一思想显然是把资本主义原始积累时期的社会分化、商业竞争的成功与失败的社会现实加以神化，鼓励资产阶级追求财源，发家致富，同时又要求失败破产的人和社会下层服从命运的安排，甘心接受上帝的决定。他的这一思想后来又为其门徒发展为"世间使命说"，主张真正的加尔文宗信徒应鄙视轻闲与浪费，珍惜时间，节约钱财，全力献身于自己的事业，并且要充分利用机会，依靠个人的职业活动发财致富，因此更加符合新兴资产阶级的要求，受到他们的广泛拥护。

第二，民主共和的教会制度，他认为一切组织原则和仪式均应按照《新约全书》的规定办理，"平信徒皆为祭司"应理解为由平信徒管理教会。他根据新约《使徒行传》第十四章 23 节的规定，确定基层教堂由信徒选举出的长老（多为富有资财的市民）管理，由长老聘请牧师负责宣教工作。教区议会由各教堂的长老和牧师各一人组成。教会的最高领导机构为全国宗教议会，由各教区推选牧师 1 名，长老 1—2 人组成，负责审理信徒违犯教规和道德的案件，并讨论决定教义和仪式。这一组织原则和制度发挥了一般信徒的作用，是资产阶级反对封建专制、要求民主共和的政治主张在宗教上的反映。恩格斯说：加尔文的组织原则"以真正法国式的尖锐性突出了宗教改革的资产阶级性质，使教会共和化和民主化"[①]。其圣礼观主张，凡圣经中无记载者一律取消，仅保留洗礼与圣餐两项，并加以简化。

第三，关心政治、改造社会是每个信徒的责任。加尔文强调培养一般信徒的政治意识，明确他们的政治责任。信徒中有条件者应在政府中担任官职，做官是各种职业中最尊贵的职业。不担任官职者亦不可逃避现实，而应积极监督政府的政策是否符合基督教的原则。加尔文说，正如阳光、空气和水一样，国家和法律完全必要。主张人们应服从政府的权力，但如统治者违反上帝的意志，基督徒则不应服从，可以武力反抗，以刀剑对付暴君。他在日内瓦期间，还努力改造社会风气，清除弊端，通过政府禁止赌博、跳舞、酗酒、贪吃、奇装异服、卖淫等，违者要判刑或驱逐出境，并宣布基督徒若容忍此等行为，无异于背叛上帝。

总之，加尔文的宗教思想是适应资产阶级在经济上发家致富、积累资本，在政治上推翻封建专制、夺取与掌握政权的资产阶级革命的要求

[①] 恩格斯：《费尔巴哈与德国古典哲学的终结》，《马克思恩格斯选集》第 4 卷，第 252 页。

而产生的革新思想。尽管他吸收了路德的基本教义，但由于他摒弃与改造了其与封建主妥协的部分，因而在资本主义较发达的法国、瑞士、芬兰、苏格兰、英格兰等地得到广泛传播。16世纪苏格兰的长老宗发展为国教；法国的加尔文宗获得与天主教同等的合法地位；英格兰亦建立了加尔文宗的教会，特别是它为尼德兰的资产阶级革命提供了样板和旗帜。恩格斯说："加尔文的教会组织是完全民主和共和的，而在上帝的王国已经共和化了的地方，人间的王国还能够仍然从属于君主、主教和领主吗？……加尔文教在荷兰创立了共和国，并且在英国，特别是苏格兰，创立了有力的共和主义的政党。"①"为英国发生的资产阶级革命的第二幕提供了意识形态的外衣。"② 17世纪，该宗在英国革命和资本主义国家的侵略扩张中，传播至美洲、大洋洲和世界各地。许多新教派都程度不同地吸收了加尔文宗的教义，在新教中影响较大。该宗于1843年由美国传教士传入我国。

16世纪20年代欧洲大陆的宗教改革思潮和路德的著作已传入英国。此时，英格兰民族国家已经形成，王权有所加强，在市民资产阶级的支持下，英王早已不满罗马教皇对英国的政治干涉与经济剥削，资产阶级和新贵族亦欲分享教会的特权，夺取教会的财产。因此，自1529年开始，英王亨利八世（1509—1547）开展了自上而下的宗教改革运动。30年代初，英国陆续排除了罗马天主教会在英格兰的政治、经济势力与特权。1534年，国会通过了《至尊法案》，宣布英王亨利八世及其王位继承人为英格兰教会属世的唯一最高元首，与罗马教皇断绝全部关系，安立甘宗③宣告诞生。该宗的特点有三：①否认罗马教皇，以英国国王为教会的最高元首；②保留天主教的教阶制，神职人员分为首席大主教、主教、会长（相当于牧师）、会吏（相当于实习牧师）；③以圣公会颁发的《三十九信条》和《公祷书》为基本信仰和仪式的准则，其中吸收了路德宗的部分教义，但保留了大量的天主教的教义。

17世纪后，它在清教运动的冲击下，被迫吸收了大量的加尔文宗

---

① 恩格斯：《社会主义从空想到科学的发展》，《马克思恩格斯选集》第3卷，第390页。
② 恩格斯：《费尔巴哈与德国古典哲学的终结》，《马克思恩格斯选集》第4卷，第252页。
③ 关于安立甘宗（圣公会），可参看《世界宗教资料》1981年第4期。——编者注

的教义和仪式，以适应变革了的英国经济和政治，但迄今仍是新教各派中保有天主教残余较多的一个宗派，其信徒主要分布于英国、北美，1844年传入我国。

二 清教运动与英国新教派的建立

公理宗、浸礼宗、贵格宗均为17世纪英国资产阶级革命中由于政见和宗教观点的差异而产生的新宗派。英国革命的特点之一是披以宗教外衣，它是以清教运动的形式发动和推行的一次革命运动。

清教徒（Puritans）产生于17世纪60年代，但其思想渊源可追溯至16世纪30年代的威廉·廷代尔（William Tyndole，1494—1536），他曾提出英国人如同以色列人，可以成为上帝的选民，但必须进行宗教改革，清除天主教的影响。16世纪50年代，血腥的玛丽女王恢复天主教的信仰，镇压新教徒，迫使他们流亡于欧洲大陆，其中一部分栖身于日内瓦，接受了加尔文的思想，主张应以加尔文的教义改造英国国教，清除国教中的天主教的残余后，英国人始能成为"圣书的子民"。当时的代表人物为约翰·福克斯（John Fox），他的主张为清教的产生奠定了思想基础。

16世纪60年代，由于国教教士的服装五花八门，伊丽莎白女王主张应规定统一的祭服，并命令大主教马太·帕克发表公告，整饬服装。这一措施遭到持加尔文宗教观点的人反对，认为统一祭服是天主教的制度，应予清除（purify）。因此，赞同此观点者被称为清教徒。

1572年，大资产阶级和新贵族的代表人物、牛津大学神学教授托马斯·卡特赖特（Thomas Cartwright）反对国教实行主教制，提出应改行长老制，得到许多清教徒的赞同，进而又有人提出应废除教阶制，实行自下而上的选举，由长老和牧师共同主持教会工作。他们因突出地坚持长老的领导权和选举制故被人们称为清教徒中的长老派。长老派的这一主张受到国教理论家的抨击，被判为异端，遭到镇压，长老派活动中断。而代表中、小资产阶级的一派则认为改革不应停顿，应与国教脱离关系，重建独立的、改革的教会，由信徒选举长老，任期一年，在教义上主张信徒可以自由解释圣经，从而形成了清教徒中的分离派或称独立派。长老派不同意此观点，两派分裂，独立派遭到镇压。

17世纪前期，英国的城乡资本主义进一步发展，阶级力量的对比发生了变化，清教徒数量大增，他们已意识到对政权的要求，因而与封建专制王权的矛盾进一步尖锐化。1629年国王下令限制清教徒的活动；1633年则完全禁止，并进行镇压，矛盾日益激化，终于在1640年爆发了英国资产阶级革命。在革命过程中，资产阶级和新贵族内部由于阶层和地位的不同，政治主张和对革命深度的要求亦不同，因而出现了许多政治派别。但它们均披以宗教外衣，并且各有自己的宗教观点，所以伴随着政治派别的出现，也产生了不同的宗教派别。清教徒中的长老派建立了长老会，即英国的加尔文宗。独立派中的阶层较多，情况较为复杂，革命初期在反封建和反长老派的斗争中尚能团结一致，但随着革命的深化，独立派的核心力量中等资产阶级掌握政权后，不再能继续团结小资产阶级和社会下层，因而独立派分裂为一些独立的教派，其中重要的有以下宗派。

公理宗是独立派的核心，以坚持公众治理教会而得名。该宗思想的奠基人为罗伯特·勃朗（Robert Browne，1550—1633），主张政教分离，教会不受国王干涉，打破国定教区，由信徒自愿联合组成教会，教徒自理。1640年革命开始后，始公开活动，各独立堂会，通过自愿联合、选举，成为独立的宗派。信徒主要分布于英国、北美、荷兰等地，1807年传入我国。

浸礼宗亦属独立派中的一支，它以加尔文宗的教义为基础，吸收了重洗派的部分主张，坚持施洗时行浸水礼[①]，因而有别于其他宗教团体，逐渐形成了独立的宗派。该宗的思想于1530年由荷兰移民传入英格兰，并与威克里夫（John Wicliffe，1330—1384）的一部分信徒结合在一起形成浸礼宗，但16世纪尚未构成单一的派别，仅属公理会的一个分支，两派经常联合组成教会。后来，由于该宗下层群众较多，1602年约翰·斯密（John Symth）在盖恩斯巴勒建立了浸礼宗的独立会堂，1611年重返英格兰在伦敦建立教堂。由于该宗并无新的理论，18世纪

---

① 新教各宗派的洗礼方式分点水礼与浸水礼两种。点水礼由牧师点圣水在受洗人的前额上，浸水礼多在教堂修建的"浸礼池"中举行，受洗者快速将全身浸入水中。

卫斯理宗兴起后，大量信徒转入卫斯理宗，至19世纪末、20世纪初，在英国已绝迹。但该宗于17世纪传入美洲殖民地，主要活动于黑人群众中，后来得到美国洛克菲勒基金会的资助，信徒大增，得到发展。目前90%以上的信徒居于美国，其余分布于巴西、加拿大等国，1836年美国浸礼会派员来华，传入我国。

公谊会于1647年由乔治·福克斯（George Fox，1624—1691）创立，又名贵格宗，"贵格"为英语"Quakers"的音译，意为颤抖者，此名的来源，说法不一。其中之一说，1650年，当法官传讯福克斯时，他警告法官说：你在上帝面前应该颤抖，法官说：那你们就是颤抖者了。同时，该会认为信徒在圣灵感召下激动颤抖是光荣，故而同意接受该绰号，沿用至今。其阶级基础为小资产阶级和城乡劳动者。17世纪40年代末，英国资产阶级革命给社会下层带来的不是福音，而是一度经济混乱、税收提高和平民的破产。一些不满现状的激进派起来斗争，但遭到迫害和镇压，他们在政治、经济方面感到前途渺茫，因而在宗教上表示抗议，另寻出路。他们的宗教代表人物福克斯也不满意安立甘宗、长老宗、公理宗、浸礼宗等派的宗教观点，另创贵格宗，该宗主要教义是：①主张直接启示说，认为圣经仅是"流"而非"源"，仅是宗教的记录。最新、最高的启示是圣灵对信徒的直接启示，此乃真正基督教的标志；②否认一切外在的宗教形式，包括教会、组织、圣礼、节日、祷告。福克斯把其他宗派的教堂称为"尖头房子"，称牧师为"衣架饭桶"，贵格宗的教会仅称"聚会处"。③强调"登山宝训"① 中基督的博爱，宣扬和平主义，反对一切战争，拒绝服兵役，仅从事正常的工商业；④强调平等，不讲礼节，对任何人包括权贵均不脱帽，不问好，并且反对一切娱乐活动。

在英国革命进程中，许多激进派别遭到镇压后，诸如平等灵修派、掘地灵修派、第五帝国派②、浮嚣派（Ranters）、寻求派（Seekers）等部分信众均加入了贵格宗，因而16世纪50—70年代信徒大增。该宗于

---

① 指《马太福音》第五章、第六章耶稣在"壁山训众"中有关伦理道德等方面的论述，有些教派尊之为"登山宝训"。

② 该派宣称世界上已出现过四个帝国，即巴比伦、波斯、希腊、罗马。第五帝国为基督为王的千年王国，即将降临人间，人压迫人的现象将永远消失，后遭镇压。

1656年随移民传入美洲殖民地。18世纪美国贵格宗出现了新的领袖约翰·沃尔曼（John Wollman，1720—1772），他号召解放黑奴，得到奴隶们的拥护，一度发展很快。但因该宗思想之消沉、悲观与孤独，19世纪后逐渐衰落。目前信徒集中于美、英两国，人数不多。该宗于1887由美国贵格宗传入我国。

18世纪英国开始了工业革命，工业区扩大并兴建了许多新工业区，无产阶级的人数增加，工人生活日益恶化。然而旧有的新教各派已不能适应新的形势，卫斯理宗应运而生。其创立人为约翰·卫斯理（John Wesley，1703—1791）及其弟查理·卫斯理（Charles Westey，1707—1778），他们在英国国教内部发起了奋兴运动，1738年独立传道，1795年与国教分裂，成为独立的宗派。

卫斯理宗并无系统自神学著作或新的学说，其特色是强调某些被忽视的教义，主要包括：①信徒虔诚认真地读圣经，依上帝的启示行事；②强调灵修自省，依个人的直接感受成为义人；③反对预定论，强调基督普遍之爱，每人皆不直接通过圣灵蒙救。

该宗的组织与活动特点是：精选会员严密组织；简化仪式；在工矿区露天、巡回布道；强调社会服务。18世纪末和19世纪初卫斯理宗在英国普遍建立了教会，英国早期工会领袖多属此宗。1771年传入美洲，得到发展，于1847年传入我国。

三 基督新教的共同特征、信条与发展趋势

基督新教虽然宗派林立，在教义、组织、仪式等方面千差万别，但具有共同的特征。它们均是伴随着资本主义的产生和发展、适应资本主义社会意识的需要而产生的形态：不承认罗马教皇，与之断绝关系；各宗派独立，无统一的组织与领导；廉俭教会，简化圣礼和节日，一般仅保留洗礼与圣餐；认为本宗派是按照《新约全书》和使徒的榜样组织教会；宗教活动使用民族语言。

新教作为基督教的一个主要支派，与天主教、东正教在教义方面有共同的一面，这些共同信条是：信三位一体；信原祖原罪；信基督救赎；信灵魂不灭与世界末日。但新教除信奉这些信条外，还有其特别强

调的教义，即上帝的恩宠与主权；因信称义；圣经是信仰的准则；教会是基督徒的团契和平信徒皆为祭司；人与人类的一切制度的易错性（Falliblity）。①

新教各宗派虽然各自独立，互不相属，但自 19 世纪以来，出现了联合与接近的趋势。首先出现了一些跨宗派的组织，如 19 世纪英国产生了跨宗派的青年会、女青年会、救世军和一些跨宗派的传教组织，如伦敦会。到 20 世纪一些较大的宗派如路德宗、长老宗、圣公会、浸礼宗都建立了国际性的联合组织，此外，新教还发动了基督教普世教会运动，由美国新教国际组织领导人之一穆德（John R. Mott，1865—1950）倡导，于 1948 年成立了世界基督教协进会。该会倡议新教各派之间，以及新教与天主教、东正教之间终止对立，联合行动，参加该组织者以北美、西欧的新教组织为主体，亦得到了东正教和天主教的响应。

基督新教的一些教派在其产生初期，确曾在西欧历史上起过某些程度不同的积极作用，对西欧各民族国家近代文化与语言的形成和资产阶级革命的进程，具有重要的影响。但在英国革命后，特别从 18 世纪法国资产阶级革命开始，资产阶级已经强大到公开提出自己的政治主张与口号，不再需要打上帝的旗号，披以宗教外衣，在革命胜利后，实行政治分离的原则，自此，基督新教就完全成为资本主义国家对外侵略、对内实行精神统治的一种工具了。

原载《世界宗教资料》1983 年第 2 期。

---

① ［美］乔治·福雷：《新教信仰》，第 16—17 页。

路 德 宗

路德宗（Lutheranism）是以马丁·路德的宗教思想为依据的各派教会的统称，为基督新教主要宗派之一，因其强调"因信称义"的教义，故又称"信义宗"。它是1517年开始的德意志宗教改革运动的产物。1529年拥护路德宗教思想的德意志诸侯和宗教改革家们形成抗议派（Protestants），次年发表《奥格斯堡信条》（The Augsburg Confession），公开宣布了该宗不同于罗马天主教的信仰与系统教义的21条款，标志着路德宗的产生。最初，抗议派仅指路德宗，因为它是最早脱离罗马教廷的独立派别。其后，由于在路德宗教改革基础上出现了其他抗议派教会，遂以路德宗作为专指以路德理论为依据的宗教派别名称。该宗对西欧的历史、社会、政治思想，特别是新教的发展具有深远的影响。

20世纪80年代初，路德宗信徒总数近8000万人，约占新教徒总数的四分之一，是新教诸派中人数最多的宗派。路德宗信徒主要集中在德国和北欧诸国，人数约6040万。此外，北美洲920万，南美洲180万，亚洲220万，非洲180万，澳洲50万。信众逾百万的国家有七：德国（3760万）、美国（890万）、瑞典（700万）、芬兰（460万）、丹麦（450万）、挪威（350万）、印度尼西亚（126万）。其他还有100余个国家均有该宗信徒。

一　路德宗的建立

15世纪末、16世纪初，欧洲正处于"中世纪市民社会瓦解为现代社会诸要素的时代"[①],封建制度衰落,资本主义兴起,民族国家日渐形成。德意志市民资产阶级要求国家统一、民族独立。然而,以罗马教廷为首的天主教会却阻碍这一要求的实现。罗马教廷是德意志最大的经济剥削者、政治压迫者和精神统治者,成为社会发展的主要障碍。因之,反封建斗争的矛头首先指向罗马天主教会。

马丁·路德(Martin Luther,1483—1546)出身于市民家庭,受过良好教育,深受早期宗教改革和人文主义的思想影响。后成为教士,获神学博士学位,受聘为神学教授。他对腐败的罗马教廷的黑暗统治早已心存不满,并深切了解德意志社会各阶层对教廷的怨恨和改革的要求。他于1517年10月底,在维滕贝格的教堂大门上张贴了《九十五条论纲》,公开攻击罗马教廷滥售赎罪券的卑劣行径。论纲公布之后,立即得到广泛支持,迅即被译为德文传遍全国,掀起了遍及西欧的宗教改革运动。

进而,路德于1520年8—10月发表《致德意志基督教贵族的公开信》《教会的巴比伦之囚》《论基督徒的自由》三大名著和其他作品。其中提出与罗马教廷相对立的、适应新兴资产阶级需要的新教义,以及与此相应的组织原则和仪式规定,从而建立了路德宗的宗教思想体系。路德的宗教改革思想得到市民资产阶级和反对罗马教廷政治控制、经济剥削的许多诸侯的支持,要求改革的群众运动勃然兴起,天主教会在许多地区受到沉重打击。

1529年,在施派尔召开的帝国议会上,拥护路德宗教改革主张的诸侯和城市代表抗议皇帝重开反对异端的禁令,因而被称为"抗议派",路德宗之雏形由此产生。1530年,在新教诸侯的压力下,帝国议会通过《奥格斯堡信条》。该文件由路德的助手和密友梅兰希顿起草,经路德同意,初步阐明了路德的神学主张,提出新教派的组织原则和礼仪。从而以法定形式确认了路德宗的产生,时人称该宗为"《奥格斯堡信条》教会"。

此后,德意志的宗教改革运动演化为新旧教诸侯的争夺。1531年,

---

① 马克思:《剩余价值理论》,《马克思恩格斯全集》第26卷,人民出版社1960年版,第586页。

新教诸侯结为"施马加登同盟",反对皇帝和天主教诸侯的"士瓦本联盟"。但皇权的增长,又引起所有诸侯的不安。新旧教诸侯结成反对皇帝的同盟,并于1552年发动反对皇帝查理五世的战争。查理五世战败,终于在1555年缔结《奥格斯堡和约》,规定了"教随国定"的原则,路德宗在新教诸侯的支持下得以确立。此后,路德宗在德意志西北部和斯堪的纳维亚诸国广泛传播,逐渐占据优势。

二 路德宗的教义、组织和礼仪

路德宗的主要信条集中了1520年前后路德撰写的论著;路德著的《大、小教义问答》;梅兰希顿起草的《奥格斯堡信条》;路德拟定的《施马加登信条》等材料。

该宗除信仰"三位一体""原祖原罪""基督救赎""灵魂不灭"等基督教的基本教义外,特别强调以下信条:

第一,"唯信称义"(Justification by Faith Alone)。这一概念原出自《新约·罗马书》[①],当时,旨在强调信徒不分民族,无论犹太人抑或非犹太人,只要信仰基督就可得救。路德对此作了新的解释,赋予新的内容,认为"灵魂称义不因任何行为,仅由于信仰"[②]。此信条是针对天主教一贯主张的"圣礼得救"和"善功赎罪"的教义提出的,认为人们不必通过天主教会及神职人员,仅凭信仰即可与上帝直接交通,从而建立了人与上帝的新型关系,彻底否定了罗马天主教会的神圣性,使之成为多余之物。"因信称义"不仅是路德宗的基本信条,也是新教各宗派的理论基础。

第二,圣经是信仰的最高准则。这是针对天主教会几百年中一直鼓吹的"教皇无谬""教皇至高无上"的说教而强调的理论。路德主张"基督教在世界上除基督为头外,没有别的头","教皇和主教都不是基

---

① 参阅《新约·罗马书》1:17—18。
② [德] 马丁·路德:《论基督徒的自由》,载亨利·依斯特·雅各布斯、阿道夫·斯派思编《马丁·路德著作集》,A. J. 霍尔曼公司1915年版,第2卷,第314页(Martin Luther, "Treatise on Christian Liberty", in Henry Eyster Jacobs, Adolph Spaeth, eds., *Works of Martin Luther*, Vol. 2, Philadelphia: A. J. Holman Company, 1915, p. 314)。

督的代表，也永远不能代表基督"①，"大家都生活在唯一的头基督之下"②。圣经是上帝的启示，因而是信仰的最高准则，"凡不以圣经为可靠启示，为根据的说法都只能算为意见，而没有相信的必要"③。这是对教皇作为教会最高权威、世界最高领袖、基督在人世的代表的公开否定。

第三，基督徒一律平等。路德针对中世纪教会教阶制，主张"我们凡为基督徒的就都是祭司，都是君王"④，"在平信徒和神父，贵族和主教以及属灵的和属世的之间，实在没有什么差别"⑤。此种"平信徒皆为祭司"的思想，与罗马天主教的"教士特权论"相对立，否定了神职人员（属灵的等级）和一般信徒（属世的等级）之间的传统划分，反映了市民资产阶级的平等要求。

路德宗教会的民族性表现在他们坚决与罗马天主教断绝经济、组织和政治的一切联系，建立本民族的独立教会，并使用民族语言传教和进行宗教活动，为此，路德尽全力将圣经译为德语。

路德宗根据资产阶级在时间与金钱上厉行节约，廉俭教会的要求，对礼仪和节日作了重大改革。路德曾以圣经为根据，著文反对罗马社会制定的繁复奢华的礼仪，认为告解、坚振、婚配、神品和终傅诸项仪式并无圣经的依据，应该取消，故仅保留两项圣礼，即洗礼和圣餐。同时简化仪式，废除弥撒及其烦琐程序和教堂的豪华陈设。对有关圣餐礼的解释，路德宗反对天主教的"化体说"，主张"临在说"，即认为只要诚心领受圣餐（饼、酒），基督便降临其中，赐恩于受领人。路德宗中除个别派别实行三项圣礼（外加告解礼）外，多数派别仅保留两项。该宗对次要的节日一律废除，除圣诞节、复活节等重大节日外，对一些必不可少的节日均并入礼拜日，不再单独进行活动。

此外，路德宗较重视现世生活。路德对天主教长期奉行的"禁欲主

---

① ［德］马丁·路德：《罗马教皇权》，《马丁·路德著作集》第1卷，第352、357页。
② 参阅［德］马丁·路德《施马加登信条》，第四条：《论主教制度》。
③ ［德］马丁·路德：《教会的巴比伦之囚》，《马丁·路德著作集》第2卷，第292页。
④ ［德］马丁·路德《论基督徒的自由》，《马丁·路德著作集》第2卷，第324页。
⑤ ［德］马丁·路德《致德意志基督教贵族的公开信》，《马丁·路德著作集》第2卷，第156页。

义""蒙昧主义"深恶痛绝,严加斥责,实行教士自由结婚、禁止修道和乞食,减轻和取消教会律法的处罚条令,改良婚姻法,取消强制性禁食和一切违反人性的教规,提倡改良教育和法律,提高社会道德水平,这些规定反映了新兴资产阶级个性解放的要求。

路德宗是16世纪德意志宗教改革运动的产物,它具有时代的特点,反映了早期资产阶级的软弱性与对封建势力的依赖性。这些特点使它的传播受到局限。但是,路德宗的教义及其建立打破了西欧封建制度的国际中心、罗马教廷的大一统局面,在宗教思想上开辟了一个新的时代,并为新教其他宗派奠定了神学理论基础。因此,该宗的建立对西欧的历史确实起到了一定的促进作用。然而,由其自身的特点所决定,在发展过程中,它日益成为诸侯加强统治的工具,革命的锋芒逐渐泯灭,宗教的虚幻性日益突出和显露。正如马克思所指出的,"路德战胜了信神的奴役制,只是因为他用信仰的奴役制代替了它。他破除了对权威的信仰,却恢复了信仰的权威。他把僧侣变成了俗人,但又把俗人变成了僧侣。他把人从外在宗教解放出来,但又把宗教变成了人的内在世界。他把肉体从锁链中解放出来,但又给人的心灵套上了锁链"①。

三 路德宗的派别和传播

德意志宗教改革运动之后,在发展过程中,路德宗分裂为数派。到19世纪初以前,主要有纯正路德派、腓力派、虔诚派和忏悔派。

纯正路德派(The Gnesio Lutherans)严格遵守路德宗教改革的各项主张,严格奉行路德的神学原则,主张遵守路德思想体系的每一点,乃至个别条目、个别字句,自称为真正的路德派,或路德正宗(Orthodox)。该派自16世纪下半叶到18世纪初在路德宗内占优势。代表人物为约翰·哥尔哈特(Johann Gerhard,1582—1637),他的《教纲神学》(*Loci theologici*)为该派代表作品。

腓力派(Philippists)因遵奉梅兰希顿的温和宗教改革主张而得名。此派力图调和路德宗、加尔文宗与罗马教廷的神学对立,融三派于一

---

① 马克思:《〈黑格尔法哲学批判〉导言》,《马克思恩格斯选集》第1卷,第9页。

体。16 世纪后半期与纯正路德派发生分歧，争论不休，直至 1577 年双方和解。此派影响不大，存在时间较短。

虔诚派（Pietists）是继纯正路德派之后于 17 世纪在德国兴起的又一个主要派别，因此派初期自称"虔诚团契"而得名。该派主张不必死守信条，应看重内心的虔诚，强调"灵性"在宗教活动中心作用，反映当时德国资产阶级对诸侯统治的不满情绪。他们强调精读圣经，注重教育，赈济贫穷和传道工作，具有较大影响。17 世纪 70 年代后在德国盛行一时，18 世纪 30 年代后渐成为少数狂热者的社团。其代表人物斯彭内尔（Philipp Jacob Spener，1635—1705）和弗兰克（August Hermann Francke，1663—1727）。

忏悔派（Confessionalists）是 18 世纪启蒙运动在德国的产物。启蒙运动使德国古典哲学长足发展，各种当代哲学派别均汇集于此，展开激烈论战。忏悔派试图将路德宗传统神学与唯心主义哲学相结合，认为人类理性是神性的反映和再现，主张自我反省，故称忏悔派。主要代表人物有埃尔兰根的神学家哈利斯（Adolf von Harless，1806—1879）、霍夫曼（J. C. K. von Hofmann，1810—1877）、弗兰克（Reinhold von Frank，1827—1894）等人。

1817 年，在纪念德国宗教改革 300 周年时，路德宗重归统一，这是德国资产阶级要求国家统一在宗教上的反映，暂时结束了路德宗内部长达 200 多年的派别纠纷。但不久，皇帝弗里德利克·威廉三世（Friderick William Ⅲ）实行宗教仪式改革，命令地方统治者担任各地教会首脑，激起路德宗多数信徒的反对，其中一部分结成"传统路德宗"（The Old Lutheran Church），部分信徒移居美洲和澳大利亚。德国政教分离是在第一次世界大战之后完成的，1922 年成立了"全德福音教会联盟"（The German Evangelical Church Federation）；1948 年成立"德国统一福音路德宗教会"（The United Evangelical Lutheran Church of Germany）。第二次世界大战后，德国路德宗忏悔派占优势。20 世纪 80 年代初，东德主要信仰路德宗，西德将近 50% 的居民为路德宗信徒。

路德宗在北欧各国的发展大体与德国相似。在丹麦、挪威等斯堪的纳维亚国家中，纯正派和虔诚派较为流行。其总的特点是各国路德宗被置于君主控制之下，很少受到欧洲大陆新教派发展的影响。20 世纪 80

年代初，路德宗在丹麦占居民的 91%，瑞典占 95%，挪威占 91%，芬兰占 93%。

路德宗于 1625 年由荷兰移民传入美国，接着大批路德宗信徒因三十年战争的动乱移居美国。最初集中在纽约、宾夕法尼亚、卡罗莱纳等殖民地，后来随着西部扩张运动而遍及各地。当时，地区性组织达 150 个之多。19 世纪时，因德国内部动乱，约有 500 万德意志人、200 万斯堪的纳维亚人迁居美国，使路德宗在美国的势力大增。美国南北战争前后，各派在《奥格斯堡信条》基础上谋求统一。1872 年组成"各派代表大会"（The Synodical Conference）。此后，各国移民中的路德宗信徒克服语言差别，加强各派间联系，于 1918 年组成"美国统一路德宗"（The United Lutheran Church in America）。1930 年成立"美国路德会"（The American Lutheran Church）。1966 年，三个主要派别"全美路德会"（The Lutheran Church in America）、"美国路德会"和"路德宗密苏里大会"（The Lutheran Church-Missouri Synod）联合组成"全美路德宗"（The Lutheran Church in U. S. A.），但并不巩固。1982 年 4 月 8 日，"全美路德会""美国路德会"和"美国福音路德会"（The Association of Evangelical Lutheran Churches）通过决议，三派于 1987 年 5 月合并为"全美福音路德宗"（The Evangelicae Lutheran Church in America）。

20 世纪中期以来，随着各国路德宗的发展，出现了建立世界性统一组织的趋势，1947 年，正式成立"路德宗世界联盟"（The Lutheran World Federation）。到 1970 年已先后举行过五届代表大会，该组织属于合作性机构。

路德宗于 1847 年由德国礼贤会教士传入我国，此后，美、丹麦、瑞典、挪威、芬兰等国共 18 个路德宗教派组织来华传教，他们分布的地区是德国在广东，美国在河南、湖北，挪威在陕西、湖南，瑞典在湖南，丹麦在吉林、辽宁。20 世纪 20 年代，路德宗各派成立了联合组织"中华信义会"。

路德宗的发展和传播已有近 500 年的历史，在基督新教各派中，它是最早建立和存在时间最长的宗派，在神学理论上对新教的大多数教派均有较大影响。目前，各国路德宗教会开展多种形式的宗教活动，出版刊物，每逢重大纪念日举行旨在扩大影响的庆典；积极发展教徒，吸收新成员；进行国际交往，加强联系，不定期地召开世界性路德宗会议，讨论各国路德宗活动事务和教义方面的争论问题；积极发展宗教教育，培养路德宗神职人员。

本文与陈志强合写，原载《世界宗教资料》1983 年第 4 期。

加尔文宗

加尔文宗（Calvinists）是以加尔文宗教思想为依据的新教各派的统称。该宗是16世纪瑞士宗教改革的产物，由法国人让·加尔文（Jean calvn，1509—1564）于1541年创立于日内瓦城。该宗实行长老制，主张由信徒推选长老与牧师共同治理教会，故又称为长老宗（Presbyterian），或称改革宗、归正宗（Reformed Protestantism）。

加尔文宗的教义、组织和礼仪是适应西欧日益成熟的资产阶级夺取政权与掌握政权的需要而产生的，并且在日内瓦城取得了胜利，特别是它为尼德兰和英国的"资产阶级革命的第二幕提供了意识形态的外衣"[①]。对资产阶级革命形势的发展起到了推动作用，因此，它是新教以至于整个基督教各派中影响较大的派别之一。17世纪以后，该宗随着欧洲移民和殖民扩张传播到美、亚、非洲，20世纪80年代初，有信徒约4000余万人。该宗于1843年由美国北长老会传入我国。

一 日内瓦的宗教改革与加尔文宗的建立

日内瓦位于瑞士西南部，与法国接壤，地处罗讷河上游的莱芒湖（Leman Lake，现称日内瓦湖）畔，罗讷河由此流经法国入地中海。因此，该城自古以来与法国的经济、文化关系密切，居民说法语，是瑞士法语区的首府。15世纪日内瓦的首饰、皮毛、纺织、制鞋等手工业以及信贷业和过境商业已具有相当规模，出现了资本主义的萌芽。16世

[①] 恩格斯：《费尔巴哈与德国古典哲学的终结》，《马克思恩格斯选集》第4卷，第252页。

纪初，市民资产阶级在政治上开始强大，不满意封建领主和天主教会的控制，开展了争取独立与自由的反封建斗争，并开始意识到对政权的要求。

日内瓦自13世纪以来被位于阿尔卑斯山南麓的萨伏依公国所控制。1290年它开始委派行政长官统治该城，1444年又掌握了日内瓦主教的授任权。因此，驱逐与接摆脱萨伏依公国的政治统治和宗教控制成为该城反封建的直接目标。16世纪初，日内瓦市民大会选出由60名议员（多为富商和市民上层）组成的"六十人会议"，开始参与掌管宗教、民政和法律事务，1527年又增设了200名议员的大议会和25人的小议会。它们在德意志宗教改革和瑞士德语区苏黎世城茨文利宗教改革的影响下，与邻近的新教城市伯尔尼（Bern）和弗赖堡（Freiburg）结为同盟，掀起反对萨伏依公国统治的斗争，于1530年推翻了行政长官的统治，迫使天主教主教出走，取得了反封建斗争的初步胜利。

日内瓦市民资产阶级取得政权以后，于1532年开始了宗教改革运动，6月9日，激进的新教徒在全城遍贴批判罗马教皇、反对出售赎罪券、要求宗教改革的标语。此时法国新教改革家、加尔文之密友法雷尔（Guillaume Farel，1489—1565）来到日内瓦，他自1526年开始曾在瑞士艾格勒（Aigle）、伯尔尼等城市从事宣教工作，已取得了很大的进展。法雷尔到日内瓦后，多次举行宗教改革辩论会，得到市民群众的拥护，新教徒大增。他们占领教堂，捣毁偶像，废除弥撒，将修士驱逐出境，并于1536年初，在反抗萨伏依公国武装干涉取得胜利的基础上，于同年5月21日经市民大会投票决定，皈依新教，规定凡公民均应宣誓信奉福音，不参加新教者驱逐出境。宗教改革取得了初步胜利，但对教会组织的改革与教义、仪式的革新，尚待深入进行。在此情况下，1536年加尔文应法雷尔邀请在日内瓦从事宗教改革工作。

加尔文1509年7月10日生于巴黎东北约93公里之努瓦营（Noyon）的一个资产阶级家庭，曾求学于巴黎大学，修哲学、神学，1528年获文学硕士学位，继而从父命入奥尔良大学修法学，1531年获法学硕士学位。同年入法兰西人文主义学院学习希腊文与希伯来文，研讨《七十士本圣经》，专攻神学及改革宗教。16世纪20年代，人文主义思想在法国早已广为流传，路德的思想和著作也已在法国传播，并且产生了拥护路德等改革家的新教派。加尔文在求学期间受到德意志人文主义者伊拉斯谟和法国人文主义者勒费弗尔以及激进的新教活动家的影响，逐渐转向人文主义和新教的立场。1531年他开始参加巴黎新教徒活动，发表了《塞涅加〈仁慈论〉评注》，表达了支持路德宗教改革和反对专制主义的倾向，这一作品被公认为是"典型的人文主义作品"[①]。1533年，由于他多方宣传路德的"因信称义"等宗教改革思想，被控为异端，被迫逃亡，先后流亡于昂古莱姆、巴塞尔、斯特拉斯堡和日内瓦。在流亡生活中，他接触到许多新教领袖，思想更为开阔，决心将新教的理论系统化、条理化。1534年在巴塞尔等地写出其代表作《基督教原理》一书，时年仅27岁。此书于1536年7月初出版于巴塞尔。初版的《基督教原理》篇幅不大，仅532页，八开本。此后，在其一生中陆续修改、补充，至1559年最后的修订版比初版的篇幅增加了5倍之多。《基督教原理》全书共4卷，各卷题目按照《使徒信经》的次序即父、子、灵、教会等排序，每卷约20章。此书的初版提出了长老宗神学思想的轮廓及"预定论"学说，并且将迄今的宗教改革思想系统化、理论化，使之成为长老宗的重要经典和权威著作。加尔文也因此成为第一个阐述系统神学纲领的新教理论家，并一度成为"法国抗议宗的领袖人物"[②]。1536年7月他在赴斯特拉斯堡途中经过日内瓦，经法雷尔劝说留在日内瓦从事教会改革。

　　1536年7月至1538年4月期间，法雷尔与加尔文积极宣讲长老宗教义并说服小议会接受了他们提出的两项建议，即整顿道德风尚，严格纪律，对违犯者轻则不许领圣餐，重则开除教籍；按照加尔文所著《教义问答》和法雷尔所著《信经》改革教会。1537年7月，大议会决定，所有市民均需宣誓接受新教理论，任何人有信奉天主教之表现者，如持念珠，保存圣物等，需议处；妇女着奇装异服者禁锢，赌博者戴镣，通奸者游街后流放[③]。不久，加尔文的这些建议和措施遭到部分对宗教改

---

　　① 参阅［美］哈罗德·格里姆《宗教改革时代1500—1650》，第257页。
　　② ［英］基德：《欧洲大陆宗教改革运动文献精选》，第532—533页，转引自［美］威利斯顿·华尔克《基督教会史》，西蒙舒斯特公司1970年版，第350页（Williston Walker, *A History of the Christian Church*, New York: Simon & Schuster Inc., 1970, p. 350）。
　　③ ［美］威尔·杜兰：《宗教改革》，《世界文明史》第19卷，第202页。

革不满的市民和秘密天主教徒的反对，他们结成号称信仰自由的团体，抵制改革。此派在1538年2月的大选中取得胜利，获得议会的多数，通过决议，将加尔文及法雷尔以异端名义驱逐出境。法雷尔前往纳沙泰尔（Neuchatel）城任牧师，在此终其余生；加尔文则去斯特拉斯堡出任该城法国移民的牧师，此后3年中，他充实了《原理》的内容，并设计了长老宗的教会组织，使之适应于市民资产阶级掌权的需要。1541年，日内瓦支持宗教改革的一派再度掌握政权，重邀加尔文回城主持改革大计。

1541年开始，加尔文在日内瓦进行了全面的宗教改革。该年9—10月间，在他主持下拟定了《教会宪章》（*Ecclesiastical ordinances*）①，确定了教会以长老为中心的组织领导体制；明申了各类神职人员的任务、职责、礼仪的具体规定与内容以及政教之间的关系等，并开始付诸实践，故一般认为1541年为加尔文宗诞生之年。该宗的权威机构为长老会（Presbytery）或称宗教法庭（Consistory），由小议会和大议会推举出长老12人和牧师5人组成，加尔文任长老会主席。长老会负责监督信徒的宗教生活和审理宗教案件，每星期四开庭，最高处分可开除教籍，超过此限度者则由政府机关审理。此后23年，加尔文全力投入长老宗的建设和帮助巩固日内瓦的神权共和国的工作。在此期间他的重要著作还有《教义问答》修订版、《论教会改革之必要》《清算特伦特会议教会》和圣经释义多种。1564年加尔文病逝于日内瓦。

二　加尔文宗的教义、组织和礼仪

加尔文宗是基督新教的主要宗派之一，它除信奉新教的主要信条外，根据加尔文的《基督教原理》和《教会宪章》《教义问答》，该宗在教义、组织、礼仪方面具有以下独特的内容。

（1）预定论（predestinarianism）。或译为前定论，这是加尔文学说的中心与主要特征，它是以路德的"唯信称义"为基础，结合保罗与奥古斯丁的预定论的内容演变而来。他给预定论所下的定义是"我们所

---

① 新教教会译为《圣会律例》或《教会法规》《宗教法典》。

谓的预定是指上帝以其永恒的旨意决定世界上每一个人所要成就的,因为人类被创造的命运不同,永恒的生命为某些人所前定,对于另一些人,则是永罚。既然每一个人都是为着或此或彼的一个结局而创造,所以我们说,他是被预定了或生或死的"①。即上帝以其绝对的、不可改变的最高意志对世人进行拣选,被选中者是上帝的选民,即"义人"或"称义";否则为"弃民",要受永罚。"选民"或"称义"与个人的祈祷、善行无关,完全在于上帝的恩惠。他理解的"称义"与路德不同,路德认为"称义"是人与上帝的神秘结合,可以得到人世间所得不到的宁静与快乐;而加尔文认为"称义"或"选民"则是上帝使之充满基督的灵,成为基督的战士,获得活动的方法、激励与能力,使之在事业上获得成功。至于谁是选民、谁是弃民并非神秘莫测,尽管上帝的决定秘而不宣,但可通过上帝的呼召体现出来,对每个人来说,皆应坚信自己是选民并应百折不挠地努力苦干,若某人在对社会有益的各种职业中百事如意,硕果累累,并且道德高尚,参加教会且信仰坚定,就是他蒙呼召成为选民的外在标志。否则,便是弃民。他的这一学说"适应当时资产阶级中最勇敢的人的要求"②。把资本主义原始积累时期的社会分化,商业竞争的成功与失败的社会现实加以神化,鼓励资产阶级追求财源,发家致富,同时又使失败的破产者、社会下层和没落的贵族服从命运的安排,接受上帝的决定。他的这一思想后来由其门徒发展为"世间使命说",认为"靠遗产收入为生的懒惰习性,似乎完全是罪恶的,从事于一种没有确定的目的,又不能获得物质利益的职业,似乎是对时间和精力的愚蠢浪费,不充分利用获取物质利益的机会似乎是不关心上帝之事,懒惰是最可怕的恶行"③。它鼓励信徒鄙视轻闲与浪费,应珍惜时间节约钱财,充分利用与掌握时机发财致富,选民不仅在现实世界中获得财富,而且死后可以升天堂,得到上帝的承认,因而,更加

---

① [法]加尔文:《基督教原理》第 3 卷,第 21 章,第 2 卷,第 926 页(Jean Calvin, "Institutes of the Christian Religion", *Library of Christian Classic*, Philadelphia: Presbyterian Board of Publication and Sabbath, 1921, Vol. 20, p. 926)。

② 恩格斯:《〈社会主义从空想到科学的发展〉英文版导言》,《马克思恩格斯选集》第 3 卷,第 390 页。

③ [德]特勒尔奇:《基督教社会思想史》,第 389 页。

符合新兴资产阶级的要求，得到他们的广泛拥护。

（2）共和制的教会组织。加尔文继承了路德的"平信徒皆为祭司"的理论，认为应理解为由平信徒管理教会。根据其《教会宪章》的规定，教会中设立四种职务：长老、牧师、教师、执事。长老为世俗信徒的领袖，由议会选举产生，每年改选一次，可连选连任，负责维持秩序、道德和纪律以及教会的管理；牧师为神职人员，在长老们的委托下管理教务工作，负责施行圣礼，解释圣经，训练与审查预备牧师，与组成牧师团（Vencrable Company），"无牧师团的许可任何人不得在日内瓦传教"①；教师负责日内瓦学校的领导工作和宣传事业；执事是由信徒选举出来的不脱产的协助长老和牧师的教会管理人员，掌管慈善机构，负责救济和医疗工作。教会的权威机构是由议会选出的长老12人，牧师5人组成的长老会。此后，各国的加尔文宗坚持了这一制度，基层教堂由信徒选出长老管理，由长老聘请牧师，各教堂的长老、牧师各1人组成教区长老会，再由各教区推选出长老1—2人，牧师1人，组成全国性的长老会。长老制发挥了一般信徒的管理作用，这是资产阶级反对封建专制，要求共和政治在宗教上的反映。恩格斯说：加尔文的组织原则"以真正法国式的尖锐性突出了宗教改革的资产阶级性质，使教会共和化和民主化"②。

（3）圣礼观。加尔文认为凡无圣经根据的圣礼应一律废除，仅保留洗礼与圣餐两项。他的圣餐观介于路德的"临在论"与茨文利的"纪念论"之间，主张"参与论"。他认为领受圣餐的饼与酒既非真实的耶稣的肉与血，也非仅有纪念的性质，而是在圣餐中，人可凭借信仰领受属灵的基督，实质上是"参与"了基督的肉和血。此外，该宗对饼酒的要求较为灵活，发酵饼与无酵饼，红葡萄与白葡萄酒均可。

（4）教会观。加尔文的教会观与路德有所不同。路德认为教会是提供恩典的拯救灵魂的机关。加尔文则认为除此以外，教会还应监督国

---

① ［美］威尔·杜兰：《宗教改革》，《世界文明史》第19卷，第207页。
② 恩格斯：《费尔巴哈与德国古典哲学的终结》，《马克思恩格斯选集》第4卷，第252页。

家、家庭和社会发扬上帝之道，应把全部社会生活置于基督教的典章和目的支配之下，使社会基督教化，以新教的思想改造社会。因此，他特别强调关心政治，认为改造社会是每个信徒的责任，应培养信徒的政治意识，有条件者应在政府中担任官职，做官是各种职业中最高贵的职业，不担任官职者亦不应逃避责任，而应积极地监督政府的政策是否符合基督教的原则。在日内瓦，他以牧师的身份参加议会，借以对政府的政策施加影响；又由议会选出长老领导教会，实际上将政权与教权合为一体，实行共和制的神权政治。与此同时，他还强调基督徒应服从政府的权力，即使是不良的统治者，亦应服从。但若统治者违反上帝的意志，则不应服从，可以武力反抗，以刀剑对付暴君，长老会议应加以指导。加尔文在各国的后继者发展了他的这一思想，强烈攻击专制主义、暴虐政治，主张主权在民。加尔文在日内瓦期间还努力改造社会风气，提高道德水平。他制订了《日内瓦法规》(*Geneva Discipline*)，强调日常生活的宗教意义，谴责散漫轻浮，并通过政府强制取缔赌博、跳舞、酗酒、贪吃、奇装异服、卖淫等，违者要判刑或驱逐出境。未成年的女孩如穿艳丽衣裙，其母要被拘留两天。

综上所述，加尔文继承并且改造了路德的基本教义，使之更加适应资产阶级在经济上发家致富、积累资本的要求和政治上夺取与掌握政权的需要。由于他摒弃了路德宗依赖封建主的软弱、妥协部分，在加尔文宗中没有君王、诸侯的地位，并且主张民主共和制，因而在资本主义较发达的西欧得到广泛传播。

17世纪后，长老宗在流传的过程中，在教义等方面发生了一些变化。例如，在17世纪，它吸收了较多的人文主义思想，强调人在拯救中的主动性；18世纪，受启蒙运动的影响，突出了人与神的契约关系；19世纪，在近代自然科学发展的影响下，强调理性和经验的作用。但"预定论"和共和主义始终是该宗教义的基本点。17世纪以后，该宗在教会观方面亦有所变化，随着历史的发展和在各国的流传，他们抛弃了早期加尔文宗在日内瓦所主张的国家与教会结合为一体的神权政治观念和排斥其他教派的思想，改变为容许在一个国家中几个不同的教派并存和实行政教分离。

三 加尔文宗的发展和传播

由于加尔文在日内瓦成功地建立了共和制的长老派教会，并且实际上控制了世俗政权，又于1559年创建了日内瓦学院（即后来的日内瓦大学），它成为加尔文宗神学的最大的中心学府，训练出来的传教士被派往西欧各国，前往参观学习者络绎不绝，因此日内瓦在16世纪50年代后一度成为改革宗的基地，曾被称为"新教的罗马"。加尔文宗的影响远远超出日内瓦之外，不仅渗入波兰和匈牙利，而且也在德意志西部得到发展，其影响比较大的国家是法国、荷兰、苏格兰和英格兰。16世纪30年代中期，该宗的思想已在法国流传，特别是在法国南部的社会下层、部分资产阶级和欲夺取教产的中、小贵族中广为流传，并得到知识分子和下层神父的支持，形成了与专制国王和天主教会敌对的势力，遭到镇压。1569年，各地新教教会组成全国性的教会，称为胡格诺派（Huguenots）①，势力大增，导致新旧教之间30余年的武装冲突（1562—1598），史称"胡格诺战争"。1598年双方妥协，亨利四世颁布《南特敕令》，承认胡格诺教徒的信仰和宗教活动的自由，其神职人员与旧教职人员同样享有免服兵役的特权，新教教会得到迅速发展。

16世纪后半期，日益成熟的荷兰资产阶级以加尔文宗为旗号发动反对西班牙统治的革命斗争。1566年爆发了大规模群众性的破坏圣像运动，参加者捣毁教堂、修道院，焚烧教会的债券、地契，没收教产，成为武装起义的开端。经过长期武装斗争，迫使西班牙承认尼德兰北部的独立，在荷兰建立了第一个资产阶级共和国。恩格斯指出："当路德的宗教改革已经蜕化并把德意志引向灭亡的时候，加尔文的宗教改革却成了日内瓦、荷兰、苏格兰共和党人的旗帜，使荷兰摆脱了西班牙和德意志帝国的统治。"②

---

① 或译为雨格诺派。此名的来源其说不一，一般认为得名于德文"结盟者"（Eidgenossen）。

② 恩格斯：《费尔巴哈与德国古典哲学的终结》，《马克思恩格斯选集》第4卷，第262页。

苏格兰长老宗的奠基人和理论家是约翰·诺克斯（John Knox，1514—1572），16世纪50年代初曾被迫害逃亡日内瓦，受到加尔文的重视。1559年他回到苏格兰，领导长老派贵族和新兴资产阶级发动反对法国统治的民族战争，在英军的支持下，迫使法国撤军，推翻了天主教会的统治，加强了国会对王权的约束。胜利后，苏格兰召开了长老会第一次全国会议；1567年经国会通过决议宣布长老宗为国教。他的著作有《诺克斯全集》。

16世纪50年代，英格兰在玛丽女王（1553—1558）统治时期，许多新教徒遭到迫害，逃亡到日内瓦，接受了加尔文宗的思想，主张以加尔文的教义改造英国国教。在六七十年代他们要求清除国教内部的天主教残余，实行长老制，被称为清教徒。17世纪40年代，代表大资产阶级和上层新贵族的清教徒长老派和代表中、小资产阶级的清教徒独立派以清教运动的形式发动了英国资产阶级革命。在革命进程中长老派一度控制了英国长期国会。1643—1648年，长期国会在威斯敏斯特（Westminster）举行会议，根据加尔文的教义制定了《威斯敏斯特信纲》《教义问答》和《礼拜规定》，决定废除主教制，实行长老制，在英格兰、苏格兰和爱尔兰全力推行长老宗信仰。该信纲后来成为英国及各英语国家长老宗的基本信条。克伦威尔控制国会，建立军事独裁后，对长老宗未进行迫害。此后长老宗在英国不断发展，并分化为若干派别。目前该宗在美国为仅次于安立甘宗的新教第二大宗派。

17世纪，该宗随流亡海外的清教徒与荷兰移民传至北美，各长老派移民团体建立了独立教会，信徒众多。美国南北战争时期，该宗各派因对奴隶制的态度不同，逐渐形成两大阵营，即谴责奴隶制的传统长老会（The old School Presbyterians）和赞成奴隶制的美国南部联邦各州长老会（The Presbyterian Church in the Confederate States of America），内战后各派重新分散活动，目前美国有长老宗信徒约350余万。

该宗于1843年由美国北长老会牧师哈巴和高利传入我国广州。此后又有苏格兰福音会、英格兰长老会、加拿大长老会、爱尔兰长老会、新西兰长老会、美国南长老会、归正教会、复初会、约老会、基督同文会和苏格兰长老会等11个团体派员来华传教，遍及广东、福建、浙江、江苏、山东、河北、河南、安徽、湖南、湖北、辽宁、吉林等地。在广东的各会联合创办了协和神学校、岭南大学，北长老会建立了夏葛医科大学。1901年在我国的8个较大的长老会发起合一运动，于1916年成立了中国联合长老会。

20世纪70年代以来，世界各地长老会出现联合趋势。1970年在肯尼亚首都内罗毕成立"改革宗（长老会与公理会）世界联盟"［The World Alliance of Reformed Church（Presbyterian and Congregational）］。该组织为协作组织，内部无严格隶属关系，由1891年在伦敦成立的"国际公理会会议"（The International Congregational Council）和1857年在伦敦成立的"世界长老制改革宗联盟"（The AIliance of the Reformed Church Throughout the World Holding the Presbyterian Order）联合而成。据1981年《世界年鉴》等工具书的资料，该宗有147个独立的教会，分布在80个国家和地区，信徒4000余万人，其中，影响较大，人数较多的团体有19个，它们是：

名称	建立时期	人数
荷兰的改革教会（Reformed Church of the Netherland）	16世纪	3233073
荷兰改革教会（Reformed Church in the Netherland）)	1892	808000
加拿大统一教会（United Church of Canada）	1925	3768800
南非改革教会（Reformed Church in South Africa）	1652	1933233
匈牙利改革教会（Reformed Church of Hungary）	16世纪	1954000
合众国长老会（Presbyterian Church in the U. S.）	1865年后	957560
美国改革教会（Reformed Church in the America）	17世纪	380133
美国基督教改革教会（Christian Reformed Church）	1857	286094
美国坎伯兰长老会（Cumberland Presbyterian Church）	1810	92368
英国威尔士长老会（Presbyterian Church of Wales）	18世纪	187651
英格兰长老会（Presbyterian Church of England）	1876	11000
英国苏格兰统一自由教会（United Free Church of Scotland）	1900	27844
苏格兰自由教会（Free Church of Scotland）	1843	24000
英国苏格兰教会（Church of Scotland）	16世纪	1150000
爱尔兰长老会（Presbyterian Church in Ireland）	1840	397410（含加尔文宗）
德国福音教会（Evangelical Church in Germany）	1948	7000000

续表

名称	建立时期	人数
法国改革教会（Reformed Church of France）	1938	49609
捷克改革教会（Reformed Church, Czechoslovakia）	1918	290000

据《世界基督教百科全书》（David B. Barrett ed., *World Christian Encyclopaedia*, Oxford University Press, 1982）相关数字编制。

本文与陈志强合写，原载《世界宗教资料》1984 年第 1 期。

安立甘宗

安立甘宗（Anglicans）是16世纪英国宗教改革运动的产物，基督新教主要宗派之一。它是世界各地依其宗教思想建立的诸教会的总称，因该宗以古代大公教会的正统继承者自居，所以我国又译为圣公宗，其教会称为圣公会（The Episcopal Churchs）。英格兰的圣公会称为英国国教（The Church of England），因该会于16世纪被英王立为国教而得名，这一名称延续至今，但它仅是世界安立甘团体中的一员。世界各地的圣公会虽在某些细节上有所差异，但它们有共同的传统、教义、组织制度和礼仪，可相互交换教牧人员，并定期召开国际会议，推动教务工作。

安立甘宗的基本特征是：①在教义方面吸收并综合了路德宗、加尔文宗和天主教的内容与传统，是基督新教诸派中保留天主教残余最多的一派；②崇信圣经是上帝对人类启示的记录，使用英语圣经；③实行主教制；④以《公祷书》作为该宗的礼仪标准。

在20世纪80年代初，该宗共有信徒约4500万人[1]，其中英国最多，约2500万人，其次为美国，270万人[2]，其余分布于加拿大、澳大利亚、南非、新西兰、日本、印度、肯尼亚、乌干达、坦桑尼亚等100多个国家和地区。

一　英格兰的宗教改革与安立甘宗的建立

英国的宗教改革是16世纪西欧宗教改革运动的一部分。它是英国

---

[1] 据《不列颠百科全书》，大英百科全书公司1980年版。
[2] 据美国1983年《世界年鉴》。

资本主义的发展、王权强大、英格兰民族开始形成的必然结果。

16世纪初年,英国城乡资本主义发展的速度较快,门类齐全,分布均衡,统一的国内市场和经济中心已产生,以都铎王朝专制君主为首的政治统一和民族国家已基本形成。然而,当时的英国教会仍被罗马教廷所控制,大量财富流入罗马,教会的地产占全国土地的三分之一。在马丁·路德宗教改革的影响下,摆脱罗马教廷的政治控制与经济剥削,成为英国各阶层人民的普遍要求,罗马教皇成为众矢之的:资产阶级和新贵族要求取消教会的封建特权,夺取其土地,改革教义,建立适应资产阶级需要的基督教会;专制王权欲摆脱教皇的经济搜刮与政治干涉;世俗封建主亦羡嫉教会的财富,欲夺为己有。因此,英国的宗教改革首先是英格兰民族各阶层与罗马教廷在经济、政治上矛盾发展的结果,也是一次披着宗教外衣的资产阶级民族主义性质的运动。

在此历史背景下,英王亨利八世(1509—1547)于1529年开始自上而下地进行了宗教改革,至1571年安立甘宗确立,改革先后历经40余年,共分为三个阶段。

第一阶段(1529—1536)的主要成就是脱离罗马教皇与建立安立甘宗。自1529年始,亨利八世先后8次召开国会进行宗教改革。1529年决定限制英国天主教会的经济和政治特权;1532年宣布英国教会脱离与罗马教廷的关系,效忠英王;1534年通过《至尊法案》,宣布英王为教会的最高首脑,宗教法庭改为国王法庭,国王有权召集宗教会议,英国教会改称为英国国教或安立甘宗,凡口头或书面诋毁国王者以叛国罪论处,但仍保存了天主教的教义、礼仪和主教制。这一法案标志着安立甘宗的产生。

第二阶段(1536—1546)的主要成就是封闭与没收修道院的土地和财产,在经济上打击马罗教廷在英国的利益。亨利八世先后共封闭了578所男修道院,130所修女院。其土地全部被没收,由国王封赐或廉价拍卖给新贵族,壮大了他们的经济实力。但此阶段在教义上仍未改革,而且否认天主教义的新教徒受到了迫害。

第三阶段(1546—1571)是安立甘宗确立的时期。英国宗教改革后,由于圣经的流传和路德、加尔文宗教学说的影响,在群众中留下了深刻的印象。特别是获得教会土地的一批资产阶级化的新贵族,积极要求改革教义和礼仪，因为他们深感只有改革才能保住教产，所以在亨利八世去世后，爱德华六世（1547—1553），在新贵族的支持下改革了部分天主教的教义和礼仪，主要有：使用英语做礼拜；否认炼狱说；取消宗教迫害，给路德宗和加尔文宗以宽容；取消偶像崇拜；改革崇拜仪式，公布祈祷书。

1553年爱德华六世去世后，英国的新旧贵族之间进行了激烈的斗争，结果旧贵族占了上风，支持天主教的玛丽女王（1553—1558）即位。她重新承认罗马教皇的最高权力，在国内全力恢复天主教，迫害新教徒及其领袖，被处火刑者达300人之多，故史学家称之为"血腥的玛丽"（Blood Mary）。她因此受到国内外新教政治势力的强力抨击与反对，仅在位5年，于1558年忧愤而死。此后在新贵族和资产阶级的支持下，伊丽莎白女王（1558—1603）执政，再次废除罗马教皇在英国的一切权力，取缔天主教的活动，恢复了安立甘宗的国教地位，确立英王为国教的最高领袖，并改革了教义和礼仪。1571年由国会正式批准公布了该宗的教义和信仰原则《三十九条信纲》（*Thirty-Nine Articles*）和经过修改的礼仪标准《公祷书》（*The Book of Common Prayer*），标志着安立甘宗的确立。

安立甘宗的产生与确立是英国专制王权与资产阶级相结合的产物。英王成为该宗的最高首脑说明了专制王权的强大和资产阶级的不成熟性与软弱性，从而决定其改革方式是自上而下地进行，其步骤是从政治、经济入手，而后涉及教义和礼仪，并保留了主教制，由于它未经激烈的群众运动的涤荡，故而该宗是新教主要宗派中保留了天主教的残余最多的一派。

二　安立甘宗的教义、组织和礼仪

安立甘宗的教义具有三个特点。第一，其自身并无新的建树，仅根据需要保存了部分天主教的、吸收了路德宗、特别是加尔文宗的教义与学说，因此它的教义具有广泛的综合性，介乎天主教与基督新教之间，但基本观点属于新教范畴。第二，教义的灵活性，自1529年始，该宗随英国经济、政治形势的发展，不断修改调整教义内容，特别是经历了

17世纪清教革命，加尔文主义的色彩日益浓厚。第三，安立甘宗内部派别很多，对教义的理解也不尽一致，它明文规定各派间"不必尽同或十分相似……可随国度、时势、民俗而变异，只要所规定的不与圣经相违背"①。因此欲详尽地说明其教义颇为困难，只能根据至今其各派所共同承认的、具有权威性的信仰准则《三十九条信纲》和礼仪规范《公祷书》说明如下：

第一，继承古代大公教会的传统，信三位一体，道成肉身，基督救赎，神人二性，复活升天，末日复临和人的原罪。

第二，圣经是信仰的最高准则，一切教义和礼仪均不得违背圣经。对圣经内容的观点介乎天主教与新教之间，仅承认圣经之正典（Canon），此与新教一致，但又认为天主教所承认的旧约伪经（Apocrypha）虽不属经典，但"可作为生活的楷模与教训"②。

第三，接受三大信经，《使徒信经》用于洗礼与早祷、晚祷；《尼西亚信经》用于圣餐礼，《阿塔纳修信经》（Athanasian Creed）用于指定的日期诵读。此点与天主教相同。

第四，否认罗马天主教的炼狱说、神职人员的赦罪权、跪拜圣像、崇拜圣徒遗物等，赞同路德的"唯信称义说"和教会观。③

第五，主张加尔文的"预定论"与"拣选说"④，但认为基督救赎是为了全人类，而非仅为选民。

第六，否认天主教的圣餐"化体说"，主张凡以信领受圣餐者就是参与了领受基督的身体和血。

安立甘教会组织保留了天主教的主教制，以英王为教会的最高首脑，英王除不能讲道和施行圣礼外，可行使其他的最高权力。该宗的神职人员分为主教、会长（Priest，相当于其他宗派的牧师）、会吏（Deacon，相当于见习牧师）三级。主教是教区的负责人，有按立圣职和施坚振礼（成年礼）之权。会长是教堂的负责人，主持讲道与施行圣礼。

---

① 《三十九条信纲》第34条，载汤清编译《历代基督教信条》，基督教文艺出版社1968年版，第223页。
② 《三十九条信纲》第6条，载前引书第215页。
③ 请参阅拙文《路德宗》，载《世界宗教资料》1983年第4期。
④ 请参阅拙文《加尔文宗》，载《世界宗教资料》1984年第1期。

会吏负责主持信徒的早祷与晚祷，经主教批准可讲道和持盛酒之圣杯。主教之上为大主教，主持坎特伯雷与约克两大主教区，约克大主教的全名为"英格兰大主教"（the Primate of England），坎特伯雷大主教全称为"全英格兰大主教"（The Primate of all England），地位在约克大主教之上，可为英王行加冕礼，是英国国教会最高的神职人员。国教会共有43个主教区，其中26个属于坎特伯雷大主教管辖，14个由约克大主教领导。部分主教可参加议会，共有26名主教和大主教为上议院议员，但不得参加下议院。主教在名义上由王室指派，实际上是由首相征求坎特伯雷大主教的意见后，由王室公布。由于安立甘宗在教制上保留了天主教的主教制与教阶制，故一般认为安立甘宗是保留了天主教组织制度的基督新教。

安立甘宗简化了礼仪，只保留洗礼和圣餐两项圣礼，实行婴儿受洗制，但认为天主教的其他5项圣礼（坚振、婚配、终傅、神品、告解）虽不属圣礼范围，但可作为一般礼仪。宗教活动亦较新教其他宗派为多，每天有早祷、晚祷、念经、跪拜等。

三 安立甘宗的发展

由于安立甘宗的教义具有综合性、灵活性与适应性，所以随着历史的发展，它对教义不断地进行了调整和补充。16世纪后半期的早期清教运动、17世纪的英国资产阶级革命以及18世纪卫斯理宗的分裂与独立，其天主教的残余不断受到冲击与涤荡，所以在18世纪前，该宗吸收了较多的新教传统与成分，以新教的倾向为主。但由于该宗自建立之初即存在着新教和天主教的两种倾向和斗争，故在19世纪初，这两种倾向的代表人物分别发动了"牛津运动"和"福音运动"，从而在该宗内部出现了高教会派（High Churchmen）、低教会派（Low Churchmen）和广教会派（Broad Churchmen）（简称高派、低派、广派）。

高教会派是19世纪30年代牛津运动的产物。牛津运动系因该运动由牛津大学的神学家们发起而得名，其代表人物是皮由兹（Edward Bouveric Pusey，1800—1882）。他们于30年代经常在《时代书册》刊物上撰文，故又称为"书册派"运动。此派主张在教义和规章制度方面应该恢复与保持天主教的传统,教会应保有较高的权威地位,故拥护此派主张者称为高教会派或崇礼派。在礼仪方面,他们主张恢复《公祷书》中没有的天主教的礼仪和传统,如跪拜、着祭服、燃蜡烛、焚檀香,甚至举行弥撒礼,使用拉丁文等。此派的主张反映了英国资产阶级中较保守势力的观点。

低教会派是在19世纪初福音运动中产生的。它是由国教会内部代表新教倾向的教士发起的一次运动,领导人物为查尔斯·西姆恩(Charles Simeon,1769—1836)等。此派系因反对过高地强调教会的权威地位而得名。他们是19世纪基督教界福音派在安立甘宗中的代表。此派强调基督徒应提高对现实世界的责任心,并联合起来;改善与提高英国工人的生活状况与水平;反对奴隶制度,应给殖民地的奴隶以自由;基督徒的生活应厉行节约,不应无限制地享乐。在神学上,他们强调以圣经为最高准则;严格按照《公祷书》简化礼仪。

广教会派是19世纪后半期产生的、介于高派与低派之间的派别,因主张在神学范围内可包含众多的传统,建立较广阔的教会而得名。他们在继承传统方面强调自由与调和,特别关心教会的文化生活。因其侧重点有所不同,故又有"高广派"与"低广派"之分。

这三派的传统延续至今,信徒可自由选择某一派的教堂参加宗教活动。

英国的圣公会至今仍为国教,英国女王必须是国教信徒,议会每天均有祷告。但它在政治和教育方面并无特殊地位,公立学校中仅进行不分宗派的宗教教育。其信徒约占英国人口的半数以上。

四 安立甘宗的传播

安立甘宗的教会组织除在英国称为国教外,其他国家和地区均称为圣公会,它首先传至苏格兰和爱尔兰,在当地建立了圣公会,但苏格兰以长老会的信仰为主,爱尔兰居民多信仰天主教,故圣公会的信徒不多,主要在海外殖民地吸收了众多的信徒。自宗教改革时代起,由英国的殖民者、商人、探险家和教士传至其殖民地、英语国家和其他一些地区。

欧洲以外最早建立的教会是美国圣公会。17世纪初，北美最早的移民中相当部分是该宗信徒，他们在弗尼吉亚、马里兰建立了圣公会，1689年又在波士顿和纽约建堂。1776年美国独立后，开始与英国国教会脱离关系，建立了美国圣公会。1789年它召开了全国代表会议，定名为新教圣公会（The Protestant Episcopal Church），宣布完全独立。1801年集会修订英国国教会的《三十九条信纲》，美国修订版的《三十九条信纲》与原《三十九条信纲》的主要差异是略去了第8条中的《阿塔纳修信经》部分和第21条全文，删除了第37条有关英王权力之内容[1]，以符合美国政教分离的实际状况。1919年成立了美国圣公会全国委员会，负责该会的组织、教育、传教等活动。美国圣公会除进行一般社会活动外，特别重视高等教育，著名的哥伦比亚大学即为该会建立。

18世纪后，随英帝国殖民地的扩大，建立了许多新教区：加拿大（1787）、印度（1814）、澳大利亚（1836）、南非（1847），当时这些教区均受英国国教会的领导，但到20世纪随民族独立运动的勃兴和殖民地的独立，各地圣公会相继取得自治权。20世纪80年代初安立甘宗各团体之间，与英国国教会已无隶属关系，亦无集中的权威，各国的圣公会均属民族的、独立的和自治的教会。

安立甘宗团体的基层单位称为主教区，20世纪80年代初全世界共有350个，教区之上有大主教区（Province）。大主教区的分布不一。有的国家有两个以上的大主教区，如英格兰（2）、爱尔兰（2）、澳大利亚（4）、加拿大（4）、美国（9）；有的国家和地区仅有一个大主教区，如威尔士、苏格兰、新西兰、日本、南非、西非、肯尼亚、乌干达、坦桑尼亚；有的大主教区则包括几个国家如中非和西印度群岛。[2]

安立甘宗的国际组织为兰伯特会议（Lambeth Conference），因会址设于坎特伯雷大主教区的兰伯特宫而得名。此会由坎特伯雷大主教主持，仅系协作性的机构，无立法权，1988年召开了第十二次会议。

安立甘宗于1844年由美国圣公会文惠廉主教传入我国，首至上海，

---

[1] 参阅《美国新教圣公会宗教信条》，载乔治·福雷《新教信仰·附录》，第251页。
[2] 根据大英全书百科公司1980年版《不列颠百科全书》有关词条统计。

后传播于江苏、安徽、江西、湖北、湖南等省。美国圣公会曾在上海建立圣约翰大学（1879）和武昌文华大学及一些中、小学。英国圣公会于1848年开始在宁波传教，后传至浙江、福建、广东、山东、四川、广西和华北地区。加拿大圣公会主要传教于河南。1912年他们在上海建立了中华圣公会总会。新中国建立后，我国圣公会的教牧人员与广大爱国教徒参加了三自爱国运动，与其他新教派别联合组织了基督教会。

原载于《世界宗教资料》1985年第1期。

公 理 宗

公理宗（Congregationalists）是1581年从英国清教徒中分离出来的、在英国资产阶级革命中兴起的基督新教主要宗派之一。该宗在教义方面属于加尔文派，与长老宗的主要区别是它坚持在教会组织原则上实行公理制（Congregationalism，或译为公理主义），即由信徒公众治理教会，主张每一教堂均为独立自主的单位，各堂之间在教务行政上无隶属关系；强调信徒群众的权力与责任，信徒有权决定本教堂的教义、礼仪、礼拜程序，并民主选举牧师。依此宗思想建立的教会称为"公理会"（Congregational Church），初传入我国时曾译为"纲纪慎会"，后改译此称。1983年该宗信徒总数250余万人，学友约1000万人[①]，其中美国最多，其次为英国、加拿大、澳大利亚、南非和印度等国，斯堪的那维亚诸国亦有零星的公理会团体。该宗于1807年（嘉庆十二年）由英国传教士马礼逊传入我国，为基督新教传入我国之始。

一 公理宗的建立

公理宗起源于英国清教运动中的分离派（Separatists）。16世纪70年代英国的清教徒因坚持以加尔文的宗教思想改革英国国教、实行选举制而遭到镇压后，一批代表中等资产阶级较激进的清教徒提出应从国教中分离出来，建立独立的改革教会，由信徒直接与上帝定约、自愿组织与管理教会，从而在80年代初产生了与长老派相对立的分离派。最初

[①] 信徒系指正式加入公理会的成年人，16岁下儿童不计入。学友指参加"主日学"及所属文教团体的信友。

的代表人物为罗伯特·布朗（Robert Browne，1550—1633）和亨利·巴罗（Henry Barrow，1550—1593）。布朗曾积极倡导独立的公理制教会，于 1581 年在英国东部诺里季建立了第一个脱离国教会的教会，并于 1582 年发表《论改革教会不应作任何等待……》①及《论真正基督徒的生活与规矩》等著作，主张政教分离、教会独立、信徒自理等，奠定了公理宗的思想基础。因此，后世公理宗信徒尊之为"公理宗之父"。他曾因在英国与荷兰广泛宣传其宗教思想而被流放，后在国教会的威逼利诱下妥协，90 年代出任国教会主任牧师，终其余生。继之而起者为伦敦牧师巴罗，他曾因提倡比布朗更激进的主张而多次被捕入狱，在狱中仍坚持斗争，主张不应承认女王对教会事务的最高裁决权，教会的活动与经费自理。在他的影响下，其信友于 1592 年在伦敦建立了分离派教会。次年遭镇压，巴罗及其同伴被判处绞刑。与此同时，国会决定，凡不承认女王对教会的最高权威或不参加国教礼拜、秘密采用非法仪式者，驱逐出境。由此，分离派转入地下并移居荷兰活动。布朗与巴罗的思想反映了新兴资产阶级反对封建君主制，建立资产阶级政府的要求，这种宗教思想在政治生活中的必然结论是否定专制君主的权威，实现资产阶级的民主共和国，因此，它必将遭到专制政府的取缔与镇压。

17 世纪初公理宗的代表人物为原英国国教会牧师约翰·罗宾逊（John Robinson，1575—1625），他曾因受迫害于 1608 年逃往荷兰，翌年在莱顿建立公理制教会，并开始称为"独立派"（Independents）。在莱顿期间，他发表了《论与国教分离的合理》与《教义问答》（此篇在其死后正式发表）两篇重要作品，阐明了公理宗的教义与组织原则，被后世该宗信徒奉为珍宝。同时，他还与其同工作出两项重要决策，首先，由莱顿公理会的亨利·雅各布（Henry Jacob，1563—1624）于 1616 年潜回伦敦，在萨瑟克中心区建立一所公理会教堂，此为第一所延续至英国资产阶级革命时期的该宗教堂。其次，于 1620 年在威廉·布鲁斯特（Willian Brewster）率领下，一批"美国开国祖先"乘"五月

---

① 此文的全称为《论改革教会不应作任何等待，及论一般不愿改革的宣道者的罪不可赦……这些人定要等到官府的强迫和命令》，[美] 华尔克：《基督教史》，西蒙与舒斯特公司 1969 年版，第 405 页（Williston Walker, A History of the Christian Church, New York: Simon & Schuster Inc., 1970, p. 405）。

花号"轮船横渡大西洋，于12月21日抵达北美洲，建立了普利茅斯殖民地，该地后来成为美国公理宗的基地。

1640年英国资产阶级革命爆发后，此派公开活动，逃亡至美洲与荷兰的部分信徒亦返回国内，扩充了实力，并得到克伦威尔的支持。在他执政期间（1649—1658），英国的教会曾依此宗的主张进行了改组，在各教派中，公理宗占有明显的优势，特别是在克伦威尔的军队中，许多高级军官均属此宗信徒。与此同时，在自愿组合的基础上建立了全国性的教会组织，并于1658年10月12日在伦敦萨伏依宫召开了"长老与使者会议"，通过了英国公理宗的信仰标志《英国公理宗教会所拥有及实施的信仰与教制宣言》，简称《萨伏依宣言》（Savoy Declaration）[1]，全面阐述了该宗的教义、组织和礼仪。因此，是年英国公理宗正式形成。

二 公理宗的教义、组织和礼仪

公理宗在原则上强调信徒的权力与责任不应受任何权威的束缚，也不承认任何自上而下规定的信条与礼仪，在他们必须对其他宗派表明教义原则时，则明确指出这并非束缚个别教会或个人的教义律例，仅是全体信众信仰和实施的综合与体现。《萨伏依宣言》的"导言"明确指出，不赞成以强力推行信条，不要求该宗所属教会的信仰划一，而应不拘小节，相互容忍。

该宗经典性的纲领有二：《萨伏依宣言》为英国公理会信仰的基础与行政法规的原则，它是在《威斯敏斯特信纲》[2]的基础上删减增补而成，着重修改了"导言"之后的《信礼宣言》（Declaration of the Faith and Order）部分，北美公理会于1680年和1708年两次会议对此部分均予以采纳和承认；北美公理会最重要的文献是《剑桥纲领》[3]，它是该宗第一代美洲移民于1648年制定的纲领，1649年出版。根据此二主要

---

[1] 参阅《萨伏依宣言》，汤清编译《历代基督教信条》，基督教文艺出版社1968年版，第392页。

[2] 参阅拙文《加尔文宗》，《世界宗教资料》1984年第1期。

[3] 参阅《剑桥纲领》，汤清编译《历代基督教信条》，第390页。

纲领所反映出的该宗的教义、组织和礼仪如下：

就教义而言，该宗的多数教会为正统的加尔文派观点，比长老宗、卫斯理宗更强调信仰自由、个人与上帝的圣约。多数公理宗信徒认为他们共同的信仰基础只是必须承认"耶稣是主"。

在教会组织方面，他们强调：①教会是信徒的自愿结合，每个教会在司法与行政上完全独立，实行民主与自治的制度，彼此之间为相互协商的关系，在经济上相互支援。②平信徒皆为祭司，施行礼仪的职责虽授予牧师，但并无明文规定一般信徒不许发圣餐。③每一教会可自行决定其使用的《信经》，安排其崇拜仪式和程序，并民主选举本会领导人；最初该宗设立长老、牧师、教师、执事四种职务，近年来仅保留牧师与执事两种。④接受新信徒须经教会投票通过，申请人必须承认其基本信仰，宣誓效忠该教会和接受其圣约。

该宗实行两项礼仪，即洗礼与圣餐，他们坚持圣礼的性质为教会的礼仪和印记，认为洗礼是重生与施恩的仪式，赞同加尔文的圣餐"参与论"①。其礼拜程序为唱诗祈祷；读经祷告；讲道祝福；月领圣餐一次，坐着参加礼拜。

三 公理宗的发展与传播

英国公理会在"长期国会"时期非常活跃，信徒激增，并紧密地联系着浸礼派和第五帝国派。在克伦威尔执政的 17 世纪 50 年代，其影响达到了顶峰，该宗的领袖休·彼得斯（Hugh Peters）、约翰·欧文（John Owen）、托马斯·古德温（Thomas Goodwin）等在军队中据有显赫地位。1658 年，随克伦威尔之死，该宗失去了权力的支持，在查理二世复辟时期（1660—1685）受到迫害。1662 年根据《信仰划一法案》，有 2000 名包括公理会在内的非国教教师被免职，部分被监禁，并被从军队、政府和大学中清洗出去，英国的公理宗遭到了严重打击。尽管在 1688 年"光荣革命"后得到宗教宽容与信仰自由，但由于该宗已失去了对社会下层的吸引力，未得中兴，至 18 世纪卫斯理宗兴起后，

---

① 参阅拙文《加尔文宗》，《世界宗教资料》1984 年第 1 期。

该宗信徒大批加入卫斯理宗。从此，公理会在英国趋于没落。到20世纪80年代初，英国仅有该宗信徒40万人。

18世纪中期至19世纪中期百余年间，英国公理会在三个方面加强了活动。其一，加强在殖民地的传教活动。1795年建立了"伦敦会"（London Missionary Society），最初其目的并非仅为传播公理主义，而是主张不分宗派，大力在海外布道，但此会的主要支持者为公理宗，以致现代将其名称改为"公理宗世界布道协会"（Congregational Council for World Mission）。该会配合英帝国的殖民扩张，传播公理宗于马达加斯加、印度、中国、巴布亚等处，至今人数最多的团体是"南印度教会"。其二，注意吸收社会下层的贫穷信徒，并宣传新的政治和社会的激进主义：教育自助主义（Voluntarism）和建立废除国教促进会（liberation Society），反对国家资助各宗派的教育机构并废除国教。其三，为统一领导，于1832年建立全国性的公理会组织"英格兰与威尔士公理宗圣会"。1836年建立"殖民地布道会"（The Colonial Missionary Society，后改为"英联邦布道会"），以促进公理宗在英国殖民地的发展。

19世纪末与20世纪初，由于自由党的支持，英国公理会得到一些发展，教堂和学校有所增加，1906年自由党的胜利使该宗的社会与政治影响达到了顶峰，此后在英国走向衰落。但仍在基督教普世运动中发挥重要作用，鼓吹基督教会的大联合，英国公理宗的多数信徒于1972年10月与长老宗联合组成"联合改革教会"（United Reform Church）。

美国的公理会从开始就具有自身的特点。1620年移往美洲新英格兰的"美国开国祖先"为公理派，此后又有相当部分的非"独立派"的清教徒陆续移居美洲，他们在那里建立了马萨诸塞、康涅狄格、纽黑文等殖民地。为团结自立，巩固政权，他们联合建立了公理制教会，各地方教会自理，选举产生牧师。与英国公理会不同的是，他们实行神权民主政治，将公理宗作为国教（Established Religion）。《剑桥纲领》规定殖民地政府有权干预教会的教义与行政；公理会为上帝唯一许可的教会。[①] 1664年以前，马萨诸塞州仅公理宗信徒具有公民权，在新英格兰各州，教会应向州政府缴纳税款，牧师薪俸由州供给，各州政府有

---

① 《剑桥纲领》，汤清编译：《历代基督教信条》，第390页。

权召开宗教会议。直至1818年纽黑文的教会始与州政权断绝关系,马萨诸塞州则至1833年始实行政教分离。

为适应社会的发展与科学的进步,挽救信仰衰落的局面,该宗于1734年发起灵性奋兴运动,并与其他宗派协作于1740年发起美洲大觉醒运动。当时公理宗的代表人物为神学家与教育家爱德华兹(Jonathan Edwards,1703—1758),他以圣经为基础,以洛克的哲学和牛顿的物理学为资料,坚持并推崇加尔文正宗神学,论证其正确性,发起灵性奋兴运动。他强调上帝的绝对权力,否定人的自由意志,认为树立此坚定信仰,上帝将给人以善良之情感以战胜邪恶,使人充满活力,产生热情,成为选民。

自19世纪至今,美国公理会活动特点有三:①兴办教育事业,美国的三所著名大学哈佛(1636)、耶鲁(1701)和新泽西(1746年建,1896年改名为普林斯顿大学)均为公理会人士创建,爱德华兹曾任普林斯顿大学校长。大举兴办"主日学"(Sunday School)和成人教育。②配合美国的对外扩张,发展海外布道事业。1810年建立了美国国外布道部(American Board of Commissioners for Foreign Missions),着重向中国和近东传教。③倡导本宗各教会的联合与基督教的普世运动。1871年美国公理各教会成立了公理宗教会国家协会(National Council of the Congregational Churchs),它对各基层教会无立法、司法权,仅为协作机构,每三年召开一次会议。1957年7月该宗与属于路德宗、加尔文宗的一些小团体合并,成立了美国基督教联合会(United Church of Christ),1961年通过该联合会的章程,强调教义不受束缚,教会实行公理制,[①] 80年代初信徒2032648人,仅有少数公理会保持独立,未参加该联合会。

美国公理宗于1891年参加了"国际公理宗理事会",1970年参加了在肯尼亚内罗毕成立的改革宗(长老会与公理宗)世界联盟。

公理宗于1807年传入我国,伦敦会先后派遣马礼逊、米怜(William Milne,1785—1822)来华传教,至1814年吸收了中国第一个新教徒蔡高,1824年按立了中国第一个牧师梁发。美国公理会于1830年派

---

① 据1982年美国《世界年鉴》材料。

裨治文（Elijan Coleman Bridgeman，1801—1861）来华布教，均收效甚微。鸦片战争后，伴随帝国主义的入侵，该宗得到发展，先后又有美普会、协同公会、美华会、瑞丹会、瑞华会等差会派员来华，共建立了 5 个传教区：港粤区、闽北区、华北区、江浙区和湖北区。该宗在我国曾建立了一些学校，主要有香港英华书院、福州格致书院、文山女学、北京贝满女中、育英中学，并与循道宗合办福州协和大学、协和神学院等校。

梁发担任牧师后，曾著有布道小丛书 12 种，每逢乡试，前往散发诸考生。据考，太平天国运动前洪秀全所得之基督教宣传品即梁发所写。我国伟大的资产阶级革命家孙中山先生亦曾于 1883 年在香港受洗于美国公理会。

公理宗自建立迄今已有 300 余年的历史。其宗教思想在英国资产阶级革命前和革命过程中曾起到了动员与组织群众的积极作用，对北美殖民地的开发也具有一定的影响，但在英国革命和美国独立战争后，随着资产阶级政权的建立逐渐失去吸引力，特别是社会下层的背离和改宗，致使该宗的教会思想和实践没有获得预期的目的。但其教义的灵活性和组织的适应性对其他基督教会和普世运动具有很大影响，故在新教中仍占有一定的地位。

本文与吴清心合写，原载《世界宗教资料》1984 年第 2 期。

卫斯理宗

卫斯理宗（Wesleyans）是以卫斯理的宗教思想为基础的各教会的总称，因创始人为约翰·卫斯理（John Wesley，1703—1791）而得名。该宗最初仅是英国安立甘宗的一派，其雏形为约翰·卫斯理及其弟查理·卫斯理（Charles Wesley，1107—1778）在牛津大学组织的"牛津圣社"（Holy Club），主张认真研读圣经，严格宗教生活，遵循基督徒的道德规范，并付诸行动。因此其成员被人戏称为"循规蹈矩者"（Methodists），后此称呼为该宗所接受，并逐渐成为卫斯理宗一些教会的正式名称，汉译为"循道宗"，又因该宗实行监督制，故又译为"监理宗"，该宗于1738年独立传道，1784年形成独立的宗派。卫斯理宗的主要特点是：①适应18世纪英国资本主义的新发展，接受与强调某些被忽视的历史上新教各派的教义、而非提出新的神学思想或学说；②要求信徒虔诚地读圣经，依圣灵的启示行动，严格宗教生活，提高基督徒的道德水平和革新生活面貌，③严密教会组织，编组管理信徒，精选会员，互相监督，强调社会服务与改良，坚持在社会下层传教。

它由于具有上述特点，并尽力适应资本主义社会的新需要，故在英语世界各国有一定的影响，是人数较多的一个新教教派。1982年，全世界共有会友4000余万人①，其中会友与慕道友大体各占一半，主要集中于美国。据统计美国有会友12786827人②，其次为英国（250万人）、

---

① 此数字包括正式会友、预备会友和慕道友（adherents）。正式会友指已受洗并在会友中公开宣布承认该宗教义和规章制度者，预备会友指其父母为会友、已受洗的儿童和已入会但正在被考查者，正式会友与预备会友合称会员或会友；慕道友是与教会及其事业机构、主日学有联系、希望成为会友而尚未被批准者。

② 据美国1982年《世界年鉴》材料统计。

澳大利亚（100万人），其余分布于加拿大、印度以及拉丁美洲、非洲、欧洲和东南亚等地。该宗于1847年由美国美以美会传入我国。其国际组织称为世界循道会（World Methodist Church）。

一　卫斯理宗的起源与建立

卫斯理宗是在18世纪英国资本主义进一步发展、工业无产阶级诞生与壮大的条件下，适应资本主义社会需要而产生的新教派。

17世纪的英国资产阶级革命，为资本主义的发展扫清了道路。18世纪上半叶，英国的纺织、冶金、采矿业都有了进一步的发展，出现了许多新工矿区，在此基础上于80年代开始了"产业革命"，这一革命是资本主义生产从手工工场阶段，向大机器工业阶段的过渡，它不仅在生产技术上发生了变革，而且也是一场剧烈的社会关系的变革。产业革命推进了新型工业和新的工业城市的建立和新的工业无产阶级的诞生。然而，资本主义的发展给工人带来的却是无穷的灾难，生活每况愈下，广大社会下层的不满和反抗丛生。对此，资产阶级政权除加强政治统治外，还力图通过宗教控制与软化工人的思想，转移其视线。但当时居统治地位的英国国教会已不能有效地适应新形势，国教会的许多主教、会长[①]道德败坏、追名逐利、生活腐化、纪律松弛，宗教生活已成为社会上层人士生活中的点缀和消遣。据教会史记载，当时大富翁于主日进教堂时，一般携带三个仆人，其一掌脚垫，其二提酒壶，其三捧圣经，教堂已成为上层社交活动的场所，因而失去了对社会下层的吸引力。特别是许多新矿区和工业中心，根本没有教堂，许多教牧人员贪图城市的安逸生活，不愿到艰苦的地区去布道，出现了宗教信仰的危机。因此，资产阶级社会需要产生新的能够适应新形势的宗派，卫斯理宗应时而起。

卫斯理兄弟出生于英国林肯郡厄普卫斯镇（Epworth）的一个国教会基层会长的家庭，因其父子女众多（19人），家境贫寒，幼年卫斯理兄弟的生活接近社会下层。1720年约翰·卫斯理入牛津基督教会学院

---

① 英国国教会的会长相当于新教其他教派的牧师。

(Christ Church College，Oxford），成绩优良，1725 年被授予会吏圣职①。1726 年入林肯学院任讲师兼评议员，讲授逻辑学、哲学与希腊文。后其弟亦入校学习，在牛津期间，他们目睹国教会的腐败，宗教生活流于形式，社会道德的败坏与犯罪的增加，力图挽救信仰危机，复兴基督教的信仰。他们在当时流传于欧洲的虔敬主义（Pietism）②的影响下，于1729 年与三五好友在牛津大学组织了同志会，称为牛津圣社。其宗旨是认真钻研圣经，严格宗教生活，交流灵性经验，定期禁食与领圣餐，检讨自己的思想言行。他们最初每周聚会一次，后改为每日聚会，随人数的增加，扩大了活动范围，开始到大学生、济贫学校和贫民区布道，一对一地访问，启发宗教热情，宣传圣洁生活，还定期访问监狱，赠送药品，鼓励悔改，为该宗的建立打下了基础。18 世纪 30 年代中期，卫斯理兄弟在伦敦工作，并曾作为传教士被派往美洲殖民地佐治亚州传教 3 年。在此期间，约翰·卫斯理与莫拉维亚弟兄会③成员交往甚密，深受他们的影响。同时他还结合英国的情况及其实践经验，静心研究圣经和路德、加尔文、清教各派别的教义与活动方式，提出了循道宗的主张。他认为只有提高每个基督徒的灵性修养和道德水平，使每个人真正具有"重生"的经验和喜悦，建立严密的组织，改变陈旧的布道方式，才能挽救信仰危机，发挥基督教的社会作用。自 1738 年始，拥护其主张的人们在国教会内部形成了一个派别，开始独立活动。卫斯理兄弟及其密友初在伦敦，后在英格兰西部新煤矿中心布里斯托尔（Bristol）露天布道，宣传其观点。约翰·卫斯理口才极佳，热情很高，据说他讲道效果非凡，常有听众边听边哭，全身颤抖，如醉如狂。他坚持在城市和

---

① 会吏相当于实习牧师，实习半年后，合格者可转为会长（即牧师）。
② 虔敬主义是 17 世纪后基督教兴起的一种思潮，欧洲各主要教派中均有部分信徒对此赞同。其特点是：坚持新约中的道德原则与实现上帝国的观念；强调个人研究圣经与灵性生活；在组织上提高一般信徒的地位和惩戒未具有真正信仰的虚名教徒；对已受洗但未真正信仰的信徒和儿童进行教育。虔敬主义者一般是大教会中的小派，在某些教会中形成独立的派别，如天主教的詹森派（Jansenism）、荷兰新教的拉巴弟派（Labadists）、路德宗的敬虔派和德国的莫拉维亚弟兄会（Moravians）。
③ 莫拉维亚弟兄会是德意志形成的基督教神秘主义小派，其前身为波西米亚弟兄会。他们反对国教的形式主义，主张以礼拜、教育以及在组织上互相控制的方法，使信徒具有基督住在内心的经验，提高道德水平，过诚实与俭朴的生活，作一个真正的基督徒。卫斯理曾亲往德意志访问该会之领袖。

工矿城区露天巡回传道 50 余年，足迹遍及英伦三岛。

1739 年卫斯理在布里斯托尔建立了第一个循道派团体和第一座教堂，随着信徒与团体的增加，1740 年在伦敦建立了循道派联合会，下辖各地若干小组。此时该派虽未与国教正式分离，未创建独立的教会，但已明确规定只有确已悔改归正、达到会友标准者，始能加入小组。为了加强控制，他还健全了组织机构。1742 年规定，吸收新会员需有考察期，合格者颁发会员证，还确定了小组活动的时间、制度与内容，以及征捐、济贫的办法。1744 年又在各小组之上划分若干教区或巡回区（Circuit），建立了领导机构"年议会"。

18 世纪 40—70 年代，该宗信徒不断增加，但也发生了分裂，系由于对加尔文的预定论的态度不同所致。40 年代后，该宗对预定论进行了长期的、激烈的辩论，卫斯理反对加尔文的先定思想，赞同阿明尼乌派的观点[1]。而其同工怀特菲尔德（George Whitefield，1714—1770）和亨廷顿伯爵夫人塞利纳（Selina，1707—1791）则拥护加尔文的预定论，终导致分裂。怀特菲尔德派始终未脱离国教，后发展成为英国国教会中的福音派。塞利纳派与卫斯理分道扬镳，另立组织，后发展为威尔士循道会。

至 18 世纪 80 年代，卫斯理循道派人数迅速增加，在英国已有 13.5 万人，需要足够的教牧人员，但英国国教会拒绝为其按立牧师。因此，1784 年卫斯理及其同工自行按立了牧师，从而在组织上迈出了脱离国教会的关键一步。同年，他还公布了《宣言书》（Deed of Declaration），指定一百人议会的成员作为他去世后循道宗的最高领导机构，继承他所属的 595 座教堂的产业和管理权。条件是百人议会需接受他于 1755 年发表的《新约注释》和 1771 年发表的《布道词五十八篇》。1784 年他将圣公会的《三十九条信纲》修改删减，剔除其中的天主教义和加尔文预定论部分，写成循道宗信条《二十五条信纲》，阐述了循道宗的信仰与教义。旋即为该宗巴尔的摩会议所接受。因此，多数史学家认为 1738 年认为该宗产生之年，它脱离国教、正式形成之年应是 1784 年。

---

[1] 该派反对加尔文预定论所主张的基督救赎仅为了选民。他们认为基督是为了拯救全人类而被钉死在十字架上，并强调人的自由意志。

1791年约翰·卫斯理逝于伦敦。1795年百人议会通过《和平计划》（Plan of Pacification），宣告正式脱离英国国教，成为基督教新教的独立宗派。

二　卫斯理宗的教义、组织和礼仪

说明卫斯理宗教义、组织和礼仪的史料主要有《约翰·卫斯理日记》《二十五条信纲》《新约注释》和《布道词五十八篇》。这些材料被认为是其教义的标准。由于该宗的起源并非由于教义的冲突，而只是奋兴运动的产物，故其教义的内容主要是根据需要吸收历史上新教各派的观点。据上述材料，要点如下：

第一，以圣经正典为最高的和唯一的信仰源泉和生活准则，但讲求信仰的实际效果，强调圣经对每个信徒现实生活的指导。卫斯理在《一个循道派教徒的品格》一文中提出的标准是：①凡是上帝所禁戒的，他必闪避；②凡是上帝所命令的，他必遵行；③凡不能造就人的话，一句都不出口；④凡圣洁可爱的事，就说就做，一切都为了荣耀上帝的圣名。

第二，为适应社会下层失业者、破产者、贫困的无产阶级的状况，该宗反对加尔文提出的基督救赎仅为了"选民"的预定论，主张基督博爱，认为上帝施救恩于一切人，基督是为全人类的救赎而死。并强调人具有自由意志，每人有权决定是否接受上帝的恩惠，凡信仰者均可获救。

第三，复兴路德"唯信称义"的教理，认为"信"的证据乃由个人的直接经验得来，有了真正的体会和感受才可称义。并提出只要在思想信仰上无任何违反神的诫命之事，还可在今世实现成圣，获得神恩。

第四，继承清教的传统，提倡生活克勤克俭，艰苦朴素，卫斯理规定除特殊情况外，不许饮酒。美国卫斯理公会规定新按立的牧师不得吸烟。并要求守诫命、济贫弱、道德高尚。

第五，该宗的圣餐观接近加尔文的"参与说"，卫斯理把《新约》

中耶稣说"这是我的身体。"① 这句话中的"这是",解释为"这意思是",认为圣餐只有属灵的意义。

卫斯理宗在教义上并无新的建树,但在组织制度上却具有异于其他教派的新内容。

该宗的信徒分为三种:正式会友、预备会友和慕道友。慕道友多为成年人,系渴望成为会友,正在进行考察,尚未被批准者。预备会友包括新吸收的慕道友及父母为会友且已受洗的儿童。成年的预备会友有6个月的考察期,经审查合格并在教堂全体会友面前公开承认该宗的教义和规章,始为正式会员;儿童预备会友在成年时亦举行上述仪式,始转为正式会友。

循道会采用莫拉维亚弟兄会的经验,将会友有效地组织起来,建立严密的基层组织。基层组织称为小组,每10—12人为一组,组长由一般信徒担任。小组的任务是每周聚会一次,学习圣经,交流灵性经验,讨论接纳新会员,监督本组成员的思想与活动,每周向组内一个会员征捐,作为济贫与活动费用。卫斯理为保证和提高会员的质量还规定实行会员证制度,凡正式会员均发给会员证(Society Ticket),每三个月换发一次,如该会认为某人已失去会员资格,则不发新证,等于取消会籍。此项措施是基督教各派教会中的独特制度,对保证会员的质量起到一定的作用。

该会的组织机构在英美两国稍有区别,英国循道会的最高权力机构称为年议会,下设区会,每年开会两次,由选举产生的教牧人员主持,负责监督、检查纪律和信仰状况,区会下设若干教堂。美国卫理公会的最高权力机构为总议会,每四年开会一次,下设地区年会,辖若干教堂。

卫斯理宗的教牧人员分会督(相当于主教)与牧师两级。在各级议会中强调信徒的作用,一般是教牧人员与平信徒各占一半。

其圣礼有洗礼与圣餐两项。洗礼实行童年受洗,经成年宣誓后始能成为正式会员;圣餐礼与安立甘宗相似,实行跪领,以无醇葡萄汁代替葡萄酒,每年第一个主日在请领圣餐前举行立约崇拜。该会实行公开圣

---

① 《新约·马太福音》第26章。

餐，各宗派基督徒均可参与其圣餐仪式。

三 卫斯理宗在英国的发展

19世纪卫斯理宗随英国工业的发展，信徒人数持续上升，该世纪末已有信徒45万人。但因对组织制度的理解和是否准许妇女巡回布道发生了分歧，故分裂为四个较大的团体：新循道会（Methodist New Connexion，1797）；原始循道会（Primitive Methodists，1811）圣经基督徒会（Bible Christians，1815）；自由联合循道会（United Methodist Free Churches，1857）。此外还有几个较小的团体。至19世纪末，因工人运动的发展，宗教信仰受到影响，各派又出现了联合的趋势。它们商定每10年举行一次全体循道宗会议，讨论共同的问题。该世纪其活动特点仍是着重在工人中巡回布道，英国一些早期工会的领袖很多出自此宗的信徒，在工人中宣传的是工联主义思想。

20世纪英国循道宗出现了联合运动，经过四个阶段完成了大联合。1907年新循道会、圣经基督徒会、自由联合循道会组成联合循道会（The United Methodist Church，汉译为圣道公会）。1932年卫斯理循道会（Wesleyan Methodist Church）、原始循道会与圣道公会合并为统一的英国循道公会（The Methodist Church）。20世纪60—70年代，循道公会又欲谋求改善与圣公会的关系，1965年双方原则上同意分两个阶段达到重新联合的方案，并由1967和1971年循道公会稍加修改后通过。但其落实尚受到圣公会的阻力。

四 卫斯理宗在美国的传播和发展

卫斯理宗于1766年由信徒、爱尔兰移民菲利普·恩伯里（1728—1775）传至纽约，未见成果。70年代初，卫斯理又派了一批传教士前往美洲，其中最成功的是1771年到达美洲的铁匠弗朗西斯·阿斯伯里（Francis Asbury，1745—1816），他在定居的移民和边区移民中传教获得成功。在美国独立战争期间，由于卫斯理站在英国一方，反对美国独立，使其事业受到损害。但由于阿斯伯里与美国密切合作而改善了该宗在该国的处境。后卫斯理复派以托马斯·科克（Thomas Coke，1747—1814）为首的一批牧师赴美协助工作，于 1784 年建立了自治的美国美以美会（The Methodist Episcopal Church）①，阿斯伯里与科克自称为该会会督。1791 年卫斯理去世后，该会与英国母会正式脱离，于 1792 年召开了美国卫斯理宗第一次全国代表会议。

19 世纪他们以巡回方式和通俗语言传教获得进展，人数已经超过百万，并建立了数所学校与学院，但由于对平信徒在教会中的作用以及对奴隶制的态度不同而发生分裂。1830 年部分坚持认为教会中平信徒应起更大作用的一派脱离美以美会，另立美普会（Methodist Protestant Church）。1843 年以拒绝拥有奴隶的人加入教会为宗旨的一派另立美国卫斯理循道宗教会（Wesley Methodist Church of America）。接着美国奴隶制大辩论中，北部各州的美以美会反对奴隶制，主张解放黑奴，而南方各州的美以美会为奴隶制的合理性辩护，认为奴隶制度是上帝允许的社会自然制度的一部分，故基督教应予以承认。因此导致 1845 年的大分裂，北方的美以美会仍保持原名，南方的美以美会独立，改称为"The Methodist Episcopal Church，South"，汉译为监理会。美国内战（1861—1865）前后，监理会失去了黑人信徒，他们单独组织了黑人卫理公会（African Methodist Episcopal Church）和黑人卫理锡安会（African Methodist Episcopal Zion Church）。这两个组织保持至今，1982 年共有信徒 300 余万人。此外，还有一个较小的黑人教会称为有色人卫理公会，现改称为基督徒卫理公会（Christian Methodist Episcopal Church）。

20 世纪以来，其主要宗派在教义上的分歧已渐消失，出现了联合运动。1939 年美以美会、监理会与美普会三派合并组成卫理公会（The Methodist Church）。1968 年卫理公会又与福音联合弟兄会（The Evangelical United Brethren Church）② 合组联合卫理公会，为美国卫斯理宗最大的组织。黑人的教会仍保持独立。

---

① 此会初无汉译名称，鸦片战争后该会之传教团（Methodist Episcopal Mission），俗称差会来华，我国基督教界将其差会之缩写 M. E. M. 音译为美以美，作为该会之正式汉译名称。
② 福音联合弟兄会的前身为联合兄弟会和福音教会，信徒多为德国移民，教会中使用德语，在教义上与卫理公会并无分歧，因卫理公会规定在教会事务中只许使用英语，故最初分立，20 世纪中期，语言障碍已消失，遂合并。

20世纪美国是卫斯理宗会友最多的国家，共有会友1300万人，主要教派九个：联合卫理公会（958477人）、黑人卫理公会（197000人）、黑人卫理锡安会（1125176人）、北美自由循道会（70183人）、美国原始循道会（10222人）、改革循道联合会（45000人）、南方监理会（11000人）、福音循道会（9730人）、基要循道会（745人）。①

美国卫斯理宗的活动特点有四：①在城市和工矿区活动，信徒主要为中下层工商业人士和工人，它与农业人口和上层知识界联系不多。②重点推行慈善事业、济贫、开医院、办学校、为失业者介绍工作、照顾贫病患者等社会服务工作。③积极开展在第三世界的传教活动。④推行基督教普世运动，参与这方面的一切协商与谈判，曾赞同1960年长老会提出的商讨重新联合的"布莱克—派克提案"，此提案的内容是呼吁卫斯理宗等宗派加入联合的"真正天主教与真正改革宗联合教会"。

五　在世界其他地区的传播

随英、美殖民主义的扩张，卫斯理宗传播很广。英国循道会自18世纪后半期即开始向外传教，19世纪达到高潮，先后传至西印度群岛、塞拉利昂、黄金海岸、法属西非和尼日利亚，信徒人数较多的国家有印度、加拿大和澳大利亚，1880年后在南印度低种姓中吸收了大量信徒，该宗在加拿大和澳大利亚社会生活中占有重要地位。同时，也传往欧洲大陆的意大利、法国、德国，但人数不多。

美国卫理公会的传教活动超过了英国，其组织分布更广，信徒较多的国家和地区有北印度、墨西哥和其他拉美国家，此外还传至古巴、朝鲜、日本、中国和英国未到达的非洲地区以及斯堪的纳维亚半岛。

卫斯理宗先后有8个差会来我国传教，最早的是美以美会。该会于1847年派柯林斯与怀特夫妇来华传教，首至福建，后发展到江西、北京、天津。20世纪上半期在我国建立了福州三年议会、江西年议会、北京年议会和四川年议会，1911年与长老会合办南京金陵大学，1915年设金陵女子大学。监理会于1848年传至上海，后传播于江苏、黑龙

---

① 据1982年美国《世界年鉴》。

江、吉林、辽宁和云南，并于苏州建立东吴大学。传入我国的美以美会、监理会等于1941年合并为中华基督教卫理公会。英国的圣道公会和循道会分别与1864和1863年传入我国，传播于浙江、天津、河北、山东、湖南和湖北等地。

卫斯理宗是适应资本主义发展新阶段而产生的宗派。200多年来，它在巩固资本主义制度、维护与安定资本主义社会秩序，以及在英、美殖民主义的扩张中发挥了作用。

原载《世界宗教资料》1984年第3期。

浸 礼 宗

浸礼宗（Baptists）是17世纪从英国清教徒独立派①分离出来的基督新教主要宗派之一。该宗五分之四的信徒在教义方面持正统的加尔文神学观点，其余的信徒属于阿明尼乌派（Arminians）②或摒除一切教会的信条。这一宗派的共同特征是反对婴儿受洗，坚持成年人始能接受洗礼。施洗的方式为全身浸入水中的浸洗，教会的织织实行公理制。浸礼宗的信徒较多，1983年全世界共有信徒2800万人，其中绝大多数集中在美国，约1450万人，占美国新教徒的1/3，是美国新教宗派中信徒最多的一派。美国共有17个浸礼宗教会，其中较大的有4个：南方浸信会（The Southern Baptist Convention）1050万人，全美浸礼会（The National Baptists Convention, U.S.A.）550万人，美国浸礼会（The National Baptist Convention of America）150万人，北方浸礼会（The Northern Baptist Convention）150万人。

美国以外浸礼宗信徒较多的国家有：苏联（54.5万人）、印度（50.8万人）、英国（32.7万人）、巴西（24.3万人）、扎伊尔（22.5万人）、缅甸（22.3万人）、加拿大（17.7万人）。该宗于1836年由美国传教士沙克（John Lewis Shuck）传入我国。它的国际组织为世界浸礼联盟（The Baptist World Alliance）。

---

① 参阅拙文《基督新教的七大宗派及其历史渊源》第二部分，载《世界宗教资料》1983年第2期。
② 该派为荷兰莱顿大学神学教授阿明尼乌（Jacobus Arminius, 1560—1509）创立，属于加尔文宗的一支，主张基督救赎非仅为了选民，而是包括全人类，并强调人的自由意志。后被荷兰正统加尔文派驱逐出荷兰，但至今仍作为一个小教派残存。

一　浸礼宗的产生

基督教史学家一般认为该宗起源于施洗者约翰（John the Baptist），[1]在使徒时代即已存在，迄今从未中断。也有一些史学家认为该宗的思想来源于16世纪欧洲大陆宗教改革中的重洗派（Anbaptists），但多数史学家主张浸礼宗作为讲英语的新教教派，实际上起源于17世纪英国的清教运动，最初为公理宗的一支。1608年英国林肯郡的清教徒分离派（公理宗的前身）因遭宗教迫害逃亡至荷兰，分为两支：一支定居于阿姆斯特丹，领袖为剑桥大学毕业生、牧师史密斯（John Smyth，1554—1612）；一支定居于莱顿，领袖为罗宾逊（John Robinson，1575—1626）。史密斯在阿姆斯特丹受到当地流传的阿明尼乌派和门诺派（Mennonites）[2]的影响，反对加尔文的预定论，主张人的自由意志和成年受洗。1609年他发表《兽的特性》（The Character of the Beast）一书，指出婴儿受洗不符合圣经的规定，并于同年付诸行动，他本人及其信友36人再次施行了洗礼，组成了第一个浸礼宗教会。由于他坚持基督救赎是为了全人类，而非仅为选民的教义和成年人受浸礼的主张，被称为"普通浸礼派"（General Baptists）。1612年史密斯逝世后，其同工海威斯（Thomas Heiwys，1550—1616）继为此派领袖。他与其信友潜回伦敦组织浸礼会，至其去世时已建立了4座教堂。

在莱顿的分离派于1616年派亨利·雅各布（Henry Jacob，1563—1624）秘密回伦敦，在萨瑟克（Southwark）建立公理教会。该堂会中有部分浸礼宗信徒，最初联合建堂，至1638年浸礼宗信徒在约翰·斯皮斯伯里（John Spilsbury）领导下脱离了公理会，建立了独立的浸礼会。由于此派在教义上与普通浸礼派观点不同，坚持正统加尔文宗的预

---

[1] 原始基督教传说中的领袖人物，曾为耶稣在约旦河中施浸礼。其情节见《新约·马太福音》第3章。

[2] 门诺派是重洗派的一支，因创始人门诺·西门斯（Menno Simons，1492—1569）而得名。门诺曾为重洗派成员，认为没有判断能力的婴儿受洗无效，成年人需重新接受洗礼。闵斯特公社失败后，他在荷兰组织重洗礼教会，称为门诺派。但此时该派已演化为和平主义者，主张以坚忍和殉道确证其教义。

定论，认为基督救赎仅仅是为了选民，故被称为"特别浸礼派"（Particular Baptists）。这两派虽然在教义上有所分歧，但他们都认为实行全浸是洗礼的合法形式，符合圣经的原则；教会应是信徒的自治团体，实行公理制；信仰自由，父亲亦不能强迫儿子入教。他们对英国国教的态度也略有不同，但都认为国教会缺少真正基督教会的特征，应与之划清界限。

特别浸礼派在浸礼宗中占有绝对优势，约占该宗信徒的80%以上，他们于1644年颁发了《信仰宣言》，公开表明了其信仰标准，因此这一年可作为浸礼宗正式形成的标志，此宣言在1677年稍加修订后重新印发，1689年7月31日在伦敦召开的牧师与使者会议正式批准，并为1742年美国费城浸礼宗联会所承认。普通浸礼派亦于1660年制定了《信仰宣言》，其不同点在于反对加尔文的预定论，在此问题上两派始终存在分歧，但时至今日，此争辩已无现实意义，许多地区两派在求同存异的基础上，组织了联会。

二　浸礼宗的教义、组织和仪节

根据该宗权威性的信条——1677年《信仰宣言》①及其后来在实践中的发展表明，它除持新教的一般信条外，在教义、组织和仪节②方面强调以下几点。

第一，真正的教会是依基督的指示，由公开承认且步调一致的信徒自愿组成，为保证信仰的纯正，教会有权将信仰不一致的教徒开除。

第二，坚持信仰自由和信徒自愿的原则。基于此，不应干涉婴幼儿的自由，待其长大成人具有判断能力后，始能根据其志愿吸收入教；根据同一理由，认为政教分离是新约规定的政治原则，国家不应与教会有任何瓜葛。

---

①　此宣言的全名为《由许多因宣认信仰而受洗的基督徒会众的长老们和弟兄们所发表的信条》（*A Confession of Faith Put Forth by the Elders and Brethren of Many Congregations of Christians Baptized upon Profession of Their Faith*）。

②　使节为该宗使用的特殊词汇，原文为 Ordinance，基督教界汉译为"仪节"，以区别于其他教派的"礼仪"（Rites）一词。

第三，个人可与上帝直接联系，不承认圣礼、神职人员和教会的中介作用。仪式虽很重要，但仅具有"功用性"而非"生命性"，不影响人与上帝的直接关系。并认为浸礼宗的宣言非强制教徒的信条，它不具有权威性、约束性，亦非考验教友的标准。

第四，教会实行公理制，从理论上讲，牧师并不比教友具有更大的权力。候选人申请为会友（信徒）时，由一般会友二人考核，被推荐后，本人在会众面前公开宣布其信仰，获通过后始准入教，停止会友资格亦同。

第五，实行浸礼与圣餐两项仪节。该宗虽强调浸礼，但认为此并非获得救恩的标志，而仅是肉体的行动，根本的问题在于"信"，浸礼只是对上帝效忠的标记和信主、悔改的表示，但浸礼的形式至关重要，全浸是与基督同生共死的唯一象征。此仪节一般是当众举行，施浸者与候浸者着白衣，一齐步入水中。有的教会要求施浸者必须是牧师，有的则无具体规定。关于圣餐的理论，该宗赞同加尔文的"参与说"①，但近年来一部分持茨文利的"象征说"观点②。为体现平等，浸礼宗实行坐领圣餐，有"闭关圣餐"（Closed Communion）和"公开圣餐"之分，实行闭关圣餐的教会只限施于受浸礼者，实行公开圣餐的教会准允曾受洗的其他教派信徒为列席会友。

三 浸礼宗在英国的发展

1640—1660年是英国早期浸礼宗的大发展时期。它在克伦威尔的中、下级军官和士兵中吸收了大量信徒，但真正获得成功的是特别浸礼派。普通浸礼派所吸收的信徒多为下层，在共和国成立后，资产阶级给他们带来的不是福音，而是破产，在现实生活中找不到出路，因而大批成员投入贵格宗，此派大为削弱。1660年斯图亚特王朝复辟后，两派均转入地下，直至1689年宽容法令的公布。此后，由于新教派的兴起，

---

① 参阅拙文《加尔文宗》，《世界宗教资料》1984年第1期。
② 茨文利（Huldrych Zwingli，1484—1531）为瑞士苏黎世宗教改革家。他认为信徒领受圣餐仅具有象征性，借以纪念耶稣基督的救赎，否认祝圣后的饼与酒具有神秘的力量，只不过是一种精神食粮。

普通浸礼派失去了吸引力,有的转会消亡,有的转为神位一体派(Unitarians),在英国濒于绝迹。

特别浸礼派从18世纪至20世纪初坚持严格的加尔文教义,积极开展活动,值得提出的有三项:①掀起海外布道的浪潮。1792年建立英国浸礼传教会(English Baptist Missionary Society),为近代新教在英语世界海外布道之始,首先传至印度。1831年传入澳大利亚,1864年在新西兰建立了浸礼会。②从18世纪开始建立各地方联会,1891年成立大不列颠与爱尔兰浸礼宗联盟(Baptist Union of Great Britain and Ireland),1905年参加了世界浸礼宗联盟。③19世纪末该宗赞同英国自由党的改革措施,在其执政时期有所发展,一度颇见成效,信徒与教堂有所增加。但终因该宗无新的理论,在自由党没落后,许多人转入卫斯理宗,第一次世界大战后衰落,1983年英国仅有信徒32.7万人。

四 浸礼宗在美国的传播与发展

浸礼宗随英国清教徒移民于17世纪30年代初传入北美殖民地,但美国的浸礼会基本上是土生土长的。第一个普通浸礼派教会为罗杰·威廉斯(Roger Williams,1603—1683)于1639年在普罗维登斯(Providence)建立。他本是马萨诸塞湾的清教徒,因反对当地宗教,被强制移居罗德岛。在他的鼓吹下,此派有所发展。1670年联合建立了普通浸礼派联会。但此派在美国从未成为较大的势力,且多数中途衰落,人数较少。

在北美殖民地势力较强的是"正常浸礼派"(Regular Baptists),这是特别浸礼派在美国的名称。此派最早的中心在罗德岛新港(Newport Rhode),最早的教会系1641—1648年间由内科医生、牧师克拉克(John Clarke)集合该派信徒所建立。后在基特里(Kittery)、缅因、马萨诸塞、波士顿等地陆续建立了教会,此后又向美国中部发展,在查尔斯顿、南卡罗来纳等地先后建立了正常浸礼会。

18世纪后,此派开始了联合运动。1707年在新泽西、宾夕法尼亚和特拉华的5个较大的教会联合组成了费城浸信派协会(Philadelphia

Baptist Association），1760 年协会进一步扩大，吸收了康涅狄格、纽约、弗吉尼亚等州的教会参加，它们在大觉醒运动中吸收了大量的信徒。这一联合趋势被 19 世纪三四十年代的奴隶制论战所中断。由于南、北方对奴隶制的态度不同而走向分裂。1845 年美国南方各州在佐治亚的奥古斯塔（Georgia Augusta）建立了独立的"南方浸信会"，1907 年北方各教会联合建立了"北方浸礼会"，1950 年改称为"美国浸礼会"。

19 世纪以来，美国浸礼宗的活动着重在三个方面。其一，配合美国政府的殖民侵略与扩张，开展海外布道。它们于 1814 年成立"美国浸礼宗宣教协会"（The American Baptist Missionary Union）。1826 年普通浸礼派又组成"美国海外布道会"（American Baptist Foreign Mission Society），在亚、非、拉美地区开展海外传教活动。在亚洲先后传往印度、缅甸和中国，据 1982 年统计，亚洲现有浸礼宗信徒 100 万人，大部分在这三个国家；该宗在非洲最先传至塞拉利昂，现有信徒 50 万人，主要分布于扎伊尔、尼日利亚和喀麦隆；在拉丁美洲目前有 60 万人。其二，兴办教育事业，特别是大专院校。该宗于 1756 年建立好望书院（Hopewell Academy）；1764 年建立布朗大学；1825 年以前建立了 8 所其他性质的学校，1825—1850 年建立了 25 所，1851—1875 年建立 35 所，1876—1900 年建立 70 所；1891 年建立的芝加哥大学，是美国浸礼宗最高学府。其三，布道重点在黑人群众，这是美国浸礼宗最重要的特点。19 世纪中期，随着美国内战的结束和解放宣言的公布，浸会加强了在黑人中的宣传布道，培训黑人牧师，建立黑人教会和教堂。1866 年在北卡罗来纳（North Carolina）建立了第一个黑人教会的州会。1880 年组织了黑人全国性的组织"全美浸礼会"。后因财产权与出版物的争端，该会于 1916 年分裂，较小的一个保持原名称，人数较多的一派改称为"美国全国浸礼会"。目前，黑人中的基督徒绝大多数属浸礼宗信徒。

美国浸礼宗除前述四大派别外，还有一些较小的团体，如自由意志浸礼派（Free Will Baptists），属普通浸礼派，信徒约 4 万人；登卡尔派（Tunkers），又译为友爱会，主张和平主义，反对任何形式的神学训练；反对传教浸派（Anti-Mission Baptists），反对任何传教活动，认为上帝选择预定得救者，无须宣传，此派约 7 万人；安息日浸礼会（Seventh-Day Baptists），以星期六为安息日，仅有几千名信徒。此外，在 20 世纪由于神学上的争端，导致几个新的教派产生，计有美国浸礼协会（America Baptist Association，1905）、正常浸礼派总会（General Association of Regular Baptist Churchs，1932）和美国保守浸礼协会（Conservative Baptist Association of American，1947）。

第二次世界大战后，由于人口的流动和信徒的增加，南方浸信会突破了地区的局限，向美国北部和西部发展，目前，该会的组织已遍布全国。

五　浸礼宗在欧洲大陆和我国的传播

欧洲大陆近代浸礼宗的先驱是安肯（Johann-Gerhard Oncken，1800—1884）。他曾受美国传教士的浸礼，于 1834 年在德国汉堡建立了浸礼会，并由此传播至奥地利、匈牙利、罗马尼亚、保加利亚、瑞士、比利时、丹麦、荷兰、波兰、瑞典、挪威和俄国。1983 年欧洲大陆共有信徒 87 万人，其中以苏联的信徒人数最多。在安肯的影响下，俄国于 1884 年建立了俄罗斯浸礼宗协会（Russian Baptist Union），复又在英国浸礼宗的影响下，1908 年建立了福音基督徒协会（Union of Evangelical Christians）。十月革命后，该宗在苏联的信徒有所增加，上述两个教会的人数曾达 450 万人。1944 年两派联合为"苏联福音基督徒和浸礼宗联合会"（All-union Council of Evangelical Christian and Baptists in U. S. S. R.），1983 年有信徒约 54.5 万人。

该宗于 1836 年传入我国，最早来华的是美国南方浸信会传教士沙克，他于是年到达澳门和香港，但在广州未站住脚，被迫退回澳门。直至鸦片战争，随着不平等条约的签订，始在我国流传。以后陆续来华的有来复会、美国浸礼会、英国浸礼会、瑞典浸礼会、孟那福会、友爱会等差会。在我国建立了华南区、华东区、华北区、华西区（四川）、华内区（河南、安徽）5 个传教区，并开办了上海沪江大学、四川协和大学，与长老会合办山东齐鲁大学。

由于该宗信徒遍布亚、非、美、欧等大洲，遂于 1905 年在伦敦成立了"浸礼宗世界联盟",曾举行了多次世界性会议。该组织无共同信条,对所属教会亦无行政、司法权,仅为协作性机构,旨在交流情况、互相支援以及负责筹备与召开世界会议。秘书处设于纽约与伦敦两处。

本文与吴清心合写,原载于《世界宗教资料》1984年第4期。

贵 格 宗

贵格宗（Quakerism）兴起于17世纪中期的英国及其美洲殖民地，创立者为英人乔治·福克斯（George Fox，1624—1691）。此宗派最初自称"光明之子"（Children of the Light）或"真理之友"（Friends in the Truth），又因该派信徒之间互称朋友，故其组织称为朋友会（Society of Friends），汉译为公谊会或教友派。但其最通用的名称为贵格派。"贵格"为英语"Quaker"一词之音译，意为颤抖者，因该宗建立之初在聚会中常有人全身痉挛颤抖而得名[1]。后来他们自己认为信徒在圣灵感召下颤抖是光荣的，故同意接受该名称，沿用至今，但其正式名称仍为教友派（Friends）。贵格宗与其他基督教派别相异之处在于它没有成文的信经、教义，也没有专职的牧师和圣礼、节日，而是直接依靠上帝的启示指导信徒的宗教生活与社会生活，此为其独具之特色。

贵格宗的信徒人数相对较少，但由于它始终具有神秘主义的特色，在教义上独具一格，以及在英国革命和美国历史上具有一定的影响，特别是该宗长期致力于社会福利、科学教育事业和工商业卓有成效，并以改良监狱、释放奴隶、主张信仰自由和男女平等、反对军国主义和战争蜚声于世，故至今在基督教思想体系方面仍属新教中的一个较重要的派别，被基督教界公认为是新教的七个主要宗派之一。1982年全世界约有信徒20万人。主要集中于美国（131018人），人数较多的国家有肯尼亚（33000人）、英国（30000人）[2]，其余分布于德国、荷兰、法国、

---

[1] 关于此名称的来源其说不一。另一说认为该名称产生于1650年，当法官传讯福克斯时，他警告法官说：你在上帝面前应该颤抖。法官说：那你们就是颤抖者了。遂得此名。

[2] 据1982年美国《世界年鉴》统计资料。

瑞典、瑞士等国。1887年由美国贵格会派员传入我国。

一 贵格宗的产生与形成

贵格宗的思想源于英国革命前后出现的诸基督教小派，特别是"寻求灵恩派"（Seekers）①的宗教思想。

17世纪40年代，英国资产阶级夺取政权后，并未给社会下层带来福音。由于连年内战造成的经济混乱、商业萧条、原料不足、物价高涨，致使广大小资产阶级和工人的生活更加痛苦。据统计1641—1642年每周平均工资为七先令，至1648年物价已上涨40—50%，而工资仅增加了两个先令，加之自1646年起连续数年歉收，情况更加严重，广大社会下层不满现状，纷纷要求政治平等和经济保障。他们的要求大多通过宗教形式表现出来，出现许多小宗派，诸如平等灵修派（Levellers）、掘土灵修派（Diggers）和第五帝国派等均属以政治为主的宗教派别。亦有单纯追求宗教平等的派别，如浮嚣派（Ranters）②、寻求灵恩派（简称寻求派）等。贵格宗是以寻求派的思想为主体，并吸收了其他各小派的宗教、政治思想而产生的新宗派。

该宗的创立者福克斯，1624年出生于莱斯特郡德雷顿村的一个纺织工人家庭。少年时代他在诺丁汉鞋店学徒，生活清苦，曾深受寻求派的思想影响。英国革命后，他目睹社会下层生活之恶化，不满意当时的政治状况和英国国教会、长老会、公理会、浸礼会等教派的宗教主张，决心以平等为目标，在宗教领域进行探索。1643年（19岁）他开始云游各地，遍访清教各派的教牧人员，均不得其解，并发现这些教会存在许多虚伪与欺骗行为，引起其强烈反感，决心建立新的教派。经过研读圣经，冥思苦想，他于1646年提出了4条新的宗教思想：①人人均可从上帝得到"内心之光"（the Inner Light），借此可直接得到圣灵的启示，指导人们的生活，激发人们的工作热情，获得真理，灵魂得救。②

---

① 17世纪上半期英国基督教的一个神秘主义派别，认为当时存在的各派基督教会已变质，他们仅寻求个人与圣灵的直接联系。

② 17世纪上半叶英国基督教的神秘主义派别。他们反对基督教各派存在的外在形式，认为神就在现实的世界上，基督就在他们中间，无须牧师、信条、圣经。

针对当时英国教会的教牧人员多属牛津或剑桥毕业生的情况提出：仅在牛津或剑桥毕业并不足以使之成为合格的教牧人员，只有上帝指定的、获得内心之光的人才能胜任这一工作。③上帝非居于人所建立的教堂之中，教堂只是一种形式，一种"尖头房子"（Steeple house）。圣礼的形式亦无真正价值。④在经济上反对缴纳什一税，在政治上坚持人与人的平等，除国王和法官外，应废除一切功名爵位，并反对战争，拒服兵役。

1647年（23岁）福克斯及其同工为教会人士术语（指一起工作，相当于同事）创立公谊会，开始游方传教，在英格兰西北部宣传"内心之光"的教义和政治、经济主张，获得一些不满现状的基督徒的赞许，从清教各派中吸收了许多追随者。1650—1660年间，由于下层各小派先后被镇压，纷纷改入贵格宗，信徒大增，在城市小资产阶级和熟练工人中得到迅速发展。1652年他们在英国北部普林斯顿·帕特里克（Preston Patrich）聚集而居，建立了第一个贵格宗的中心区，随即发展至伦敦、布里斯托尔、诺里季（Norwich）等地。1654年后，传至爱尔兰、北美洲与荷兰。1660年后传至德国、法国、意大利、挪威、土耳其及耶路撒冷。福克斯本人还曾致函阿尔及尔的长官和中国皇帝。

由于该宗的独特教义实际上攻击了各教派的教会和神职人员，和以圣经为最高权威的清教主义，特别是一些狂热的信徒，包括福克斯在内，经常冲进各派的教堂，打断正在进行的宗教仪式，宣讲其"内心之光"的教义，并进行挑战式的辩论，破坏了官方宗教的正常秩序，使之不能发挥有效的作用，故遭到包括克伦威尔在内的英国统治集团的镇压。根据《福克斯自传》统计，该宗信徒在1661年以前被捕者有3173人，1661—1687年间有42000人入狱，死于狱中者369人。福克斯本人在《自传》中说："我们的朋友们被投入水中，被践踏殴打，以致鲜血进流，种种侮辱，实难毕述。"他本人曾先后8次入狱，多次被打、被投入水中和被石块击伤。其《自传》也是在狱中口述、由其友人记述而成。

1660年贵格宗举行首次全国会议，商讨国内外的传教工作，1672年后每年举行一次。1666年健全了组织，基层设立"月会"，每个郡设立"季会"，全国设"年会"。1676年该宗神学家罗伯特·巴克雷

（Robert Barclay，1648—1690）发表教义《十五条信纲》。次年在此基础上用拉丁文撰写了《真基督教教义明辨》（*Apology for the Ture Christian Divinity*），两年后译为英文，后来其继承者将此书编写为《巴克雷教义简篇》。由于福克斯本人文化水平低，其自传叙述杂乱，重复较多，系统性差，而巴克雷的著作较系统、较准确地阐述了该宗的信仰，故他的这三种著作，均被视为贵格宗的经典，特别是《十五条信纲》，传播较广，简明扼要地阐述了该宗的原则和教义。

贵格宗在1688年英国"光荣革命"后获得合法地位，但由于其教义之消沉与孤寂，19世纪后在英国趋于没落。

二 贵格宗的教义、组织和公共生活

根据《乔治·福克斯自传》和巴克雷的《十五条信纲》，[①] 以及该宗的历次声明和实践，表明他们虽无信经、信条，但在原则上承认三位一体说、耶稣神人两性说、基督救赎说等基督教的基本信仰，并有以下独特的神学教义思想。

第一，"内心之光"说。此说是根据《新约·约翰一书》第一章第5节记载"上帝之光，他完全没有黑暗"的说教发展而成。认为此光存在于每个人的灵魂中，它是"光明的种子"，可以使人得到上帝存在及其意志的直接感觉。但只有那些接受光并顺从光的人才能体验到。每个人，即使是最坏的人，其灵魂中亦有一定的光明的因素，关键在于如何发扬其光明的种子，抑止其黑暗的一面。这种子是神性的一部分，在人心中可以发芽、生长、壮大，给人以启迪。此神学思想是其平等观在宗教领域中的体现。

第二，直接启示说。此说庄严反对教会主义与圣经主义，认为人之得救与否，人的思想和行动的指南是圣灵对每个人的直接启示，无须教会的引导和圣经的根据。他们认为圣经是重要的，但并作今日信仰的最高权威，它仅仅是"流"，只是宗教的记录，是根据上帝过去的启示由圣徒写成的记录，最新最高的启示是内心之光直接对每个信徒的指导，

---

① 见［美］乔治·福雷《新教信仰·附录》，第273—281页。

此乃真正基督徒信仰的标志。这一宗教思想实质具有突出人的理性思维的因素。

第三，强调极端的和形式化的平等。他们在现实生活中，不讲礼节，否认世俗的权威。该宗自福克斯起，见人不脱帽，不问好，对人一律称为"你"，而不称为"您"①。并要求过平静俭朴的生活，少参加世俗的娱乐活动，包括游戏、宴会和竞赛，认为这是不敬上帝所致。

第四，强调博爱，包括爱仇敌。在政治生活中，反对一切暴力行为、主张和平主义和彻底的不抵抗主义，反对一切战争，包括正义的战争；不参加任何政治活动，拒绝服兵役（后改为不参加作战部队，可参加后勤、医务等），不使用任何刀枪武器，不担任政治职务，反对向任何世俗力量宣誓、效忠，仅从事正常的工商业、科学、教育事业以及社会服务工作。

贵格宗的这些教义反映了17世纪中期英国小资产阶级和熟练工人对现实的不满和强烈的平等要求，以及为此而斗争失败后的厌倦情绪。他们丧失了对现实斗争的信心和勇气，而走向神秘主义与寂静主义（Quietism）②的道路，在宗教中寻求安慰，并把平等的社会主张极端化和形式化，以发泄其不满情绪。

贵格宗反对社会制度和社会主义，认为没有设立圣职的必要，福克斯本人把当时的牧师称为衣架饭桶。该宗的组织仅称为聚会处（Meeting），分为月会、季会、年会三级。月会是基层聚会处，几个月会组成一个季会，由相同观点的几个季会组成年会。年会是贵格宗所属某派的最高组织，人数不一，1970年统计共49个年会，每个年会的成员从不足100人到60000人以上。最初每个聚会处仅设召集人，后改由长老和监督负责。这些职务由信徒定期选举产生，任期3年。贵格宗采取入会自愿制，但该宗信徒之子女为当然之会友，其他人入会需经个人申请，经聚会处成员认可，始能成为会友。

---

① 福克斯与任何人谈话仅称对方为 Thee 或 thou，这是当时英国不客气的称呼，相当于中文的"你"。见福克斯等著《贵格派文集》，许牧世译，基督教文艺出版社1960年版，第369页。

② 17世纪中期产生于欧洲的一种神秘主义思潮，认为人力徒然，一切应听从上帝的安排，主张绝对寂静，逃避现实。

该宗不承认任何外在的权威，也没有固定的崇拜仪式和圣礼。他们认为每个信徒的全部生命都属于圣礼，故不必有单独的洗礼，每顿饭均属圣餐，故不必有单独的仪节。该宗亦无节日，包括圣诞节、复活节均予废除，并将"主日"（星期日）改称为第一日。他们的结婚仪式非常简单，男女双方中意后，在聚会处双双起立握手，发表结婚声明即可。其宗教生活采取安静聚会方式，或就座默想，或下跪祷告，可完全自便，不拘形式地等候圣灵的启示、内心之光的引导。一旦有人得到启示，可发言宣讲，也可能在一次聚会中均未得到启示，即在寂静中散去。

三　贵格宗在美国和其他国家的传播和发展

贵格宗由英国两名女会友玛丽·费希尔（Mary Fisher）、安妮·奥斯丁（Anne Austin）传至美国，于1656年首至波士顿，后在马里兰和马萨诸塞湾殖民地传教，被当地殖民政府视为异端，曾被囚禁。以后陆续又有会友前来美洲，1661年在新英格兰建立年会，亦遭迫害，并有4人被判处死刑，收效不大。1671—1673年福克斯本人亲至美洲传教，该宗始在美洲站住了脚。他曾遍访西印度群岛、新英格兰和北卡罗来纳以北诸殖民地传经布道，并在马里兰（1672）、弗吉尼亚（1673）等地建立了年会。直至威廉·佩恩（William Penn，1644—1678）到达美洲后，始建立起贵格宗的基地。他是英国海军大将之子，1667年加入公谊会，决心在北美殖民地寻觅一块实现其理想的安居地。1677—1678年，他先后运送了800名会友前往美洲。1681年他从英王查理二世获得一块位于美洲西部的赠地①，命名为宾夕法尼亚，于1682年创建了该赠地之首都费城和年会。此后，这一地区成为贵格宗在美洲的基地。与此同时，巴克雷曾作为佩恩之助手，被查理二世委任为新泽西州总督，他据贵格宗的理论拟定了当地宪法。这两个地区均实行信仰自由政策，许多新教徒迁居于此，人数剧增。

18世纪初，贵格宗仍控制这两个地区的民政，但因殖民政府与印

---

① 查理二世以此地段抵还佩恩之父的债务，以赠地的名义清账。

第安人和法国殖民者之间的矛盾尖锐,多次发生武装冲突。该宗由于坚守反战原则,拒服兵役和拒交战争税,被迫退出政界,放弃其政治地位与影响。其后,他们在北美主要从事社会改革工作。18 世纪提倡解放黑奴的先驱者之一是该宗的神学家、文学家约翰·伍尔曼(John Woolman,1720—1772)。他出生于新泽西州,父母均为贵格会会友,初以裁缝为业,后经营布匹百货。他认为蓄养黑奴和压迫印第安人不符合贵格宗的平等原则,曾多次奔赴各地做社会调查,劝告会友释放奴隶。1762 年他发表《论蓄奴》一文,论述了奴隶制度之不合理,还著文为穷人请命,颇有影响,为 19 世纪美国全面反对奴隶制的社会改革打下了思想基础。《约翰·伍尔曼自传》阐述了他的神学思想和社会主张,不仅被贵格宗信徒视为经典,而且其文学造诣颇深,被认为是美国历史上的第一部传记文学作品。

美国独立后,美国的贵格会脱离了英国的公谊会而独立。19 世纪,该宗继续向西部发展,并克服了奴隶制造成的障碍,建立了一些新的年会:俄亥俄(1812)、印第安纳(1821)、爱荷华(1863)、堪萨斯(1872)、俄勒冈(1893)、加利福尼亚(1895)和内布拉斯加(1908)。此时,美国的信徒已超过了英国,其中有些年会仍与伦敦的年会保持联系。随着该宗的发展,由于成员中间的贫富分化以及英国福音奋兴派的影响,致使美国贵格宗趋于分裂。费城年会的领导者主要由与英国联系密切的富商组成,他们赞同福音派的教义,特别拥护英国贵格会奋兴派约瑟夫·约翰·格尼(Joseph John Gurney,1788—1846)的观点,从而逐渐形成格尼派(Gurneyites),突出强调福音书的地位,故亦称福音派。但许多较贫穷地区的会友反对此观点,他们认为费城年会的长老和监督再不能代表他们的利益,遂脱离该会,形成分离派。其领袖为伊莱亚斯·希克斯(Elias Hicks,1748—1830),他强调内心之光的教义,提出如果上帝取消圣经,这可能是一件好事,他可以发动信徒写一部比圣经更好的新经典。此派为贵格宗之自由派,并攻击奴隶制度和规定的教条,1828—1829 年形成希克斯派(Hicksites),又称开明派。1845 年,以约翰·威尔伯(John Wilbur,1776—1856)为首的部分会友,不满意希克斯派的观点,乃脱离分离派,另组威尔伯派(Wilburites)。此派又称保守派,坚持该宗早期的寂静主义,等候内心之光的启示,故又称正统寂静派（Orthodox Quientist Friends）。

至20世纪初年，美国贵格宗公开分裂为3个团体。①格尼派年会联合各福音派，并与伦敦和都柏林的年会结合在一起，于1902年建立"五年会"（Five Year'Meeting），后改称为公谊宗联合会（Friends united Meeting）。②保守的美国年会（Conservative American Yearly Meetings）由威尔伯派发展而来，保持传统的贵格宗习俗和崇拜方式。③希克斯派年会于1902年改称公谊会总会（Friends Genera Conference），此派保持向现代新思想开放的观点。目前，这些派别已不再强调分歧，它们在社会服务的前提下出现联合的要求，一般都参加了联合组织"美国公谊宗服务委员会"（America Friends Service Committee）。此外，还有一些由大学生们组织的独立年会，亦已排除了旧的神学分歧。

贵格宗对美国的影响主要表现在世俗事务方面。他们除从事社会改革和服务之外，特别在教育与科学事业方面做出了贡献。19世纪该宗建立了一些大学和中学。公谊会创立的大学有厄勒姆学院（Earlham College，1847）、哈弗福特学院（Haverford College，1833），斯沃斯莫尔学院（Swarthmore College，1864）等。贵格会友个人创办的大学有布赖·莫尔学院（Bryn Mawr College，1885）、康奈尔大学（Cornell，1865）、约翰斯·霍布金斯大学（Johns Hopkins，1876）。这些大学均注重科学，曾培育出一批出名的化学家、遗传学家、人类学家和天文学家、此外，他们还经营一批工业、商业和银行，坚持信用第一、声誉良好。

贵格宗在20世纪传播至非洲和欧洲大陆。1982年，非洲有信徒35531人，主要集中于几内亚。第一次世界大战后，重新在德国、荷兰、法国、瑞典、瑞士建立了新的年会，但人数很少。1937年该宗建立了国际性的组织"贵格宗世界咨询委员会"（Friend's World Committee for Consultation），总部设于英国伯明翰，定期召开会议，讨论共同性的问题。

1887年，由美国贵格会传教士义白理（Esther Hettie Butler，？—1921）传入我国的南京和江苏，继而有英国的公谊会传教于四川。

原载于《世界宗教资料》1984年第3期。

新教几大教派外的其他派别

一 莫拉维亚弟兄会

莫拉维亚弟兄会（Moravians）发端于15世纪捷克的胡司宗教改革，形成于16世纪中期，因该会最初活动于捷克中部的莫拉维亚地区而得名，目前传播于德国、英国、荷兰、爱尔兰、瑞士、丹麦、瑞典和美国等地，共有信徒739885人。此派入教虽少，但它以强调平等、友爱、互助、灵修的特色，而成为新教的一个独立宗派。

波西米亚弟兄会 莫拉维亚弟兄会的前身为波西米亚弟兄会（Bohemian Brethren），由胡司的追随者组成，胡司（1373—1415）是捷克的爱国者和宗教改革的先驱。他的主张得到捷克人民的响应，大为动摇德意志贵族与天主教会在捷克的统治。因此，德皇与教皇于1414年将胡司诱骗逮捕，以异端罪名处以火刑，此举激起了捷克各爱国阶层的义愤，各地纷纷起义，汇为反封建、反民族压迫、全民性的胡司战争（1419—1434）在对敌斗争中，由于参战人员的社会地位不同，分为两派。以农民为主体的社会下层主张取消等级特权，一律平等；废除国王和封建捐税与义务，没收地主土地；实行公共消费，因其根据地在捷克南部的塔波尔城，故称塔波尔派。以中产阶级、小贵族为主体的富裕阶层仅主张捷克独立①，没收教会财产；用民族语言传教以及一般信徒在圣餐中可用圣杯领用葡萄酒，故名圣杯派。最初，两派尚能联合作战，但在德皇与教皇的分化瓦解下，被各个击破，起义失败，塔波尔派惨遭镇压。战后残存的塔波尔派吸收了个别的圣杯派和其他异端派别的成

---

① 当时捷克隶属于德意志神圣罗马帝国。

员，以凯来齐斯基（Kelesiski，？—1460）为领袖，于1457年建立了新的宗教团体波西米亚弟兄会。该会主张：①圣经是信仰的最高权威与准则，反对罗马教皇和天主教会的权威；②藐视等级特权，强调人人平等，信徒之间互称兄弟姊妹；③共同生活，公共消费；④按圣经原则过灵修生活，提高道德修养；⑤对统治者采取不合作主义，拒服兵役和担任公职，但反对积极斗争。这些思想反映了社会下层群众既不满现状，又屡屡失败，在宗教中寻找出路的消极思想情绪。此派在社会下层中流传较广，至16世纪中期，在反宗教改革运动的冲击下，被统治当局视为异己，于1548年被驱逐出境，弟兄会的成员部分迁至捷克中部的莫拉维亚地区，遂更名为莫拉维亚弟兄会。

亲岑多夫之改建 莫拉维亚弟兄会在捷克发展了百余年后，成为独立于正统教会的半公开的民间教会，遭限制与迫害，许多信徒被迫迁往他国，其中操德语的一支于1722年逃往德意志的萨克森地区，受到当地信奉路德宗敬虔派的伯爵亲岑多夫（Zinzendorf，1700—1760）的庇护，收容弟兄会成员居于其领地伯帖勒道夫村（Berthelsdorf），与当地居民共同生活。1727年，亲岑多夫除掌管该村之行政外，又参与其宗教活动，改建了弟兄会，将该村命名为"赫仁护特"（Herrnhut），意为"主护城"，重整组织，制定了信仰与管理制度。自此莫拉维亚弟兄会又名为弟兄合一会。该会规定：由全体信徒推出12名长老，由长老推出5人组成执行委员会，其中4人为执行委员，1人为总长老，负责宗教与社会生活管理，亲岑多夫仅任监督。全体居民依性别、婚姻划分小组，组长负责信仰与纪律。婴儿自幼离开家庭，集体抚养，未婚青少年依性别分组，男女婚姻由抽签决定。为避免商人剥削，组建了商业合作社，信徒按组每日唱特定的圣歌作为祈祷仪式，并学习一段圣经。经过改建的弟兄会实际上是将莫拉维亚弟兄会与路德宗敬虔派结为一体的允许结婚的新教修道团体，而异于其他新教的独立宗派。1742年德意志皇帝斐迪南二世批准其为新的宗教团体，允许设立居留区。

教义与礼仪 1745年，改建的莫拉维亚弟兄会正式宣告独立，其特点是：①以正典圣经为唯一权威，以路德宗的《奥格斯堡信条》为信仰之依据。1778年出版的该宗教义《论弟兄会信仰》《弟兄会信仰教义概览》，突出了基督教赎、友爱互助、人人平等。抽签配偶的方式于

19世纪初废除。②教会实行长老会管理体制，神职人员有主教、长老和执事，但主教无行政权，仅掌神权，施行授职礼。③以宣教事业为己任，特别强调到艰苦地区和土著人地区去传教和兴办教育事业。④教堂称为"所"，陈设简单朴素，四周为墓地，墓碑大小划一，以示平等。⑤礼仪有洗礼、圣餐、圣歌、祷告与读经。

该宗自亲岑多夫始即重视传教活动，1732年派员去西印度群岛和格陵兰，1734年至北美佐治亚，1741年至伦敦，同年亲至纽约，在宾夕法尼亚州设立居留地，命名为"伯利恒"，此处成为弟兄会在美国的基地。此后又传往南美和非洲。

20世纪80年代该宗信徒分布欧美大陆，总部在美国，划分为4大教区：欧洲大陆地区（德国、丹麦、瑞士、荷兰、瑞典）、捷克教区、英国教区、美国教区。其中美国教区人数较多，并分为三派：①北莫拉维亚弟兄会（Moravin Church Northern Province），教堂97座，信徒26824人。②美国南部莫拉维亚弟兄会（Moravin Church in America, South Province），教堂63座，信徒17423人。③弟兄合一会（Unity of the Brethren），教堂26座，信徒数字未公布。此派未传入我国。

二　神体一位论派

神体一位论派（Unitarians）又名基督徒自由派（Free Christians），是16世纪中期欧洲宗教改革运动中产生的一个人文主义色彩较浓厚的宗派。创始人为意大利人利奥·苏西尼（Lelio Socini，1525—1582）及其侄福斯特斯·苏西尼（Faustus Socini，1539—1604）。该派的主要特征是要求以人的理性衡量基督教信条，凡以理性不能说明的教义均予否认，诸如三位一体、原罪等，仅崇信独一的上帝。此派于16世纪末与17世纪初，因反对正统基督教的基本信条，曾遭到天主教与新教的共同反对，受到排挤与迫害，一度转入秘密活动。18世纪后又出现于英、美等国，建立了现代神体一位论教会。20世纪80年代，全世界共有信徒616069人，集中于美国，其他分布于英国、罗马尼亚、匈牙利等地。

苏西尼与苏西尼派　神体一位论派虽产生于16世纪，但其思想渊源则可上溯至2、3世纪罗马帝国的神格唯一论派，主张上帝只有一位，圣子与圣灵只是上帝的不同表现形态。4世纪又有阿里乌派亦反对三位一体论，说法类似。欧洲宗教改革运动兴起后，一些人文主义者开始以理性思考现存的教义，其中较著名的是苏西尼叔侄。

利奥·苏西尼是意大利的律师，因异端嫌疑，被迫离开了天主教占绝对统治地位的意大利，周游列国，结交了许多宗教改革家，其中包括路德之密友梅兰希顿与加尔文，他在日内瓦时曾目睹西班牙的科学家塞尔维特[①]受审与被处以火刑之情况，深受启发，奠定了他反对三位一体等正统教义的思想基础，并写出专著，但未敢发表。深受其影响的福斯特斯·苏西尼继承叔业，在其叔死后于1579年在波兰组织神体一位论团体"波兰弟兄会"，并由此传至匈牙利的德兰斯瓦尔亚公国。1600年，他在波兰克拉科夫开办大学，宣传其主张，并举办年会。1605年出版了该派之基本教义《克拉科夫问答》，书中正式定名为"神体一位论派"，其反对者则称其为苏西尼派，1658年受耶稣会迫害，部分信徒逃往匈牙利、荷兰和英国，亦遭镇压，遂转入秘密活动。

苏西尼派的教义是：①上帝的启示应与人的理性相一致，理性是衡量教义的标准。②崇奉唯一的上帝，否认三位一体，耶稣仅是伟大的人物。③否认原罪，人无赎罪之必要。④人类的价值和尊严可借体验其真理而获得，基督曾如此传授。⑤否认加尔文的预定论及对人类的永罚。

现代神体一位派 18世纪后兴起的现代神体一位派继承了苏西尼派的基本观点，并吸取了自然神论和圣经批判学，主张保留基督教的成分，但不受教义的束缚，实现基督教自由的教会。在18—19世纪，由于基督教宗派间教义争端颇为激烈，因而此派曾受到一些知识分子的欢迎。

此派在美国的代表人物为林赛（Theophilus Lindsey，1723—1808），他于1774年脱离英国国教在伦敦建立了神体一位教会。1813年英国国教会承认其合法地位。1928年正式定名为"神体一位总会及基督徒自由教会"（General Assembly of Unitarian and Free Christian Churchs）。20

---

① 塞尔维特（Miguel Serveto，1511—1553），著名的西班牙神学家与医学家，血液小循环系统的发现者，因发表《论三位一体之谬论》，反对三位一体说，于1553年以异端罪名被加尔文处以火刑。

世纪 80 年代在英国有教堂 330 座,信使约 4 万人。

该派于 18 世纪由英国传至美国,19 世纪一度兴盛,代表人物为钱宁(William Channing,1780—1842)。他本为公理会牧师,19 世纪初率其所属信徒转为神体一位派,并一度控制了哈佛大学,1825 年成立了神体一位全美协会,1894 年公布共同宣言,宣言中把基督教义归纳为"爱上帝及人类"。1961 年此派改组,在波士顿成立了"神体一位普世协会"(Unitarian Universalist Association)。在 20 世纪 80 年代,美国有此派教堂 946 座,信教徒 170352 人。其余教徒分布于罗马尼亚、匈牙利和一些英语国家。此派未传入我国。

三 19 世纪和 20 世纪初产生的新宗派

基督复临派 基督复临派(Adventists)是 19 世纪前期从基督新教特别是浸礼宗、公理宗、卫斯理宗的信徒中分化出来的一个新的神秘宗派。此派由浸礼宗信徒威廉·米勒(William Miller,1782—1849)于 1831 年创立于美国,该宗的特点是突出"末世论"与基督复临,大力宣传世界末日即将到来,耶稣基督将再次降临人世,建立理想的千年王国,信徒将获得永生。当时,米勒曾预言 1843—1844 年的某日,基督将从彩云中徐徐降临,届时即为世界末日。他们把出现的一切自然灾异、社会危机、道德沦丧都视为末日将至的预兆。这反映了当时美国社会下层对现实不满的一种消极、失望、变异、厌世的宗教心理。但是在预言的日期基督并没有也不可能复临,因而宣扬此派观点的信徒被各自所属的教会视为邪说加以清除,此派信徒遂自行组织为独立的宗派基督复临会。在 20 世纪 80 年代,此派信徒共有 5445372 人,其中美国 601688 人,其余分布于世界 180 余个国家与地区。此派于 1898 年由美国来复会传入我国。

18 世纪末 19 世纪初,美国城乡劳动者并未因独立战争的胜利和联邦政府的建立而改变处境。广大城乡劳动者因捐税沉重,日益贫困,小生产者缺乏资金,告贷无门,农民更受到商人与高利贷的盘剥,即使是一些中、小资产阶级亦因竞争激烈,部分宣布破产,他们对现实不满,但又无正确的引导,其中一部分人即从宗教上寻找出路,热衷于提倡某种奇特的神学思想，标新立异，自成一派。

末世论与基督复临本为基督教信条之一，认为现实世界迟早要毁灭，世界末日终将到来，届时耶稣基督将再次降临人世，建立正义之国，对人类的善恶进行审核，善者得永生，恶者受永罚。此派的创始人米勒本为农民，曾任军官，未受过正统的神学教育，经自学圣经，特别是对《旧约·但以理书》和《新约·启示录》的钻研，坚信基督即将复临人世，建立千年王国。他们于1831年根据《新约·彼得后书》第3章《主应许再来》与《旧约·但以理书》第8章第14节，预言基督将于1843年3月21日至1844年4月18日期间复临，并通过讲道、报刊宣传，发起悔过、强化信仰的运动。一时追随者颇多，在预定复临的日期更是人心惶惶，有的大吃大喝，变卖家产者亦大有人在。但事与愿违，到预定复临的最后一天，并未出现奇迹。随即又预言复临日为1844年12月22日，亦未实现。信徒大失所望，米勒遭到各方面的攻击，部分信徒退出。仍坚持旧观点者，包括米勒在内，被各自的教会开除，另建教会。米勒等人仍坚信自己的信仰正确，只是不再预言具体的复临日期，仅坚持这一天不会太久。此后教会实行浸礼与圣餐两项圣礼，以公理宗的体制建立教会。

1849年米勒去世后，由于教义争端，分裂为几个独立的教会，主要有：①基督复临会，1854年建立，此派不同意把星期六作为安息日和吃素食，传播于亚洲和南美。②原始基督复临会，此派坚持早期复临思想，20世纪中期由基督复临会分化而来。③该派中人数最多的一派是基督复临安息日派，1863年建立，在美国有信徒517141人。该派于1898年传入我国，其在华传教组织称为来复会，流传于江苏、安徽一带。

基督复临安息日派（Seventh-day Adventists）产生于19世纪60年代。它吸收了"安息日浸礼会"守星期六为安息日的内容，① 逐步发展为新教派。此派之先驱为米勒门徒怀特夫妇（James White and Ellen Harmon White，1827—1915），他们在40年代初主张应严格遵守摩西十诫的第四诫"当守安息日"的规定。1846年其门徒贝茨（Joseph Bates）

---

① 该会以星期日为每周的第一日，故星期六即安息日为第七日。

又扩大宣传这一点，许多人追随之。这一主张遭到基督复临派中一部分人的反对。他们遂于1863年在密执安建立了独立的基督复临安息日会。

该会除信仰基督新教、基督复临派的一般教义和守星期六为安息日外，在教义方面突出强调三点信仰。①依《希伯来书》第8章第2节所示，认为复临是在天上圣所做准备的日期，而非复临的时间。具体复临时间虽不能确定，但应作精神的准备，地上公义的千年王国并非遥遥无期。②千年王国建立后，只有此派信徒才能得永生，恶人在接受刑罚之后将绝灭。③人的身体是圣灵的居所，故应洁净。因此，他们禁烟戒酒，不吃猪肉与勒死之物，提倡完全素食，亦不饮茶与咖啡，并在传教中建立医院，以增进人们之健康。

该会实行浸礼与圣餐两项圣礼。其特点是在领圣餐前两信徒互相洗足，男女信徒分别举行。此会的特殊教规是信徒要纳什一税，将收入的十分之一交给教会作为经费，据说此制度之依据是《马太福音》第23章第23节。新入会的信徒需经投票通过后始能入会。

基督复临安息日会的组织较严密。在总会之下，全世界划分为13个教区，下辖330个基层教会。此会是复临派信徒最多的一个，约占信徒总数的90%。20世纪初，该会来我国传教，曾建立东、西、南、北、中、东北6个传教区，开办了一些医院与学校。

救世军 救世军（Salvation Army）是基督新教的一个社会团体与宗派，由威廉·布斯（William Booth，1829—1912，旧译卜威廉）于1865年创立于英国伦敦。1982年全世界共有信徒4029136人，分布于英国、美国、新西兰、印度等70余个国家，1895年传入我国。

19世纪中期英国已经完成了工业革命，资本主义经济蓬勃发展，然而这一切并未给社会下层带来福音，相反，财富更加集中，贫富愈益悬殊，工人阶级的生活日益恶化，每个城市都有贫民窟，工人的斗争和运动突起。为应对此形势与调和阶级矛盾，基督教界亦出现了新的团体与宗派，救世军便是其中的一个。

布斯幼年家庭贫困，曾在当铺当学徒，目睹社会之黑暗，充满欺骗压榨，道德沦丧。稍长，他意欲从事社会活动，传播福音，改变社会精神面貌。为此他加入循道会，担任传道人，因其观点与该会矛盾，主张普救世人，故双方决裂，1861年脱离了循道会。布斯与其追随者于

1865年在伦敦东区（贫民区）建立了独立的传教会，1878年仿军队建制改组教会，专职神职人员分任将、校、尉，着特殊军服，一般信徒为士兵，布斯自称大将。1880年正式定名为救世军，制军旗，建乐队。此派实行露天布道于街头巷尾，以奏军乐吸引群众聚集，然后讲道，并号召富豪捐款，建立一批救济院、学校、农场等慈善团体。军队建制，露天布道，社会救济是该宗的三大特点。

救世军并无新的教义，他们坚持一般的新教信条，特别是与卫斯理宗的信仰基本相同。该宗亦不要求信徒在教义上绝对一致，并尽力避免教义上的分歧，参加救世军者亦可保持与原有教会之联系，其所强调的是每个官兵均应"牺牲自己，救助他人"的道德原则与关心社会下层现实生活之改善。该会具有严格的组织和纪律，强调服从与牺牲，官兵禁止参加世俗娱乐，禁止吸烟与饮酒。士兵按年龄编为婴儿队、儿童队和青年团及多种成人信友的组织。

救世军不实行洗礼与圣餐仪式，认为真诚的悔过与充满圣灵就是真正的洗礼与圣餐，故在军中不宣传亦不实行这一点，但不反对信友到其他新教会受洗与领圣餐。此派的特殊礼仪是公开悔罪，每一军营（即教堂）中均设悔改台，悔罪者均要在台上公开认罪。

救世军的最高领袖称为大将，1929年以前为布斯及其后人担任，后由最高委员会选举产生。其总部设于伦敦，但主要力量集中于美国。

该宗于1880年传入美国，1882年开始陆续传入印度、斯里兰卡、新西兰、南非等地。在20世纪80年代，共有军官25000人，信徒4029163人，分布于70余个国家，人数较多者为美国（41万人）、英国（35万人）。他们除传教外，主要从事社会慈善事业，包括济贫、发放救济品、免费午餐、住宿、收养孤儿、资助犯人、安排就业等活动。该宗于1895年传入我国，20世纪后在一些大城市设有军营（教堂）。

基督教科学派　基督教科学派（Christian Science）是具有基督教性质的神秘宗教团体。1879年艾娣（Mary Eddy，1821—1910）创立于美国。此派名为科学派，但与我们所理解的"科学"相反，其特征是有病不需服药，依靠"意念"的精神疗法治病，称此为基督教的"科学"，故名。该派信徒集中于美国，全世界共有信徒1813048人。

艾娣出身于美国农民家庭，本为公理宗信徒，自幼体弱多病，并患有癔症，经多方治疗无效，乃另寻他法。后经催眠术家昆比治疗，自认为有效，颇为赞赏昆比的理论，认为疾病之原因在于想象，如使病人不相信自己有病，即可恢复健康。此理论对精神病患者或许行之有效，但并不能因此得出有病不需服药的结论。艾娣以其理论为基础，结合自身的体会建立了她所谓"绝对精神疗法"，宣扬只要依靠上帝与圣经产生"科学"的意念，百病均可痊愈，还说：人死非由于病毒，而是精神的毒害。1875 年她发表了《科学与健康及圣经之关键》（Science and Health With Key to the Scripture）一书，以科学家自居，阐述其理论，并以此书作为此派之经典。1879 年她及其追随者建立了独立的宗派组织"科学家基督教会"（The Church of Christ, Scientist），为扩大影响与培训信徒创建了马萨诸塞玄学院。1908 年在美国发行《基督教科学箴言报》，至今已成为世界上颇有影响的报刊。

该派之经典为《圣经》与艾娣之著作，并以其观点解释《圣经》。他们主张世界上根本不存在物质，唯一真实的是上帝赐的"意念"（Mind）。一切疾病、罪恶均属幻想，只要坚定"意念"，便能战胜幻想得以归正与痊愈。该派放弃三位一体的理论，亦不实行基督教之圣礼，信徒入会只需填写承认其观点的入会书。

20 世纪 80 年代初，此派全世界共有 3200 个教堂，1813048 名信徒，分布于 54 个国家，多数集中于美国，有教堂 3000 座，信徒约 100 万[①]。

耶和华见证人会　耶和华见证人会（Jehovah's Witnesses）为 19 世纪 70 年代从基督复临派中分化出来的一个派别。由拉塞尔（Charles T. Russell, 1852—1916）于 1881 年创立于美国，故又称拉塞尔派。最初，此派名称为"守望楼圣经与传单会"，1931 年改为"耶和华见人会"，1982 年共有会员（即见证人）6268327 人。

创建人拉塞尔在青年时曾受基督复临派的影响，但苦于无具体的复临日期。他为此深研圣经，1872 年宣布已找到了答案。拉塞尔宣布，英文圣经中"复临"一词（Return）是希腊文 Parorsia 之误译，此词应

[①] 不公布信徒数字为此会之惯例，上述数字为《世界基督教百科全书》的估计数字（David B. Barrett ed., *World Christian Encyclopaedia*, Oxford: Oxford University Press, 1982）。

译为"临在"（Presence），意即基督将以人的肉眼所看不到的灵体出现于世，主持世上和平，正义与欢乐的千年王国。凡信仰此点并为此做见证者将在王国中过幸福生活。当他将此"发现"向基督教界宣布时，基本上无人支持，遂于 1881 年建立"守望楼圣经与传单会"，独立传教。

其独特的教义是：①反对三位一体，赞同阿里乌派的主张，认为耶稣是人，只是到他受洗后才成为基督，圣子和圣灵均系上帝的表现形式。②耶和华的见证人是上帝在世上的唯一代表，基督即将建立的千年王国是见证人的组织，到世界末日经过善恶双方的大决战即将实现。凡不承认此说者，其灵魂将毁灭。③现实世界无任何意义，不抱有希望，因而世界末日的来临，现实的一切均将毁灭，故无需对现行世界进行改造或行善，只要努力宣传此派教义，作其见证人即可成为上帝的选民。因此，他们拒服兵役和向国旗致敬。

该派认为圣礼并无神圣之意义，洗礼仅是标志，圣餐本是纪念，故其实行成年洗礼与纪念性的晚餐。其最高领导机构为董事会，领袖为董事长，总办事处设于美国布鲁克林（Brooklyn），工作人员均居于郊区之伯利恒屋。低于董事的工作人员称教仆和区仆，地方教会称为群团（Companies），教堂称"王国会堂"。信徒分先锋（Pioneers）与宣传员（Publishers）两类。先锋为专职，发给薪金；宣传员为一般成员，每月应业余为此派信仰做宣传至少 60 小时，包括口头宣传和推销宣传品。该派之宣传刊物为《守望楼与基督临在通报》《觉醒》杂志及其领袖之著作《上帝的竖琴》《圣经研究》等，均廉价出售，并设有广播电台。此派信徒 600 余万人，集中于美国与北欧。

后期圣徒派（摩门教）　后期圣徒派（The Latter-Day Saints）是史密斯 1830 年在美国创立于纽约州的一个神秘主义教派，据其自称系根据《摩门经》的启示所创，故俗称为"摩门教"（Mormonism）。其组织的全名为"耶稣基督后期圣徒教会"（The Church of Jesus Christ of Latter-Day Saints）。1982 年时，此派共有信徒 4476484 人，主要集中于美国西部。由于该派除奉圣经为经典外，还以自创的《摩门经》为经典，故被基督教界视为旁门左道，仅认为是具有基督教性质的派别。

创始人约瑟·史密斯（Joseph Smith，1805—1844）为一城市贫民，曾受到基督复临派的影响。据其自称，1823 年间天使摩罗尼（Moroni）曾向其显灵，命其接受一部刻于金版上的新启示，并告其存放地点。1827 年史密斯宣称他按指示掘得金版及一副镶有宝石的眼镜，金版上写有变种的古埃及文字，即使是古埃及文专家亦不能识，只有借助那副具有神力的眼镜才能释读，现已将其译为英文，即《摩门经》，1830 年出版于纽约。同时他宣称该书译毕后，金版即被天使收回，已不复在人间。该书序言中说有 12 人（包括他本人）证明见过此金版，但后来 3 人否认。《摩门经》的内容主要有三：①《摩门经》的作者摩门（Mormon）为 4 世纪美洲印第安人的先知。这些印第安人的远祖是希伯来人①的两个部落，分别于远古及公元前渡海来到美洲，但后来这些部落绝灭，摩门曾将其经典记录为《摩门经》，埋于地下，直到史密斯发掘出来。②《摩门经》是旧约圣经之补编，内称史密斯为重要先知，被授予建立后期圣徒教会的使命。③基督复临前，散居世界上的犹太人将聚集美洲，上帝将在美国建立新耶路撒冷（即理想的千年王国）。

  1830 年史密斯在纽约建立了独立的后期圣徒教会，并广为宣传，信徒达数千人。1844 年在瑙武（Nauvoo）建立基地，自任将军统治该城，遂创建摩门大学，训练宣教人员，派往欧洲传教。史密斯在该地倡导与实行多妻制，对居民统治甚严厉，并欲竞选总统，从而引起了当地群众的不满，终被枪杀。此后该派领袖为木匠布里格姆·杨（Brigham Young），因当地居民仇视此派，故他率领万余信徒西迁犹他州，修建盐湖城，建立了政教合一的神权政体，统治该地。1852 年此派强调实行多妻制，布里格姆有妻子 17 人，子女 49 人，他还规定教会上层骨干必须有 3 个妻子，此项制度直到 1896 年始由美国联邦政府强制废除。

  该派的经典为《新旧约全书》《摩门经》、史密斯的启示及历届"第一主席"的言论。其特殊的教义是：①耶稣是基督，史密斯是真先知。②遵守十诫及摩门教之礼仪。③其他宗派的洗礼无效，仅摩门教神职人员所施的洗礼才能赦罪，其按手礼才能充满圣灵。④基督将在美国建立理想的千年王国，入会者将成为选民。其最高领导机构为 12 使徒

---

① 此说毫无根据。印第安人的祖先是蒙古利亚人，约于 5 万—2 万年前经白令海峡迁至美洲。

会议，由"第一主席"主持，设顾问 2 人，下有主教长、大祭司、传道人、主教、祭司、执事等。全部成年男信徒均为神职人员，分别担任上述各职务。其礼仪与纪律具有独特之处，实行成年受洗，死者实行再洗礼。凡未受此派洗礼而死者，可由其亲属代受再洗礼，成为摩门教徒；戒烈性酒；征收信徒的什一税。

该宗流传于北美、西欧和北欧等地，1982 年欧美共有信徒 4475484 人，其中美国信徒最多，总数为 2974351 人。美国摩门教主要派别有：①耶稣基督后期圣徒教会（the Church of Jesus Christ of Latter-day Saints），俗称摩门教（Mormon），有教堂 7379 座，信徒 2811000 人；②后期圣徒改革教会（The Reorganized Church of latter-day Saints），有教堂 1061 座，信徒 160800 人；③耶稣基督教会（The Church of Jesus Christ），俗称比克顿特教会（Bricker Tonites），有教堂 60 座，信徒数千人。

该宗之经典摩门经被基督教界人士认为是"胡思乱想"。美国著名文学家马克·吐温评之为"印刷的麻醉药"。

五旬节派（Pentecostals）是 1906 年产生于美国的一个神秘宗派。五旬节本为犹太教纪念以色列人逃出埃及后，在西奈山接受"十诫"的节日。因传说上帝授"十诫"的日期是以色列人逃出埃及后的第 50 天（10 天为一旬），故名五旬节。基督教产生后，据说圣灵于五旬节降临于诸门徒之身，"他们都被圣灵充满，按照圣灵所赐的才能说起别种语言来"[①]。故基督教会又将五旬节称为圣灵降临节。20 世纪初，在基督教的福音奋兴运动中，美国卫斯理宗、浸礼宗等宗派中的一些信徒，突出强调圣灵降临的神恩作用，逐渐从旧的宗派中分化出来，建立了五旬节派。此派的特征是：①灵洗，即圣灵降临在信徒身上，这一说教类似中国民间的所谓"附体"。②说方言，即说出没有人能听懂的话，亦即胡言乱语。③神医，有病不吃药，依圣灵治病。④坚持"基要"信仰。[②] 该宗起源于美国，分布于欧、美、亚、非各大洲。1985 年共有信徒

[①] 《新约·使徒行传》2:4。

[②] 19 世纪后半期基督教神学思潮的一个派别，它坚持基督教传统信仰之要点，故称"基要派"，此派坚持的五要点为：圣经无误；耶稣神性；童女所生；基督救赎；基督复活与复临。

24784725人。

19世纪后半期，由于欧、美自然科学与社会科学的发展，以及圣经批判学①的深入，致使不少信徒对圣经之权威及基督之信仰发生动摇。因此，基督新教界发起了福音奋兴运动，以各种方式强化信仰，挽救危机。五旬节派是此狂热运动中的一支。20世纪初，美国奋兴布道家托里（Reuben A. Torrey，1856—1928）创"灵洗"方式，即圣灵的洗礼，并付诸实践。其追随者于晚间聚会祷告，祈求充满圣灵，有时一些信徒突发狂热情绪，全身痉挛，大声赞美上帝，口称悔过，或痛哭或狂喜，有人说出一些任何人也不懂的胡言乱语。此种神秘的狂热的经验与体会称为"灵洗"。他在美国首先推行灵洗的地区是堪萨斯州的托皮卡（Topeka）和洛杉矶，1906年在洛杉矶的聚会中有信徒说出了别人不懂的语言，故以此年作为五旬节会诞生之年。

该会以圣经为教义的唯一来源，以基要派的观点解释之。此外，他们还以圣灵的教导为权威，相信每个教徒均可得到圣灵的引导。其组织形式最初仅有各自独立的五旬节会，每一教会有宣教师，负责传教与"翻译"信徒中说出的别人不懂的"语言"。信徒选出长老与牧师管理教会。后来建立了联合组织，1939年于斯德哥尔摩召开了世界五旬节会会议，讨论共同事务与协调宣教工作，每3—4年召开一次。在礼仪方面，实行成年受洗，行浸礼与圣餐，特殊的仪式是灵洗、驱魔、神医。

由于它是20世纪从新教各派中分化出来的一个宗派，并保存了一些主要宗派的痕迹，以致基督教界认为他们在"唯信称义"方面是路德宗，在洗礼方面是浸礼宗，在"成圣"理论②上是早期的卫斯理宗，在组织制度方面是公理宗，在宣教方面是救世军，唯有在灵洗方面是五旬节派。

此派从美国首先传至北欧。1906年挪威循道会牧师巴瑞特（T. B. Barratt）在访问美国时接受了灵洗，回国后宣传该派教义，于1916年

---

① 圣经批判学是19世纪兴起的一个新学科，它以考据的方法研究圣经的历史背景、内容之真伪、各章成文的先后、相互联系与区别、考证其年代与内容。

② 该宗主张个人成圣完全是神恩的作用，在称义之后始能成圣。

建立挪威五旬节会。在20世纪80年代，该会是挪威国教会（路德宗）以外的最大教会，信徒约4万余人。瑞典于1910年建会，信徒共10余万人。芬兰建会于1911年，丹麦建会于1919年。五旬节派亦传至英国、法国、德国、俄国，但信徒人数不多。

该会信徒主要集中于亚、非、拉地区和美国，在亚洲集中于印度和印尼，在南美集中于巴西和智利，第三世界的信徒约占其总数的一半。美国是该宗的基地，1985年共有信徒2277261人。10万人以上的教会有：神召会（Assemblies of God），设9930座教堂，信徒1103134人；上帝会（Church of God），教堂5018座，信徒411385人；四方福音会（Church of the Four Square Gospel），教堂100座，信徒154645人；上帝五旬节会（Pentecostal Church of God），教堂3500座，信徒113000人；联合五旬节会（United Pentecostal Church），信徒300000人。

该宗于1917年由美国五旬节会传入我国，主要活动于云南省少数民族地区。后陆续有美国神召会、使徒信心会、上帝会、基督徒公会、辅通福音会来我国传教，活动于广东、浙江等沿海地区。

原载《世界宗教资料》1988年第4期。

1996年世界基督教信徒的增减状况

20世纪90年代以来世界基督徒人数，继其80年代的发展，仍呈上升的趋势。1990年世界[1]总人口为5297042000人，基督徒总数为1758777900人，占世界总人口的33.3%。至1995年，世界总人口为5804121000人，基督徒总数为1955229000人，占世界总人口的33.7%，增长率为0.5%，净增人数196451100人，而1989年基督徒总数仅世界总人口的32.9%，这说明了90年代以来基督教信徒的增长趋势。

基督徒总数虽属上升趋势，但在基督教三大支派中出现了新的不平衡，在20世纪始终保持稳定增长的天主教，在90年代出现了滑坡现象。天主教信徒1989年占世界总人口的18.5%，占当年基督徒总数的58.5%，1990年其信徒为966455400人，占总人口的比例下滑为18%，占基督徒的比例降至54.9%，至1995年，天主教信徒为986121000人，占人口比例进一步下降至16.9%，在三大支派中，其比例进一步下降为50.4%。这一现象值得我们深入研究。

基督新教与东正教的信徒均继续增长，1990年基督新教信徒为540159100人，占当年世界总人口的10.1%，占基督徒的30.7%，至1996年其信徒增至632570000人，分别为总人口的11.2%，基督徒的33.3%。5年的增长率为2.5%。1990年东正教信徒为179517100人，为总人口的3.3%，基督徒的10%；1995年其信徒为213083000人，百分比分别增至总人口的3.67%和基督徒的10.8%。

---

[1] 1996年统计数字系据美国《教会研究国际公报》1996年第1期编制。该刊统计数字的时间范围为1995年2月至1996年1月，习惯上算为1996年的标准数字。其他数字的依据是各该年度的《不列颠百科全书·年鉴》《美国与加拿大教会年鉴》，《教会研究国际公报》以及于可主编：《当代基督新教·附表4》东方出版社1993年版。

1996年由于天主教信徒的滑坡，所以基督教（Christianity）信徒的增长率主要体现在基督新教（Protestantism）和东正教信徒的增加。对于这一现象，由于缺乏1995年基督新教各宗派与各地区的统计资料，所以只能从1996年基督教（Christianity）信徒的分布数字加以分析。第一，基督新教信徒增长率的提高，主要是亚非地区基督徒的增长，如非洲的基督徒1990年为231053500人，1996年增至300640000人，增长率为1.3%；亚洲的基督徒1990年为227621900人，1996年增至291566000人，增长率为1.28%。这些数字均高于北美和大洋洲（主要是基督新教信徒），更高于欧洲，1990年欧洲基督徒为516007600人（包括俄罗斯在内），1996年为526238000人，增长率为1%。这些数字说明亚非地区的增长率高，而这一地区的基督徒主要是基督新教信徒。第二，东正教信徒在20世纪初人数较多，曾占世界总人口的7.5%，至1980年已下降至2.8%。但1989—1991年间，由于东欧政局的变化和原苏联的解体，促使了东正教信徒的增长。1989年上升为3.2%，1991年增至3.3%，1996年达3.67%。

1996年世界主要宗教信徒统计表

名称 \ 年度	1990	1996	2000预测数	2025预测数
世界总人口	5297042000	5804121000	6158051000	8294341000
基督教	1758777900	1955229000	2119342000	3058229000
伊斯兰教	934842200	1126995000	1240258000	1957019000
佛教	323349500	326056000	334852000	385818000
犹太教	17719800	13858000	15192000	17158000
印度教	705345900	793075000	846467000	1118447000
锡克教	18152000	19647000	21774000	37347000
新宗教	117589100	123048000	130352000	148266000
原始宗教	99424000	99896000	100862000	114204000
无宗教信仰者	866427700	876448000	915714000	1112191000
无神论者	233098500	222195000	231515000	300878000

＊本表依据1990、1996美国《教会研究国际公报》第一期编制。

原载《世界宗教文化》1996年第2期。

研究综述

1983年世界古代史研究综述

1983年是世界古代史研究继续向纵深发展的一年。本年度出版的书籍主要有经教育部审订，供高等学校历史系使用的两部教材。崔连仲主编的《世界史·古代史》①注重历史事实的叙述，资料较为丰富，并吸收了近年来史学研究的新成果。该书的特点是采用以纵为主、纵横结合的原则，对各古代国家和地区的历史分章节编写。刘家和主编的《世界上古史》②在体例上以国家和地区为主，也适当照顾了横向联系，有利于学生的掌握和理解。此书篇幅适中，文字简练，史料较为丰富，特别是土地制度方面的资料尤为充实，也吸收了国内外研究成果。此外，本年度还发表文章近60篇，兹分述如下。

一　史前史

蒙昧时代低级阶段是否从猿到人的过渡时期？这是近年来史学界争论的问题之一。有一种意见认为这一阶段和从猿到人的过渡时期属于两个不同的历史范畴。毛昭晰的《蒙昧时代低级阶段是从猿到人的过渡时期》③对这一见解提出了商榷。他认为蒙昧时代的低级阶段虽然尚不存在人工制造工具，但语言产生于"正在形成中的人这样的动物"中，故相当于从猿到人的过渡阶段。他根据《马克思恩格斯全集》第20卷德文版原文指出：恩格斯的所谓"过渡状态"，指的是从动物（即猿

---

① 崔连仲主编：《世界史·古代史》，人民出版社1983年版。
② 刘家和主编：《世界上古史》，吉林人民出版社1984年版。
③ 毛昭晰：《蒙昧时代低级阶段是从猿到人的过渡时期》，《世界历史》1983年第3期。

到人的过渡，而不能作其他解释。蒙昧时代低级阶段和从猿到人的过渡时期是同一个历史范畴。杨堃的《论从摩尔根的原始社会分期法到马克思主义的原始社会分期法》①认为：将腊玛古猿和南方古猿视为"正在形成中的人"，值得商榷。根据现有资料，早期猿人、晚期猿人和古人都是正在形成中的人，只有发展到新人阶段，才是完全形成的人。

氏族的起源是原始社会史研究的基本问题之一。陈启新在《氏族起源初探》②一文中，结合我国少数民族的调查材料，把氏族起源的过程概括为"是一个'一分为二'与'合二而一'（结成婚姻关系）的辩证发展过程。具体地说，就是原始群团分裂为血缘家庭，血缘家庭分裂出婚姻级别；再由属于不同的血缘家庭的级别之间产生出普那路亚家庭；然后普那路亚家庭进一步分裂出新的婚姻级别；最后两个不同的彼此通婚的普那路亚家庭的级别便转化为氏族"。

王民同的《东南亚史前文化述略》③较系统地阐述了东南亚地区史前文化遗址的发掘、文物断代和内容，并对遗物作了比较。进而批判了中国华南地区文化"南来说"，认为将中国这一地区的文化起源归之于东南亚的说法，既不符合人类发展的客观规律，也不符合东南亚史前文化的实际情况，因而是不能成立的。他还认为把东南亚文化遗址和出土文物的年代定得遥远，甚至树为古代文化中心，是没有根据的。其结果不仅使它失去了科学价值，而且成为史前文化研究道路上的一大障碍。

二　世界古代史总论

吴于廑的《世界历史上的游牧世界与农耕世界》④从整体着眼，论证了历史成为世界史之前亚欧大陆游牧世界与农耕世界的形成以及前者对后者的三次大冲击的意义与影响。这是近年来从宏观史学的角度研究世界古代史的一篇具有启发性的文章。作者认为这些冲击扩大了两者之

---

① 杨堃：《论从摩尔根的原始社会分期法到马克思主义的原始社会分期法》，《史前研究》1983 年创刊号。
② 陈启新：《氏族起源初探》，《史前研究》1983 年创刊号。
③ 王民同：《东南亚史前文化述略》，《昆明师院学报》1983 年第 1 期。
④ 吴于廑：《世界历史上的游牧世界与农耕世界》，《云南社会科学》1983 年第 1 期。

间的通道，双方由此互相学得自己所缺少的某些技术。发动和卷入三次冲击浪潮的游牧部族基本上都逐渐融入农耕世界，扩大了农耕世界的范围。这有利于在某种程度上打破民族间的隔绝状态，在历史发展为世界史的进程中，有着不可忽视的积极意义。但这并不能彻底打破各民族各地区之间的闭关自守。只是到了15、16世纪西欧资本主义兴起后，历史才真正成为世界历史。

为纪念马克思逝世一百周年，有4篇文章阐述马克思主义经典作家论古代土地所有制形式和亚细亚生产方式。吴泽的《马克思论古代土地所有制诸形式》① 论述了原始公社及其土地所有制形式、东方奴隶制社会的亚细亚所有制形式和雅典、罗马奴隶制社会的古典所有制形式。作者提出：亚细亚的土地所有制形式的根本特征是，国家是土地所有者，公社是土地占有者，两者有机地结合在一起，实质是一种以国王为首的贵族统治者集体土地私有制。因此，不能把古代东方奴隶制社会中已变为私有制性质的亚细亚所有制形式与公社共有制的原始所有制的形式混为一谈。

姚念慈在《试论"亚细亚生产方式"在历史唯物论发展中的地位》② 一文中提出，亚细亚生产方式曾作为一个独特的社会形态构成历史唯物论的一个重要组成部分。随着20世纪70年代末和80年代初的原始社会的新发现和马克思主义原始社会理论的建立，亚细亚生产方式已经失去了作为独特社会形态的意义，但论述亚细亚社会的一些重要特征的内容仍有重要参考价值。尚会鹏的《学习马克思、恩格斯关于印度村社的论断》③ 认为，马克思对村社的强调，意味着东方社会的历史发展有着不同于西方的特殊道路，因而不应把马克思提到的东方社会的特点做这样或那样的解释，设法将其纳入某种固定的框框之内。

佘树声的《马克思与东方学及其它》④ 指出，近代资产阶级东方学的出发点和基础是地理环境决定论。马克思对其改造的根本标志在于将

---

① 吴泽：《马克思论古代土地所有制诸形式》，《华东师范大学学报》1983年第1期。
② 姚念慈：《试论"亚细亚生产方式"在历史唯物论发展中的地位》，《武汉师院学报》1983年第3期。
③ 尚会鹏：《学习马克思、恩格斯关于印度村社的论断》，《南亚研究》1983年第1期。
④ 佘树声：《马克思与东方学及其它》，《社会科学战线》1983年第3期。

地理环境的作用置于生产工具、劳动者的相互作用之中，从而宣告了特殊东方社会的破产。作者认为马克思主义东方学的重要基础之一是从印度公社研究中推导出原始氏族公社的存在，并使用了亚细亚生产方式的概念来作为人类原始公有制社会的代词。然而，那种建立在地理环境决定论基础上的亚细亚生产方式理论，使资产阶级的东方学在这件时装的掩盖下，得到全面的复活。从其理论的总体性质上看，它是错误的。它在很大程度上反映了垄断资本主义时期资产阶级奴役殖民地、半殖民地人民的利益，因之比资产阶级的老东方学走得更远。

世界古代史教学如何为现实服务是目前需要进一步研究的问题。林加坤的《世界古代史教学怎样为建设社会主义精神文明服务》[①] 对此课题做了有益的探讨。作者认为应根据建设精神文明的需要，对教学大纲作相应的调整和改革；改进教学内容和方法，明确教学目的；正确总结古代三大斗争的经验，引导青年向前看，批判唯心史观；确定教学重点，突出有助于培养学生共产主义理想、道德和纪律的教学内容；努力提高教师本身的精神境界和业务水平。

三　古代城邦

城邦与国家的起源密切相关，城邦问题是本学科近年来争论较多的问题之一。日知的《从君政王政到贵族政治》[②] 对古代城邦政治制度的发展和规律作了较深入和具体的分析。该文以雅典为例，阐述了梭伦以前的雅典政治史，着重探讨了其政治首领名目的发生和演变。作者认为在雅典原始史阶段（所谓"Protohistory"），总是由君政或王政走向贵族政治。君政或王政本质上是巴赛勒斯系统的旧的残余，君主可能在某些机会加强其地位或权力，但历史命运注定他的权力终将被贵族政治所代替，城邦共和国的实质是贵族政治国家。

何芳川的《古代东非沿海的城邦》[③] 分析了东非的沿海城邦状况。

---

① 林加坤：《世界古代史教学怎样为建设社会主义精神文明服务》，《河南师范大学学报》1983年第1期。
② 日知：《从君政王政到贵族政治》，《郑州大学学报》1983年第4期。
③ 何芳川：《古代东非沿海的城邦》，《世界历史》1983年第5期。

作者认为古代城邦非古希腊、罗马所特有，古代东非也存在城邦。城邦的定义不应拘泥于希腊文原意"城市、国家或公民公社"，其科学概念应是"古代奴隶制的城市国家，是以城为邦、小国寡民的奴隶制社会经济、政治和精神生活的统一体"。作者强调应承认城邦的多样性，它的外部特征是以城为邦，小国寡民，但要紧紧捉住其奴隶占有制的实质。

在中国世界古代史研究会第二届学术年会上，城邦问题也是争论的焦点之一，有关意见可参见《中国历史学年鉴·1983》"史学界活动简讯"一栏，此不赘述。

四　古代亚洲史

（1）古代西亚诸国史。杨炽的《关于乌鲁卡吉那改革铭文的译注和评述》[①] 提出从铭文本身看，拉伽什存在两大矛盾：贵族与小民的矛盾，新兴王权与旧城邦制度之间的矛盾。乌鲁卡吉那是旧城邦制度的代表，他的改革仅欲恢复城邦初期贵族与小民的协调关系，打击王权。文章附有据英文本新译的改革铭文。他的另一篇文章《〈农人历书〉译述》[②] 是对该文献的首次汉译。《农人历书》约写于公元前1700年，反映了古巴比伦的农业状况，包括灌溉工程、大麦种植的全过程、农村公社等，是迄今所发现的世界最古老的农书。

有关古巴比伦王国奴隶制生产的史料至今极为缺乏。周怡天在《关于古巴比伦社会经济的札记两则》[③] 中，提供了古巴比伦第八代国王阿别苏关于征派私人所有的4名男奴收割谷物的指示，据此证明古巴比伦确有私人所有的男奴从事农业生产。作者还对"纳贡人"和"伊沙库"的身份进行了考证。

---

① 杨炽：《关于乌鲁卡吉那改革铭文的译注和评述》，《世界古代史研究》（第一辑），北京大学出版社1982年版。

② 杨炽：《〈农人历书〉译述》《世界古代史研究》（第一辑），北京大学出版社1982年版。

③ 周怡天：《关于古巴比伦社会经济的札记两则》，《世界古代史研究》（第一辑），北京大学出版社1982年版。

（2）古代南亚、东南亚史。刘家和的《公元前六至四世纪北印度社会性质和发展趋向蠡测》[1] 以较丰富的史料论证了当时印度确有相当多的奴隶，在农村中，奴隶劳动亦非稀有现象。农民虽占人口的大多数，但奴隶制关系决定了小生产者分化的趋向。封建关系仅出现最初的萌芽。故这一时期北印度社会只能属于奴隶社会时期。作者不同意这个时期是从奴隶制社会向封建社会过渡的看法。

关于种姓制的文章有两篇。崔连仲的《关于种姓的几个概念问题》[2] 对西方一些学者关于种姓概念的诸说作了评介。作者认为瓦尔那应看作是等级；迦蒂（Jāti）最初主要是从吠舍和首陀罗等级中分化出来的一些职业集团和落后的土著部落，后逐渐形成以行业世袭化和内婚制为主要特征的独立小集团；卡斯特即迦蒂；种姓则兼指瓦尔那与迦蒂这两个名词。武希辕的《印度种姓的分裂与衍化》[3] 对种姓的形成、分化和发展作了较系统的阐述。

刘欣如的《介于哈拉帕文明与吠陀时期之间的"黑暗时代"》[4] 评介了西方学者关于印度河文明毁灭时间和原因的诸说。作者指出，西方学者在20世纪70年代已公认哈拉帕文明的城市时期是在公元前1900年以前结束的，他们侧重从生态环境对人类生活方式的影响的角度来考察这一文明废弃的原因。作者还依据考古学的新材料勾画出了一个印度河文明与吠陀文学所代表的北印度诸文化之间的"黑暗时代"的轮廓。李永采的《佛教前期的四次结集》[5] 叙述了五百罗汉、经律论三藏、大乘、小乘的含义和渊源。

关于古代东南亚的文章有戴可来的《关于〈岭南摭怪〉的编者、版本和内容》[6]。作者对越南的一部民间传说、故事和神话集作了多方

---

[1] 刘家和：《公元前六至四世纪北印度社会性质和发展趋向蠡测》，《南亚研究》1983年第1期。
[2] 崔连仲：《关于种姓的几个概念问题》，《南亚研究》1983年第3期。
[3] 武希辕：《印度种姓的分裂与衍化》，《思想战线》1983年第2期。
[4] 刘欣如：《介于哈拉帕文明与吠陀时期之间的"黑暗时代"》，《南亚研究》1983年第3期。
[5] 李永采：《佛教前期的四次结集》，《外国史知识》1983年第9期。
[6] 戴可来：《关于〈岭南摭怪〉的编者、版本和内容》，《郑州大学学报》1983年第4期。

面的考证，驳斥了越南当局利用此书制造的反华谬论。作者认为此书所提到的"文郎国"本属荒诞不经的传说时代，不足凭信。至于"文郎国"反抗殷朝军队的说法，更属无稽之谈。

（3）古代东北亚史。王毅的《论日本大化改新的成败》[1] 以比较史学的方法，从分析班田制入手，对大化改新的成败和历史地位进行了分析。作者认为大化改新是一场不成功的社会经济变革。它实行的班田制是以中国唐朝的均田制为母体而制定的土地制度。它不是日本生产力的发展要求冲破旧的生产关系束缚的结果，而是孝德天皇出于压制氏姓贵族的政治需要，自上而下强制推行"新政"的产物。它使已出现的变革生产关系的趋势受到压抑。赵秉新的《中国古代文献记载的日本上古社会》[2]，则据汉、魏史书探讨了日本上古社会的发展和民俗。

五　古代非洲史

古代埃及是否存在土地私有制？这是探讨其社会性质必须解决的问题。刘文鹏的《〈梅腾墓铭文〉所见的古王国时代埃及的土地私有制》[3] 认为，至少在古王国时代梅腾的铭文中可以证明：在第三、四王朝之交，埃及已经有了土地的买卖、继承、转让的现象，并取得了合法的手续与证明。这是埃及土地私有制的重要表现之一，那种认为国家管理全部水利工程，因而只有国王的最高所有权和公社的实际占有权的说法是不符合历史实际的。张忠民的《关于埃及国家的诞生问题》[4] 探讨了埃及古代最早的国家产生的时间问题。作者认为王冠、王衔、王标及墓葬说明诺姆只是部落联盟，美尼斯时代始形成国家。周仁灏的《古代埃及、巴比伦、印度的古老文字及其发现》[5] 概述了

---

[1] 王毅：《论日本大化改新的成败》，《世界历史》1983年第3期。
[2] 赵秉新：《中国古代文献记载的日本上古社会》，《世界古代史研究》（第一辑），北京大学出版社1982年版。
[3] 刘文鹏：《〈梅腾墓铭文〉所见的古王国时代埃及的土地私有制》，《世界古代史研究》（第一辑），北京大学出版社1982年版。
[4] 张忠民：《关于埃及国家的诞生问题》，《史学月刊》1983年第6期。
[5] 周仁灏：《古代埃及、巴比伦、印度的古老文字及其发现》，《历史教学》1983年第5期。

这些古老文字的发现与释读。

六　古代欧洲史

（1）古代希腊史。斯巴达早期土地制度问题至今在国际史学界尚未彻底解决，看法也不尽一致。王敦书的《斯巴达早期土地制度考》①根据古代史料和近代专著，对此作了详细的考证和论述。作者认为，公元前10世纪多利亚人占领斯巴达地区的土地作为氏族或农村公社的公地，在部落成员中进行了大致相等的土地分配，而军事首领和氏族贵族则占有较多的土地。公元前9世纪其土地财产开始分化。自前9世纪末起，斯巴达通过对外征服，领土迅速扩大。被征服的地区，一部分成为庇里阿西人城市；另一部分被斯巴达国家吞并为直属国土，多次在公民中进行分配。其国王在庇里阿西城市中占有一定数量的优质土地，贵族亦大概如此。这些城市的最终所有权和最高的统治权属于斯巴达国家。至于斯巴达直属国土，作者认为公地即城邦所有或公民们集体所有的土地，有广义和狭义之分。广义说来，征服得来的直属国土都是公地。狭义说来，专指未分作份地的那部分直属国土，其性质显系国有或公有。份地是由国家规定平分给公民的公地，它在本质上仍属公地，由国家所有，公民只是份地的占有者，但并非绝对不可转让。故斯巴达的土地公有制后来在不同程度上遭到破坏，土地私有制则通过种种途径在不同程度上发展起来。及至公元前4世纪，斯巴达的土地国有制急剧瓦解，私有制迅速膨胀。

陈远峰等在《试论希波战争第二阶段的性质》② 一文中提出，希波战争第二阶段的性质不应视为双方争霸的战争或希腊军乘胜向外扩张的性质。此阶段战争的根本原因、交战双方的基本目的并未改变。希腊继续对波斯作战是理所当然，仍属正义的战争。刘细牛的《古雅典民主政治的局限性》③着重提出，在看到雅典民主政治的完整性、广泛性和进

---

① 王敦书：《斯巴达早期土地制度考》，《历史研究》1983年第6期。
② 陈远峰：《试论希波战争第二阶段的性质》，《暨南学报》1983年第2期。
③ 刘细牛：《古雅典民主政治的局限性》，《外国史知识》1983年第7期。

步性的同时，还要注意其阶级局限性及其本身的缺陷。

关于希腊史学和史家的文章有王晴佳的《论修昔底德对西方史学的贡献》①。作者认为，修昔底德的历史著作比前人有了巨大进步，其成就在于使史学在脱离文学、成为独立学科的道路上前进了一大步。他把史学局限于政治军事范围的模式，是其时代局限性所致。这种模式一直影响着欧洲史学界。周东涛的《古希腊人的百科全书——荷马史诗〈伊利亚特〉》和《古希腊人的百科全书——荷马史诗〈奥德赛〉》②，分别概述了作品的结构、史料价值和所反映的社会生活。

（2）古代罗马史。罗马城的起源问题，史学家们已经讨论了许多世纪，但至今仍属罗马史之谜。李雅书的《关于罗马城起源的几个问题》③ 对此做了有益的探讨。作者提出，罗马的创建者是属于维兰诺瓦文化的意大利部落中较迟到来的拉丁人的一支，居民中还有大量伊特鲁里亚人和萨宾人。建城的准确年代难以定论，传统文献一致表明的公元前8世纪中叶或753年，未尝不可当作一个为方便而采纳的假定的年代。但实际上当时只不过是开始定居，划出居住村的界限而已，真正建城是伊特鲁里亚人到来以后的事。作者结合宗教习俗的分析，探讨了罗马城区从帕拉丁开始逐步扩大的五个阶段。

周枬的《罗马〈十二表法〉》④ 阐述了该法制定的始末、近代法学家的搜集整理状况及其性质和实质，并附有《十二表法》正文译文和注释，是研究早期罗马共和国的重要史料。房宪在《罗马元老院与等级斗争》⑤ 一文中论述了共和早期元老院对平民和贵族斗争的态度与政策。作者认为，元老院在斗争中基本实行的是调和政策，它体现了元老院逐渐形成的政治思想——和谐，其哲学基础是中庸之道和务实主义。和谐政治的真谛是自由罗马公民阶级内部各阶层、集团的

---

① 王晴佳：《论修昔底德对西方史学的贡献》，《华东师范大学学报》1983年第4期。
② 周东涛：《古希腊人的百科全书——荷马史诗〈伊利亚特〉》，《外国史知识》1983年第11期；《古希腊人的百科全书——荷马史诗〈奥德赛〉》，《外国史知识》1983年第12期。
③ 李雅书：《关于罗马城起源的几个问题》，《世界古代史研究》（第一辑），北京大学出版社1982年版。
④ 周枬：《罗马〈十二表法〉》，《安徽大学学报》1983年第3期。
⑤ 房宪：《罗马元老院与等级斗争》，《安徽大学学报》1983年第3期。

妥协、合作、统一与联合专政，这一政治思想对罗马共和国的存在与发展具有积极意义。林敦明、何芳济的《论罗马共和时期土地所有制的演变》①认为，罗马城邦危机或共和制覆灭的根源不是由于阶级矛盾和阶级斗争所致，恰恰相反，是由于大庄园生产发展的结果，由此导致了农民土地运动的高涨与接踵而起的大规模奴隶起义，致使昔日城邦的积极因素转化为消极因素，从政治上、军事上瓦解了共和制度。

侯献瑞的《斯巴达克起义军几次分裂的原因》②对起义军的成分作了分析。起义军中的农民不可能是罗马农民，而是走投无路的同盟者自由农民，由于他们的斗争目标与奴隶不同，故不断导致分裂。耿夫孟的《有关斯巴达克起义的几个问题》③对起义的同盟军和根据地、战略方针和性质也作了具体的阐述。

罗马的行省制是古代罗马史研究的重要内容。王刚的《奥古斯都行省政策初探》④叙述了行省改革的具体内容。作者认为行省政策改革是奥古斯都全部改革最显著的部分，而行省管理的改革又是其中最主要的内容。将行省划分为元首的和元老院的，是奥古斯都的一大创造，其意义是缓和了帝国范围内奴隶主阶级之间的矛盾，扩大了帝制的基础，巩固了中央集权。

关于原始基督教的文章有颜昌友的《耶稣——传说中的虚构人物》⑤。作者认为，耶稣在历史上并无其人，仅是传说的虚构人物。从《新约全书》所反映出的耶稣形象来看，其政治思想的核心是替罗马统治者进行辩护，并不具有人民性和斗争性。此外，郭圣铭的《古希腊传记作家普鲁塔克》⑥一文概述了普鲁塔克的生平、史学观点、伦理和哲学思想及其对后世的影响。

---

① 林敦明、何芳济：《论罗马共和时期土地所有制的演变》，《山东师大学报》1983年第5期。
② 侯献瑞：《斯巴达克起义军几次分裂的原因》，《中南民族学院学报》1983年第1期。
③ 耿夫孟：《有关斯巴达克起义的几个问题》，《历史教学》1983年第5期。
④ 王刚：《奥古斯都行省政策初探》，《唐山市教师进修学院学刊》1983年创刊号。
⑤ 颜昌友：《耶稣——传说中的虚构人物》，《世界宗教研究》1983年第2期。
⑥ 郭圣铭：《古希腊传记作家普鲁塔克》，《历史教学》1983年第1期。

七　古代美洲史

胡春洞的《谈玛雅文明的起源》[①]较全面地分析了这一文明的产生和延续。作者根据考古学、历史学和人类学的资料，批判了玛雅文明外来说，认为现代玛雅人就是古代玛雅文明创造者的嫡亲后裔，玛雅文明是从本地起源和发展起来的。韩水军的《古代美洲的玛雅文化》[②]介绍了这一文化的分期及其成就，包括农业、天文历法、数学、文字等方面。

古代中国人是否到达美洲？这是国内外学术界长期争论的难题。房仲甫的《殷人航渡美洲再探》[③]从中国与美洲在漫长历史时期中海上交往的物证，从美洲出土的具有显著殷商时代文化特征的文物、遗迹，以及对殷商可供航海船只、航海技术的考证和分析，连同近人对航线的模拟实验和对航线有关的考古发现来考察，认为殷人逃亡者趁大风漂泊到达美洲的推论是可以成立的。

原载《中国历史学年鉴·1983》，人民出版社1983年版。

[①]　胡春洞：《谈玛雅文明的起源》，《历史研究》1983年第1期。
[②]　韩水军：《古代美洲的玛雅文化》，《历史教学》1983年第5期。
[③]　房仲甫：《殷人航渡美洲再探》，《世界历史》1983年第3期。

1990年世界中世纪史研究综述

1990年发表有关中世纪史的文章共90多篇，其中，论文40余篇，主要集中于西欧地区的研究，其他地区的论文较为分散，城市、政治制度、文艺复兴等问题的研究有了新进展。著作有3部。兹分述如下。

一　西欧地区

（1）英国农业革命。王章辉在《英国农业革命初探》①一文中指出，英国的农业革命是从中世纪自给自足的农业向近代农业的转变，即向资本主义大农业的转变过程，自15世纪末开始持续至19世纪中叶。其特点是：①不是把土地分给农民，而是确立了大土地所有制；②英国的地理和气候条件，使它盛行一种混合型农业，即种植业和畜牧业的平衡发展；③农村和城市间的流动性较大；④英国地主同租地农场主有较好的伙伴关系。王乃耀的《十六世纪英国农业革命》②认为，16世纪英国农业取得很大进步，农业技术的革新主要反映在耕作技术、生产工具、草场管理的改进以及优良家畜品种的培育，生产关系的初步变革表现在圈地运动大规模的进行；圈地运动是个很复杂的现象，其表现方式因地而异，并非均是通过暴力进行，暴力方式主要在英格兰中部平原地区，其他地方甚少；圈地运动的原因除毛纺业发展迅速外，还有人口增长过快和价格上升剧烈等原因。

---

① 王章辉：《英国农业革命初探》，《世界历史》1990年第1期。
② 王乃耀：《十六世纪英国农业革命》，《史学月刊》1990年第3期。

（2）城市。刘景华在《周围农村与中世纪西欧城市的兴衰》[①]中指出，对西欧城市的研究，不能仅局限于城市本身，研究中世纪城乡关系，尤其是城市与周围农村的关系，对全面认识中世纪的西欧城市具有重要意义。他把中世纪西欧城市分成三种类型进行考察，认为：一方面城市必须摆脱农业社会的桎梏，与之相分离，这是城市得以存在，城市工商业得以独立发展的前提；另一方面，城市又必须与周围农村在经济生活中紧密结合，这样才能获得稳定生存和长期繁荣的基础；这种分离和结合同是制约城市发展的重要因素。金志霖的《试论中世纪城市与封建主的关系》[②]提出，在探讨西欧中世纪城市与各级教俗封建主的关系时，笼统地用"对立""敌对""斗争"等词来概括是十分片面的，城市与封建主之间既有矛盾和冲突，也有合作与支持，片面地强调任何一个侧面都是不科学的；城市与封建主的关系，在资本主义萌芽出现以前主要是合作，在资本主义萌芽出现以后主要才是冲突。任奇正在《中世纪西欧城市经济结构的演变》[③]一文中，主张手工业与商业相结合的西欧城市经济结构是与封建地产所有制相对立的，"是向未来社会过渡的、潜在的、可能的经济结构"，其成长的结果便是中世纪经济结构的崩溃，资本主义经济结构的产生。刘景华的《中世纪晚期西欧城市危机论》[④]认为，城市危机是中世纪晚期西欧的普遍现象，其实质是封建制度的危机；城市危机虽然导致了西欧城市发展史上的一个沉寂时期，但它实际上又成了城市向新阶段发展的一个酝酿时期；城市危机对当时社会经济发展变化也有重要意义，尤其大大促进了西欧各国国内统一市场和民族国家的形成。

（3）政治制度与外交。陈曦文的《英国都铎王朝前期的对外贸易和重商政策》[⑤]论及都铎王朝前期英国对外贸易的繁荣与君主专制统治的联系，认为专制政府执行重商主义政策是都铎王朝前期英国海外贸易繁荣的根本原因，而对外贸易所创造的财富，充实了国库；政府的保护

---

① 刘景华：《周围农村与中世纪西欧城市的兴衰》，《华南师大学报》1990年第1期。
② 金志霖：《试论中世纪城市与封建主的关系》，《历史研究》1990年第4期。
③ 任奇正：《中世纪西欧城市经济结构的演变》，《青海师大学报》1990年第1期。
④ 刘景华：《中世纪晚期西欧城市危机论》，《长沙水电师院学报》1990年第1期。
⑤ 陈曦文：《英国都铎王朝前期的对外贸易和重商政策》，《世界历史》1990年第4期。

主义政策使商人得利，密切了商人同政府的关系；而商人的支持，使王权更加强大，专制主义的民族国家得到巩固。王晋新的《论法国封建君主专制时期的监察官制度》① 探讨了法国监察官制度的产生及其作用。认为法国监察官制度是16、17世纪之交法国君主专制政体进入发展阶段后出现的一种新型的官僚统治机构，其势力遍及政治、财税、司法、军队、城市和乡村，直到法国大革命时，它一直是法国君主专制制度的基本结构，在某种程度上减缓了封建君主专制统治与社会之间的矛盾，但这种作用"逐渐地为封建国家的全面腐朽反动的趋势所淹没"。张箭的《尼德兰革命的外交政策》② 把尼德兰革命中的外交政策划分为四个阶段，即：单纯依赖外援阶段（1566—1572）；在自力更生的基础上争取外援的阶段（1572—1577）；控制利用外援阶段（1577—1587）；摈弃外国保护，完全以主权国家的资格进行自主外交的阶段（1588—1609）。他认为，尼德兰革命中的外交政策，不仅为革命成功创造了有利的、必不可少的外部条件，而且开辟了外交史上资产阶级民族国家的近代外交的新时代。姜洪波在《从"宏伟计划"看黎塞留时代的法国外交政策》③ 一文中，研究了法国路易十三时代的首相黎塞留所实行的外交政策。他认为，黎塞留实行的一系列具有弹性的外交政策旨在实施亨利四世时代的"宏伟计划"；黎塞留采取了盟约、联姻、金钱收买、利用矛盾、战争等手段，并取得一定成就；黎塞留外交思想的胜利对世界外交的发展有一定贡献。

（4）文艺复兴与宗教改革。吕大吉在《从神本主义到人文主义——关于文艺复兴和人文主义》④ 中分析说，人文主义思潮本质上是反传统、反宗教、反封建的，其基本精神是激发人（资产阶级）的自觉，唤起人的觉醒，促进文学、艺术、科学、哲学蓬勃发展，以及道德宗

---

① 王晋新：《论法国封建君主专制时期的监察官制度》，《东北师大学报》1990年第1期。
② 张箭：《尼德兰革命的外交政策》，《四川大学学报》1990年第3期。
③ 姜洪波：《从"宏伟计划"看黎塞留时代的法国外交政策》，《北方论丛》1990年第5期。
④ 吕大吉：《从神本主义到人文主义——关于文艺复兴和人文主义》，《云南社会科学》1990年第4期。

教、政治法律等观念上的更新，导致16世纪的宗教改革和尼德兰、英国、法国等地的资产阶级革命；人文主义者（再生人）的出现是人性复旧，但不再是古典时代的简单复制品，本质上是新型资产阶级的阶级之性，"再生人"实为"新生人"，是冲击中世纪封建制度和封建观念、为新兴资产阶级社会鸣锣开道的先锋。郑如霖的《略论法兰西文艺复兴的特点及其产生的原因》[①] 认为其特点是：①出现于15世纪中叶，最早活动以宫廷为中心；②人文主义思想和作品中很明显地形成两种倾向，即以龙沙为代表的贵族派和以拉伯雷为代表的民主派；③文艺复兴和宗教改革紧密结合、互相推动，但中途分道扬镳；④在政治思想上形成反暴君专制主义统治与拥护专制主义之间的尖锐、复杂的斗争；⑤产生了欧洲15世纪现实主义和深入心理分析的政治家，出现了西欧近代型外交家及其撰写的《回忆录》，奠定了近代外交的基本原则和思想的雏形。他认为这些特点的产生，同法兰西资本主义、资产阶级发展的特点，意大利战争，加尔文教等均有联系。孔祥民的《马丁·路德的转变》[②] 一文认为，路德成为著名的宗教改革活动家以后，他在群众观、暴力革命、民主教会和政教分离等问题上都有一个"否定自己过去主张的过程"，这种变化，"归根结底是他资产阶级本性的反映"。陈志强的《论意大利文艺复兴时期人文主义宗教观的性质》[③] 指出，人文主义宗教观是早期资产阶级的意识形态，与中世纪天主教神学有十分重要的质的区别，因此，绝非中古神学的分支。王素色在《文艺复兴运动对近代民族国家形成的影响》[④] 一文中分析说，文艺复兴时期以爱国主义为先导的人文主义者提出了"对准封建制"，"面向资本主义"的国家观，他们反对分裂，反对封建教会，主张民族独立，建立强大的君主政权，在王权的保护下发展资本主义，从而为近代资产阶级国家的形成和发展

---

① 郑如霖：《略论法兰西文艺复兴的特点及其产生的原因》，《华南师大学报》1990年第1期。
② 孔祥民：《马丁·路德的转变》，《历史研究》1990年第1期。
③ 陈志强：《论意大利文艺复兴时期人文主义宗教观的性质》，《历史教学》1990年第4期。
④ 王素色：《文艺复兴运动对近代民族国家形成的影响》，《中央民族学院学报》1990年第2期。

大造了舆论。刘城的《伊丽莎白一世1559年的宗教措施》① 研究了伊丽莎白1559年主要的宗教措施《至尊法令》和《统一法令》，并把此二法令的制订作为具有新教色彩的英格兰教会确立的标志。她认为女王本人具有浓厚的新教倾向，但其1559年的宗教措施主要出于对国家政治和加强王权统治的考虑，其基调是依靠温和派新教徒，同时争取广大天主教徒对国教会的支持，使英格兰教会赢得广泛的社会支持，这体现了女王宗教政策的现实主义色彩。

二　拜占庭与俄罗斯

梁作檊的《拜占廷：中世纪的古代社会》② 认为当中世纪的西欧社会已走上封建主义道路之后，拜占庭帝国仍然保持古代社会的基本结构，其原因是"封建主义的产生是离不开蛮族因素的"。他指出，8—9世纪拜占庭社会关系的基础是古典社会关系的延续，其上层建筑大体上也是因袭前代的；将8—12世纪拜占庭农民丧失自由的现象看成是封建化过程完成的说法站不住脚；第四次十字军也没有给拜占庭带来封建制度。陈志强的《拜占廷军区制的主要历史作用》和《拜占廷灭亡的经济原因考察》③ 认为，拜占庭军区制的实行，适应了6世纪拜占庭社会变化的需要，对军事、行政和经济与社会生活诸方面产生了深刻影响，使拜占庭国家在数百年间政治稳定，走向强盛，但军区制作为一种改革，只能对拜占庭封建社会的关系作某种调整，不可能根本解决其社会的基本矛盾——大土地占有制与小规模生产之间的矛盾；拜占庭灭亡的基本经济原因是，军区管理下的小农经济的瓦解和彻底破坏。肖牛的《欧洲文化史上的重要一环》④ 论及中世纪拜占庭文化的特征及其对欧洲文化的贡献。认为，拜占庭文化具有两个显著的优势特征：①它是在中世纪的历史环境中对古典传统文化较成功的历史改造；②它对各种文

---

① 刘城：《伊丽莎白一世1559年的宗教措施》，《世界历史》1990年第5期。
② 梁作檊：《拜占廷：中世纪的古代社会》，《暨南学报》1990年第1期。
③ 陈志强：《拜占廷军区制的主要历史作用》，《南开学报》1990年第6期；《拜占廷灭亡的经济原因考察》，《世界历史》1990年第4期。
④ 肖牛：《欧洲文化史上的重要一环》，《贵州师大学报》1990年第2期。

化兼收并蓄的能力以及由此而产生的文化综合性。中世纪拜占庭文化对欧洲文化的贡献是：①对古典文化的保存和发展；②将广大的斯拉夫世界纳入了欧洲文化体系，扩大了欧洲文化的覆盖区域；③同文艺复兴有不可分割的联系。白玉的《莫斯科国家衙门制度起源考略》① 一文认为莫斯科国家的衙门萌生于大公宫廷管理体系而非因袭拜占庭模式，其最早的衙门形成于16世纪30年代。

三 亚洲地区

关于中世纪亚洲的论文主要论及日本和东南亚国家，并侧重于社会经济研究。

（1）日本。祝乘风的《日本江户时代商品经济的发展》② 对日本江户时代商品经济的发展和影响进行了探讨。认为，以谋取利润为起点的农民商品经济是商品生产和商品流通相结合的完整意义上的商品经济。它的发展必然导致领主经济失去其对商品经济的绝对统治权，必然导致自然经济的瓦解与新生产关系的产生。张声振的《再议日本大化改革前后的社会性质》③ 认为，大化改革前后日本占统治地位的剥削形式是奴隶主榨取直接生产者奴隶的经济形式，因而当时日本社会的性质为奴隶制。主张大化封建论的学者常以"大化改革"时奴隶已被释放，且日本的奴隶不占全国人口的多数等理由，否认大化后的奴隶社会性质。其实，大化改革解放的是部民不是奴隶，奴隶与部民是不同的阶级，不能等同；对社会性质的认识，不能单纯从奴隶占全国人口比率的多少来判别。

（2）东南亚诸国。郭振铎的《越南〈大越史记全书〉的编撰及其若干问题》④ 论述了《大越史记全书》编撰的全过程，指出该书从最初版本《大越史记》至《史记续编》《越鉴通考》《大越史记续编》，直

---

① 白玉：《莫斯科国家衙门制度起源考略》，《宁波师院学报》1990年第1期。
② 祝乘风：《日本江户时代商品经济的发展》，《世界历史》1990年第1期。
③ 张声振：《再议日本大化改革前后的社会性质》，《世界历史》1990年第5期。
④ 郭振铎：《越南〈大越史记全书〉的编撰及其若干问题》，《中国社会科学》1990年第1期。

至《大越史记全书》的最后完成，历时218年，经过13位史家之手。该文对《大越史记全书》形成过程中在内容、结构、体例等方面的变化、进展和演绎等作了系统的介绍，并对该书的各种版本及其编撰者和各个时期的传统史学思想也作了简练的阐述。黄盛璋的《17世纪中叶以前柬埔寨国际贸易港变迁考》[①]一文考察了17世纪中叶以前柬埔寨对外交往和贸易往来主要港口及其地理变迁，并依据史实大体上确定了柬埔寨历史上不同时期主要港口的地理位置。该文认为，柬埔寨自然地理条件和国内局势的变化，是其主要港口不断迁移的原因；这些主要港口都位于古代东西方贸易往来的水上交通之衢，因而在东西方交流史上占有重要的地位。贺圣达的《蒲甘王朝时期缅甸的社会经济和社会性质》[②]认为，当时缅甸盛行的是具有亚细亚生产方式特点的封建制度，其土地所有制以土地王有制为基础，大批土地属王有，但是土地买卖仍然盛行；寺院经济在社会经济发展中占有重要位置；还存在大量奴隶，但奴隶制只是以村社制度为基础的封建制的伴生物。何平的《印度尼西亚的封建土地所有制及其特点》[③]一文指出，9—13世纪印度尼西亚群岛社会关系的基础是封建的土地所有制，它具有两个显著的特点：①王地所有制，②这种土地所有制建立在传统的土地村社共有制的基础上。

四　东西封建制度比较研究

尹元超的《试论封建制度三大类型的形成》[④]一文将封建制度分成三大类型（唐帝国、法兰克帝国、阿拉伯帝国）进行考察，认为三大类型都是由先进的农耕地区奴隶社会崩溃时期的社会关系与游牧半游牧部族原始社会解体时期的社会关系长期相互作用而最终确立起来的，但它们采取了不同的具体形式：唐代中国的封建地主制，是在汉代中国内

---

① 黄盛璋：《17世纪中叶以前柬埔寨国际贸易港变迁考》，《中国社会科学》1990年第3期。
② 贺圣达：《蒲甘王朝时期缅甸的社会经济和社会性质》，《东南亚研究》1990年第2期。
③ 何平：《印度尼西亚的封建土地所有制及其特点》，《东南亚研究》1990年第1期。
④ 尹元超：《试论封建制度三大类型的形成》，《武汉大学学报》1990年第1期。

地奴隶制社会崩溃时期社会关系的基础上发展起来的，拓跋部原始社会解体时期的社会关系促成其趋于成熟；法兰克帝国的封建领地制，主要是由法兰克人军事民主制时期的社会关系进一步演变而来的；阿拉伯帝国的封建土地国有制，是拜占庭及萨珊波斯传统土地制度与阿拉伯人原始社会解体时期的社会关系均衡的综合产物。吴长春在《十五六世纪初东西方航海"对比"剖析》①一文中分析说，我国学术界对于中世纪东西方航海在规模、航程、航海史上的地位、历史作用和社会影响等方面的对比上，有过分夸大中国方面伟大的倾向。

五　资本主义起源的问题

何顺果的《关于资本主义起源问题》②对一百多年来研究资本主义起源问题的三个主要派别即马克思恩格斯、定性学派、商业学派进行了阐析。他指出，马克思的中心论点是，资本主义产生并取代封建主义的过程乃是新旧生产方式更替的过程，资本主义最初是作为某种"要素"或因素，首先孕育和萌芽于封建社会这个母体内，在一定条件下并通过一定途径才发展起来的；定性学派以德国的 W. 桑巴特和 M. 韦伯为代表，其主要论点是，现代资本主义产生和发展中的一个至关重要的因素是人们精神和观念的变化；以比利时的皮雷纳和英国的罗伯逊为代表的商业学派既反对马克思的结构演变论，也反对定性学派的精神起源论，而主张从商业发展的角度来解释资本主义的起源，他们以商人阶级的兴起作为资本主义产生的标志。

六　著作

1990 年发行的有关世界中世纪史的著作主要有三。①马克垚主编的《世界历史·中古部分》③，注重世界历史发展的整体性，从宏观上

---

① 吴长春：《十五六世纪初东西方航海"对比"剖析》，《世界历史》1990 年第 1 期。
② 何顺果：《关于资本主义起源问题》，《历史研究》1990 年第 3 期。
③ 马克垚主编：《世界历史·中古部分》，北京大学出版社 1989 年版。

把握世界史的发展趋势，并把中国历史也放在世界历史中加以考察，不强调照应国别史的线索，其特点是突出重点，在可能的地方采取按主题综合论述的方法，以说明封建世界历史发展的主流。②蒋国维主编的《新编世界中古史》①，各章均附有学习要求与重点、小结、思考题和参考书，简明扼要，有助学习。③郭振铎、孔祥民主编的《宗教改革史纲》②，是我国学者撰写的第一部关于宗教改革史的著作，全书共14章，对宗教改革的各主要问题均有阐释。

　　本文与张东波合写，原载《中国历史学年鉴·1991》，生活·读书·新知三联书店1991年版。

---

① 蒋国维主编：《新编世界中古史》，贵州人民出版社1990年版。
② 郭振铎、孔祥民主编：《宗教改革史纲》，河南大学出版社1989年版。

1992年世界古代史研究综述

1992年发表的世界古代史文章约70余篇,主要集中于史学理论、古代中西比较和希腊、罗马史研究,涉及古代亚洲史的仅8篇。作者中45岁以下的青年学者约占一半。

一 史学理论研究

(1)亚细亚生产方式。启良在《对亚细亚生产方式问题讨论的回顾与思考》[1]一文中,概述了20世纪国际与国内讨论的状况与观点,认为特殊社会形态说既与马克思的原意相符,又与世界历史事实相吻合,是最值得重视的一种观点。他认为,影响问题深入讨论的障碍是:以往的讨论带有浓厚的政治色彩,学术讨论与政治斗争搅和在一起;教条主义的影响,总是考虑如何将它塞进理论模式之中;研究马克思的历史理论体系不够,而往往是寻章摘句,断章取义。他的另一篇文章《马克思〈1857—1858年经济学手稿〉与历史研究诸问题》[2]认为,"亚细亚生产方式"即"亚细亚的所有制",与"古代的"和"日耳曼的"所有制是并列关系;亚细亚生产方式既非原始社会,也非奴隶社会,更非封建社会,而是前资本主义社会的一种所有制形式;亚细亚的和古代的所有制均非指奴隶制社会,"在马克思看来,人类历史上也从来就没有经过一个什么奴隶制社会的发展阶段"。张凌云的《马克思的亚细亚生产

---

[1] 启良:《对亚细亚生产方式问题讨论的回顾与思考》,《世界史研究动态》1992年第4期。

[2] 启良:《马克思〈1857—1858年经济学手稿〉与历史研究诸问题》,《争鸣》1992年第5期。

方式理论：研究过程与逻辑叙述——兼评"五形态论"理论框架内的诸说》①认为，亚细亚生产方式并非"五种形态"中的任何一种，而是有别于"五形态说"所指的五种生产方式的独立类型。

（2）东方专制主义。针对魏特夫"东方专制主义"理论，本年度发表了两篇批判性文章。廖学盛的《魏特夫的"东方专制主义"与古希腊的历史》②一文指出，魏特夫为了构建自己的错误理论，对古希腊的历史采取了削足适履的办法；对亚里士多德的理论也进行歪曲，实际上，亚氏根本就没有谈过"亚细亚专制主义"，也不可能有所谓"政治奴役压倒一切"是"亚细亚专制主义的本质"的看法，这一切皆是魏特夫本人杜撰的。宋敏的《亚细亚生产方式与魏特夫的东方专制主义——魏特夫的〈东方专制主义〉辨析》③认为，"治水社会"与"官僚阶级"理论是魏特夫的捏造，与马克思的亚细亚生产方式毫无共同之处，马克思的亚细亚生产方式指的是家长制奴隶制。魏特夫炮制这一理论的目的是企图以"东方专制主义"的偏见来取代社会经济形态演进的一个时代的科学论断。此外，朱建军的《论古代王权的发展及其与财富的关系》④从王权演变的角度对古代王权问题做了有益的探讨，他通过对古代历史的回顾与比较提出：只有在比较富裕的大片土地上，王权才可能维持发展，而专制王权则是以大量财富的集中为物质基础的。

二　古代中西比较研究

（1）东西方古典民主政治与古代城市。林志纯的《中西古典民主政治》⑤提出，民主政治并非古希腊人所专有。民主与民主政治溯源于古代文明世界城邦阶段一定条件下的某些邦国，消亡于古代帝国产生的时

---

① 张凌云：《马克思的亚细亚生产方式理论：研究过程与逻辑叙述——兼评"五形态论"理论框架内的诸说》，《学术季刊》1992年第4期。
② 廖学盛：《魏特夫的"东方专制主义"与古希腊的历史》，《史学理论研究》1992年第1期。
③ 宋敏：《亚细亚生产方式与魏特夫的东方专制主义——魏特夫的〈东方专制主义〉辨析》，《社会科学战线》1992年第1期。
④ 朱建军：《论古代王权的发展及其与财富的关系》，《世界历史》1992年第3期。
⑤ 林志纯：《中西古典民主政治》，《史学理论研究》1992年第3期。

日。"民主"只是一邦之事,"革命"则是邦国联盟(天下)的事。公卿执政是古典民主政治全盛时代,是邦或城邦制度史的普遍现象。在希腊,雅典于公元前 638 年开始了首席执政官纪年,而巴赛勒斯退居次位;我国则有《史记·周本纪》召公周公二相共和行政和《竹书纪年》的"共伯和干王位"的记载。吴锐的看法则正相反,其《从中西早期城市国家和城邦的性质看中西文化的起源》[①]一文比较了中西方城市与文化起源的差异。作者强调,城邦是某种人们的共同体,它不能被简单地理解为城市国家。希腊民主制确立的过程,也就是公民团体成长壮大的过程。欧洲文明经历了一个城邦阶段这一事实,是欧洲历史与亚洲历史迥异的关键。他依据近年来中国考古学的材料认为,中国只有城市,而无城邦,缺乏作为希腊城邦制度核心的公民团体,故中国从未有过类似希腊的城邦制度,亦无城邦民主政治。中国周代政治生活中起支配作用的是由家长制发展起来的一长制、世袭制和等级制,原始民主的存在只是限制而并不能取消专制主义。因此,认为中国古代的政治制度是城邦民主政治,很难令人信服。关于东西方古代城市发展问题,张鸿雁的《东西方古代城市发展的不同道路、进程及原因新论——与古希腊罗马城市比较研究之一》[②]一文,不同意有些学者把古希腊罗马城市的发生作为一种标准,去套中国文明发生与城市产生的关系,以论证中国与古希腊罗马一样为城市与文明同步发生的观点。他认为,这两种文明不仅在文明与城市的关系上不能相提并论,其内涵结构与发展进程亦不能同日而语。古希腊罗马城市是在被湮废的迈锡尼文明的高台上产生,并在外来文化的冲击与新的整合下构成,而中国城市发生于原始社会,从单纯防护意义的城堡演化为城邑,没有外来文化的冲击与重构。这一不同的历史前提使东西方城市的形成有着不同的内涵,其演变过程展现了东西方古代城市发展的不同道路和进程。杨俊明的《古代城邦史研究概述》[③],较详细地分类介绍了 10 年来关于城邦问题的不同观点。

[①] 吴锐:《从中西早期城市国家和城邦的性质看中西文化的起源》,《青海师范大学学报》1992 年第 3 期。
[②] 张鸿雁:《东西方古代城市发展的不同道路、进程及原因新论——与古希腊罗马城市比较研究之一》,《学术月刊》1992 年第 9 期。
[③] 杨俊明:《古代城邦史研究概述》,《世界史研究动态》1992 年第 12 期。

(2) 东西方思想文化比较。崔连仲的《古印度列国时代新思潮——兼与同时代中国、希腊思想领域大论战的比较》①，就公元前1000年中期希腊、中国及印度出现的思想大论战作了比较，指出这三场大论战的各自特色：印度主要是宗教派别的思想之争，围绕宗教和种姓展开；希腊论战的主题是宇宙本质及国家政体问题；而中国则围绕治国安邦之道。这一"百家争鸣"时代的成果给各自民族性格及思想文化传统打下了深刻的烙印。蔡翔的《古代罗马与周代中国父权制思想的比较研究》②，对两种父权制思想之异同、产生差异的原因及其对各自社会的不同影响作了较全面的探讨。冷德熙的《中国古代与古希腊神话和哲学关系之比较》③提出，神话与哲学在文化历程上具有不同的关系：古希腊是从神话到哲学，中间经历了不成熟的哲学形态宇宙生成论思想；中国则相反，经历了哲学到神话即从道家哲学本体论、到汉代宇宙生成论、再到纬书创世神话的过程。

　　比较中西政治思想的有丛日云的《先秦与古希腊思想家政治认知方式的差异》④，他从政治认知方式的角度探讨了先秦与古希腊思想家在政治思维方面的差异，认为先秦与古希腊思想家担当着不同的政治角色，有不同的政治思维方法，前者可概括为家臣观念，后者为公民观念，具体体现为对国家本质、政治学主题和实现政治目标的主要途径等问题的认识。

三　史前史研究

　　陈荣富的《图腾崇拜探源》⑤提出，图腾崇拜源于原始狩猎经济和

---

① 崔连仲：《古印度列国时代新思潮——兼与同时代中国、希腊思想领域大论战的比较》，《辽宁大学学报》1992年第3期。
② 蔡翔：《古代罗马与周代中国父权制思想的比较研究》，《社会科学战线》1992年第3期。
③ 冷德熙：《中国古代与古希腊神话和哲学关系之比较》，《北京大学学报》1992年第3期。
④ 丛日云：《先秦与古希腊思想家政治认知方式的差异》，《辽宁师范大学学报》1992年第4期。
⑤ 陈荣富：《图腾崇拜探源》，《江西大学学报》1992年第2期。

动物崇拜,是原始共产主义生活所产生的公共意志发展的最高成果。其产生的认识论基础是原始思维的特性即"互渗律"导致的变形术观念。何星亮的《试论最早的生殖崇拜形式》①认为,人类最早的生殖崇拜形式不是性器崇拜,而是图腾崇拜。最早的生殖崇拜形式基于最早的生育观念,而最早的生育观念是图腾生育信仰;最早的生育观念形成后,必然产生最早的生殖崇拜形式。所以最早的生殖崇拜仪式无疑是崇拜图腾。詹云超的《论人类历史上第一个婚姻规则》②认为,"摩尔根的血缘婚假说既经不起理论上的检验,也得不到民族学事实的证实,因此是不能成立的"。当代欧美学术界认为族外婚是人类历史上第一个通婚规则的观点也不能成立。

四 古代亚洲史

裘士京、杨邦拓的《试论亚洲文明发轫于旱粮农业区》③对亚洲文明的起源作了宏观探讨。作者通过考察亚洲五大文明区,强调旱粮对社会发展的作用,认为在人类从野蛮向文明过渡的时代,人们种植谷物品种上的差异也如地理环境一样会对历史进程发生影响,在种植耗时费力较多的水稻农业区如长江、恒河流域,社会前进的步伐就慢些;而在取得生活必需品较省功省时的旱粮农业区如黄河及印度河流域,生产发展就快些。在当时的历史条件下,由于旱粮生产所具有的特点,加速了这些地区的社会发展进程,使该地区文明得以较早诞生。易建平的《赫梯王权受限制论质疑》④对西方学术界关于赫梯王权受议事会限制的看法提出质疑,尤其对"议事会在王权继承与和战问题方面牵制了国王权力"这一论据进行了反驳,认为无论是王位继承权还是战争和平决定权,都掌握在国王手中,而议事会至多只扮演一个被动、次要的角色,因而"赫梯王权非专制论"站不住脚。

---

① 何星亮:《试论最早的生殖崇拜形式》,《社会科学研究》1992年第6期。
② 詹云超:《论人类历史上第一个婚姻规则》,《社会科学战线》1992年第2期。
③ 裘士京、杨邦拓:《试论亚洲文明发轫于旱粮农业区》,《世界历史》1992年第2期。
④ 易建平:《赫梯王权受限制论质疑》,《世界历史》1992年第2期。

比较佛陀与孔子道德观的文章有两篇。崔连仲、武文的《论佛陀与孔子的道德观》①，就两位东方伟人的道德观作了较全面的比较，认为他们的社会思想和伦理道德观有很多相通之处，都重人事轻神鬼；孔子学说积极进取，教人以做人、治国之理，以期用"仁政""礼治"改变动荡时代的社会风气及制度；佛陀之教理虽宣扬人生多苦，求出世之道，但其社会思想及伦理道德观亦有积极进取的一面；佛陀的"中道"与孔子的"中庸"作为方法论亦颇相似。武文的《佛陀的"六方"与孔子的"五伦"》②，对两者伦理思想的核心"六方"与"五伦"作了对比，认为都是以家庭为中心的社会伦理道德观。

关于古代日本的文章有蔡凤书的《远古至秦汉时代的中日交流》③。该文把远古至秦汉时期的中日交流史分为四个阶段：公元前10000年以前，两国的旧石器表现出"文化相"的相同，这是否为交流的结晶，尚须研究；此后到公元前2500年，为间断期；新石器时代中、晚期至青铜时代，交流再度萌芽，但带有很大的偶然性；春秋到东汉时期，中日交流臻于繁荣，不仅有物的往来，更重要的是人和精神文化的交流。王顺利的《古代日本氏姓制度浅析》④ 认为，古代日本的氏姓制度是原始社会氏族血缘关系的原则在阶级社会长期残存的结果，其形成与日本原始社会向阶级社会过渡的方式关系密切，统治者的需要是其形成的主要原因，并具体分析了氏姓制度的作用。

东南亚古代史是我国史学界近年来较多注意的研究领域。桂光华的《室利佛逝王国兴衰试析》⑤ 针对室利佛逝王国的兴衰，对其背后的经济原因进行了探讨，并力图揭示出一些东南亚古国共有的特征。陈显泗的《13世纪—19世纪泰柬关系的真迹》⑥ 一文，勾画了中南半岛上两个主要国家泰国和柬埔寨七百多年间关系变化的轨迹。

---

① 崔连仲、武文：《论佛陀与孔子的道德观》，《南亚研究》1992年第1期。
② 武文：《佛陀的"六方"与孔子的"五伦"》，《辽宁大学学报》1992年第6期。
③ 蔡凤书：《远古至秦汉时代的中日交流》，《文史哲》1992年第3期。
④ 王顺利：《古代日本氏姓制度浅析》，《东北师大学报》1992年第4期。
⑤ 桂光华：《室利佛逝王国兴衰试析》，《南洋问题研究》1992年第2期。
⑥ 陈显泗：《13世纪—19世纪泰柬关系的真迹》，《学术界》1992年第1期。

五 古希腊史

本年度这方面的研究成果较多,涉及的范围较广。

(1) 古希腊的政治与军事。龚缨晏的《迈锡尼时代及其社会制度》[1] 根据考古学成果,对迈锡尼时代做了新的界说,认为迈锡尼时代不是指整个希腊底文化晚期,而是指希腊底文化晚期的最后一阶段Ⅲ(前1400—前1100),前两个阶段属于第一个英雄时代,Ⅲ阶段则进入了阶级社会。作者还根据泥板文书的一些释读成果,对这一时期的社会制度作了分析,认为当时出现过政教权力集于一身的国王、宫廷经济与公社组织、土地公社所有制,故东方或西方特殊论皆站不住脚。胡长林的《雅典民主政治的文化背景》[2] 一文提出,希腊文化的理性精神武装了整个雅典民主时代,培养了雅典人民主的思想意识,造就了雅典人崇尚智力的社会风气,给民主政治的存在创造了适宜的精神环境。理性文化是雅典民主政治的文化基础。余丽珍在《试论希腊早期僭政产生的历史背景》[3] 一文中较全面地探讨了僭政的历史背景:僭主制往往产生于两种政体的交替时期;平民与贵族的斗争是僭政产生的温床;军事变革与僭政有密切关系;商品经济的发展是僭政产生的经济基础,而种族因素则是催化剂。

传统看法认为,希腊在萨拉米司海战中取胜的重要原因之一是"希腊船小而灵活,而波斯人舰队则船身庞大"。陈勇的《论萨拉米司海战胜利的原因》[4] 一文对此作了辨析。他指出,双方海军主力都是三层桨战舰,这是一种长约42米、中部宽6米、吃水线1.2米、排水量100余吨的战舰。雅典人的船并不小,而且为载更多兵力,其船载重量更大;为冲撞敌舰,造得也坚固。希腊人的航行海战技术比不上号称"海上王"的波斯海军主力腓尼基和小亚细亚希腊城邦。

(2) 古希腊经济。晏绍祥的《古典作家笔下的古代希腊商业》[5],

---

[1] 龚缨晏:《迈锡尼时代及其社会制度》,《杭州大学学报》1992年第3期。
[2] 胡长林:《雅典民主政治的文化背景》,《西南师范大学学报》1992年第1期。
[3] 余丽珍:《试论希腊早期僭政产生的历史背景》,《世界历史》1992年第2期。
[4] 陈勇:《论萨拉米司海战胜利的原因》,《四川师范大学学报》1992年第4期。
[5] 晏绍祥:《古典作家笔下的古代希腊商业》,《内蒙古大学学报》1992年第3期。

针对以芬利为代表的学者在批判古史现代化倾向的同时，又极力贬低希腊世界商业及工商业者在政治、经济中的作用的观点提出商榷，对古希腊的经商范围、商业的普遍性、商业中心及国家政策等作了分析。徐松岩《古雅典经济史研究中的一个问题》① 一文提出，持公元前4世纪希腊社会经济普遍比前1世纪有大幅度提高的论者，主要是把德摩斯提尼的一段演说辞作为证据，这既曲解了演说辞的原意，也不符合史实。其实，公元前341年前后绝非雅典经济发展的鼎盛期，其战船、岁入、兵员及国库贮存数目皆明显少于伯里克利时代。

（3）古希腊思想。林定夷的《古希腊的原子论——近代科学中机械论的正宗渊源》② 探讨了古代原子论的基本内容、它所隐含的方法论原则及具有的机械论性质，认为它是近代科学中机械论自然观的正宗渊源，但古代原子说并非科学形态，无经验的内容。人可野、汪丽华的《论苏格拉底的"善的原则"》③ 认为，"善的原则"是对"理性原则"的拓展和深化，它包括：知与行的结合；德行即知识，无知即恶；知识即德行，无人有意为恶；德行统一，幸福是德行的必然结果。张乃根的《柏拉图〈法律篇〉探究》④ 对《法律篇》的基本内容作了概括，并将柏拉图在此书中设想的新理想国，与其在《理想国》中设想的理想国间的差异作了较全面的对比，指出《法律篇》的主要精神是法治，开创了西方法治理论的先河。

傅瑾的《论希腊宗教艺术》⑤ 认为，希腊时代是艺术与宗教结合最完美的时期，一方面希腊的宗教活动都是艺术活动，宗教被完整地糅和到艺术创造中，两者的彻底结合是希腊生活方式的主要特征之一；另一方面，希腊宗教也具有最适于艺术表现的精神特征。基督教与希腊宗教都造就了宗教艺术的高峰，古希腊宗教艺术是"狂欢节文化"的产物，而基督教艺术是"复活节文化"的表征。

---

① 徐松岩：《古雅典经济史研究中的一个问题》，《西南师范大学学报》1992年第4期。
② 林定夷：《古希腊的原子论——近代科学中机械论的正宗渊源》，《广东社会科学》1992年第1期。
③ 人可野、汪丽华：《论苏格拉底的"善的原则"》，《四川大学学报》1992年第3期。
④ 张乃根：《柏拉图〈法律篇〉探究》，《学术季刊》1992年第4期。
⑤ 傅瑾：《论希腊宗教艺术》，《世界宗教研究》1992年第3期。

（4）希腊化文化。杨巨平的《论希腊化文化的多元与统一》①，探讨了希腊化文化的特点，认为这一文化是以希腊文化为主体，同时汇合了其他各地文化因素而形成的既多元又统一的文化，并具体说明了多元性与统一性的各自表现。他的另一篇文章《"希腊化文化"是人类历史上第一次文化交流大汇合》②认为，希腊化文化沟通了五大文明源流，是人类历史上第一次文化交流大汇合，在世界文化发展史上具有承前启后、继往开来的重要意义。沈坚《关于希腊化时代的历史考察》③从经济生活方式、社会生活方式、典章制度、文化传统、语言文字、科学艺术、价值观念以至宗教意识等方面，就希腊化时代的希腊对东方文明的影响及相互交流作了考察，认为这一时代是东西方物质文明、精神文明大交流的时代。

六　古罗马史

本年度出版了李维著《建城以来史·前言·卷一》的中译本。主译穆启乐在《译者序》中较系统地介绍了李维的生平、写作动机及该书的史料价值。

胡庆钧的《罗马王政时代贵族与平民之间的保护与通婚问题》④认为，罗马王政时代已进入人的个性有较大发展的早期等级亦即阶级社会。贵族与平民间已有明显的等级界限，它通过保护与被保护关系体现出贵族对平民一定程度的人身占有。贵族与平民间曾有过通婚，这对新贵族与平民的分化起了很大推动作用。它缓和了内部矛盾，壮大了自己的力量。

林中泽的《希腊罗马城邦时期的政教关系探析》⑤认为，古典宗教对希腊罗马的城邦政治产生过广泛影响，高级神职人员对城邦政府决策有着重要作用；城邦社会普遍存在的公共权力崇拜是城邦公民爱国主义

---

① 杨巨平：《论希腊化文化的多元与统一》，《世界历史》1992年第3期。
② 杨巨平：《"希腊化文化"是人类历史上第一次文化交流大汇合》，《山西大学学报》1992年第4期。
③ 沈坚：《关于希腊化时代的历史考察》，《史学集刊》1992年第3期。
④ 胡庆钧：《罗马王政时代贵族与平民之间的保护与通婚问题》，《云南社会科学》1992年第3期。
⑤ 林中泽：《希腊罗马城邦时期的政教关系探析》，《华南师范大学学报》1992年第2期。

的源泉。故城邦时期的政治依然是神权政治。但古典宗教对世俗城邦政权的屈从地位，使城邦政治的神权色彩大为淡化，造成这种状况的深层因素是其频繁的海外活动及由此而引起的社会价值观的一系列变化。

宫秀华的《罗马共和国末至帝国初期妇女的社会地位》[1] 提出，罗马共和国向帝国过渡时期，妇女的社会地位有所改变，她们开始挣脱家庭的束缚，积极参与社交，主张服饰革新，并要求分享其夫、子的荣誉与权势，个别妇女甚至在政治生活中扮演了重要角色；但她们仍逃脱不了任人摆布的命运，常成为政治联婚、权势之争的牺牲品。

本年度发表了两篇有关罗马法的文章。李静冰的《罗马法的哲学透视》[2] 认为，罗马法中包含着丰富的自然法精神；西方的哲学传统、法律传统始终与罗马法的哲学传统交织着，罗马法的传播、学习和继承，是这种哲学传统维系下来的制度因素之一。周枬的《〈十二表法〉中"私犯"规定的研究》[3] 认为，"私犯"律文具有平等性、由"同态复仇"向罚金和赔偿过渡、由纯客观责任发展到兼采主观责任、重视保护农业诸特色，它集中体现了《十二表法》的务实精神。

常征的《中西关系史上失记的一桩大事——数千罗马兵归化中国》[4]，以中国史籍史料为依据，考证了一支数千人的罗马军队归化中国的路线、他们及其后裔在中国西北地区的活动及汉化过程。认为这支队伍在公元前1世纪中后期经中亚月氏王国进入中国，属归化人的身份，其后裔石勒家族与南匈奴共同摧毁晋帝国。隋统一后，除河西走廊的罗马人后裔外，其他各支均融为汉人。

七　世界古代史研究展望

本年度我国史学界探讨了今后世界古代史的研究方向、方法与课

---

[1] 宫秀华：《罗马共和国末至帝国初期妇女的社会地位》，《东北师大学报》1992年第1期。
[2] 李静冰：《罗马法的哲学透视》，《比较法研究》1992年第2期。
[3] 周枬：《〈十二表法〉中"私犯"规定的研究》，《安徽大学学报》1992年第1期。
[4] 常征：《中西关系史上失记的一桩大事——数千罗马兵归化中国》，《北京社会科学》1992年第1期。

题等。

刘家和在《展望我国的世界古代历史研究》①一文中提出，今后应加强古代国别史的专门研究，包括古文字的专门研究；加强古代世界史的综合研究，包括古代各国文化交流史及古代各国史的比较研究，写出有中国特色的世界古代史。廖学盛在《加强与早期阶级社会有关的理论研究》②一文中强调，应加强与早期阶级社会有关的理论研究如：日耳曼人是否存在过奴隶制；早期阶级社会中血缘关系与地缘关系间的联系与影响，它对于奴隶占有制关系的形成和发展的作用；早期阶级社会中意识形态与经济基础间的联系和相互影响等。张树栋的《世界古代史要走出新路》③一文认为，世界古代史研究要走出新路，必须寻找出其特点，才能减少盲目性。其特点是：古代史的尺度比我们原来想象大得多。有希腊罗马的古代，也有近现代文献和考古学不断发现的古代；史料有严肃的，也有荒诞的，必须善于辨别、驾驭；注意学科交叉，强化边缘意识。

王敦书以普及世界古代史知识启迪青少年为己任。他的《埃赫那吞宗教改革》《尼布甲尼撒二世和新巴比伦城》《埃及考古与图坦哈蒙墓的发现》和《古希腊奥林匹克运动会及其遗址》④4篇文章，文字优美，图文并茂，是适合青少年阅读的优秀读物。

  本文与龙秀清合写，原载《中国历史学年鉴·1993》，生活·读书·新知三联书店1994年版。

---

① 刘家和：《展望我国的世界古代历史研究》，《史学理论研究》1992年第2期。
② 廖学盛：《加强与早期阶级社会有关的理论研究》，《史学理论研究》1992年第3期。
③ 张树栋：《世界古代史要走出新路》，《世界历史》1992年第5期。
④ 王敦书：《埃及考古与图坦哈蒙墓的发现》《埃赫那吞宗教改革》《尼布甲尼撒二世和新巴比伦城》《古希腊奥林匹克运动会及其遗址》，《历史学习》1992年第3、7、9、10—11期。

1949年以来世界古代史研究概述

一 前言

新中国成立以前，世界古代史这一园地几乎是一片空白。建国初期，我国为数不多的世界古代史工作者努力学习马克思主义，力求以唯物史观为指导，从事教学与研究，取得了明显的成果。出版了一些著作。[①] 发表的学术论文约有130余篇，集中讨论了原始社会的物质文化；亚细亚生产方式；古代东方和古巴比伦的社会性质；印度佛教与种姓制度；游牧世界与土著世界的关系以及有关希腊罗马史等有关问题。

1962年，由周一良、吴于廑主编，齐思和任分册主编的《世界通史·上古部分》出版。它集中地体现了我国世界古代史研究当时达到的水平和成就。该书从历史唯物主义的基本原理出发，具体阐明了世界古代史的基本内容；揭示了原始社会和奴隶社会的生产力和生产关系、经济基础与上层建筑的相互作用与矛盾运动；分析了奴隶社会时期世界各国的国家制度、阶级关系和斗争；并说明了古代世界各国人民的历史活动和文化成就。

为了进一步提高研究水平、我国世界古代史工作者尚需做大量的工作。①要着重研究世界古代史发展的统一性与多样性。对当时个国家地区、各阶段，以及社会、经济、政治、军事、思想文化等各个方面均需

[①] 这一时期发表的著作主要有：周庆基《新编世界史》第1册，自由出版社1953年版；郭圣铭《世界古代史简编》，群联出版社1955年版；童书业《古代东方史纲要》，新知识出版社1955年版；《古巴比伦社会制度初探》，山东人民出版社1957年版；吴于廑《古代希腊和罗马》，中国青年出版社1957年版；周一良《亚洲各国古代史》，高等教育出版社1958年版；东北师大历史系世界古代史组编《世界古代史》，高等教育出版社1958年版。

要进行深入细致的比较研究,既注意人类发展的共性,又要考虑其特点与个性,把研究引向纵深发展。②由于当时强调学习苏联,我国史学界引进和吸收了大量苏联史学的研究成果,其中许多内容是有益的,但因此也导致我们忽略了国际史学界的研究成果,信息闭塞,对20世纪五六十年代西方各国在考古学、语言学、古文字学、古人类学、民族学和社会学等方面的新进展、新成果、新方法知之甚微。当时一些有识之士为了赶上世界水平,已经注意到此,并开始弥补。③从全局着眼,把握住古代世界各地区之间的相互关系和历史发展的有机联系,写出包括中国在内的、整体的世界古代史,而不是各个国别史的机械结合。

1978年十届三中全会以后,我国的政治、经济、文化教育等诸方面,均出现前所未有的繁荣兴旺的景象。世界古代史研究也由此踏入了新的阶段,取得了可喜的成果。1979年,中国世界古代史研究会宣告成立,目前已有会员300余人。本专业已有4个博士学位授予单位,18个硕士学位授予单位,在学和已毕业的研究生达数十人。出国访问和参加国际学术会议的学者13人次。亚述学、埃及学、赫梯学、古典学研究的新生力量正在茁长成长。在深入研究的基础上,发表了一批较有水平的论著。在双百方针的指引下,召开了两次全国世界古代史讨论会和十次分组讨论会,对一些重大学术课题展开了热烈而又认真的讨论,研究成果丛出。

两卷本的《世界上古史纲》(人民出版社1979—1981年版)的出版,标志着我国世界古代史研究达到了新的高度。林志纯主持的该书编写组,以唯物史观为指导,依据大量原始资料,广泛吸收了当代国际史学界的研究成果和考古资料。对世界古代史领域内的九个方面,提出了带有规律性的独到见解,令人耳目一新。该书否定了过去的"古代东方"概念,批判了"东方专制主义"论;废弃了传统的"世界四大文明古国"的说法,代之以世界"三大文明区";认为亚细亚生产方式与城邦非某一地区所特有之现象,而是普遍地存在于世界各地。该书提出的观点,受到了普遍的重视,活跃了学术氛围,把古代史研究引向深入。

此外,出版的主要论著还有:刘家和主编的《世界古代史》(吉林人民出版社1980年初版,1983年修订再版);崔连仲主编的《世界史·古代史》（人民出版社 1983 年版）等。论文集有《世界古代史研究》第一辑（北京大学出版社 1982 年版）；《世界古代史论丛》第一集（生活·读书·新知三联书店 1982 年版）。学术性与知识性兼备的工具书有施治生、廖学盛主编的《外国历史名人传》古代部分，上册（中国社会科学出版社、重庆出版社 1982 年版）；以及《外国历史大事集》古代部分，第一分册（重庆出版社 1986 年版）。1979 年以来，公开发表的学术论文达 230 余篇，皆为我国世界古代史研究的新成果。其中有两篇吴于廑的有关总体性的论文①。他认为，从古代至 13、14 世纪游牧世界对农耕世界的三次大冲击的结果使许多游牧民族被融合归化，以致农耕世界日益扩大，并扩大了交流，打破了地区与民族间的闭关自守，在世界历史漫长过程中起了巨大的积极作用。

总之，在全国世界古代史工作者的努力下，研究工作正在向纵深发展。其特点是研究课题更为广泛；研究的深度不断增加；队伍不断扩大，新生力量迭起，具体分析如下。

二 史前史研究

史前史是没有成文记载的原始社会的历史，它是人类社会的起点。建国初期，我国学者即开始重视这一研究，曾发表有关人类的起源、原始社会史的分期、原始文化、婚姻制度等方面的论文多篇。

三中全会以来，我国学者在全面、准确地理解马克思主义经典著作的基础上，大量吸收近年来国际和国内考古学与人类学的研究成果，发表了一批专著和学术论文，把研究引向深入。主要的著作有吴汝康等的《人类发展史》（科学出版社 1978 年版），该书以大量丰富的古人类资料为依据，阐述了人类产生和发展的全过程，说明了劳动在其中的主导作用。林耀华主编的《原始社会史》（中华书局 1984 年版）根据世界各地，特别是国内民族学调查的新资料，阐明了原始社会发生、发展和解体的规律。

---

① 吴于廑：《世界历史上的游牧世界与农耕世界》，《云南社会科学》1983 年第 1 期；《世界史学科前景杂说》，《内蒙古大学学报》1985 年第 4 期。

为了开展百家争鸣、繁荣学术，原始社会史组曾两次举行全国性的学术讨论会。1982 年的杭州研讨会，曾就人类的产生、社会分期、氏族制度等问题进行了深入探讨。为纪念恩格斯的《家庭、私有制和国家的起源》发表一百周年，1984 年学者们在昆明举行了纪念会，对《起源》的历史贡献与现实意义，两种生产观，以及对某些具体结论的探微和纠正，展开了热烈的讨论，发表纪念文章多篇。

研究的主要问题分述如下。

（一）劳动创造人类与腊玛古猿

人类是由已经灭绝的古猿进化而来的，在从猿到人转变过程中的决定作用是劳动，这一科学论断早已众所周知，并为 20 世纪的考古学、古人类学和历史学的研究所丰富和补充。但是劳动始于何时？劳动如何创造人类？是否存在创造人的劳动与改造自然的劳动之区别？尚有待深入研究。

《世界上古史纲》提出了两种不同的劳动的概念，认为"正在形成中的人和完全形成的人都有劳动"。但两种劳动的主要任务不同。"正在形成中的人通过劳动把他们自己这种过渡生物改造成人；完成形成的人通过劳动，则把自然界提供的材料改造成为人类的财富。""其根本区别在于前者只能使用天然工具从事劳动，而后者则能以人工制造的工具从事劳动，所以正在形成中的人还不是真正的劳动，'劳动是从制造工具开始的'。恩格斯说：'劳动创造了人本身'，指的是正在形成中的人的劳动，而不是指完全形成的人的劳动。"[①]

对此，一些同志提出商榷。王阁森认为，说劳动有一个发展过程是对的，不同阶段的劳动有区别也有联系，把两种劳动的作用截然分开，把改造自然界（不能说正在形成中的人只能被动适应自然，而毫不能起改造作用）与改造人类自身截然分开似乎不妥[②]。徐喜晨、胡方恕认为：劳动创造了人类，既指制造工具以前使用天然工具的劳动，也指制

[①] 《世界上古史纲》编写组：《世界上古史纲》上册，人民出版社 1979 年版，第 2—3 页。

[②] 王阁森：《我国史学界对世界古代史上若干重要问题的探讨》，《齐鲁学刊》1980 年第 1 期。

造工具以后的劳动，即全部世界历史都是劳动创造人类的历史[①]。卢文中提出，创造人的劳动与完全形成的人的劳动都属于人类的劳动。在人类出现以前，世界上不存在劳动，但劳动的出现不是在人类出现之后，而是与人类在同一过程中出现的[②]。此外，薛万仁从新的角度提出："从生物角度考察，猿和人是相邻近的两个不同的物种；从猿到人的转化应服从自然选择的规律，是自然选择的作用使猿变成了人。从社会科学角度考察，人是社会的主体，猿是和人有着本质区别的动物，是劳动在从猿到人的转变过程中起到了决定性的作用。""自然选择的结果还只能是自然物，是人类形成的物质前提，还不是现实的人。"只有经过劳动才能成为现实的人[③]。此问题的讨论，至今尚未取得一致的看法，有待于考古新资料的发现。与此有关的是腊玛古猿问题。

古人类学家们认为人猿分化始于腊玛古猿，时间约为1400万年至800万年前，它是从猿到人过渡阶段的早期代表，是人类的最早祖先。自1910年考古学家在印、巴边界的西瓦立克山发现腊玛古猿的化石以来，在亚、非、欧许多地区均有发现，在我国云南开远和禄丰也发现了类似化石。特别重要的是1980年我国考古学与人类学者在禄丰发现了腊玛古猿的头骨化石，这在世界上尚属首次，引起了国内外学者的重视。毛昭晰提出：头骨的发现，不但可以测定腊玛古猿脑容量的大小，还可以判断这种古猿能否直立行走，从而提供它是否属于人种的证据，对于研究人类起源的时间和地点诸问题，都具有重要的意义[④]。张兴永、郑良认为，迄今为止，在七个国家的十多个地点都发现了腊玛古猿的化石，它在世界上似有两个演化发展中心，一个即欧、亚、非接壤地带；一个是亚洲东南部，主要在滇中高原及邻区。在滇中高原，至少在1400—1500万年前，已经繁衍一支人科成员，即腊玛古猿，到了800万年前的禄丰腊玛古猿，已十分接近人类，它是目前所知道的同类古

---

① 徐喜晨、胡方恕：《关于人类形成的几个理论问题的商榷》，《历史教学》1981年第7期。
② 卢文中：《关于人类起源的几个问题》，《吉林师范大学学报》1978年第2期。
③ 薛万仁：《劳动创造了人》，《沈阳师院学报》1982年第2期。
④ 毛昭晰：《腊玛古猿的发现及其重要意义》，《吉林师范大学学报》1978年第2期。

猿中最有资格作为人类直系祖先的代表①。

传统认为腊玛古猿与南方古猿分别为正在形成中的人的早期和晚期的代表。杨堃对此提出不同意见,认为把腊玛古猿和南方古猿视为正在形成中的人,值得商榷。根据现有资料,早期猿人、晚期猿人和古人都是正在形成中的人。只有发展到新人阶段,才是完全形成的人。②

(二) 原始社会史的分期

建国初期,我国采纳了苏联史学界的分期法,把原始社会分为原始群和氏族公社两个阶段。原始群又分为群居公社(相当于旧石器时代初期、蒙昧低级阶段、猿人时期)和原始氏族(相当于旧石器时代中期、古人阶段)。氏族公社又分为母系氏族和父系氏族两个阶段。近年来我国史学界在研读经典著作的基础上,并吸收了国内外考古学的新成果,对上述分期法提出了异议,提出了新的分期法。《世界上古史纲》作者探本溯源,核对了德文与俄文的经典著作提出:1913 年列宁在致高尔基的信中提到的"原始群"与 1917 年在《国家与革命》中提到的"拿棍子的猿群",均系指猿群,属蒙昧时代"低级阶段"正在形成的人,即"人类的童年"时期,而非属于人类社会的初期。因此,"应当在原始群与原始社会的划分,以及原始公社再分为原始人(前氏族)公社和氏族(克兰)公社的基础上,兼采科学文化各部门的分期法,而蒙昧时代和野蛮时代依然有效"③。《世界上古史》和《世界史——上古史》两部大学教材均采用了此分期法,不同之处在于把"前氏族公社"称为"血缘家族"。

与此同时,我国学者还提出了另外 5 种不同的分期法。第一,张树栋认为原始社会史可以划分为"前氏族社会"和氏族社会两大时代及六个时期。六个时期是①猿群时期,从猿到人的过渡。②原始群时期,由杂交过渡到血缘家庭。③氏族社会发生期,普那路亚家庭。④氏族社会发展期。⑤氏族社会繁荣期,对偶家庭。⑥氏族社会解体期,家长制

---

① 张永兴、郑良:《滇中高原与人类起源》,《云南社会科学》1981 年第 3 期。
② 杨堃:《论从摩尔根的原始社会分期法到马克思主义的原始社会分期法》,《史前研究》1983 年创刊号。
③ 《世界上古史纲》编写组:《世界上古史纲》上册,第 8 页。

家庭，一夫一妻制家庭逐步取代对偶家庭①。第二，杨堃认为原始社会的分期应依其自身的发展划分为产生、发展和解体三个阶段：原始社会的形成阶段，即"正在形成中的人"亦即原始群时代；发展阶段，即"完全形成的人"亦即母系氏族公社时代；解体阶段，即父系氏族公社时代，包括部落联盟和军事民主时期②。第三，杨邦兴认为应划分为三个时期：原始氏族公社时期，相当于旧石器时代早期和中期；母系氏族公社时期，相当于旧石器时代早期和中期；父系氏族公社时期，相当于新石器时代晚期到青铜器时代③。第四，陈国强主张把原始社会史分为"群"、母系氏族、父系氏族三个时期外，还可以在"群"前加入"从猿到人过渡阶段"，在父系氏族的最后分出军事民主制阶段，此为原始社会向阶段社会过渡的阶段④。第五，时佑平主张四段分期法：血亲社会，始于石器的出现；血缘社会，始于用火的出现；血族社会，始于取火、兄弟姊妹禁婚；氏族社会，始于细石器时代弓矢的出现⑤。

原始社会史分期之所以出现不同意见的原因是多种因素造成的，其中一个重要原因是由于对经典作家提出的"原始群""人类的童年""蒙昧时代的低级阶段"三个概念存在不同理解。第一，对"原始群"有两种不同的看法，一种认为是"猿群"，"正在形成中的人"，不属于人类的范畴⑥。另一种意见认为原始群（或原始人群）是早期阶段的人类群体，不属于从猿到人的过渡阶段⑦。第二，"人类的童年"这一概念是马克思在《摩尔根〈古代社会〉一书摘要》中提出的，把蒙昧时代低级阶段称为"人类的童年"。有学者认为此概念属于人类范畴或原始人

---

① 张树栋：《关于原始社会史的分期问题》，《南京大学学报》1977 年第 4 期。
② 杨堃：《试论原始社会的分期问题》，《思想战线》1980 年第 5 期。
③ 杨邦兴：《原始社会史分期的几个问题》，《安徽师大学报》1980 年第 1 期。
④ 陈国强：《论人类的童年——群——兼论原始社会史的分期》，《世界历史》1979 年第 5 期。
⑤ 时佑平：《应该重新探讨摩尔根的原始社会分期法》，《历史研究》1981 年第 1 期。
⑥ 《世界上古史纲》编写组：《世界上古史纲》上册，第 5 页；陈远峰：《原始群不同于人类的童年》，《暨南学报》1980 年第 2 期。
⑦ 黄英贤：《试论原始社会史分期》，《华南师院学报》1979 年第 4 期；王培英：《也谈人类的童年——群》，《世界历史》1980 年第 3 期；徐喜辰、胡方恕：《关于人类形成的几个理论问题的商榷》，《历史教学》1981 年第 7 期；陈国强：《论人类的童年——群——兼论原始社会史的分期》，《世界历史》1979 年第 5 期。

类，而非腊玛古猿阶段①。第三，蒙昧时代的低级阶段是否属于从猿到人的过渡时期？有两种不同意见。陈国强从四个方面论证了蒙昧时代低级阶段属于人类社会，是人类历史的早期阶段②。毛昭晰认为此阶段尚不存在人工制造工具，故与从猿到人的过渡时期是同一个历史范畴③。

（三） 氏族制度

近年来，我国学者对氏族的起源、婚姻家庭、氏族所有制等方面进行了研究。

陈启新在《氏族起源初探》（《史前史研究》1983 年创刊号）一文中，把氏族起源的过程概括为"一分为二"与"合二为一"的辩证发展过程。即原始群团分裂为血缘家庭，血缘家庭分裂出婚姻级别；再由属于不同的血缘家庭的级别之间产生出普那路亚家庭；然后进一步分裂为新的婚姻级别，最后两个不同的彼此通婚的普那路亚家庭的级别便转化为氏族。

关于历史上是否存在摩尔根所说的"血缘家庭"问题存在两种不同的意见。一种意见认为根据我国民族学的调查，夏威夷的亲属制度、马来式寄属制等材料均可说明血缘家庭不仅在一地存在，而且带有普遍性④。另一种意见认为摩尔根所说的血缘家庭、普那路亚家庭等仅指氏族社会以前的两种群婚形式，不应称之为家庭。也有的同志认为马来式亲属制产生于氏族解体之后，不可能是最古老的婚姻家庭形式⑤。

关于氏族所有制问题，刘家和、贺允清提出了新见解，认为原始社

---

① 卢文中：《关于人类起源的几个问题》，《吉林师范大学学报》1978 年第 2 期；陈远峰：《原始群不同于人类的童年》，《暨南学报》1980 年第 2 期。

② 陈国强：《论人类的童年——群——兼论原始社会史的分期》，《世界历史》1979 年第 5 期。

③ 毛昭晰：《蒙昧时代低级阶段是从猿到人的过渡时期》，《世界历史》1983 年第 3 期。

④ 杜玉亭：《从基诺族的调查探索血缘家庭的遗迹》，《世界历史》1982 年第 5 期；李根蟠、卢勋：《马来式亲属与血缘家庭》，《世界历史》1985 年第 3 期；刘达成：《当代原始民族与原始社会史研究》，《世界历史》1981 年第 1 期；吕光天：《论血缘家族在原始社会史中的首要地位及其类型》，《云南社会科学》1985 年第 3 期。

⑤ 杨堃：《家族、婚姻发展史略说》，《北京师范大学学报》1982 年第 1 期；蔡俊生：《马来式亲属制度不能作为摩尔根所说的血缘婚姻和血缘家族的证据》，《云南社会科学》1985 年第 3 期。

会公有制有其发生时期（旧石器早、中期），发展时期（旧石器晚期和新石器时代），以及衰落时期（金属工具出现之后）。第一阶段以血缘家族为公有制的结构和界限；第二阶段是氏族部落结构，为氏族界限内部的公有制；第三阶段则以父系家庭公社为经济单位，从而逐步过渡到个体家庭私有①。夏之乾进一步提出由氏族的公有制到个体家庭的私有制有一个渐进的过程。母系氏族前期为氏族集产制，后期为母系家族集产制；父系氏族前期为父系家族集产制，后期为个体家庭集产制②。

此外，季羡林考证了印度、中国的许多古代文献，从妓女祈雨的有关资料、起源和演变，探讨了原始社会风俗的遗存及其在阶级社会的变化③。张克明提出原始社会也存在政治现象，可称之为原始政治，许多部落氏族同国家一样，也有管理公共事务、执掌公共权力的机构与人员④。

（四）文明的产生与向阶级社会的过渡

文明产生的重要物质前提是农业和定居。《世界上古史纲》提出了三个新看法：①农业的产生有三个中心、即西亚、东亚和墨西哥、秘鲁，最早产生于一万年前的西亚新月形地带。②各地之农业最早发源地均在高地或高地边缘，而非河流、平原或三角洲，更无人工灌溉。③农业和定居，农村和城市，皆非起源于一个中心，因而文明的起源亦非一个中心⑤。日知、亭云强调了农业产生对人类历史发展的重要性。他们认为全新世的一万年，在整个人类历史上虽然所占比例甚小，但原始社会后期和文明时期各占了五千年，前五千年发生了农业革命，近代又发生了工业革命，所以非常重要⑥。陈炯光把定居生活的出现视为新的历

---

① 刘家和、贺允清：《如何认识原始社会的公有制》，《北京师范大学学报》1981年第3期。
② 夏之乾：《母系向父系过渡是否由公有制向私有制的过渡》，《史学月刊》1982年第5期。
③ 季羡林：《原始社会风俗残余——关于妓女祈雨问题》，《世界历史》1985年第10期。
④ 张克明：《原始政治——对"前国家"的政治现象考察》，《政治学研究》1985年第3期。
⑤ 《世界上古史纲》编写组：《世界上古史纲》上册，人民出版社1979年版，第9—11页。
⑥ 日知、亭云：《这一万年——原始史的后半章试论》，《东北师大学报》1982年第4期。

史开端。他认为定居经济生活第一个原始文明的成果是土地所有制，二个成果是有组织的社会组织。走上文明时代可分为经济民主与政治民主两大发展阶段。他的新见解是原始共产制时代没有民主，也无需民主。民主是有组织社会的社会关系，是私有制利害冲突使人各有其志的产物①。

近年来，我国还研究了私有制、奴隶制的产生与原始社会解体问题。佘树声认为，氏族社会存在的公有与私有的矛盾是私有制产生的源泉和动力，而孤立的个体私有者的出现已包含了财产的获得与丧失的对立两极的矛盾，这个矛盾是奴隶制产生历史前提。他还认为私有制并非产生于动产，而是起源于种植农业的出现，由二重性占有生产方式，对偶婚姻形式以及原始古农业公社三者所构成的系统结构，是世界性的由原始公有制过渡到私有制的普遍规律和统一性模式②。

关于古代社会分工问题，唐嘉弘提出恩格斯对社会三次大分工的看法，对希腊罗马世界是正确的，但中国与印度的情况有所不同③。王阁森认为把游牧部落从其余野蛮人分离出来作为第一次社会大分工不完全符合历史实际，宜把定居农业部落从其余野蛮人中分离出来，以及农业和畜牧业在先进部落内分化确定为第一次大分工④。

（五）史前文化

过去，学术界公认，人类最早的文化是石器文化。近年来西方有人提出在石器文化之前还存在更早的木器文化，对此，在我国存在两种不同的看法。一种认为人类历史在旧石器时代之前，有个长达一、二百万年之久，甚至更长时间的木器时代⑤。对此有学者提出异议，认为原始

---

① 陈炯光：《论走上文明的历史过渡时期》，《暨南学报》1984年第4期。
② 佘树声：《马克思论原始公有制转化为奴隶制的规律和东西方奴隶社会的本质》，《人文杂志》1982年第1期；佘树声：《历史的统一性与原始公有制到私有制的发展》，《人文杂志》1984年第5期。
③ 唐嘉弘：《古代社会分工理论及其相关问题》，《史学月刊》1985年第3、4期。
④ 王阁森：《世界上古史若干总体性问题浅探》，《世界历史》1985年第4期。
⑤ 张鸿奎：《人类原始社会有个木器时代》，《社会科学》1980年第4期；周星：《最初的工具和人类历史的第一章》，《西北大学学报》1982年第2期；任风阁、阎瑞生：《论木器时代之存在》，《陕西师大学报》1985年第1期。

会有木器，但无木器时代，考古材料证明，石器是人类最初文化的代表，石器时代也就很自然的是人类原始社会的第一章了。也有学者提出，人类社会的历史是从能制造工具开始的，因此存在木器时代的说法是不能成立的①。

过去人们总是把陶器的出现作为新石器时代的标志之一。《世界上古史纲》编写组著文说，由于西亚各地和爱琴地区有许多无陶或前陶新石器文化遗址发掘，大量考古材料证明，至少在上述地区，新石器文化必须划分为前陶期和有陶期两个阶段②。日知的《关于新石器革命》对于近50年来国外关于新石器革命的讨论作了评介。所谓新石器革命或农业革命，即由采集食物向生产食物的过渡，是革命还是进化？学者们各执一说。日知认为虽然这一过渡时间很长，但从历史意义看还是属于革命。至于为什么新石器革命首先发生于西亚？尚待进一步研究③。

近年来，国外有个别史学家毫无根据地提出所谓"中国华南文化南来说"，认为我国华南地区文化来自东南亚。王民同为此发表了《东南亚史前文化述略》一文予以驳斥。他认为根据东南亚史前文化遗址、文物断代和内容以及遗物的比较，该说毫无根据。它既不符合人类发展的客观规律，又不符合东南亚史前文化的实际，因而不能成立。他还认为把东南亚地区史前文化遗址和文物之年代定得遥远，甚至树立为文化中心，其结果是使其失去了科学价值，变成了史前文化研究之障碍④。

三 "亚细亚生产方式"研究

"亚细亚生产方式"的讨论，既是一个极为复杂的学术理论课题，

---

① 陈哲英：《石器文化是人类社会历史的第一章——与张鸿奎同志商榷》，《社会科学》1981年第1期；戴尔俭：《人类历史上究竟有没有木器时代》，《史前研究》1984年第3期。

② 《世界上古史纲》编写组：《近三十年来前陶新石器公社的出现》，《世界古代史论丛》（第一集），生活·读书·新知三联书店1982年版。

③ 日知：《关于新石器革命》，《世界古代史论丛》（第一集），生活·读书·新知出版社1982年版。

④ 王民同：《东南亚史前文化述略》，《昆明师院学报》1983年第1期。

又与现实密切相关，因为它直接涉及我们对人类社会形态的发展顺序和东方社会特点的认识。自 20 世纪 20 年代以来，国内外学者对此进行了长期的探讨，至今尚无定论。新中国成立以来，我国学术界讨论亚细亚生产方式可分为两个阶段。第一阶段始于 1951 年童书业发表《论亚细亚生产方式》一文，止于 1964 年田昌五的《马克思恩格斯论亚洲古代社会问题》一文的发表①。这一阶段发表论文近 20 篇，讨论内容涉及亚细亚生产方式的内容、性质及其在社会发展中的顺序排列等问题。第二阶段始于 1978 年，至今仍在讨论中。1978 年北京大学和吉林师大在长春，1979 年南开大学在天津分别召开了"亚细亚生产方式"讨论会②。1981 年在天津，我国召开了首次全国性的亚细亚生产方式学术讨论会。与会者进行了畅所欲言的讨论，把问题进一步引向深入。《中国史研究》为此于 1981 年第 3 期发专刊，选登了其中的 10 篇论文，发表了《"亚细亚生产方式"学术讨论会纪要》（以下简称《纪要》），并附有新中国成立以来的有关论文目录。本阶段截至 1985 年共发表论文约 60 篇。

（一）亚细亚生产方式讨论的由来与意义

亚细亚生产方式这一概念是马克思在总结人类社会发展顺序的过程中，于 1859 年 2 月提出的。他在《〈政治经济学批判〉序言》（以下简称《序言》）中说："大体来说，亚细亚的、古代的、封建的和现代资产阶级的生产方式可以看作社会经济形态演进的几个时代。"③

20 世纪 20 年代，东方民族解放运动勃兴，我国也掀起了大革命高潮，为探索东方的历史与社会性质，苏联学术界开始讨论亚细亚生产方式问题。有人主张东、西方社会有所不同，西方社会的发展顺序为原始社会、奴隶社会、封建社会、资本主义社会依次更迭；东方则在原始社

---

① 童书业：《论亚细亚生产方式》，《文史哲》1951 年第 4 期；田昌五：《马克思恩格斯论亚洲古代社会问题》，载《历史论丛》第一辑，中华书局 1964 年版。
② 参见《北京大学、吉林师大联合召开"亚细亚生产方式"讨论会》，《吉林师范大学学报》1978 年第 4 期；《南开大学历史系讨论"亚细亚生产方式问题"》，《光明日报》1979 年 12 月 4 日。
③ 马克思：《〈政治经济学批判〉序言》，《马克思恩格斯全集》第 13 卷，第 9 页。

会后至资本主义入侵之时，始终为亚细亚生产方式，或封建社会、或不存在奴隶社会等。为此，1929年苏共中央刊发了1919年列宁的演讲《论国家》。30年代，苏联史学界继续进行讨论，古代史家B. B. 斯特卢威认为：古代东方历史同样存在奴隶社会，亦为五种生产方式依次前进。此后，由于政治上的原因，苏联的一些亚细亚生产方式论者遭到批判。

1938年，斯大林发表了《辩证唯物主义与历史唯物主义》，文中肯定了五种生产方式依次更迭是人类社会发展的共同规律，确立了社会发展的"单线论"。由此至50年代苏联理论界和史学界的作品均以此为准。新中国成立后，在学习苏联的过程中，随着苏联专家来华讲学和史学著作的汉译，这一观点占有绝对优势。

但是，苏联史学界赞同东方存在奴隶社会的学者又分为两派，以斯特卢威为代表，主张奴隶社会两阶段说，即初期和繁荣期，他认为东方奴隶社会始终处于初期阶段。另一派以久梅涅夫为代表，提出奴隶社会"两种类型说"，即古代东方属于不发达型，西方则属于发达型的奴隶制。其说法不尽相同，但均认为东方奴隶制不发达，其特点是：水利灌溉、土地国有、农村公社长存、专制主义、普遍奴隶制等。

20世纪60年代后，第三世界民族民主运动高涨，国际史学界又进行了第二次亚细亚生产方式大讨论，美、苏、法等国的史学家、经济学家、政治理论家均参加了讨论，发表了一批专著和论文。

由此可见，亚细亚生产方式的讨论既是学术问题，又具有现实意义，绝非概念之争，更非咬文嚼字，至今仍是一个尚未解决的问题。

（二）亚细亚生产方式的内容与性质

我国史学界由于对亚细亚生产方式的含义理解不同，因而对其性质也众说纷纭，主要有以下几种。

原始社会说。首先提出此说者为童书业，他认为根据《序言》中亚细亚生产方式排列在其他生产方式之前，只能理解为原始共产制[①]。田昌五系统地研究了经典作家的论述后提出："从社会发展的阶级性来说，

---

① 童书业：《论亚细亚生产方式》，《文史哲》1951年第4期。

的特有产物,这是研究的首要问题。由于对城邦的内容理解不一,因而对其存在的范围随之也产生了分歧。

第一种看法主张世界上最早出现的国家,不论是西方还是东方,都是城市国家或城邦,它是早期奴隶制国家的普遍形式和必经阶段。在其开始出现之时一定是小国寡民,有一个以某一城市为中心,与周围的农村公社或较小的城市公社相结合的过程①。廖学盛提出城邦的特征是:"人类社会最早自行瓦解的原始公社演化出来的一种公民集体的经济、政治、社会、宗教和意识形态的统一体系,原始社会的普遍性决定了城邦的普遍性。"②

第二种看法认为城邦在古代史上并非普遍规律,亦非必经阶段。顾准提出,"所谓城邦,就是一个城市连同其周围不大的一片乡村区域,就是一个独立的主权国家。""城邦制度的希腊在世界史上是例外而不是通例。"③ 左文华主张,城邦并不是一切奴隶制国家的必经阶段,不是普遍规律。古代城邦是在比较特殊的地理环境、生产力水平和国际大分工的条件下产生的。世界上大多数地区和民族未曾有过城邦。农业民族和游牧民族都未经此阶段。应为城邦必具备三要素,城市、公民社会和国家,三者缺一不可。具备此三条者,除希腊罗马外,古代腓尼基和迦太基也存在过,故城邦制度仅存于古代地中海周围地区。④ 陈隆波进一步充实了这一观点,他认为古代城邦最本质的特征是建立在古典所有制基础上的、联合起来对抗外界的公民集体。从西亚、北非早期国家表现的特征和发展趋势看,这些国家不仅开始没有达到城邦阶段,而且以后也没有发展成为希腊式的城邦,而是发展成为帝国,古代东方国家也不是与城市同时产生的。⑤

第三种看法是,小国寡民、以城为邦仅是城邦的外在特征,其本质

---

① 《世界上古史纲》编写组:《世界上古史纲》上册,人民出版社1979年版,第26页。
② 廖学盛:《〈希腊城邦制度〉读后》,《世界历史》1984年第3期。
③ 顾准:《希腊城邦制度》,第4、22页。
④ 左文华:《论古代城邦产生与存在的条件》,《思想战线》1982年第1期;左文华:《关于奴隶社会史的几个问题》,《吉林师范大学学报》1980年第5期;《也评〈希腊城邦制度〉》,《思想战线》1985年第6期。
⑤ 陈隆波:《城市、城邦和古代西亚、北非的早期国家》,《世界历史》1984年第4期。

特征是作为统治阶级的暴力机关；它的另一个特征是保留了很多的原始社会制度残余，同时存在城市公社的公有（国家）经济和以公民身份为前提的公民小土地所有（或占有）制。如仅就其外在特征看，可以说上古城邦是阶级社会最早的一种国家形式，比较普遍地存在于古代世界的许多地区，但亦应承认早期国家的多样性。为此，可将古代早期国家统名为"邦国"①。

第四种看法认为城邦具有普遍性，但各地城邦表现各殊、类型各异，有典型城邦如雅典。典型城邦是三要素（结构）的对立统一，一切原生的、自发形成的具有三种结构的早期奴隶制国家都应列入典型城邦范围。斯巴达并不是典型城邦，因为它不属于自发的形式，而且结构也不完整。②

（二）城邦的政体与早期国家的发展趋势

关于城邦的政体有三种不同的意见。第一种认为"城邦的主要政治形式是共和国"③。日知提出"苏美尔各邦有最早的两院制，苏美尔的政治制度是贵族政治和民主政治并在，至少在早王朝时期如此"④。另一种意见认为不能把共和制看作是早期国家政治制度的主要形式。希腊罗马的共和制是平民与贵族联合反对王权扩张的斗争胜利后的成果。东方许多国家没有取得这种斗争的胜利，王权不断扩张，所以走上了君主专制的道路⑤。第三种意见主张城邦之政体多有种形式，但多保有城邦首领、贵族会议和公民大会这三种政治机构，并重视公民身份和公民权，实行公民兵制，至于这三种政治机构各自

---

① 王敦书、于可：《关于城邦研究的几个问题》，《世界历史》1982年第5期；《世界古代史年会在郑州召开》，《中国历史学年鉴·1984年》，人民出版社1984年版，第33页；何芳川：《古代东非沿海的城邦》，《世界历史》1983年第5期。

② 王阁森：《城邦问题刍论》，《历史教学问题》1983年第6期；《世界上古史若干总体性问题浅说》，《世界历史》1985年第4期。

③ 参见朱庭光、陈之骅《1980—1984中国世界史研究的基本情况》，《世界史研究动态》1985年第7期，第6页。

④ 日知：《百年来关于国家起源史研究的实际和理论》，《历史研究》1984年第2期；《从君政王政到贵族政治》，《郑州大学学报》1983年第4期。

⑤ 参见远方《关于世界古代城邦的几个问题》，《世界历史》1982年第4期。

权力的大小以及公民之间的相互关系与地位差别，则视政体和历史条件而异①。

关于包括城邦在内的早期国家发展趋势与阶段，也有三种不同意见。第一种认为古代国家只有两个阶段，即城邦和帝国，而无王国阶段。城邦灭亡后，代之而起的是奴隶制帝国，它是专制主义的，此亦不分东方和西方②。第二种意见认为奴隶制城邦未必都会转化为帝国，它必须具备一定的条件。马其顿帝国的建立并非希腊城邦历史发展的趋势与统一要求，而是马其顿的征服③。第三种意见认为古代历史发展的共同规律是从原始社会发展为早期国家或称为"邦国"，城邦又是邦国时期部分地区的形式。古代国家的发展过程有三个阶段，即邦国→统一（或半统一）王国→帝国④。还有学者认为古代国家可分为小国、大国和帝国，它们之间的层级递增，大体上反映了奴隶制社会发生发展到繁荣的历程⑤。

五　古代埃及、西亚史研究

我国的西亚、北非史研究，是世界古代史各学科中较薄弱的一环。亚述学与埃及学仅开始起步，任重道远。

其研究大体上可分为两个阶段。第一阶段（1949—1965）我国接受了苏联史学界的"古代东方"概念，认为包括古代埃及、西亚在内的古代东方奴隶制社会的特点是土地国有制、农村公社长存、自然经济为主、普遍奴隶制、君主专制政体，其原因在于水利灌溉等。讨论中虽有不同意见，但多为苏联的"两阶段说"或"两种类型说"的延伸和延续。1978年，讨论进入第二阶段，在此期间一方面批判了"古代东方"概念，另一方面发扬垦荒播种的精神，着手亚述学和埃及学的研究，学

---

① 王敦书、于可：《关于城邦研究的几个问题》，《世界历史》1982年第5期。
② 《世界上古史纲》编写组：《世界上古史纲》上册，第27—28页。
③ 程栋：《略论希腊罗马城邦国家向奴隶制帝国的转化》，《上海历史学会年会论文选》，1982年。
④ 参见《中国历史学年鉴·1984年》，人民出版社1984年版，第331页。
⑤ 朱龙华：《关于古代奴隶社会发展规律的一个探讨》，《世界历史》1984年第1期。

习古文字、引进西方的研究成果，开拓新途径①。

1985 年在西安召开了我国首次西亚北非史学术讨论会，重点讨论了埃及学和亚述学问题。本阶段共发表论文 10 余篇。

（一）古代埃及史

近年来，我国学者就其史前文化、国家产生和土地制度等方面进行了研究。

关于农业的起源有两种看法。一种认为埃及法尤姆新石器时代地层中发现的属于公元前 4400—4000 年的小麦和大麦粒，是目前已知的非洲最早的栽培作物②。另一种看法是在阿斯旺以北的库巴尼那发现了 18000 年前人工栽培的大麦粒，这就把埃及农业的年代大大提前了③。

关于埃及国家的产生与统一时间问题有两种意见。张忠民认为从王冠、王衔、王标及墓葬说明诺姆只是部落联盟，美尼斯时代始形成国家④。刘文鹏对此提出异议，认为前王朝时期的"诺姆"（一译州）并不是部落联盟，而是个地域概念，此时已有国王存在，形成了城市国家。那尔迈王没有最终完成统一，在经过了早王期 900 年间上、下埃及的反复斗争之后，在第二王朝哈谢汤姆威时期才最后统一了埃及⑤。

有关埃及早期国家的性质亦存在两种意见。一种观点以希拉康坡里城市发掘为依据，提出埃及是最早的城市国家。认为前王朝时代的该城有一个由无城到有城的国家形成的过程，蝎王是希拉康坡里城市国家有据可考的第一个知名的国王。另一种观点认为，古埃及长期存在农村公

---

① 参阅马克垚《学习马克思恩格斯论东方古代社会的几点体会》，《北京大学学报》1978 年第 2 期；《世界上古史纲》编写组：《世界上古史纲·前言》；廖学盛：《关于古代东方专制主义》，《世界历史》1980 年第 1 期；黄英贤：《论古代东方社会性质》，《华南师范学报》1980 年第 4 期；詹义康：《试析奴隶社会两阶段论与两类型论》，《江西师院学报》1981 年第 4 期；孔令平、黄振琦：《略论奴隶社会前期土地制度》，《学术月刊》1981 年第 11 期。

② 屠尔康：《非洲农牧业的起源和发展》，《西亚·非洲》1981 年第 4 期。

③ 孔令平：《埃及的农业起源问题》，《东北师大学报》1981 年第 1 期。

④ 张忠民：《关于埃及国家的诞生问题》，《史学月刊》1983 年第 6 期。

⑤ 刘文鹏：《古代埃及的早期国家及其统一——兼评〈关于埃及国家的诞生问题〉》，《世界历史》1985 年第 2 期；《试论古埃及国家形成的若干问题》，《通辽师院学报》1978 年第 1 期。

社，埃及的早期国家不是城市国家，而是村社国家①。

古代埃及是否存在土地私有制？这是探讨其社会性质必须解决的问题。刘文鹏认为，至少在古王国时代，《梅腾墓铭文》可证明在第三、四王朝之间，埃及已经有了土地的买卖、继承、转化的现象，并取得了合法的手续与证明，这是埃及土地私有制的重要表现之一。那种认为国家管理全部水利工程、因而只有国王的最高所有权和公社的实际占有权的说法，是不符合历史实际的。②

此外，周启迪还论述了埃赫那吞的改革。他不同意把改革归之于埃赫那吞个人的意志、品质和作用，认为这场改革基于两个矛盾：一个是十八王朝中期以后君主专制同阿蒙神庙祭司集团之间的矛盾；一个是世俗奴隶主同神庙祭司奴隶主的矛盾，从而导致埃赫那吞的改革③。

（二）古代西亚史

西亚地区是世界上农业最早的发源地之一。孔令平著文说明，依据考古学新成果，西亚农耕早于公元前 7000 年，农业出现于陶器制用之前④。

关于乌鲁卡其那改革的性质与意义存在两种不同的看法。杨炽提出从铭文本身看，拉伽什当时存在两大矛盾：贵族与小民的矛盾；新兴王权与旧城邦制度的矛盾。乌鲁卡其那是旧城邦制度的代表，他的改革仅欲恢复城邦初期贵族与小民的协调关系，打击王权⑤。李永采认为改革扩大了政权基础，加强了军事力量，减轻了平民税收与债务负担；以国家立法确定财产私有制，解除债务奴隶，确立一夫一妻制和建立法制，有利于生产发展、社会进步和国家强大⑥。

---

① 均见朱庭光、陈之骅《1980—1984 中国世界史研究的基本情况》，《世界史研究动态》1985 年第 7 期。
② 刘文鹏：《〈梅腾墓铭文〉所见古王国时代埃及的土地私有制》，《世界古代史研究》（第一辑），北京大学出版社 1982 年版。
③ 周启迪：《关于埃赫那吞改革的若干问题》，《北京师范大学学报》1984 年第 4 期。
④ 孔令平：《西亚农耕的起源》，《历史研究》1979 年第 6 期。
⑤ 杨炽：《关于乌鲁卡其那改革铭文的评注和评述》，《世界古代史研究》（第一辑），北京大学出版社 1982 年版。
⑥ 李永采：《乌鲁卡其那改革论述》，《扬州师院学报》1985 年第 1 期。

关于"乌尔纳姆法典",过去我国仅知道有 5 条残篇。朱承恩、董为奋根据 20 世纪 60 年代西方公布的较完整的文本,认为乌尔第三王朝立国之初,尚未形成该王朝全盛时期经济和政治上的典型特征。在其后继者淑尔吉统治中期以后,始完成南部内河流域的统一并建立中央集权制①。

关于古巴比伦王国有两篇论文,杨炽的《〈农人历书〉评述》认为该书写于公元前 1700 年,反映了古巴比伦的农业状况,包括灌溉工程、大麦种植的全过程、农村公社等,是迄今发现的世界上最古老的农书。②周怡天著文研究了古巴比伦奴隶制度,提出古巴比伦第八代国王阿别苏关于征派私人所有的 4 名男奴收割谷物的指示,表明古巴比伦确有私人所有的男奴从事农业生产③。

原始基督教产业生于巴勒斯坦地区。与此有关的"死海古卷"的出现,被誉为文艺复兴以来世界重大考古发现之一。发现的史料有最早的希伯来文本的《旧约全书》《次经》、库兰教派文献以及 132—135 年巴尔·科奇巴大起义的文件。我国学者对此作了研讨,认为这一发现对于确定《旧约》成书的年代、犹太教派状况,原始基督教与犹太教的关系等具有重要意义④。此外,还有学者研究了希伯来人的家长制和马资达克运动⑤。

六 古代南亚研究

新中国成立以来,我国对古代南亚史集中讨论了古代印度史的分

---

① 朱承恩、董为奋:《〈乌尔纳姆法典〉和乌尔第三朝早期社会》,《历史研究》1984 年第 5 期。

② 杨炽:《〈农人历书〉评述》,《世界古代史研究》(第一辑),北京大学出版社 1982 年版。

③ 周怡天:《关于古巴比伦社会经济的札记两则》,《世界古代史研究》(第一辑),北京大学出版社 1982 年版。

④ 孔令平:《死海古卷的发现及研究》,《历史研究》1979 年第 2 期;《古代犹太巴尔·科奇巴起义》,《世界历史》1981 年第 2 期;王神荫:《死海古卷与库兰社团》,《世界宗教研究》1980 年第 2 期。

⑤ 马书山:《从旧约看希伯莱人但家长制家庭》,《齐鲁学刊》1985 年第 5 期;孙培良:《关于马资达克运动》,《世界历史》1982 年第 1 期。

期、种姓制度以及婆罗门教与佛教等问题。

(一) 古代印度史的分期

印度的奴隶社会史始于公元前1000年代初期，如从哈拉帕文化计，则始于公元前2300年。这一看法得到了史学界的公认。但对于何时开始向封建过渡？奴隶社会结束于何时？则意见不一，基本上有三种意见。

第一，季羡林认为确定社会性质应视其社会主要矛盾和剥削方式，封建社会起源于土地私有制。他据佛经材料说明公元前6世纪印度已存在土地私有制，可以认为印度从公元前5、6世纪开始，也就是释迦牟尼和大雄时代，已进入从奴隶社会向封建社会的过渡时期。公元前3世纪阿育王时代，国家的主要收入是地租，被征服的人民未能转化为奴隶，而是劳动于王田，故公元前3世纪印度已完全形成封建社会①。

第二，刘家和以较丰富的史料论证了公元前6—前4世纪印度确有相当多的奴隶，在农村中奴隶劳动亦非稀有现象。农民虽占人口的大多数，但奴隶制关系决定了小生产者分化的趋向。封建关系仅是最初的萌芽，这一时期北印度社会只能属于奴隶社会。故不同意这个时期是从奴隶制向封建社会的过渡时期②。

第三，崔连仲根据古印度法典和《法显传》指出，古印度约于1世纪开始向封建制度过渡。主要表现是社会生产的主要劳动力是雇佣、自由佃农、依附农和学徒；土地私有制的发展；封建食邑制的发展。至4世纪笈多帝国兴起，封建制基本上完成，7世纪最后确立③。涂厚善认为奴隶制的解体和向封建制过渡始于贵霜帝国，完成于320年笈多王朝，因为此时封建主在政治上取得了统治地位，这标志着封建制的开始④。

---

① 季羡林：《罗摩衍那初探》，北京外国文学出版社1949年版，第40—50页。
② 刘家和：《公元前六至四世纪北印度社会性质和发展趋向蠡测》，《南亚研究》1983年第1期。
③ 《世界上古史纲》编写组：《世界上古史纲》上册，人民出版社1979年版，第424—430页；崔连仲：《古代印度社会的几个问题》，《世界历史》1985年第1期。
④ 涂厚善：《浅谈古代印度史的分期问题——试论印度封建社会的开端》，《南亚研究》1983年第2期。

（二）种姓制度

早在 20 世纪 50 年代，此问题即为我国学者所关注，曾发表论文多篇[①]。近年来，我国学者对此又进一步展开了较深入的讨论。对种姓制度的起源、概念和性质有着不同的意见。

第一，崔连仲认为种姓制度是雅利安人从原始社会向奴隶制社会过渡中出现的。种姓制度就是等级制度，是阶级差别的一种形式。他主张瓦尔那应看作是等级，"迦蒂"最初主要是从吠舍和首陀罗等级中分化出来的一些职业集团和落后的土著部落，后逐渐形成以行业世袭化和内婚制为主要特征的独立小集团；卡斯特即迦蒂；种姓制度兼指瓦尔那与迦蒂这两个名词[②]。

第二，张毅认为欧洲语言中的"卡斯特"二词，也同汉语中的种姓一样，兼指瓦尔那和迦蒂，两个梵文词有某些区别，瓦尔那意即颜色，此指肤色，偏重于最初的四大种姓；迦蒂意为出身、门第，多用以指四大种姓之下再分出的次种姓。但二字相互通用，不能截然分开[③]。

第三，武希辕主张，阇提（即迦蒂）一词在后期吠陀时期出现，最初含意不甚明确，有时用来指四大瓦尔那，发展到中世纪，四大瓦尔那内分裂出来的血缘集团愈来愈多，阇提一词就多用来指这些分裂出来的血缘集团了。瓦尔那与阇提只是大小不同，并无本质差异[④]。

关于首陀罗的来源与地位，是种姓制度研究中的一个重要问题。目前有四种看法。

第一种认为，"首陀罗"可能是被雅利安人征服、遭奴役的一个著名达萨部落的名称，后变成被征服土著居民的统称。其中尽管大多数沦为奴隶，但就整个概念来说不属奴隶阶级，而是处于被压迫、被奴役的

---

① 武希辕：《印度种姓制度的起源》，《云南大学学报》1957 年第 2 期；刘家和：《印度早期佛教的种姓制度观》，《北京师范大学学报》1952 年第 2 期；周庆基：《古代印度的瓦尔那制度》，《历史教学》1965 年第 10 期。

② 崔连仲：《古代印度种姓制度》，《历史研究》1977 年第 4 期；《关于种姓的几个概念问题》，《南亚研究》1983 年第 3 期。

③ 张毅：《古代部落的种姓制度与奴隶——与崔连仲同志商榷》，《历史研究》1977 年第 4 期。

④ 武希辕：《印度种姓制度的分裂与衍化》，《思想战线》1983 年第 2 期。

一个居民等级。没有沦为奴隶的首陀罗，虽然也处于不幸的地位，但在身份上属于自由人①。

第二种看法认为，首陀罗就性质而言，近于古希腊的希洛特式的奴隶，处于种族奴隶地位，他们的处境低于家内奴隶②。

第三种意见主张，首陀罗是古代印度奴隶的一种，和后来的战俘奴隶与债务奴隶有别。他们是远古以来战俘奴隶的后裔，构成一种特殊的奴隶，类似其他国家的国有奴隶③。

第四种意见认为，首陀罗中有很多是奴隶，奴隶身份如得到改变，可以成为自由人。而首陀罗不管奴隶还是自由人，其种姓不变。贱民是由首陀罗和奴隶演变而来④。

（三）古代印度的文化

关于哈拉帕文化毁灭的时间和原因，传统认为是公元前 1700 年左右，毁灭的原因是雅利安人入侵或地震。刘欣如经考察提出，西方学者在 20 世纪 70 年代已公认哈拉帕文化的城市时期结束于公元前 1900 年以前，他们侧重从生态环境对人类生活方式的影响的角度，考察这一文明废弃的原因⑤。此外，涂厚善对截至 1979 年发掘出来的哈拉帕文化作了较全面的分析，概括了其特点和产生的原因⑥。

宗教在古代印度历史上占有重要地位。我国学者对此深为关注。黄心川从社会历史的角度探讨了《吠陀》的起源和发展，并依其资料对恩格斯关于宗教的定义作了注释⑦。

季羡林对释迦牟尼的名字、家族、生卒、生平、教义及其对社会改

---

① 崔连仲：《古代印度种姓制度》，《历史研究》1977 年第 4 期。
② 张毅：《古代印度的种姓制度与奴隶——与崔连仲同志商榷》，《历史研究》1977 年第 4 期；赵卫邦：《古代贱民的产生》，《四川大学学报》1981 年第 2 期。
③ 周庆基：《古代印度的瓦尔那制度》，《历史教学》，1965 年第 10 期。
④ 刘家和：《印度早期佛教的种姓制度观》，《北京师范大学学报》1952 年第 2 期；李文业：《印度的贱民》，《辽宁大学学报》1982 年第 3 期。
⑤ 刘欣如：《关于哈拉帕文明与吠陀时期之间的黑暗时代》，《南亚研究》1983 年第 3 期。
⑥ 涂厚善：《试论古代印度河流域文化的特点及其产生的原因》，《华中师院学报》1979 年第 4 期。
⑦ 黄心川：《印度的吠陀经》，《世界宗教研究》1982 年第 2 期。

变的看法等进行了考察，指出释迦牟尼确有其人，应同其他历史人物一样，把他作为我们研究的对象①。马骥雄提出婆罗门教、佛教、耆那教信仰和宗教人生理想对教育的社会背景与思想背景的重要作用，并且指出古代印度教育的特点是教育与人生合一②。

此外，季羡林对不同类型的佛典进行了考证，从中钩沉索隐出许多关于古代印度蔗糖的制造与使用情况的有价值史料。他倾向于甘蔗原生地在印度的看法③。常任侠、罗照辉认为阿育王时期建筑材料由木向石转变对雕刻艺术的发展影响巨大。此时期佛教石窟寺的开凿成为中国敦煌、龙门、云冈石窟建筑之先导④。

七　古代希腊罗马史

古代希腊罗马史是我国世界古代史研究中较为活跃的一个领域，论著相对较丰。建国初期，即有吴于廑的专著《古代希腊和罗马》发表。近年来，又有顾准的《希腊城邦制度——读希腊史笔记》（中国社会科学出版社 1982 年版）、陈国燮的《希腊罗马简史》（山东教育出版社 1982 年版）、周枬的《罗马法》（群众出版社 1983 年版）出版。全国希腊罗马史讨论会分别于 1980、1982、1985 年在曲阜、广州、呼和浩特召开。发表的论文约 100 篇，研究的问题亦较广泛，主要有以下几点。

（一）英雄时代与雅典城邦

过去一般认为荷马史诗所反映的时代是希腊史的英雄时代。王敦书认为，"英雄时代"这个历史概念有广义和狭义之分。狭义的英雄时代指荷马史诗所反映的那个时代；广义的英雄时代则泛指历史上相当于荷马时代的发展阶段。希腊史上真正的英雄时代不是原始社会的末期，而是文明时代的初期和带有奴隶制特点的阶级社会。英雄时代属于公元前 14 世纪到前 12 世纪，荷马时代属于公元前 11 世纪到前 9 世纪，故荷马

---

① 季羡林：《论释迦牟尼》，《世界宗教研究》1982 第 2 期。
② 马骥雄：《古代印度的教育》，《杭州大学学报》1985 年第 6 期。
③ 季羡林：《古代印度沙糖的制造与使用》，《历史研究》1984 年第 1 期。
④ 常任侠、罗照辉：《从中国典籍看阿育王时期的艺术》，《南亚研究》1984 年第 1 期。

时代与英雄时代在时间上与地区上应区分开来①。

关于雅典国家的产生年代,传统认为是公元前 7 世纪。日知、际陶根据考古学和迈锡尼研究的成果提出,雅典国家产生于提修斯时代,即约公元前 13 世纪②。松涛提出梭伦前的雅典国家可分为三段:阿提卡统一国家建立时期,约当公元前 13 世纪中期;巴赛勒斯王制时期,约公元前 13 世纪中期至前 8 世纪中期;贵族共和国时期,约当公元前 8 世纪中期至前 6 世纪初③。

至于雅典城邦民主政治形成的原因,近年来讨论较热烈,有以下四种不同意见。

第一,一切奴隶制城邦既然都是从氏族制社会发展来的,那就必然在不同程度上带有氏族制残迹。对城邦制度中程度不等的民主制成分,绝对不能离开它是直接从原始社会的氏族制度演化过来的这一基本事实来考察④。

第二,古代雅典的民主政治与原始社会的民主制既有联系又有区别。雅典古典时代的民主制是当时一种充分发展了的、先进的政治制度,是由它自身的经济、政治、文化传统等因素决定的。它取决于阶级矛盾的深刻与尖锐程度,取决于已经形成的阶级力量的对比⑤。

第三,民主政治形成的原因不能用氏族民主制残余来解释。由于特定的历史条件,荷马时代的希腊人得以在较低的社会形态下达到较高的经济水平和文化程度。大移民时代的工商业货币经济、海外贸易、殖民事业的巨大发展,从根本上确定了他们政治生活日益民主化的发展道路。雅典的提修斯、梭伦、克利斯提尼领导的改革对打通历史发展关节点也起了作用。由于特定的历史条件,雅典公民一般有自己的农业、手工业经济,他们可以剥削外族奴隶和在雅典的外邦人、客商和属国⑥。

---

① 王敦书:《古希腊"英雄时代"辨析》,《世界历史》1985 年第 12 期。
② 日知、际陶:《关于雅典国家产生的年代问题》,《社会科学战线》1980 年第 4 期。
③ 松涛:《雅典国家的产生及其初期政制》,《南充师院学报》,1984 年第 3 期。
④ 《世界上古史纲》编写组:《世界上古史纲》上册;廖学盛:《关于东方专制主义》,《世界历史》1980 年第 1 期。
⑤ 陈唯声:《古代雅典的民主政治》,《哈尔滨师大学报》1981 年第 3 期。
⑥ 刘学伟:《古代希腊城邦民主政治成因试析》,《四川大学学报》1981 年第 1 期;任寅虎、张振宝《古代雅典民主政治》,《光明日报》1981 年 11 月 22 日。

第四，雅典民主政治从阶级本质来看，是奴隶主阶级中两个阶层——贵族奴隶主和工商业奴隶主的妥协形式，它的建立是其内部阶级斗争引导出来的结果。雅典民主政治并非氏族制残迹，而是奴隶主阶级的民主政治，是氏族制残迹消灭得彻底的结果①。

（二）斯巴达的土地制度与奴隶制度

斯巴达早期土地制度问题至今在国际史学界尚未彻底解决，看法也不尽一致。王敦书著文认为，公元前10世纪多利亚人占领斯巴达的土地作为氏族或农村公社的公地，在部落成员中进行了大致相等的分配，而军事领袖和氏族贵族则占有较多的土地。公元前9世纪其土地财产开始分化。自公元前9世纪末起，斯巴达通过对外征服，领土迅速扩大，被征服地区，一部分成为庇里阿西人城市；另一部分被并为直属国土，多次在公民中分配。份地是由国家规定平分给公民的土地，它在本质上仍属公地，由国家所有，公民只是占有者，但并非绝对不可能转化。至公元前4世纪，斯巴达的土地国有制急剧瓦解，私有制迅速膨胀②。

关于斯巴达的"黑劳士"的性质有两种不同意见。一种意见认为黑劳士是农奴，因为他为自己和为主人的劳动是可分开的；他们交纳年租，主人不能随意增加；虽附属于土地，为其主人服役，但其主人无权出卖他们。从古典作家极其有限叙述看，他们的身份的确和农奴相近。不仅有自己的独立经济，还可以把相当一部分的产品归为己有，在此点上奴隶与农奴是有极大区别的③。另一种意见认为黑劳士是奴隶。他虽颇貌似农奴，但是可以被任意屠杀。黑劳士制是原始奴隶制形式之一。它起源于征服。黑劳士是国有奴隶中的与城邦土地所有制紧密结合在一起的城邦所有的奴隶。黑劳士制是一种与城邦土地所有制相对应，与斯

---

① 胡钟达：《雅典的民主政治及其阶级基础》，《历史教学》1957年第6期；左文华：《关于奴隶社会史的几个问题》，《思想战线》1985年第6期。
② 王敦书：《斯巴达早期土地制度考》，《历史研究》1983年第6期。
③ 童书业：《古代史研究中的几个问题的补充》，《文史哲》1956年第6期；杨向奎：《古代史研究中的几个问题》，《文史哲》1956年第6期；何高济：《黑劳士制度的再探讨》，《文中哲》1958年第1期。

巴达城邦命运共始终的奴隶制度①。

(三) 古希腊历史人物评价

争论较多的历史人物有：梭伦、庇西特拉图、苏格拉底和亚历山大大帝等。

梭伦及其改革，存在两种不同意见。一种意见认为梭伦改革是促进历史发展的重大措施，但它在摧毁贵族势力与氏族残余方面还不够彻底。其法案带有某些改良和妥协的色彩，这是在当时历史条件下，中间集团的阶级本质在政治形态上的反映，表明他所持的是工商业奴隶主的立场，他绝不是超然的②。第二种意见认为梭伦改革既不是"中庸之道"，也不是为了"缓和阶级矛盾"，而是一次推动历史进步的"政治改革"。他是世界古代史上一位有远见识的奴隶主阶级的政治活动家和改革家③。

近年来对庇西特拉图的评价有新的看法，认为他是依靠下层平民的力量取得政权而完成了梭伦未竟之任务，并以暴力基本上粉碎了氏族贵族的力量，不能把他说成是暴君④。

苏格拉底之死，史学界对其评价历来褒贬抑扬，意见各殊。目前，我国史学界有四种看法。

第一，苏格拉底乃古代历史上之怪杰。他反对雅典式的"全民政治"，政治观点保守。苏格拉底之死就是一场悲剧，对他的审判是合法的，但未必合理⑤。

第二，苏格拉底被处死是历史上一大冤案。他持理性的批判态度，凡事都要问一个为什么？他的哲学思想要求对流行的政治观念和社会制

---

① 郭沫若：《关于奴隶和农奴的纠葛》，《新建设》1967年第5期；日知：《我们在研究古代史中所存在的一些问题》，《历史研究》1956年第6期；日知：《古典作家所记的黑劳士制度》，《东北师范大学科学集刊》1957年第3期；刘家知：《论黑劳士制度》，《世界古代史论丛》第一集，生活·读书·新知三联书店1982年版。
② 刘家和主编：《世界上古史》，吉林人民出版社1984年版；陈唯声：《梭伦》，载朱庭光编《外国历史名人传》（古代部分），上册，中国社会科学出版社1982年版。
③ 林敦明：《怎样评价梭伦的改革》，《山东师院学报》1980年第1期。
④ 左文华：《论古希腊早期僭主政治的历史地位》，《思想战线》1979年第1期；盛志光：《论庇西特拉图》，《复旦学报》1982年第3期。
⑤ 孙道天：《评苏格拉底——兼及雅典民主政治》，《华东师大学报》1982年第4期。

度采取批判态度。为苏格拉底所不赞赏的雅典民主政治也的确做了不少错事和蠢事。他是雅典民主政治的受害者，他开创了哲学研究中的新领域，对概念在认识中的作用的研究和提出归纳论证与普遍定义的方法，为逻辑学的发展做出了贡献①。

第三，与其说苏格拉底是民主政治的敌人，不如说他是民主政治的产儿。他既抨击极端民主，又触犯宗教传统，这就意味着与整个社会对立，他的对手正是利用人们的迷信与保守，假手陪审法庭将其处死。所以不应将奴隶主民主政治理想化②。

第四，苏格拉底被处死是民主派为了安定社会与民心，加强统一的支柱神的威严，故对其严加打击，而其本人为保持哲学家的尊严，追求真理和爱国主义，选择了死亡。这是他个人思想矛盾与当时社会经济、政治矛盾共同造成的结果③。

亚历山大大帝及其远征，是古希腊史上的重要事件。史学界对其远征有不同的评价。主要有三种看法。

第一，亚历山大对波斯的征服，是对东方各族人民的野蛮的和残酷的侵略。屠杀居民、掠夺奴隶、抢劫财物、毁坏城市，这都是他的侵略罪行④。

第二，其远征是侵略性活动，但亚历山大把这样广大地区统一为一个大帝国，却加强了这一地区的经济和文化的交流与发展，特别是使地中海沿岸地区进入了一个新时期⑤。

第三，其远征暂时缓和了希腊各城邦的危机，延续了奴隶制的寿命。亚历山大的能力与活动，对人类社会发展有一定影响。他完成希腊的统一，符合从城邦到帝国的规律⑥。

---

① 杜汝楫：《苏格拉底之死》，《百科知识》1981年第7期；柳文起：《苏格拉底思想初探》，《西南师院学报》1984年第2期。
② 张树栋：《略论苏格拉底之死》，《南京大学学报》1981年第2期。
③ 陈华中：《苏格拉底公案初探》，《内蒙古大学学报》1985年第1期。
④ 刘家和主编：《世界上古史》，第269—270页。
⑤ 吴于廑：《略论亚历山大》，《历史教学》1956年第10期。
⑥ 李春元：《亚历山大》，朱庭光编：《外国历史名人传》（古代部分），上册，中国社会科学出版社1982年版；江爱沪：《论马其顿统一希腊的必然性》，《上海师院学报》1982年第1期。

(四) 古希腊的哲学与史学

学者们着重研究了赫拉克里特、柏拉图、亚里士多德的哲学思想与修昔底德的史学思想。

杨目生着重探讨了古希腊早期的和谐思想。他认为作为哲学范畴的和谐思想集中表现在毕达哥拉斯与赫拉克里特两人的言论中。赫拉克里特提出了辨证的和谐观，是阶级社会的产物①。姚定一探讨了赫拉克里特的自然哲学与伊奥利亚学派自然思想的区别，认为二者不容混淆，赫氏在哲学上有独特的贡献②。黄颂杰论述了智者派哲学思想产生的背景，强调普罗太戈拉的著名命题"人是万物的尺度"这一思想对奴隶主民主政治的促进作用③。

孙道天探讨了柏拉图的政治思想与哲学思想，认为柏拉图是西方哲学史上第一个使唯心主义哲学系统化的人。这一体系及由此而产生的各流派，不仅在中古欧洲成为基督教神学的主要支柱，而且直到近代，形形色色的唯心主义先验论和伴随着天才论的英雄史观，都可以从这一种神秘驳杂的体系中，汲取他们认为有用的灵感④。此外，还有几篇文章论及柏拉图的⑤。

孙道天还论述了亚里士多德的政治思想、亚氏与柏拉图的师承关系和异同，以及其政治思想与其他学术思想之关系，认为亚氏的政治思想是以建立或恢复奴隶制城邦的秩序为宗旨，故不合时宜⑥。王均林评论了亚氏的《政治学》一书，认为这是亚氏第一次从历史和现实的角度出发考虑国家问题，而把国家、宗教与伦理等问题杂糅在一起，反映了

---

① 杨目生：《古希腊早期和谐思想的探讨》，《江西师大学报》1984 年第 4 期。
② 姚定一：《论赫拉克利特的自然哲学与伊奥利亚学派自然思想的区别》，《四川师院学报》1984 年第 3 期。
③ 黄颂杰：《普罗太戈拉和古希腊民主政治》，《复旦学报》1981 年第 1 期。
④ 孙道天：《柏拉图》，《世界历史》1981 年第 5 期。
⑤ 王文达：《柏拉图政治思想探讨》，《沈阳师院学报》1985 年第 2 期；叶立煊、汪逸佩：《柏拉图学院派的演变》，《华东师大学报》1985 年第 3 期。
⑥ 孙道天：《论亚里士多德的政治思想》，《外国哲学史论文集》第 2 辑，山东人民出版社 1982 年版。

希腊城邦古典时代末期中等阶级已经过时的要求①。

关于古希腊著名史学家修昔底德的研究有两篇文章。张广智提出，修氏努力使历史摆脱了神人合一的状态而致力于历史事件本身因果关系的探讨，尤其是力图从经济关系解释历史，达到了当时史学的最高水平②。王晴佳认为修氏的成就在使史学脱离文学、成为独立学科方面进了一大步。他把史学局限于政治军事范围的模式，是其时代局限性所致。这一模式一直影响着欧洲史学界③。

郭圣铭的《西方史学史概要》（上海人民出版社1983年版）一书，有两章论述古希腊罗马的史学、史家和史著，并附有西方史学名著要目，为历史学专业学生之必读书籍。

（五）古罗马共和国

关于罗马共和国主要研究了罗马城的起源、元老院、土地制度与罗马法的产生等诸问题。

罗马城的起源问题，史学家们已经讨论了许多世纪，但至今仍属罗马史之谜。李雅书经研究认为，罗马城的建造者是属于维兰诺瓦文化的意大利部落中较迟到来的拉丁人的一支，居民中还有大量的伊特鲁里亚人和萨宾人。建城之年代难以定论。传统文献提出的公元前8世纪中叶或前753年可作为假定的年代而采纳，但此时只不过开始定居、划分居住村的界限而已，真正建成是伊特鲁里亚人到来以后的事④。

房宪的两篇文章论述了古罗马元老院的性质与政策。他认为共和国早期元老院在平民和贵族的斗争中基本上实行调和政策。这一政策体现了元老院逐步形成的和谐思想，其哲学基础是中庸之道和务实主义。和谐政治的真谛是自由罗马公民阶级内部各阶层、集团的妥协、合作、统一和联合专政，它对共和国的存在和发展具有积

---

① 王均林：《从〈政治学〉角度看亚里士多德的国家观》，《齐鲁学刊》1982年第5期。
② 张广智：《试论修昔底德朴素唯物主义的历史观》，《复旦学报》1983年第1期。
③ 王晴佳：《论修昔底德对西方史学的贡献》，《华东师大学报》1983年第4期。
④ 李雅书：《关于罗马城起源的几个问题》，《世界古代史研究》（第一辑），北京大学出版社1982年版。

极意义①。

何芳济论及共和国时期土地所有制的演变，认为罗马城邦危机或共和制的覆灭不是阶级矛盾所致，而是大庄园生产发展的结果，由此导致了农民土地运动的高涨和奴隶大起义，使昔日城邦的积极因素化为消极因素，从政治上和军事上瓦解了共和制度②。路小明分析了共和时期的两次战争后认为，拉丁同盟战争为罗马大规模对外扩张奠定了基础，是共和国称霸的转折；意大利同盟战争则敲响了罗马共和国的丧钟，两者均为里程碑式的事件③。

罗马法对欧洲后世产生了深远的影响。周枏阐述了《十二表法》制定的始末、近代法学家的搜集整理状况及其性质和实质，并附有正文译文和注解④。朱健对万民法的起源作了探讨，认为扩张为世界性大国是万民法产生的历史条件，而从思想渊源上讲，则可追溯到古希腊的哲学家，特别是斯多噶学派⑤。陈鼎海认为，争鸣局面的形成是平民与贵族、世俗阶层与僧侣阶层长期斗争的结果。平民斗争的逐步胜利造成了古罗马法律制度和法学的繁荣发展⑥。

（六）评格拉古兄弟及恺撒

关于对格拉古兄弟的改革目前有三种看法。第一，格拉古兄弟是较有远见卓识的贵族奴隶主，他们看到了农民失去土地后的严重后果。但在奴隶制已经发展、货币经济和高利贷猛烈发展的条件下，小农经济分化和破产已成必然，维持小农经济已不可能，故其改革失败⑦。第二，提比略·格拉古改革的中心是土地法案，其目的在于恢复兵农合

---

① 房宪：《罗马元老院的起源和早期发展》，《历史教学》1985年第6期；《罗马元老院与等级斗争》，《安徽大学学报》1983年第3期。
② 何芳济：《论罗马共和时期土地所有制的演变》，《山东师大学报》1983年第6期。
③ 路小明：《论罗马的两次同盟战争》，《西北大学学报》1984年第3期。
④ 周枏：《罗马〈十二表法〉》，《安徽大学学报》1983年第3期。
⑤ 朱健：《略论罗马万民法产生的历史条件和思想渊源》，《厦门大学学报》1984年第1期。
⑥ 陈鼎海：《古罗马法学家的争鸣与罗马法》，《江西大学学报》1985年第1期。
⑦ 陈文明：《罗马农民的土地运动和格拉古兄弟的改革》，《山西师院学报》1960年第4期；刘家和主编：《世界上古史》，吉林人民出版社1984年版。

一制。而盖约·格拉古的改革则致力于由城邦到帝国的发展，比较重视新兴骑士的利益。如果说前者是逆势而行，后者则是适应了时势，富于更多的进取精神①。第三，格拉古兄弟改革的全部措施，是针对以元老院贵族为首的"权贵派"。他们反映了"平民派"及其他反抗贵族派集团的利益。从此意义上称其改革为民主运动是完全恰当的，其形象是高大的②。

恺撒是罗马史上从共和国向帝制转变时期最重要的历史人物。王阁森探讨了恺撒的时代并评价了其作用，认为其全部活动的目的都在于维护罗马奴隶主阶级的利益，调整奴隶主内部的关系，巩固对奴隶和属民的统治。恺撒是一个卓越的军事统帅和战略家，其社会政策中突出的是对政敌的宽容政策，有许多措施直接或间接地有利于生产。他政治上有两项失策：一是对政敌宽容无度，二是未能处理好内政与外战的关系，频求战功，以致发生了刺杀事件。但历史不能逆转，奥古斯都完成了恺撒的未竟事业③。

（七）斯巴达克大起义

关于斯巴达克大起义，学者们着重探讨了失败的原因。有三种看法。一种意见认为，由于历史条件的限制，奴隶们提不出明确的战斗目标，不能使本阶级解放；流动作战而未建可靠的据点和政权；内部分歧导致队伍的分裂；当时罗马奴隶主阶级的力量还相当强大，这是客观因素，造成起义失败④。另一种意见认为，起义失败的特殊原因是马略的军事改革扩大了兵源，提高了战斗力；斯巴达克放弃了主动进攻，未进军罗马；起义军未形成统一的领导集团⑤。还有人认为，起义者未提出"为了保护一种所有制以反对另一种所有制的革命"任务，亦没有打碎旧的政治上层建筑的实践。这次起义只能说是部分奴隶为摆脱枷锁而进

---

① 吴于廑：《格拉古改革》，《历史教学》1964 年第 3 期。
② 王达天：《评格拉古兄弟》，《华东师大学报》1982 年第 5 期。
③ 王阁森：《论古罗马从共和国到帝制转变的实质》，《世界历史》1979 年第 3 期；《论恺撒》，《世界历史》1981 年第 3 期。
④ 崔连仲：《世界史·古代史》，人民出版社 1983 年版。
⑤ 陈德贤：《试析斯巴达克起义失败的原因》，《宁夏大学学报》1982 年第 1 期。

行的武装自卫斗争①。

（八）原始基督教及其演变

近年来，基督教史的研究引起了我国学者较为广泛的兴趣。研究的问题涉及原始基督教的性质与作用、分期和演变，以及有无耶稣其人等。

关于是否存在耶稣其人的问题分歧较大，存在两种相对立的意见。一种认为耶稣是犹太社会群众运动的领袖。运动失败后，人民长期铭记耶稣，被崇敬为救世主，遂出现了广泛流传的神话。但他只是个凡人②。另一种不同意见认为在历史上并无耶稣其人，他仅是传说中的虚构人物。在耶稣同时代或 1 世纪的作品中几乎完全没有可靠地提到过他。"耶稣"是犹太人中一个非常普遍的名字，是"约书亚"一词的希腊文译法③。

关于原始基督教的性质与作用，亦存在两种不同的意见。一种认为它不过是巴勒斯坦犹太人下层民众中流传的一个教派。它仅提出了平等思想，即从都有罪，故只是虚幻的平等。它终究是宗教，而不是革命行动，尽管反映了下层人民的某种要求，但作为一种宗教，它本身仍是一种鸦片④。另一种意见认为，原始基督教不仅是犹太教的一个新教派，而且也是一个政治派别，它提出了新的政治思想与纲领。最初是作为被压迫群众的运动而产生的，是奴隶或被释奴隶等人的宗教。其进步意义主要在于反对罗马帝国的统治，在现实土地上建立理想、平等的国家和社会。其政治思想既有积极的革命的一面，又有消极的、空想的、虚幻的一面。但在其兴起之初，积极因素起了较大的作用，并对后世欧洲有着巨大的影响⑤。

---

① 耿夫孟：《有关斯巴达克起义的几个问题》，《历史教学》1983 年第 6 期。
② 胡玉堂：《凡人耶稣》，《外国史知识》1981 年第 8 期。
③ 颜昌友：《耶稣——传统中的虚构人物》，《世界宗教研究》1981 年第 2 期；司马英：《基督教的起源与耶稣》，《外国史知识》1981 年第 12 期；朱锡强：《关于基督教创始者耶稣的传说》，《历史知识》1981 年第 2 期。
④ 刘家和：《基督教的起源及其早期历史的演变》，《历史教学》1969 年第 12 期；杨真：《基督教史纲》上册，生活・读书・新知三联书店 1979 年版。
⑤ 于可：《试论原始基督教的政治思想》，《世界历史》1981 年第 6 期；史亚民：《基督教的产生及其早期发展的演变》，《东北师大学报》1980 年第 3 期；姚鹏：《原始基督教是被压迫阶级的革命运动》，《复旦学报》1981 年第 1 期，司马英：《对原始基督教的认识与评价》，《昆明师院学报》1980 年第 5 期。

关于原始基督教的演变问题，于可曾著文论及。他从阶级基础、组织礼仪、教义和政治思想等方面分析了原始基督教的演变过程，认为其演变是罗马帝国统治政治发展的需要；原始基督教自身即为希腊罗马世界的产物；它产生之初就存在两面性，具有向神秘宗教发展的内容，故它最终演变为罗马的国教是历史的必然①。颜昌友论述了原始基督教的分期问题。他主张分为三个阶段，即1世纪上半叶到1世纪末2世纪初为自发时期；2世纪初到4世纪初为教会上层与罗马妥协和基本教义形成的时期；尼西亚会议后，逐步成为罗马帝国的统治工具②。

（九）西罗马帝国的灭亡

廖学盛著文论述了帝国时期隶农从自由佃农逐渐变成介于自由人与奴隶之间的阶层的过程，以及四、五世纪隶农与授产奴隶、隶农与农民之间的差别的逐渐消失，说明了其向封建制的过渡③。王刚论及奥古斯都的行省制，认为行省政策改革是奥古斯都全部改革中最显著的部分，而行省管理改革又是其中最主要的内容。将行省划分为元首的和元老院的是奥古斯都的一大创造，它缓和了全国奴隶主之间的矛盾，扩大了政权基础④。

过去注意较少的道德意识与罗马兴衰之关系问题，近来亦有专文探讨。这些文章认为对罗马的兴衰，社会道德起了重要作用⑤。莫任南对某些外国学者提出的中国文化西来说和片面夸大西方文化价值，否定中国文化对西方的影响提出了不同看法⑥。

关于西罗马帝国的灭亡近年来多有探讨。余逌康认为，帝国在4、5世纪东西分治不过是传统分治的发展，而不是分裂为两个帝国。罗马帝国西部并非"灭亡"，而是蛮族国王的政变，在法统上仍属罗马帝

---

① 于可：《试论原始基督教的演变及其必然性》，《世界宗教研究》1986年第2期。
② 颜昌友：《关于早期基督教的历史分期问题》，《世界宗教研究》1985年第2期。
③ 廖学盛：《古代意大利的隶农》，《历史教学》1982年第5期。
④ 王刚：《奥古斯都行省政策初探》，《唐山市教师进修学院学刊》1983年创刊号。
⑤ 李长林：《古罗马兴衰时期的社会道德》，《湖南师院学报》1984年第1期；徐溥：《从精神文明状况看古罗马的兴衰》，《社会科学研究》1981年第3期。
⑥ 莫任南：《上古时期中西经济文化的交流》，《湖南师院学报》1981年第1期。

国，并未大规模改变帝国的各种制度，直到查理称帝，帝国西部才完全脱离了东罗马帝国的法统①。梁作檊对西罗马帝国与西晋帝国的灭亡进行了比较。他认为两个帝国的灭亡都与"民族大迁徙"有关，但这并非偶然现象。地中海地区经济文化的发展到了1、2世纪达到了顶点。接着就像东方的汉晋帝国从东汉中叶以后开始衰落一样，从2世纪末特别是从3世纪开始，西罗马帝国也不可挽回地出现了长期的经济和文化的衰退。由于东、西两帝国社会危机不可救药，只有国内的起义和外族入侵才能打破绝境。从全世界范围来看，西晋帝国与西罗马帝国的灭亡就成为世界历史的重大转折点：古典时代结束了，中世纪的曙光正在显现②。

关于罗马奴隶制度的研究，马克垚独辟蹊径，对罗马奴隶制与我国汉朝的奴隶制进行了比较研究，提出了新的看法③。

本文原名为《世界古代史研究概述》，载陈启能主编《建国以来世界史研究概述》，社会科学文献出版社1991年版，第111—154页。此次收录时，文字略有修改。

---

① 余逎康：《罗马帝国分裂说与西罗马帝国灭亡说辨》，《史学月刊》1985年第4期。
② 梁作檊：《世界历史的重大转折点：西晋帝国与西罗马帝国的灭亡》，《暨南学报》1982年第2期。
③ 马克垚：《罗马和汉朝奴隶制比较研究》，《历史研究》1981年第3期。

主要论著目录

《世界三大宗教及其流派》，湖南人民出版社1988年版，2001、2005年修订版。

《当代基督新教》，东方出版社1993年版。

《世界三大宗教的起源》，广东人民出版社1996年版。

《世界古代中期宗教史》，中国国际广播出版社1996年版。

《世界古代中期军事史》（与龙秀清合著），中国国际广播出版社1996年版。

《世界三大宗教》，光明日报出版社1999年版。

《简明战争史》（合译），商务印书馆1982年版。

《基督教史话》，载《世界古今宗教史话》，商务印书馆1991年版。

《耶稣》，新蕾出版社2000年版。

《试论原始基督教的政治思想》，《世界历史》1981年第6期。

《基督新教与天主教的关系及其区别》，《历史教学》1982年第7期。

《犹太教与旧约全书》，载朱庭光主编《外国历史大事集》（古代部分·第一分册），重庆出版社1982年版。

《原始基督教的产生》，载朱庭光主编《外国历史大事集》（古代部分·第一分册），重庆出版社1982年版。

《原始基督教的发展和演变》，载朱庭光主编《外国历史大事集》（古代部分·第一分册），重庆出版社1982年版。

《阿里安》，载廖学盛主编《外国历史名人传》（古代部分·上册），重庆出版社1982年版。

《1983年世界古代史研究综述》，《中国历史学年鉴·1983》，人民出版社1983年版。

《马丁·路德早期政治思想初探》,《世界宗教研究》1983 年第 2 期。

《关于马丁·路德评价的几个问题——纪念马丁·路德诞生 500 周年》,《世界历史》1983 年第 6 期(《新华文摘》1984 年第 2 期转载)。

《基督新教的七大宗派及其历史渊源》,《世界宗教资料》1983 年第 2 期。

《路德宗》(与陈志强合写),《世界宗教资料》1983 年第 4 期。

《20 世纪西方史学界关于加尔文的研究》,《世界史研究动态》1984 年第 2 期。

《加尔文宗》(与陈志强合写),《世界宗教资料》1984 年第 1 期。

《公理宗》(与吴清心合写),《世界宗教资料》1984 年第 2 期。

《贵格宗》,《世界宗教资料》1984 年第 3 期。

《卫斯理宗》,《世界宗教资料》1984 年第 3 期。

《浸礼宗》(与吴清心合写),《世界宗教资料》1984 年第 4 期。

《加尔文的"预定论"与资产阶级》,《历史研究》1985 年第 1 期。

《安立甘宗》,《世界宗教资料》1985 年第 1 期。

《基督教史话(一):什么是基督教》,《外国史知识》1985 年第 4 期。

《基督教史话(二):基督教的产生与演变》,《外国史知识》1985 年第 5 期。

《基督教史话(三):基督教的宗派》,《外国史知识》1985 年第 6 期。

《基督教史话(四):基督新教及其宗派》,《外国史知识》1985 年第 7 期。

《基督教史话(五):马克思主义与基督教》,《外国史知识》1985 年第 8 期。

《瑞士的宗教改革》,载朱庭光主编《外国历史大事集》(古代部分·第二分册),重庆出版社 1986 年版。

《试论原始基督教的演变及其必然性》,《世界宗教研究》1986 年第 2 期。

《20 世纪西方史学界的"路德复兴"》,《世界史研究动态》1982 年第 6 期。

《近十年世界古代史研究综述》,《历史教学》1988 年第 2 期。

《论西欧资本主义早期的观念更新问题——兼评加尔文主义的历史作

用》，《史学理论》1988 年第 2 期。

《新教几大教派外的其他派别》，《世界宗教资料》1988 年第 4 期。

《访学者，谈上帝》，《天津日报》1989 年 2 月 18 日。

《加尔文主义与观念更新》（系列 7 篇），《天津日报》1989 年 4 月陆续发表。

《十年来我国关于基督教史研究的评估》，《世界史研究动态》1989 年第 7 期。

《天主教自由派向保守派的新挑战：评〈困境中的教会〉一书》（与吴舒屏合写），《世界宗教资料》1989 年第 3 期。

《基督新教在中国的历史与现状》，《历史教学》1991 年第 1 期。

《世界古代史研究概述》，载陈启能编《建国以来世界史研究概述》，中国社会科学出版社 1991 年版。

《1990 年世界中世纪史研究综述》（与张东波合写），《中国历史学年鉴·1991》，生活·读书·新知三联书店 1991 年版。

《1992 年世界古代史研究综述》（与龙秀清合写），《中国历史学年鉴·1993》，生活·读书·新知三联书店 1994 年版。

《近年来西方史学界的闵采尔研究热潮》（与龙秀清合写），《世界史研究动态》1993 年第 2 期。

《加尔文主义与人的现代化》，载高师宁、何光沪编：《基督教文化与现代化》，中国社会科学出版社 1996 年版。

《1996 年世界基督教信徒的增减状况》，《世界宗教文化》1996 年第 2 期。

《马丁·路德生平》，《路德文集》"序言"，上海三联书店 2005 年版。

《于可自述》，载陈洪主编《南开学人自述》（第二卷），南开大学出版社 2016 年版。

编 后 记

于可先生出生于1930年1月，北京人。先生是我的恩师。初识先生在贵州大学历史学系，1987年春季学期。当时，系主任林振草教授聘请先生为高年级学生开设一门《基督教史》，为期两个月。我是86级的新生，作为初学者，对先生讲授的知识颇为陌生，但极有兴趣，感到在我面前打开了一个新的领域。先生返津后，我开始找寻基督教史方面的专著与论文，系统弥补这方面的知识。遇到问题，也常常写信求教于先生，先生总是不厌其烦地及时回信，予以解答。大学二年级时，我在一封信中表达了希望报考他的研究生的意思，先生也高兴地予以支持，并让他的学生（后来方知是张东波师兄）寄来他新出的《世界三大宗教及其流派》。此后，书信往来就更为频繁了。这种通信一直保持到我成为"南开人"（这是先生在我收到录取通知书后的一封回信中说的，祝贺我即将成为"南开人"）。作为一名重要学者，能够在两三年里与一名他可能并无印象的学生保持通信，这份耐心与为师之道令我感动。

1990年那一级，先生只招了我一个学生。南开三年，时常去先生家上课或受教。先生在学问上是严谨的，每次上课一个主题，总是我依据他开列的书单写读书报告，谈想法。他一边抽烟，一边聆听，很少插话。只是偶有"奇谈怪论"，他会追究这种说法的出处，谁说的？在哪本书中说的？他这么说的依据是什么？依据是否可靠？一般的说法是什么？两种说法哪一种更典出有据等等。每次课的最后一小时，是先生的点评时间。他会依据我谈的，逐一指出问题。如哪种观点已遭到反驳；要注意某本书作者的教派立场；某本书为何利用这份史料而不利用另一份?关于某个问题,目前最权威的看法是什么?为何没有注意到?等等。在最后十几分钟,先生总是让我尝试提出自己的独立见解。他说,这一学期课下来,如果我对某个专题有自己的见解,就有硕士论文的选题了。但我总是做得不够好,也常遭批判。一次将"维滕贝格"搞成"维滕堡",先生直言我不关注学界动态。在这种耳提面令与常常汗颜中,我学会了严谨,也开阔了眼界。

先生一生研究基督教史,1981 年领全国之先,在南开大学首次开设"基督教史"本科课程,1984 年首次在我国招收"基督教史"方向(招生简章上注明的方向是"原始基督教与宗教改革史")研究生,是我国基督教史研究的先行者与奠基人之一。先生治学有一个重要特点,即关注基督教的社会思想。先生之学问,主要体现在对"原始基督教"和"宗教改革史"的研究上。无论是对耶稣的考证还是对原始基督教政治思想与演变必然性的系统研究,无论是对路德政治思想还是对加尔文预定论的深究,都体现出关注社会思想的特点。在先生看来,研究基督教社会思想的演变,才能揭示基督教适应西方社会的变迁史,才能深入理解西方文明的精髓,而且可以摆脱西方学者重神学研究的路径。先生的这些文章,多发表于 20 世纪八九十年代,但他在这方面的研究,依然是一杆旗帜;尤其他的研究取向,无疑为中国学人指明了一个方向。这在他的学生的论文选题中,表现得尤为明显。他的一些学生依然在这条路上慢慢前行。

先生 1996 年离休,一生收徒不多,只有十余人。目前仍从事与学业相关的弟子有:姚西伊(1984 级,波士顿神学院教授)、陈志强(1986 级,南开大学教授)、吴舒屏(1987 级,辽宁师范大学教授)、黄建龙(1987 级,福建省公安厅)、张东波(1988 级,厦门大学教师)、张匡娟(1989 级,常州工学院教授)、龙秀清(1990 级,中山大学教授)、王新中(1993 级,山西师范大学教授)等。

作为于门弟子,我们都希望为先生做点什么。先生即将 90 华诞,将他的论文集结出版,或许是一个较好的选择。但因种种原因,《文集》未能在先生九十大寿之前付梓。作为编者,本人深感愧疚!唯愿先生健康长寿。

需要说明的是，中山大学历史系 2016 级的黎子铭、王子霖、黄美婷、刘婉莹，以及 2015 级乐芳菲 5 名同学参与了本论文集的论文搜集、文字录入与初步编辑工作，在此一并感谢。

龙秀清

于中山大学永芳堂

2019 年 5 月 20 日初稿

2020 年 3 月 20 日定稿